M.

MW00438532

L'ART DE LA
CUISINE FRANÇAISE

AU DIX-NEUVIÈME SIÈCLE

TOME III

Elibron Classics series.

© 2006 Adamant Media Corporation.

ISBN 0-543-99126-1 (paperback)
ISBN 0-543-99125-3 (hardcover)

This Elibron Classics Replica Edition is an unabridged facsimile
of the edition published in 1854, Paris.

L'ART

DE

LA CUISINE FRANÇAISE

AU DIX-NEUVIÈME SIÈCLE.

PARIS. TYPOGRAPHIE PLON FRÈRES, RUE DE VAUGIRARD, 36.

L'ART

DE LA

CUISINE FRANÇAISE

AU DIX-NEUVIÈME SIÈCLE.

TRAITÉ ÉLÉMENTAIRE ET PRATIQUE

DES BOUILLONS EN GRAS ET EN MAIGRE, DES ESSENCES, FUMETS, DES POTAGES FRANÇAIS
ET ÉTRANGERS; DES GROSSES PIÈCES DE POISSON;
DES GRANDES ET PETITES SAUCES; DES RAGOUTS ET DES GARNITURES; DES GROSSES PIÈCES
DE BOUCHERIE, DE JAMBON, DE VOLAILLE ET DE GIBIER, ETC.

PAR

Antonin CARÊME, de Paris.

TOME TROISIÈME.

PARIS.

AU DÉPOT DE LIBRAIRIE,

RUE DES MOULINS, 8, PRÈS DE LA RUE THÉRÈSE

1854

L'Art

DE

LA CUISINE FRANÇAISE

AU DIX-NEUVIÈME SIÈCLE.

QUATRIÈME PARTIE.

TRAITÉ DES GRANDES ET PETITES SAUCES

EN GRAS ET EN MAIGRE.

CHAPITRE PREMIER.

DES GRANDES SAUCES.

OBSERVATIONS PRÉLIMINAIRES SUR LES GRANDES SAUCES. — SAUCE ESPAGNOLE.

 VANT d'entrer en matière, je vais développer quelques faits qui ne seront pas sans intérêt pour mes confrères.

Nous devons considérer comme grande sauce l'espagnole, le velouté, l'allemande et la béchamel, puisque, avec ces quatre sauces, nous en composons un très grand nombre de petites dont l'assaisonnement diffère infiniment. Les chapitres des petites sauces en donneront la preuve convaincante.

Avant de préciser les détails de ces mêmes grandes sauces, sans le secours desquelles il est impossible de

II.

confectionner un bon dîner (du moins tels sont les préceptes de la cuisine moderne), j'observerai que nous avons diverses manières d'agir à l'égard du travail des grandes sauces. Je vais en donner l'analyse, en adoptant toutefois celles que j'ai en quelque sorte créées par suite des méditations et de l'expérience que j'ai puisées dans une longue suite d'années de pratique et d'observations, ayant toujours eu pour principe de faire beaucoup par moi-même : par ce résultat, le travail a plus d'harmonie dans l'ensemble du service.

J'ai donc pris pour habitude, lorsque mes grandes sauces sont clarifiées avec soin, de les réduire à point, et cela la veille de mes grands dîners, de manière que, le jour du service, j'avais en peu de temps terminé le travail de mes petites sauces, puisqu'il est vrai qu'après avoir réduit mon velouté, je le partageais en deux parties, dont l'une devenait la béchamel par l'addition de la crème, tandis que l'autre partie devenait la sauce que nous sommes convenus de nommer allemande (1), après l'avoir liée aux jaunes d'œufs selon la règle.

(1) Mes voyages en Allemagne, en Bavière et en Prusse, m'ont mis à même de me rendre compte de cette sauce, et assurément je n'ai rien trouvé dans celles que l'on fait à Vienne, à Francfort, à Ratisbonne et à Mayence, qui soit traité selon les principes que nous professons en France, en ce que ces sauces sont peu nutritives, mal dégraissées, et par conséquent mal travaillées. L'ambassadeur d'Angleterre à Vienne me dit un jour qu'il n'aimait pas la cuisine de ce pays, parce qu'elle était trop grasse; d'autres seigneurs m'ont répété la même chose.

Ensuite, les cuisiniers allemands ajoutent dans une sauce liée, en effet, du persil haché et blanchi, un peu de poivre fin et un jus de citron, tandis que notre sauce française, que nous nommons allemande,

Par suite de ce travail, le jour que je devais servir mon dîner, je n'avais plus que les essences et les fumets à faire pour obtenir les différents assaisonnements de mes petites sauces, et, comme les grandes se trouvaient réduites, le travail des petites était promptement achevé.

Je sais que mes antagonistes vont s'écrier contre ma manière de faire ; mais, je le répète, quoi qu'en puisse dire l'envie, je veux agir de tous mes moyens pour accélérer la marche de nos travaux en les rendant plus faciles dans leur exécution, d'autant mieux que les résultats sont les mêmes. Je sais que les cuisiniers qui peuvent avoir des sauciers avec eux ne voudront pas employer cette nouvelle manière ; mais je m'adresse à la presque-totalité des cuisiniers, qui veulent également bien faire en accélérant leurs travaux.

Chez l'empereur Alexandre, chez le prince régent d'Angleterre, à Vienne, chez l'ambassadeur lord Stewart, j'avais assez de monde avec moi, et, chaque jour, je variais et travaillais mes petites sauces quelques instants avant le moment du service, ainsi que cela se pratique dans nos grandes maisons ; mais elles sont si rares maintenant, que, pour remédier à ce décroissement de la cuisine moderne, je veux autant que possible accélérer nos travaux en les simplifiant dans l'exécution ; d'ailleurs la différence est si peu sensible, qu'ils arrivent aux mêmes résultats. J'en appelle ici non à l'assentiment des envieux, mais à la

---

ne ressemble à celle-ci que parce qu'elle est blonde et liée ; mais c'est le seul rapprochement qu'elles aient entre elles.

sensualité des grands seigneurs qui ont si souvent as-
sisté aux dîners splendides donnés par M. le baron
de Rotschild de Paris, que j'ai servi pendant six ans.
Cette noble autorité est honorable [pour moi ; mes
confrères le savent tout aussi bien que moi.

Je vais également décrire l'autre manière de faire.

Dans mes ouvrages, j'ai souvent cité M. Richaud,
fameux saucier de la maison de Condé (avant 93).
J'ai dit que j'avais appris de lui le travail des sauces ;
pendant plusieurs années je fus occupé dans les
grands dîners qui se donnaient aux finances pendant
le ministère de M. de Barbé-Marbois.

Ces splendides dîners se composaient de deux potages, quatre grosses pièces, douze entrées, deux
rôts, deux grosses pièces de fond de pâtisserie et douze
entremets.

La veille de ces grands dîners, je couchais à l'hôtel,
et le lendemain, à trois heures du matin, nous mettions
les grandes sauces au feu avec un nommé Chéron,
qui en avait le plus grand soin, de manière qu'elles
se trouvaient liées et dégraissées lorsque le chef des-
cendait (1). Dans cette maison, on avait l'habitude de

. (1) M. Richaud, en suivant la bonne manière de faire les grandes
sauces d'après les principes usités à la maison de Condé, avait pour
habitude, en cuisant les viandes en même temps que les sauces, d'obtenir tout le temps nécessaire pour terminer les grandes et petites sauces
dans la même matinée. Puis il pensait qu'en liant les grandes sauces de
suite elles avaient plus de qualité. C'est par suite de ce raisonnement
que j'ai pris l'habitude de tirer et lier mes sauces la veille de mes grands
dîners, et en les réduisant de suite.

Mais MM. Robert, Baucher, Lasne, Laguipierre, et autres grands
maîtres, avaient pour principe de tirer les grandes sauces la veille, et
de les lier le matin du jour du grand dîner, afin que le travail des

lier les sauces aussitôt qu'elles étaient mouillées, et les viandes cuisaient pendant que les sauces se clarifiaient ; ensuite on les passait à l'étamine ; pendant leur cuisson, je terminais ma pâtisserie et l'entremêts de sucre, dont j'étais chargé.

M. Richaud avait ensuite la bonté de m'occuper avec lui au fourneau pour le travail des petites sauces : par ce moyen, les grandes étaient employées toutes bouillantes dans l'assaisonnement des petites, que l'on dégraissait avec soin ; puis on les réduisait à point, et on les passait à l'étamine dans des casseroles à bain-marie, en plaçant dans chacune d'elles des cuillères à bouche, afin de les remuer de temps en temps pour éviter qu'il ne se forme de légères peaux à leur surface.

Voilà donc la manière de fixer les petites sauces le jour même du dîner ; mais, pour faire ce travail, il faut avoir de bons aides avec soi, et, je le répète, cela est fort rare aujourd'hui.

Je vais encore rappeler un autre procédé que nos anciens employaient pour obtenir leurs grandes sauces, qu'ils appelaient coulis. Ils avaient l'habitude (sous Louis XIV et Louis XV) de marquer leurs grandes sauces en coupant en gros dés du maigre de jambon, du veau, des poules et du gibier ; puis ils faisaient revenir ce mélange dans du beurre avec des oignons et des carottes. Le tout étant un peu roussi, ils le saupoudraient de farine, et le mouillaient avec

grandes et petites sauces fût toujours terminé avant une heure ; heure à laquelle tout doit se trouver en ordre dans des travaux bien ordonnés. La cuisine doit être d'une extrême propreté. Puis on déjeune.

du grand bouillon ; on y joignait un bouquet assaisonné , et l'on dégraissait ces sauces avec soin.

Le velouté se préparait en suivant la même manière de faire ; seulement les viandes se trouvaient légèrement passées au beurre. Les cuisiniers du temps nommaient cette sauce, sauce tournée.

Je me rappelle encore avoir vu dans ma jeunesse des cuisiniers faire leurs sauces de cette manière.

Mais quelle distance infinie il y a de cette pauvre manière de faire, avec la science que les grands maîtres apportaient vers la fin du règne de Louis XV, et pendant le règne de Louis XVI, pour marquer les grandes sauces, en leur donnant toute la succulence possible, et en même temps cette bonne mine si appétissante qui caractérise encore les grandes sauces de la cuisine du jour.

Il est une autre manière de faire les sauces qu'on peut employer, surtout dans les voyages et dans les petites maisons.

Vous marquez et tirez vos grandes sauces de la manière accoutumée ; puis, après les avoir passées sans les lier, vous les réduisez à consistance de glace ; puis vous les déposez dans des casseroles à bain-marie ; ensuite vous préparez du roux blond pour le velouté, et du roux coloré pour lier l'espagnole.

Par ce procédé, vous pouvez obtenir aisément de l'espagnole et du velouté selon la quantité que vous désirez en avoir, en faisant dissoudre de la glace brune avec du bouillon sans sel, ou tout simplement avec de l'eau, si votre sauce a été marquée pour être succulente.

Cette manière d'agir est bonne pour les voyages.

Elle m'a parfaitement réussi pour revenir de Vienne en Autriche jusqu'à Calais. Je servais tous les jours à dîner à l'ambassadeur d'Angleterre, qui avait toute sa famille avec lui. Ce procédé m'a servi particulièrement pendant le voyage de Bavière : je me rappelle n'avoir trouvé dans les auberges et hôtels de ce pays, où Son Excellence s'arrêtait, que des ustensiles en terre pour la plupart, et très peu en cuivre, ce qui devenait pénible pour mon travail, voulant toujours bien faire.

Enfin, après avoir lu les ouvrages qui furent publiés vers le milieu du dix-huitième siècle, j'ai acquis la conviction que les hommes qui ont le plus illustré la cuisine française sont réellement les Eliot, les Sauvan, les d'Alègre, les Sabatier, les Mécellier, les Vincent, les la Chapelle, les Lefèvre ; et les élèves de ces hommes justement renommés furent les plus grands maîtres de nos temps modernes. Dans cette catégorie d'hommes, je comprends les Laguipierre, les Robert, les Chaud, les Lasne, les Dasniel, les Bouchesèche (dit Boucher), les Dunan, les Vénard, les Richaud, les Karvant, les Connet, les Riquette, les Méo et autres grands maîtres dont les noms échappent à ma mémoire.

Nous allons donc décrire les différents procédés usités pour obtenir des sauces succulentes et parfaites. Ce sera à mes confrères d'adopter telle manière ou telle autre ; mais, je le répète, les hommes industrieux, qui sont jaloux de faire par eux-mêmes, afin de ne pas entendre dire que des étrangers sont venus pour faire ce qu'ils devraient faire eux-mêmes, m'accorderont leurs suffrages, et je suis

sûr de m'attirer le blâme des hommes systématiques. Mais cela est inévitable : il suffit d'agir ainsi
pour être blâmé par eux.

Je vais donc marquer mes grandes sauces pour
un dîner de quatre grosses pièces et de huit entrées.
Il sera facile d'en augmenter la quantité selon les
dîners que l'on devra servir : les procédés restent
les mêmes.

GRANDE SAÚCE ESPAGNOLE.

Après avoir beurré le fond d'une casserole de
quinze à seize pouces de diamètre, vous placez çà
et là une livre de noix de jambon maigre émincé,
sur lequel vous placez une noix de veau, une sous-
noix et le quasi d'un fort cuisseau ; ajoutez deux
poules et un faisan, ou deux perdrix, ou les râbles de
deux lapereaux de garenne ; ensuite vous y versez
assez de grand bouillon (1) pour que les poules et
les noix de veau se trouvent mouillées à leur surface ; puis vous couvrez la casserole et la placez sur
un grand fourneau ardent ; vous avez bien soin d'é-
cumer lorsque l'ébullition a lieu ; ensuite, quand la
réduction du mouillement est prête d'arriver à glace, vous devez couvrir le feu de cendres pour faciliter le suage des viandes, afin d'en obtenir la quin-

---

(1) On doit faire attention que le bouillon avec lequel on mouille les
sauces en général soit extrêmement doux de sel, afin que les sauces,
après avoir été travaillées selon la coutume, ne soient point salées, mais
onctueuses par la réduction des sucs nutritifs qu'elles contiennent, lesquels sont toujours affaiblis lorsque le sel se fait sentir au palais fin et
délicat du gastronome.

l'essence, résultat essentiel pour avoir plus de glace et donner plus d'onction à l'espagnole. Sitôt que la glace commence à se colorer légèrement, vous devez, avec la pointe du couteau, piquer l'épaisseur des noix de veau, des poules et du faisan, afin que l'osmazone et la gélatine qu'ils contiennent encore se joignent à la glace.

Maintenant il est important de donner les plus grands soins à la glace qui, en se réduisant peu à peu, prend couleur : car, dès qu'elle se trouve pincée par l'action du feu (qui, comme le four, est trompeur et n'attend jamais), elle se calcine, perd ses qualités nutritives, et contracte un goût de brûlé, qui en rend quelquefois l'usage impossible, à moins d'être peu susceptible dans son travail. Plus on approche vers la fin de la réduction, plus la glace se colore, et plus elle réclame de soin ; mais, pour nous rendre cette partie de l'opération facile, nous devons, avec la pointe du couteau, enlever un peu de glace, la rouler dans les doigts pour en former une petite boule, ce qui s'obtient aisément si la glace est réduite à point, tandis que dans le cas contraire elle s'attache et colle les doigts (1).

Ce point de l'opération arrivé, vous ôtez la casserole de dessus le feu pour la mettre de côté quinze à vingt minutes, afin d'absorber l'ébullition de la gla-

_____

(1) Cette manière de procéder appartient à quelques grands maîtres, et elle n'est pas à dédaigner, puisqu'elle est simple et facile à saisir, quoique pourtant elle réclame le moment propre à l'opération. On peut également rouler la glace lors même qu'elle serait déjà un peu brûlée : ainsi donc elle demande réellement des soins minutieux.

ce, qui ensuite se dissout plus aisément. Maintenant vous essuyez les parois de la casserole avec une serviette mouillée, afin d'ôter une espèce d'écume vaporeuse qui s'y est fixée; après quoi vous remplissez la casserole de grand bouillon passé à la serviette et bien dégraissé, puis vous le mettez sur l'angle du fourneau pour que l'ébullition ait lieu par gradation : par ce procédé l'espagnole sera plus claire et plus limpide : vous l'écumez, et, lorsque les viandes sont cuites, vous les égouttez, puis vous passez dans une grande casserole le mouillement de la sauce espagnole par une serviette ouvrée.

Cette opération faite, vous la replacez aussitôt sur un fourneau ardent pour obtenir l'ébullition; après quoi vous versez quatre grandes cuillerées de mouillement dans un roux blond (trois quarterons de beurre fin remplis de farine. Voyez *Roux.*) que vous délayez bien parfaitement, afin de lier l'espagnole sans grumelots. Ce mélange étant parfaitement lisse, vous y joignez deux cuillerées de mouillement et le délayez de nouveau; après cela vous le versez dans la casserole au mouillement, en remuant l'espagnole afin de la lier convenablement. Cette opération doit se faire à plein feu; et, sitôt que l'espagnole entre en ébullition, vous la placez sur l'angle du fourneau, vous ôtez une écume blanche qui se forme à sa surface; puis vous y mêlez deux maniveaux de champignons émincés, et un bouquet de persil et de ciboule garni d'une demi-feuille de laurier, d'un peu de thym et de basilic.

Il est bon d'observer que l'espagnole doit se trouver en ce moment légèrement liée, afin qu'elle puisse se dégraisser aisément. Après une heure et demie d'ébullition vous la dégraissez, puis vous y versez une grande cuillerée de consommé ; et, une heure après, vous la dégraissez de rechef ; ensuite vous y ajoutez de temps en temps un peu de consommé afin de la dégraisser bien parfaitement, ce dont il est facile de s'apercevoir : car, aussitôt que la graisse a disparu, une écume blanchâtre se forme à la surface de l'espagnole et en donne la preuve certaine. Le bouquet et les champignons doivent avoir disparu avec le dégraissis. Maintenant (1) vous versez la moitié de l'espagnole dans une grande casserole, et deux hommes doivent la réduire de suite à grand feu. Lorsque la réduction est presque à point, la cuillère de bois que vous retirez de la sauce doit se trouver masquée d'une glace brillante : alors l'espagnole doit avoir diminué de moitié à la réduction, et avoir une teinte rougeâtre et un goût savoureux et parfait. Passez-la à l'étamine fine dans une grande terrine ; ensuite vous mettez une cuillère à bec dans la sauce ; vous la remuez et la couvrez d'un couvercle de casserole, et, de quart d'heure en quart d'heure, vous la remuez de nouveau, afin d'éviter qu'il ne se forme des peaux à la surface en refroidissant.

---

(1) Vous la passez à l'étamine dans une grande terrine, et l'employez par parties dans les assaisonnements de vos petites sauces, que vous dégraissez avec soin en les réduisant à point, et les passant ensuite dans des casseroles à bain-marie. Tandis que par mon procédé je réduis l'espagnole ainsi que je vais le démontrer ; et, mes essences et fumets étant dégraissés, le travail des petites sauces devient plus facile et plus prompt ; on agit de même à l'égard du velouté.

Observation.

Lorsque l'on doit finir ses petites sauces de suite, les soins que je viens d'indiquer sont inutiles ; mais, pour opérer de la sorte, il faut mettre les grandes sauces au feu à trois heures du matin, ainsi que je l'ai vu faire par le fameux M. Richaud chez le ministre Barbé Marbois.

Autrement il faut tirer la grande espagnole la veille, et la lier le matin du jour du dîner, afin de pouvoir la dégraisser et finir les petites sauces à midi ou à une heure au plus tard, comme cela se pratique chez le prince Talleyrand (et dans toutes les grandes maisons), et ainsi que je l'ai vu faire à l'Elysée-Bourbon par le célèbre Laguipierre et par MM. Lasne et Robert.

Ensuite, relativement au travail des grandes sauces, je veux dire pour les dégraisser, il est facile de s'apercevoir que, moins elles sont liées, moins il faut ajouter de consommé pour les dépouiller et les obtenir onctueuses ; tandis que, dans le cas contraire, en les liant un peu serrées, elles sont moins succulentes, et par conséquent moins nutritives. Mais en cela les praticiens agissent selon les dépenses qu'ils doivent faire, et aussi selon leur système ; mais l'homme à réputation n'en connaît qu'un : c'est de bien faire.

Je ferai une observation dernière. On doit clarifier les grandes sauces à l'eau sitôt que le grand bouillon avec lequel vous les avez mouillées se trouve avoir un peu de sel. Je prie mes jeunes confrères

de prendre cette remarque en considération. Ensuite,
lorsque l'espagnole se trouve un peu trop légèrement
colorée, on doit la travailler avec du blond de veau,
afin de l'obtenir d'un brun clair et rougeâtre; mais
la pratique seule peut donner le coup-d'œil nécessaire pour juger de la couleur que l'espagnole doit
avoir en la liant, et par conséquent ce qu'elle
sera après réduction faite. Mais je me rappelle
que M. Richaud m'a raconté cent fois que, dans la
maison du prince de Condé (ancien régime), on
avait l'habitude de tirer une double espagnole pour
travailler la grande espagnole, qui, à coup sûr,
devait être par trop succulente; et M. Richaud est
convenu lui-même que cela augmentait de beaucoup
les dépenses, et que le résultat devenait presque le
même en soignant et marquant les grandes sauces
ainsi que nous les marquons depuis la renaissance
de l'art. Et puis, dans quelle maison aujourd'hui
pourrait-on agir selon ces procédés sans être traité
de prodigue et de mauvais administrateur? Mais, je
le répète, sans dépenser autant que la vieille cuisine,
la cuisine moderne a toute la succulence désirable,
et elle a bien plus d'élégance et de variété que l'ancienne. Je le répète sans crainte, la cuisine française
du dix-neuvième siècle restera le type du beau de
l'art culinaire.

CHAPITRE II.

DU VELOUTÉ, DE LA BÉCHAMEL, ET DE L'ALLEMANDE.

En même temps que vous avez marqué l'espagnole, vous avez beurré légèrement le fond d'une casserole du diamètre de quatorze à seize pouces ; placez-y çà et là quelques lames de maigre de noix de jambon ; ajoutez une noix, une sous-noix, et un quasi de veau, deux grosses poules et le bouillon (1) nécessaire pour

(1) On doit rigidement observer que le bouillon ne soit nullement coloré, attendu que le peu de couleur qu'il serait susceptible d'avoir nuit singulièrement à la réduction du velouté, qui alors, au lieu d'être blanc, contracte une teinte terne et jaunâtre qui devient fort désobligeante, comme par exemple dans la béchamel, qui, au lieu d'avoir cette belle teinte blanche qui doit la distinguer, sera par ce résultat chargée d'une teinte grisâtre.

en masquer les viandes à leur surface. Alors vous placez la casserole couverte sur un fourneau ardent, l'écumez avec soin, et dès que le mouillement est presque réduit, vous devez couvrir le feu avec de la cendre rouge, afin d'obtenir la quintessence du suc des viandes. Sitôt que la réduction a lieu, vous avez soin de piquer le veau et les poules avec la pointe du couteau. Il est important d'observer maintenant que la glace du velouté ne doit pas se colorer. Essuyez les parois de la casserole avec une serviette mouillée, remplissez ensuite la casserole de grand bouillon, et dès que l'ébullition a lieu, placez-la sur l'angle du fourneau; vous écumez le velouté et le couvrez; masquez le feu de cendres rouges, afin que l'ébullition soit legère et réglée. Lorsque les viandes sont cuites, vous les égouttez et passez le mouillement du velouté par une serviette ouvrée, et le remettez aussitôt sur le feu. Lorsqu'il est bouillant, vous en versez quatre grandes cuillerées dans une grande casserole contenant une livre de beurre fin en roux d'un blond à peine sensible. Etant parfaitement délayé et très lisse, vous y mêlez de nouveau deux cuillerées de mouillement, après quoi vous versez le tout dans la casserole au velouté ; placez-la sur un fourneau ardent; l'ébullition ayant lieu, vous placez la casserole sur l'angle du fourneau; et après avoir écumé le velouté, vous y joignez trois maniveaux de champignons tournés (sans citron), que vous émincez, puis un bouquet assaisonné de la manière accoutumée. Couvrez la casserole, et ayez soin d'observer que l'ébullition soit douce et réglée. Une heure et demie après, vous dégraissez le velouté, puis vous y versez une grande cuillerée de consommé bouillant. Dès que la surface du velouté s'est couverte de beurre, vous le dégraissez de rechef, en y mêlant de temps en temps du consommé afin de le clarifier bien parfaitement. Dès que la graisse a disparu et qu'une écume blanchâtre la remplace (1), vous séparez le velouté en deux parties égales. Deux hommes doivent prendre les sauces et les réduire selon la règle (Voir l'*Espagnole*) à grand feu, et sans les quitter, afin d'éviter qu'elles s'attachent au fond des casseroles. Lorsqu'elles sont réduites à point, vous versez, par intervalles, dans l'une d'elles, trois pintes de bonne crème double (que vous n'avez pas fait bouillir), ce qui doit vous donner bientôt une béchamel suave, blanche et parfaite (2); vous la passez à l'étamine blanche dans une terrine, puis vous y mettez une cuillère à bec, vous la remuez, et la couvrez d'un couvercle de casserole.

(1) Vous la passez à l'étamine dans une grande terrine, et l'employez en travaillant les petites sauces : ainsi, lorsque vous avez, par exemple, une petite sauce allemande pour une entrée, vous devez en mettre trois grandes cuillerées dans une casserole à ragoût, puis vous les réduisez en y joignant un peu de consommé bien dégraissé; lorsqu'il est réduit à point, vous y mêlez une liaison de deux ou trois jaunes d'œufs préparée selon la règle ; passez cette sauce à l'étamine.

Je le répète, mon procédé est plus rapide, puisqu'en constituant la moitié de mon velouté (après l'avoir clarifié et réduit) en sauce allemande, elle devient alors la mère-sauce d'une infinité de petites. C'est ce que mes confrères verront bientôt dans cette partie des sauces.

(2) Il est essentiel de faire réduire cette sauce par un homme qui aime son état : car un homme insouciant la laissera gratiner aisément, et c'est le pire qui puisse arriver à cette sauce, qui, du reste, fait grand honneur au marquis de Béchamel, qui imagina l'addition de la crème au velouté, et donna son nom à cette excellente sauce.

Maintenant nous revenons à l'autre casserole de velouté, qui doit se trouver réduit à point. Vous en versez peu à peu la moitié dans une casserole, dans laquelle se trouve une liaison de huit à dix jaunes d'œufs, avec un peu de beurre fin et de muscade râpée. Vous placez cette casserole sur le feu, en ayant le soin de remuer avec la cuillère de bois, et avec promptitude, en appuyant sur le fond de la casserole, afin que le velouté ainsi lié jette une vingtaine de bouillons : par ce résultat l'œuf se trouve parfaitement cuit, et la sauce allemande ne relâchera pas, ainsi que cela arrive trop ordinairement, parce qu'aussitôt que la sauce commence à bouillir, la crainte qu'on a qu'elle ne se décompose la fait retirer avant qu'elle soit cuite, ce qui fait qu'elle se relâche, étant placée au bain-marie pour la servir, et qu'elle ne peut plus masquer son entrée. Aussi, je le répète, les cuisiniers qui lient l'allemande ou telle autre sauce que ce soit doivent les réduire quelques instants et à grand feu, afin que la liaison d'œufs soit parfaitement atteinte à la cuisson.

Lorsque l'allemande est parfaitement liée, vous la passez à l'étamine blanche dans une petite terrine, vous y mettez une cuillère à bec, vous la remuez, et placez dessus un couvercle de casserole, afin que l'action de l'air ne puisse point altérer le dessus de la sauce, que vous devez remuer de temps en temps, ainsi que nous l'avons indiqué pour la sauce espagnole.

Relativement au reste du velouté réduit, vous le passez également dans une terrine, afin de l'employer dans de certaines petites sauces qu'il est né-

II.   2

cessaire de lier au moment. Ainsi je procéderai, à l'é-
gard de cette sauce, selon les principes usités ordinairement, et mes confrères jugeront par là si mon
nouveau procédé n'est pas plus accéléré, sans être
inférieur en rien, puisque les résultats sont les mêmes.

SAUCE BÉCHAMEL.

Cette sauce est décrite tout au long au travail du
velouté, analysé ci-dessus.

SAUCE ALLEMANDE.

Elle se trouve également démontrée à la description du velouté. A l'égard de ces deux sauces, j'ai agi
ainsi que je le pratique pour accélérer le travail des
grandes sauces : car, pour obtenir la sauce allemande,
il faut que le velouté soit réduit et lié ensuite, ainsi
que nous l'avons démontré précédemment. Il en est
de même à l'égard de la béchamel, qui s'obtient
par l'addition de la crème au velouté réduit.

SECOND PROCÉDÉ

POUR CONFECTIONNER LA SAUCE VELOUTÉE.

Cette manière de procéder à l'égard du velouté appartient au célèbre Laguipierre, et je m'en suis em-
paré, parce qu'elle convient mieux, étant plus accélérée dans le travail. A cet effet, vous mettez dans une
moyenne marmite deux poules, une sous-noix, une
noix de veau et un os blanc, puis quelques lames de
maigre de jambon ; remplissez la marmite, moitié de

bouillon et le reste d'eau froide : lorsque l'ébullition a lieu, vous écumez et assaisonnez la marmite de deux carottes et de deux oignons. Les viandes étant cuites, vous les égouttez, et vous passez le mouillement à la serviette ouvrée ; puis vous liez et travaillez le velouté ainsi que nous l'avons démontré précédemment.

Le velouté ainsi marqué a l'avantage de donner moins de couleur à l'allemande et à la béchamel ; ce résultat n'est point à dédaigner. Seulement il est nécessaire d'y ajouter un peu de sel, afin de saler les petites sauces à point.

Laguipierre avait l'habitude, dans les grands travaux, de marquer une béchamel particulière qui était d'une grande beauté : il mettait dans une petite marmite une poule et un os blanc du cuisseau de veau ; la marmite remplie d'eau, on l'écumait et on la salait légèrement. La poule étant cuite, il coupait en gros dés la moitié d'une noix de veau et quelques lames de jambon maigre ; puis il passait cela avec du beurre fin, en y joignant deux oignons, une carotte, un maniveau (tourné) émincé, un fragment de feuille de laurier, un peu de thym et une pointe de muscade râpée. Le tout étant légèrement passé sur un feu modéré, il y mêlait deux grandes cuillerées de farine qu'il passait encore quelques secondes ; ensuite il mouillait la béchamel avec le consommé de la petite marmite, qui était bien dégraissé ; il ajoutait un bouquet de persil et de ciboule. La sauce étant liée, il la dégraissait avec soin, et, lorsque le veau était cuit, il passait ce velouté avec pression par l'étamine, et la sauce était aussitôt placée sur un feu ardent ; on

2*

la réduisait selon la règle ; puis il y joignait deux pintes de bonne crème double par intervalle, et bientôt il obtenait une sauce béchamel blanche, veloutée, et d'un goût exquis.

On retrouve dans ce procédé un peu de la manière que les anciens employaient pour faire leurs grandes sauces, qu'ils nommaient coulis.

Cette béchamel est destinée à masquer les entrées (au moment du service) dont les ragoûts peuvent être saucés de béchamel.

Observation dernière.

J'aurais singulièrement manqué le but que je me propose si je disais à tous mes confrères : Marquez vos sauces selon l'usage des grandes maisons ; chose impossible. Il est donc essentiel qu'ils sachent que l'on peut marquer les grandes sauces d'un dîner de seize entrées et de quatre grosses pièces avec un cuisseau, deux poules et une perdrix ; mais elles n'auront plus la succulence, le brillant glacé et la couleur appétissante de celles de la haute cuisine. La cuisinière doit suivre la même manière d'agir en marquant ses grandes sauces avec entendement, en employant des fragments de veau et de volaille, mais au moins elle doit marquer un peu de grandes sauces, afin de pouvoir en obtenir de petites qui aient quelque ressemblance avec nos sauces ordinaires.

Je sais qu'il est des femmes qui, en cuisine, font très bien, et tout aussi bien que certains cuisiniers ; mais ces cordons-bleus sont rares, et ils honorent la science. Je fais une réflexion qui doit leur devenir

fructueuse pour leur travail : elles devront donc
marquer leurs grandes sauces en suivant le procédé
usité par nos anciens cuisiniers, consistant ainsi qu'il
suit :

SAUCE TOURNÉE A L'ANCIENNE, POUR LA CUISINE
BOURGEOISE.

Pour un dîner de quatre entrées, la cuisinière doit
prendre une noix de veau, une poule et un peu de
maigre de jambon, le tout coupé en gros dés et passé
dans une demi-livre de beurre fin, en y mêlant deux
oignons, deux carottes, deux maniveaux de champignons, le tout émincé ; un bouquet assaisonné d'un
peu de thym, de laurier, et de deux clous de girofle ;
ajoutez une pointe de muscade râpée. Le tout étant
roussi légèrement sur un feu modéré, et saupoudré
ensuite de trois grandes cuillerées de farine, que l'on
passera encore quelques secondes sur le feu, elles
devront mouiller cette sauce avec du bouillon, en
ayant le soin de la tenir assez déliée pour pouvoir
la bien dégraisser. Lorsque le veau sera cuit, il faudra passer la sauce à l'étamine avec pression.

Pour obtenir de l'espagnole, elles prendront la
moitié de cette sauce, dans laquelle elles ajouteront
du jus ou du blond de veau pour colorer la sauce
comme l'espagnole.

Je donne cette manière d'agir à l'égard de cette
sauce pour accélérer les travaux des cuisinières, qui,
trop souvent, manquent de temps pour pouvoir bien
faire.

Mais, avec ces sauces telles qu'elles soient, en

ayant le soin de les clarifier soit avec du bouillon ou avec de l'eau, elles pourraient obtenir une grande variété de petites sauces en prenant les assaisonnements indiqués aux chapitres qui donnent les détails de nos petites sauces en général, et surtout en y mêlant un peu de glace de volaille, chose facile à se procurer aujourd'hui dans le commerce.

Nous reviendrons sur ces détails dans la description de l'analyse de nos petites sauces.

CHAPITRE III.

TRAITÉ DES GRANDES SAUCES DE LA CUISINE EN MAIGRE.

ESPAGNOLE, VELOUTÉ, ALLEMANDE,
ET SAUCE AU BEURRE.

Observation.

Me voilà arrivé à cette partie qui doit traiter des sauces maigres, et, quoi qu'en puisse dire le vulgaire, c'est dans la confection de la cuisine du carême que la science du cuisinier doit briller d'un nouvel éclat; et si ce beau talent n'a pas été englouti dans notre tourmente révolutionnaire, grâce au zèle et au savoir des grands cuisiniers dont je me suis plu à honorer la mémoire, c'est encore à l'Elysée-Bourbon, et sous les auspices des fameux Laguipierre et Robert, que j'appris l'ensemble de la cuisine du carême. Une pensée affligeante me rappelle malgré moi le malheureux temps du maximum, où la France entière éprouva cette disette qui lui imposa un jeûne qui menaçait de ruiner tous les estomacs du peuple français. Cette révolution de 93, qui voulait tout frapper pour tout détruire, a atteint dans leurs fondements les maisons les plus illustres.

La noblesse, ainsi que le clergé, avaient disparu de la capitale et des provinces; tout semblait annoncer la ruine de toutes choses. Des années de calamité et de misère frappèrent la gastronomie; mais, je le répète, les praticiens habiles, qui furent élevés dans l'ancien régime, se rappelèrent heureusement la bonne manière de préparer la cuisine du sacerdoce; et, lorsque la cour impériale, pour se donner plus de dignité, voulut imiter de tout point l'ancienne noblesse française, on entendit parler alors dans les cuisines de potages et d'entrées en maigre, et chaque année l'abstinence du carême fut plus sévèrement observée, particulièrement à l'Elysée-Bourbon, dont la princesse Caroline, sœur de Napoléon, avait fait le sanctuaire de la bonne chère. Aucune des grandes maisons de cette époque n'avait plus d'élégance et de recherche dans tout ce qui avait rapport au service de la table; et, si je me suis plu à citer la maison du prince de Talleyrand comme la première de France, c'est par le grand nombre d'années qu'elle se maintint dans sa splendeur première.

Celle du prince Murat, qui ne dura que quelques années, puisqu'il partit pour Naples, fut réputée pendant ce laps de temps pour la succulence, la variété et la recherche que le grand Laguipierre apportait dans son travail; et à coup sûr cette maison fut tendrement aimée par les vrais gastronomes, dont la figure devenait rayonnante de joie dès qu'ils mettaient le pied sur le seuil de la porte de l'Elysée-Bourbon.

Tout cela fut l'ouvrage de la grandeur du prince, du beau talent de M. Robert comme contrôleur, et du fameux Laguipierre comme chef de cuisine.

Je fus donc assez heureux pour être pendant deux ans le premier aide de Laguipierre, et, durant ces deux années, la cuisine, tout en maigre, fut réintégrée et ressuscitée en quelque sorte chez le prince Murat : car, jusque alors, elle n'avait paru que partiellement et dans les archevêchés; mais les maisons des princes de l'empire n'avaient point encore adopté cet antique usage des maisons de la cour de France; et lorsque le prince Murat fut nommé roi de Naples, la princesse Caroline, sa femme, fut désespérée de quitter la France et le palais enchanteur où elle avait vécu avec tant de splendeur. La princesse partit, et elle pleura bientôt d'avoir habité le palais des rois de Naples, par suite d'événements extraordinaires qui durent étonner les peuples et les rois.

Le 3 mai 1830, le roi de Naples et des Deux-Siciles vint voir la France et son auguste famille. Ce

monarque a dû sans doute se reposer des fatigues
de son voyage (de Naples à Paris) dans l'apparte-
ment de l'Elysée-Bourbon que Murat habitait avec
tant de luxe et d'éclat. Il avait été lui-même roi de
Naples, et il fut fusillé. Quelle étrange destinée que
celle des hommes et des empires !

Toutes ces pensées tumultueuses se présentent
ensemble à mon imagination, et malgré moi je me
suis écarté de mon sujet. Mais lorsque nous avons
été témoins de ces catastrophes inouïes, notre âme
s'en émeut, et nous trouvons du soulagement à en
parler. Cependant les impressions en sont ineffaça-
bles : à quarante-huit ans en avoir vu quarante de
révolutions! Etrange concours de mémorables événements ! Mais laissons derrière nous les tristes sou-
venirs de tant de calamités, et rappelons à notre
mémoire culinaire qu'à cette époque du 3 mai 1830,
il se donna de grands bals et de splendides repas à
Paris, à Saint-Cloud, à Trianon, à Compiègne, à
Rosny et à Neuilly ; ces fêtes brillantes furent toutes
données par la cour ; les ambassadeurs et les minis-
tres en donnèrent également de remarquables.

GRANDE SAUCE ESPAGNOLE EN MAIGRE.

Observation.

Le célèbre Laguipierre m'a raconté qu'il avait
connu dans sa jeunesse un cuisinier dont le frère,
aussi cuisinier, avait appartenu à un couvent de
chartreux, grands amateurs de gras et de maigre,
et qu'il avait l'habitude, pendant toute la durée du

carême, de mêler à ses sauces maigres de bon consommé et du blond de veau. — Alors, lui dis-je,
la cuisine avait plus d'onction et de succulence. —
D'ailleurs, me répondit le grand maître, ces sauces
ainsi préparées ne pouvaient pas être taxées d'appar-
tenir à la cuisine des jours gras, sans cependant être
maigres : c'était le juste-milieu. Mais vous savez bien
qu'il est pour ces pieux gastronomes des accommo-
dements avec le Ciel. Ils vivaient bien, et ils avaient
raison ; puis cela était sans doute ignoré des hommes dévots, qui se fiaient en cela ' au soin du supérieur. Celui-ci avait la plus aveugle confiance en son
pourvoyeur : ce dernier était donc le seul dont l'â-
me mondaine devait ressentir toute la pesanteur de
ce péché sensuel. — Ainsi, lui dis-je, d'après cette
autorité, vous pensez que l'homme de bouche peut,
dans les maisons particulières, employer les mêmes
procédés sans avoir la conscience chargée de cette in-
fraction faite aux commandements de l'Eglise catho-
lique ? — Ecoutez, soit dit entre nous, il est des amphitryons qui tolèrent ce principe ; mais cela serait
inexcusable envers les personnes pieuses, qui donnent des ordres spéciaux pour que le cuisinier n'emploie que les comestibles relatifs au travail du maigre proprement dit. Ce serait donc mal agir que de
ne point se conformer aux ordres formels, d'autant
mieux que la cuisine en maigre devient plus simple
dans l'exécution des petites sauces, attendu que la
plupart d'entre elles se composent d'essences de poisson et de racines, et que ces essences ne doivent pas
être long-temps au feu, n'ayant point de longues
cuissons : par conséquent il est essentiel de peu les

mouiller, afin d'éviter de longues réductions. Ainsi
j'ai vu, me dit-il, des cuisiniers réputés faire tout
bonnement des sauces maigres en faisant un peu de
roux blanc pour chaque petite sauce particulière, en
y joignant ensuite l'essence préparée à cet effet :
alors elles avaient le goût de l'assaisonnement voulu
pour chaque entrée ; elles étaient faites et terminées
au moment même du service en y mêlant du beurre
d'Isigny en quantité suffisante pour leur donner du
moelleux, ayant d'ailleurs la saveur et le goût désirables. Ces procédés appartiennent à la vieille cuisine, et ne sont point à dédaigner, puisqu'ils accélè-
rent le travail. Cependant, continua-t-il, dans nos
grandes maisons nous employons encore les mêmes
procédés pour certaines petites sauces. Mais nous
devons toujours marquer des grandes sauces en maigre, ainsi que vons le verrez bientôt, puisque nous
voilà très incessamment arrivés à la cuisine du carême. — Vous avez raison, lui dis-je, car ces grandes sauces donnent aux petites plus d'onction et de
nutrition : c'est par ces résultats que se caractérise
la bonne cuisine.

Voilà donc déjà une manière d'agir et de procéder à l'égard des petites sauces en maigre. Maintenant je vais décrire et analyser les principes de ce
grand maître : ce sera à mes confrères à agir selon
les places qu'ils occupent, par conséquent selon les
dépenses qu'il leur sera permis de faire. Ce raisonnement est le premier que le cuisinier doit suivre,
afin de conserver sa place, l'estime et la bienveil-
lance des amphitryons qui savent apprécier son talent.

SAUCE ESPAGNOLE EN MAIGRE.

Après avoir légèrement beurré le fond d'une casserole du diamètre de quinze pouces, vous y placez deux moyens brochets habillés et coupés en deux, ainsi que deux carpes moyennes, dont vous aurez soin de retirer la pierre d'amertume qui se trouve à la naissance de la tête ; ajoutez une tanche et une petite anguille coupées en tronçons ; ajoutez deux gros oignons, deux grosses racines de persil, deux carottes émincées, un bouquet assaisonné d'aromates, deux clous de girofle, et un peu de macis, de sel et de poivre en grains ; versez-y du bouillon maigre, seulement pour en masquer la surface du poisson. Dès que que l'ébullition s'opère, vous écumez bien parfaitement, puis vous avez soin d'observer la réduction, afin que la glace se colore peu à peu d'un blanc rougeâtre ; après quoi vous remplissez aux trois quarts la casserole de bouillon maigre ; donnez une heure d'ébullition ; dégraissez, et passez à la serviette cette essence de poisson, que vous replacez de suite sur le feu pour la faire bouillir de rechef ; versez-en trois grandes cuillerées dans une casserole contenant un roux blanc (douze onces de beurre fin légèrement rempli de farine) ; étant bien délié, vous ajoutez deux grandes cuillerées d'essence, et la joignez ensuite au reste du mouillement de l'espagnole ; remuez la sauce sur le feu. Dès que l'ébullition a lieu vous placez la casserole sur l'angle du fourneau ; ajoutez trois maniveaux de champignons émincés ; ayez soin de la dégraisser ; et, sitôt qu'il paraît à la

surface une légère écume blanchâtre , vous la passez
à l'étamine , et la ·faites réduire de suite , ainsi que
nous avons agi à l'égard des sauces en gras ; ou bien
vous la dégraissez dans une grande terrine , sans la
réduire , et l'employez ainsi dans vos petites sauces.

SAUCE VELOUTÉE EN MAIGRE.

Vous marquez cette sauce en suivant de tout point
les procédés indiqués ci-dessus pour l'espagnole ; seulement vous mouillez le velouté aussitôt-que la glace
commence à vouloir se former; après une heure d'é-
bullition, vous le dégraissez, et le passez à la serviette ; puis vous le liez , selon la règle , avec un roux
à peine coloré ; ajoutez trois maniveaux de champignons émincés ; ayez soin de dégraisser bien parfaitement le velouté , puis vous le passez à l'étamine ,
et le faites réduire ensuite dans deux casseroles ; terminez avec la béchamel et la sauce allemande , en
suivant les procédés que j'ai décrits au travail du
velouté en gras , à moins que vous ne préfériez déposer votre velouté dans une terrine , et le réduire
à mesure dans le travail des petites sauces, ainsi que
cela se pratique quand on a des bras et des hommes
à talent avec soi.

SECOND PROCÉDÉ A EMPLOYER
POUR CONFECTIONNER LE VELOUTÉ EN MAIGRE.

Mettez dans une grande casserole de quinze pouces de diamètre deux moyennes soles dépouillées ,
deux moyens brochets , deux carpes , quatre gros.

merlans et une petite anguille , le tout habillé ; ajoutez trois maniveaux de champignons, quatre oignons, quatre carottes , deux racines de persil ; un bouquet légèrement assaisonné de laurier , de thym et de basilic ; deux clous de girofle , une pincée de mignonnette et de macis ; remplissez la casserole d'eau ; ajoutez un peu de sel ; placez la casserole sur un fourneau ardent; dès que l'ébullition a lieu , retirez-la sur l'angle du fourneau , puis vous l'écumez et la dégraissez avec soin. Une heure après , vous passez l'essence de poisson à la serviette , et terminez votre velouté de la manière accoutumée.

Par ce procédé , on évite de faire suer le poisson, et le velouté est plus blanc , ainsi que cela se pratique pour la cuisson du velouté en gras.

GRANDE SAUCE BÉCHAMEL EN MAIGRE.

Coupez en petites escalopes les filets d'une moyenne barbue dépouillé ; mettez-la dans un grand plat à sauter , contenant douze onces de beurre d'Isigny, deux oignons , deux carottes , deux maniveaux et quatre racines de persil ; le tout émincé; ajoutez un fragment de laurier , de thym et de basilic , du macis , une pointe de mignonnette et de muscade râpée ; placez le plat à sauter sur un feu modéré ; remuez l'assaisonnement avec une cuillère de bois pendant dix minutes ; ajoutez deux grandes cuillerées de farine , que vous mêlez bien parfaitement , puis vous y joignez peu à peu trois pintes de crème. Ne quittez plus la béchamel , que vous réduisez à feu modéré pendant vingt à vingt-cinq minutes, pour la

passer ensuite avec pression par l'étamine, et la déposez dans une terrine.

Observation.

Une seule cuillerée de cette béchamel dans les
sauces au beurre leur donne un velouté et un goût
excellent. Maintenant je vais décrire, à la suite de
chaque petite sauce en gras, les détails qui me sem-
bleront nécessaires à l'analyse de celles pour la cuisine du carême. Ces détails seront plus abrégés, et
assez intelligibles pour être aisément compris par les
jeunes praticiens, dont j'ai tant à cœur de développer les talents.

CHAPITRE IV.

TRAITÉ DES PETITES SAUCES, EN GRAS ET EN MAIGRE.

Remarques et observations.

 E dois rappeler ici une circonstance particulière, relative au travail des petites
sauces.

En 1816, le contrôleur de la maison du prince
régent d'Angleterre vint à Paris, et demanda un
cuisinier à MM. Robert et Lasne. Je fus présenté par
eux, et arrêté aussitôt. Mais, avant mon départ pour
Londres, je voulus savoir de M. Lasne quelques détails sur la manière de travailler les petites sauces;
voici la note que j'écrivis sous sa dictée :

II. 3

SAUCE FINANCIÈRE. Réduction de madère sec, de truffes, de champignons, jambon, thym et laurier.

SAUCE TORTUE. Réduction de madère, jambon, mignonnette, poivre de Cayenne, piment et échalotte ; un tiers de sauce tomate sur l'espagnole.

SAUCE VÉNITIENNE. Velouté réduit et demi-lié, estragon haché et blanchi, beurre fin, glace de volaille, une pointe de muscade et du vinaigre à l'estragon.

SAUCE POIVRADE. Vinaigre, gros poivre, échalotte ; laurier et jambon.

SAUCE GÉNOISE. Vin de Bordeaux, blanc ou rouge, fines herbes, composées de champignons, truffes, persil, échalottes, gros poivre et quatre épices ; espagnole ou velouté.

SAUCE ITALIENNE. Réduction de champagne, champignons et une échalotte hachée, gros poivre et fines épices ; velouté demi-lié ou espagnole.

En demandant cette note à ce grand praticien, je désirais profiter de la circonstance de mon voyage pour savoir de lui si sa manière de faire ne différait pas essentiellement de celle de MM. Laguipierre et Richaud, et je sus bientôt que ces trois grands maîtres agissaient d'après les mêmes principes, et qu'il y avait peu de différence dans les assaisonnements.

Cependant M. Laguipierre était élève de la maison du roi, M. Richaud de la maison de Condé, et M. Lasne de celle d'Orléans. J'étais d'autant plus flatté de ce rapprochement que je voulais savoir davantage.

Je m'aperçus bientôt que le célèbre Laguipierre avait là bonne habitude d'additionner une partie du vin qu'il mettait dans les sauces à l'instant où elles étaient réduites à point, et qu'il les réduisait de nouveau.

Par ce système il a donné plus de succulence aux sauces, en conservant davantage l'esprit volatil des vins. J'ai donc adopté cette excellente manière d'employer les vins, puisqu'elle donne plus de spiritualité et de saveur aux sauces.

Maintenant je vais donner d'autres détails préliminaires sur le travail des petites sauces.

Lorsque les grandes sauces ont été marquées et tirées selon les détails et procédés décrits ci-dessus (puis dégraissées avec soin et réduites aussitôt), elles se divisent en petites sauces d'une variété infinie.

Ce qui constitue spécialement la différence des sauces entre elles, ce sont les essences (1), les fumets (2), les consommés (3), les vins blancs et rouges (4), les jus de citron, d'orange, de bigarade, de verjus, et vinaigre. Ensuite viennent les différents aromates et épiceries qui composent nécessairement les assaisonnements.

Je vais décrire tous ces détails, essentiellement pratiques, avec toute la précision possible. La cuisine moderne va recevoir de notables accroissements;

---

(1) De truffes, de truffes et jambon, de jambon et racines, de champignons et jambon. de champignons et racines.

(2) De faisans, de bécasses, de perdreaux, de mauviettes, de lapreaux et de levrauts.

(3) De volaille, de jambon et volaille, de volaille cuite à la broche.

(4) De Champagne, de Madère, de Malaga, de Xérès, de Porto, du Rhin, de Bourgogne et de Bordeaux.

3*

et les hommes qui sont assez vains pour se croire sauciers parce qu'ils savent faire une trentaine de sauces de différentes sortes, seront sans doute surpris que j'aie plus que double le nombre de celles qui caractérisent la cuisine moderne.

Remarque.

Lorsque les petites sauces sont terminées et déposées dans les casseroles à bain-marie, vous mettrez dans chacune d'elles une cuillère à bouche, afin de pouvoir les remuer de temps en temps, pour éviter qu'il se forme à la surface une peau légère. Ces cuillères deviennent ensuite de toute nécessité pour le moment du service.

Cependant le fameux Laguipierre employait un autre moyen pour conserver la fraîcheur des sauces à leur surface. Je vais l'indiquer.

Sitôt qu'elles étaient déposées dans des casseroles à bain-marie, il versait légèrement dessus un peu de consommé clarifié, afin d'en masquer la surface. Par ce procédé, elles n'éprouvent pas la moindre altération ; mais au moment du service on est tenu d'y placer des cuillères à bouche, pour pouvoir remuer les sauces et saucer les entrées. Si vous avez un saucier, il doit avoir l'attention de placer des cuillères dans les sauces, en les présentant au chef au moment de saucer.

Cette manière d'agir est préférable : car on n'a pas toujours une douzaine de cuillères d'argent pour la cuisine ; cependant, dans les grandes maisons, il est facile de les obtenir. Ensuite, on n'a pas toujours un saucier avec soi pour soigner le bain-marie. Je préfère la manière de déposer les cuillères dans les sauces à l'instant même où elles sont terminées.

J'observerai encore qu'il est de toute nécessité de placer à chaque manche des casseroles à bain-marie une étiquette, sur laquelle vous devez écrire le nom de la sauce qu'elle contient, afin que, le moment du service arrivé, il se fasse avec ordre et célérité : car, si nous n'avons qu'un apprenti pour nous donner les sauces au moment où nous en avons besoin, en lui demandant le suprême, la béchamel, le velouté, et ainsi de suite pour toutes les autres sauces, il les reconnaîtra aussitôt ; et quand bien même vous auriez un saucier, il est également convenable qu'il reconnaisse vivement ses sauces.

Je donne ces détails, non pour les praticiens, qui ont comme moi cette habitude, mais bien pour les jeunes gens qui veulent le devenir, et qui n'ont pas été à même de travailler dans les grandes maisons.

Maintenant il s'agit de placer les casseroles à bain-marie (1) dans la caisse bain-marie. Cette caisse a ordinairement vingt à vingt-quatre pouces de longueur sur seize à dix-huit de largeur, et quarante

---

(1) On appelle vulgairement dans nos cuisines bains-marie les casseroles dans lesquelles nous déposons les petites sauces, mais c'est une erreur. Ce qui constitue le vrai bain-marie, c'est l'eau chaude que contient la caisse bain-marie, dans laquelle nous plaçons les petites sauces pour les chauffer : car toute casserole, marmite, ou plat à sauter, qui contiendra de l'eau chaude, et dans lequel nous aurons chauffé ou cuit quelque substance, doit se nommer incontestablement bain-marie. On prétend que c'est une sœur de la Charité de Paris qui a imaginé le procédé de faire chauffer des liquides dans des vases placés dans d'autres vases contenant de l'eau chaude.

à quarante-huit lignes de profondeur : elle est , par
conséquent , d'un carre long , arrondi des angles.
Elle se porte par deux poignees mobiles en cuivre ,
fixées au milieu de sa longueur. Nous avons dans
nos grandes maisons de ces caisses bain-marie qui
ont jusqu'a trois pieds de longueur.

Une heure avant le moment du service , vous y
placez avec ordre les petites sauces , en ayant soin
de tenir les queues des casseroles bain-marie en face
de vous. Les etiquettes doivent être également placées de manière à pouvoir être lues la casserole étant
dans cette position. Après quoi , vous placez la caisse
bain-marie sur un fourneau ardent , autour duquel
vous aurez déposé deux pouces d'epaisseur de cendre froide , en ayant soin toutefois de laisser une ouverture derrière la caisse bain marie : cette ouverture doit être très petite ; elle sert à donner un passage à l'air , afin que le fourneau ne soit pas entièrement étouffé. Ensuite vous versez assez d'eau bouillante pour remplir la caisse bain-marie aux trois
quarts de la capacité.

Il est important d'observer que l'eau du bain-marie ne doit pas bouillir. Lorsque cela est arrivé , on
doit y remettre un peu d'eau froide , et en tempérer
la chaleur en interrompant par un peu de cendre
le courant d'air laisse au fourneau. Lorsqu'il y a une
demi-heure que les sauces sont à chauffer , vous les
remuez avec la cuillère , et au moment du service
(elles doivent se trouver presque bouillantes) , vous
les dénommez en les demandant à celui qui sera chargé
du bain-marie. Par le moyen des etiquettes il les reconnaîtra facilement, et devra les placer sur la table,

et près des réchauds sur lesquels vous avez dressé le dîner.

Le moment du service étant passé, on doit déposer le reste de l'espagnole, de l'allemande et de la béchamel, dans de petites terrines, que vous couvrez d'un rond de papier légèrement beurré. Relativement à toutes les petites sauces qui ont une confection particulière, un habile saucier n'en fera jamais plus qu'il ne lui en faut pour saucer son entrée, sûr moyen de les obtenir savoureuses et parfaites, tandis qu'il est parmi nous des hommes qui prodiguent les fumets et essences dans de trop grandes quantités de petites sauces.

Je suppose, par exemple, que le cuisinier soit irréfléchi, et qu'il ait marqué selon la règle un fumet de perdreaux pour un salmis, et qu'il ait ajouté inconsidérément le tiers plus d'espagnole qu'il ne lui en fallait pour saucer amplement son entrée, après réduction faite : il est impossible que la sauce du salmis n'en reçoive pas une altération sensible pour le palais du gourmand, qui cherchera vainement le fumet du perdreau, puisque celui-ci aura été maladroitement prodigué, ainsi que je viens de le démontrer.

Les jeunes praticiens ne doivent pas perdre de vue cette observation ; elle est éminemment pratique, et je leur répéterai sans cesse que, la confection de notre cuisine, reconnue universelle, réclame des soins minutieux et continuels.

Or, ce qui constitue la succulence des petites sauces en général, c'est la précision avec laquelle nous

marquons leurs assaisonnements : car si quelques-
uns des aromates et épiceries qui les composent se
font sentir, aussitôt un palais exercé s'en aperçoit,
et la science du cuisinier disparaît. Il est donc essentiellement nécessaire que l'ensemble de l'assaisonnement soit parfaitement fondu, afin que les sauces
soient toujours trouvées suaves et parfaites.

Je vais préciser ces détails avec autant d'ensemble
que possible ; et si j'ai annoncé dans mon *Cuisinier
parisien* que j'avais imaginé un assez grand nombre
de sauces, les chapitres qui vont se succéder en donneront la preuve certaine ; et, quoi que l'envie puisse
dire, j'ai composé mes sauces, en suivant sans doute
les raisonnements de nos grands maîtres : car celui
qui a composé la sauce vénitienne, par exemple, a
pensé qu'en ajoutant à la sauce allemande de l'estragon haché et blanchi, un peu de glace de volaille,
un peu de beurre et une pointe de vinaigre à l'estragon ; il a pensé, dis-je, qu'il devait par cette nouvelle combinaison obtenir une sauce appétissante et
toute particulière. C'est donc l'addition de l'estragon
et du vinaigre qui constitue cette sauce savoureuse.

C'est en suivant ce raisonnement que j'ai, j'ose le
dire, créé un nombre infini de choses nouvelles dont
mes livres portent le cachet ineffaçable ; et, pour obtenir les mêmes résultats, il ne faut qu'un peu de
bon sens, et s'occuper sans relâche des progrès de
la science que l'on professe. C'est en suivant ce système de méditation et de raisonnement dans les arts et
métiers que les praticiens habiles font de nouvelles
découvertes.

En donnant la description des petites sauces, j'ai suivi les principes que l'expérience et le goût m'ont inspirés, et d'après MM. Richaud, Laguipierre et Lasne.

Ensuite, ayant fait pendant dix ans les grands extras des maisons de l'empire, j'ai fait mon profit d'un grand nombre de bonnes choses que j'ai été à même d'apprendre avec les chefs de ces grandes maisons, et j'ai pris à cœur de les imiter tous et de ne ressembler à personne. Mais le grand Laguipierre m'a servi de modèle pour son beau talent : car il faisait toutes les parties, et les faisait bien ; et quoi qu'en disent les envieux, c'est ainsi que se caractérisent les talents qui sortent de la classe ordinaire ; les hommes qui ne sont propres qu'à une chose le savent bien, et ils penseraient faire tort à leur réputation s'ils reconnaissaient franchement un talent qui leur soit supérieur parce qu'il serait plus universel.

O vanité des vanités ! Mais revenons à nos petites sauces.

Il est nécessaire de bien dégraisser les fumets, essences, consommés et blonds de veau, avant de les employer au travail des petites sauces. Par ce moyen ce travail devient facile et prompt, point essentiel aujourd'hui que les chefs de cuisine ne sont point secondés dans leurs travaux. Car nous sommes, par suite de l'économie des maisons du jour, contraints à faire les potages, les sauces, les entrées, les entremets, et souvent même la pâtisserie. En cette circonstance nous avons plus de fatigues, il est vrai ; mais nous ne pouvons nous dissimuler qu'il en résulte un grand bien pour nos dîners, en ce que toutes les parties sont soignées par le même homme (1), à moins d'avoir avec soi des aides de première classe. Mais ces maisons-là sont rares au temps où nous sommes ; tandis qu'autrefois les maisons des grands avaient un chef, des aides, des garçons et des apprentis de cuisine. Les temps ne sont plus les mêmes ; nos neveux auront sans doute plus de chance que nous. Du moins tel est mon sincère désir, en m'occupant sans relâche d'honorer et faire honorer la science par mes travaux culinaires et gastronomiques.

Je dois faire une observation dernière et assez importante pour les petites sauces. En les décrivant selon la haute cuisine, je serais fâché que les cuisinières ne pussent pas en profiter, en ne donnant pas de recettes de sauces à la bourgeoise ; en revanche je vais les aider de mes conseils. Je sais que trop souvent elles manquent des choses de première nécessité pour marquer les grandes sauces, et que par conséquent elles ne peuvent en obtenir de petites selon la règle.

Cependant mes recettes peuvent leur être d'un très grand secours. Elles doivent toujours avoir un peu de roux d'avance, afin de lier leurs sauces d'une manière convenable. En suivant les détails de l'as-

---

(1) J'ai deux fois dans ma vie servi mes dîners en maître-d'hôtel, et j'ai entendu dire à ce sujet par les seigneurs des choses très flatteuses pour moi, tandis qu'ils citaient des maisons où les potages étaient désagréables et mauvais ; dans d'autres c'étaient les entrées ou les entremets qui ne répondaient pas au reste du dîner. Cela est facile à comprendre, dès que nous abandonnons à des mains malhabiles la confection de telles ou telles choses, qui se trouveront, par ce résultat, être de pauvre mine et mauvaises.

saisonnement de mes petites sauces , et en employant
de bon bouillon, du blond de veau, ainsi que du
bon vin ordinaire, elles auront bientôt une grande
variété de sauces, qui, sans être succulentes, n'en seront pas moins agreables au palais ; et si elles y ajoutent un peu de glace, elles feront aussi bien que
possible.

Voulant toujours me rendre le travail facile , j'ai
fait faire une grande cuillère à ragoût, de la capacité
d'un verre ordinaire, afin que deux de ces cuillères
de sauce travaillée puissent me régler pour saucer
une entrée. Ensuite cette cuillère m'est devenue très
utile, en ce qu'elle se trouve toujours sous ma main,
étant placée sur le fourneau, dans la marmite qui
sert de bain-marie , qui contient de l'eau chaude
dans laquelle nous déposons les cuillères à dégraisser,
à bec, et celles percées. Ainsi lorsque je parlerai de
grande cuillère à ragoût dans l'analyce de mes petites
sauces, il s'agira de celle-ci. Il ne tiendra qu'aux
praticiens d'en commander de pareilles chez leurs
chaudronniers : ils s'apercevront bientôt de son uti-
lite.

J'avais pensé, en composant les chapitres des petites sauces, mettre ensemble toutes celles que nous tirons avec l'espagnole, et ainsi de celles composées
avec l'allemande, le velouté ou la béchamel ; mais, en
y réfléchissant, j'ai préfere placer dans le même chapitre les petites sauces qui ont le plus d'analogie dans
leurs assaisonnements.

Je voulais egalement suivre le système que j'ai
adopté dans mon *Traité des potages*, en divisant les
petites sauces qui ont des noms étrangers en chapi-

tres particuliers ; mais il m'a semblé plus convenable
de décrire dans le même chapitre toutes celles qui se
composent à peu près des mêmes assaisonnements,
ainsi que je viens de le dire précédemment : l'analyse en sera plus rapide et plus facile pour mes confrères.

CHAPITRE V.

TRAITÉ DES PETITES SAUCES, EN GRAS ET EN MAIGRE.

SOMMAIRE.

Sauce au suprême ; idem à la vénitienne : idem allemande à la vien-
naise ; idem à la princesse ; idem hollandaise au suprême ; idem
karick à l'indienne ; idem béchamel aux champignons ; idem aux
champignous ; idem aromatique aux morilles ; idem à la ravigote ;
idem à la ravigote printanière ; idem à l'ail à la provençale ; idem
à la française ; idem au homard ; idem aux écrevisses : idem aux
crevettes ; idem aux huîtres ; idem aux huîtres et aux champignons ;
idem aux moules ; idem brandade pour la morue à la provençale ;
idem à la maître-d'hôtel liée ; idem veloutée à la civette ; idem aigrelette au verjus ; idem à la Duxelle ; idem hatelets ; idem au
fenouil ; idem à la russe ; idem à la polonaise.

SAUCE AU SUPRÊME.

ETTEZ dans une casserole à bain - marie
de la sauce allemande autant qu'il en faut
pour saucer une entrée. Lorsqu'elle est
presque bouillante , et, au moment du service, vous

y joignez deux cuillerées à bouche de consommé de volaille et deux petits pains de beurre d'Isigny.

Le tout étant bien amalgamé, vous en saucez l'entrée.

Quelques praticiens ajoutent un jus de citron ; mais je suis de l'avis du grand Laguipierre, qui désapprouvait l'addition de cet acide.

SAUCE SUPRÊME EN MAIGRE.

Vous procédez ainsi qu'il est démontré ci-dessus, en employant de la sauce allemande maigre et de la glace de poisson à l'essence de racines (1).

Observation.

Sauce au suprême, quel titre pompeux ! Ainsi, en ajoutant à la sauce allemande un peu de glace de volaille et un peu de beurre, voilà le suprême. Ne croirait-on pas que dans cette sauce se trouve le superlatif du travail des petites sauces ? Cependant nous en avons un grand nombre qui réclament beaucoup plus de science pour arriver à les assaisonner à point ; mais tel est l'usage : il passe en habitude, et l'habitude consacre des choses dont les noms restent éternellement.

Je sais que certains épilogueurs pourront me dire :

OBSERVATION. — En donnant la simple analyse des petites sauces de la cuisine en maigre, j'ai voulu éviter de grandes et nombreuses répétitions ; les détails devenaient à peu près les mêmes que pour les autres petites sauces, puisqu'il ne s'agira que de supprimer les grandes sauces grasses pour les remplacer par des maigres : et ainsi des fumets, essences, consommés et glaces de volaille au gibier, qui doivent être remplacées par celles d'essence de poisson et de racines.

Ce n'est pas là le suprême : cette sauce doit être du
velouté réduit et travaillé avec un consommé de volaille, et, au moment du service, vous devez y mêler
un peu de beurre et un jus de citron. Pour répondre
à ces objections, je le répète, je me sers de l'autorité
du grand Laguipierre : son suprême était de l'allemande. M. Lasne employait du velouté demi-lié. Ces
deux maîtres avaient assurément la réputation de
bien faire. On ne peut disconvenir que l'allemande
ou le velouté demi-lié ne donne à cette sauce une
mine plus appétissante que le simple velouté. Puis,
on m'objectera encore que cette sauce suprême est
excellente. Oui, sans doute. Qu'elle appartient au
sauté de volaille au suprême, c'est une erreur : car
j'ai servi des poulardes, des poulets, des quenelles
et des boudins de volaille au suprême. Une macédoine au suprême est quelque chose de parfait.

Ensuite, en remplaçant la glace de volaille par
celle de faisan, le sauté de faisans devient incontestablement au suprême ; il en est de même à l'égard des
perdreaux, des bécasses et des quenelles et boudins
de gibier, dont le fumet est agréable.

J'observerai encore que, si, en additionnant à l'allemande un peu de glace de volaille et de beurre,
nous obtenons une sauce au suprême, il me semble
que, par le même moyen, nous pouvons abréger le
travail d'un grand nombre de sauces en y mêlant, à
l'instant du service, des glaces d'essences de jambon,
de truffes, de champignons, de racines et de poisson.
Assurément voilà qui doit être pris en considération
par mes confrères. Je suppose par exemple que le
chef de cuisine soit surpris par son seigneur, qui lui

demanderait un dîner sur lequel il ne comptait pas.
Eh bien, en ayant le soin d'avoir toujours en réserve
les sortes de glaces précitées, il doit, par ce résultat,
servir un bon dîner. Cette observation n'est point à
dédaigner, surtout maintenant que l'on croit toutes
choses faciles et possibles, et cela depuis que les riches donnent si peu de soin et d'importance à l'art
culinaire. En cette circonstance, le génie du cuisinier doit suppléer à tout par amour pour la science.

Par ce simple travail nous pouvons obtenir une
grande quantité de petites sauces savoureuses et parfaites, en ayant surtout de grandes sauces travaillées
ou simplement réduites à glace et liées au moment.

Ces observations s'appliquent également à la cuisine en maigre.

Je l'ai déjà dit au chapitre de mes grandes sauces,
j'ai souvent employé ces moyens dans mes voyages
et dans des cas pressés, et toujours à ma satisfaction.

SAUCE A LA VÉNITIENNE.

Au moment du service, vous avez en ébullition,
dans une casserole à bain-marie, deux grandes cuillerées à ragoût de sauce allemande pour saucer une
entrée ; alors vous y mêlez une bonne pincée de
feuilles d'estragon coupées en petits filets que vous
faites blanchir et égoutter ensuite sur un tamis de
soie, puis une cuillerée de glace de volaille, un
peu de beurre d'Isigny, une pointe de muscade
râpée et un filet de bon vinaigre à l'estragon ; servez.

Cette sauce est excellente pour des entrées de
volaille, en entrées de broche et poêlées, puis pour
des entrées de poisson grillé ou cuit à l'eau de sel.

SAUCE MAIGRE A LA VÉNITIENNE.

Pour l'obtenir, vous employez de la sauce allemande maigre, de la glace de poisson à l'essence de racines; le reste du procedé est le même que ci-dessus.

SAUCE ALLEMANDE A LA VIENNAISE.

Additionnez dans la sauce allemande pour saucer une entree une cuilleree à bouche de persil haché et blanchi, un peu de poivre blanc en poudre et un jus de citron.

Cette sauce est celle que nous nommons en France à la poulette ; seulement nous y additionnons un peu de beurre fin.

SAUCE MAIGRE ALLEMANDE A LA VIENNAISE.

Vous employez de la sauce maigre allemande : voila toute la différence qui existe entre ces deux sauces.

SAUCE A LA PRINCESSE.

Vous ajoutez à deux cuillerees de sauce allemande en ebullition du persil haché et blanchi, une pointe de muscade râpée, un peu de glace de volaille, un peu de beurre et un jus de citron.

SAUCE MAIGRE A LA PRINCESSE.

Pour cette sauce vous employez de la sauce allemande en maigre, ainsi que de la glace de poisson

II. 4

à l'essence de racines. Suivez le reste du procédé précité.

Observation.

Voici quelques petites sauces indiquées d'après mon procédé, en terminant la sauce allemande au moment même où j'ai réduit mon velouté. Assurément les détails en sont simples et faciles; tandis qu'en suivant l'ancien procédé il m'aurait fallu décrire. Travaillez du velouté avec du consommé, puis, après l'avoir réduit, vous y mêlez une liaison de trois jaunes d'œuf; passez la sauce à l'etamine en ajoutant l'un des assaisonnements indiqués ci-dessus. Voilà, je le répète, un travail que j'ai voulu éviter. D'ailleurs je veux également analyser les deux procédés pour les sauces qui en sont susceptibles; mais les praticiens qui ne sont point systématiques s'empareront bientôt de ma manière de faire; ils en ressentiront une amelioration sensible dans les temps où les travaux nous pressent. Ainsi je vais décrire mon procédé en premier, et l'ancienne manière de faire comme second procédé.

SAUCE HOLLANDAISE AU SUPRÊME.

Après avoir cassé six jaunes d'œuf dans une casserole à ragoût, vous y mêlez un peu de beurre très fin, du sel, du poivre fin, de la muscade râpée, une cuillerée à ragoût de sauce allemande et une idem à bouche de glace de volaille; remuez cette sauce sur un feu très doux, et, à mesure qu'elle se lie, vous y joignez un peu de beurre à trois ou quatre reprises, en ayant le soin de la remuer sans cesse. Au moment du service vous y versez un peu de bon vinaigre ordinaire , afin de la rendre appetissante et relevée; ajoutez un bon morceau de beurre.

SAUCE MAIGRE A LA HOLLANDAISE AU SUPRÈME.

Supprimez l'allemande et la glace de volaille pour les remplacer par de la sauce et de la glace de poisson : voilà la seule différence.

Observation.

Cette sauce hollandaise , ainsi marquée , est des plus savoureuses pour servir toute sorte de poisson de mer et de rivière, cuits à l'eau de sel ou grillés , et également pour servir des entrées de volaille et des entremets de légumes, ainsi qu'on le verra par la suite.

La presque totalite des cuisiniers font la sauce hollandaise composée seulement de jaunes d'œuf, de beurre, de vinaigre, de sel et de poivre; mais le fameux Laguipierre, en ajoutant à cette sauce un peu de veloute ou d'allemande) et de glace de volaille, l'a rendue succulente et parfaite. Par l'addition du velouté , il a donné à cette sauce assez de corps pour lier et cuire les jaunes d'œuf à point ; tandis que la sauce hollandaise ordinaire est sujette à tourner le beurre en huile en se décomposant aisément lorsqu'elle attend. Les cuisiniers qui restent stationnaires sont tout etonnes que les hommes habiles ne fassent pas comme eux, et qu'ils osent perfectionner les arts et métiers par de savantes méditations.

4*

SAUCE KARICK A L'INDIENNE.

Mettez dans une casserole à ragoût quelques tranches de jambon maigre, un oignon emincé, un bouquet assaisonné, deux maniveaux de champignons émincés, trois clous de girofle, une bonne pincée de piment, une idem de poivre de Cayenne, et un peu de massis; ajoutez deux cuillerées à ragoût de consommé de volaille; faites mijoter cet assaisonnement à très petit feu, passez-le à la serviette et dégraissez-le; lorsqu'il est un peu réduit, vous y mêlez de la sauce allemande; lorsqu'elle est réduite à point, vous y ajoutez une petite infusion de safran afin de la colorer d'un beau jaune, puis vous la passez à l'etamine; au moment du service, vous y mettez un peu de beurre et trois maniveaux de petits champignons tournés et leurs fonds; quelques personnes ajoutent à cette sauce de petits cornichons bien verts et tournés en olives : elle doit être de haut goût; le cayenne doit un peu se faire sentir.

Second procédé.

Au lieu de mettre de la sauce allemande, vous la remplacez par du velouté, que vous réduisez avec l'essence de l'assaisonnement; puis vous y mêlez une liaison et passez la sauce à l'etamine.

SAUCE MAIGRE DE KARICK A L'INDIENNE.

Vous remplacez le jambon par une petite anguille coupée en tronçons; l'allemande, ou le velouté, par de la sauce allemande maigre ; le reste du procede est absolument le même que ci-dessus.

SAUCE BÉCHAMEL AUX CHAMPIGNONS.

Après avoir tourné quatre maniveaux de champignons moyens, blancs et bien ronds, vous les sautez dans une eau de citron avec un peu de beurre fin et de sel. Etant prêt à servir, vous mettez dans une petite casserole de la bechamel, ce qu'il en faut pour saucer une entree, lorsqu'elle est bouillante, vous y versez les champignons et leurs fonds, et la faites réduire à point ; ajoutez une pointe de muscade et un peu de beurre.

Cette sauce est excellente pour des entrées de broche de volaille, et pour des entrées de poissons de mer cuits à l'eau de sel.

J'ai servi cette sauce pour la première fois à la princesse de B***.

SAUCE BÉCHAMEL MAIGRE AUX CHAMPIGNONS.

Remplacez la bechamel grasse par de la maigre, et suivez de tout point les details precités.

Second procédé.

Après avoir travaille et réduit du velouté, vous y mêlez de la crème. Passez la bechamel à l'étamine, selon la règle, puis vous y joignez les champignons; et après quelques bouillons, vous placez la sauce au bain-marie.

SAUCE AUX CHAMPIGNONS.

Ayez quatre maniveaux de moyens champignons tournés et cuits bien blancs, avec du jus de citron, du beurre et une pointe de sel. Au moment du service, vous les versez dans de la sauce allemande (pour saucer une entrée), avec un peu de glace de volaille et un jus de citron. Faites bouillir quelques secondes, afin que la sauce prenne le goût de l'essence des champignons, puis vous la versez dans une casserole à bain-marie ; à l'instant du service elle doit être bouillante. On obtient également cette sauce en y mêlant moitié sauce allemande et moitié sauce au beurre.

SAUCE MAIGRE AUX CHAMPIGNONS.

Procédez ainsi qu'il est démontré ci-dessus, en remplaçant la sauce par de l'allemande maigre. C'est la seule différence.

SAUCE AROMATIQUE AUX MORILLES.

Mettez dans une casserole à ragoût une pincée de romarin, autant de sauge, de thym, de basilic, le quart d'une feuille de laurier, un clou de girofle, un peu de mignonnette, et une pointe de muscade râpée ; ajoutez un oignon émincé et une cuillerée à ragoût de bon consommé ; faites mijoter cet assaisonnement quelques minutes, puis vous le passez avec pression à l'étamine ; ensuite vous y joignez une trentaine de petites morilles bien saines, et parfaitement lavées ; lorsqu'elles ont jeté quelques bouillons, vous y versez de l'allemande pour saucer une entrée, et faites réduire à point.

Au moment du service, vous y joignez un peu de glace de volaille, un peu de beurre fin, un jus de citron et une cuillerée à bouche de cerfeuil haché et blanchi.

SAUCE MAIGRE AROMATIQUE AUX MORILLES.

Procedez de tout point ainsi qu'il est demontré ci-dessus : seulement vous remplacez le consommé par de l'essence de poisson, et l'allemande par de la sauce maigre allemande.

SAUCE A LA RAVIGOTE.

Faites réduire dans une casserole à ragoût deux cuillerées à ragoût de vinaigre ordinaire et une pincée de mignonnette ; étant réduit, vous y joignez deux grandes cuillerées à ragoût de consommé, et deux grandes idem de sauce allemande. Réduction faite, vous passez la sauce à l'étamine, et au moment de servir vous y mêlez du cerfeuil, de l'estragon haché et blanchi, puis un peu de beurre fin. Quelques personnes ajoutent à la ravigote un peu de citron : cela est inutile.

SAUCE MAIGRE A LA RAVIGOTE.

Procédez ainsi qu'il est démontré ci-dessus, en remplaçant le consommé et l'allemande par de la sauce maigre allemande et de l'essence de poisson ou de racines.

SAUCE A LA RAVIGOTE PRINTANIÈRE.

Après avoir épluché une poignée de cerfeuil, un
peu d'estragon, de petite civette, et quelques feuilles
de pimprenelle, vous lavez cette ravigote à l'eau
froide ; puis vous la faites blanchir dans un poëlon
d'office à l'eau bouillante, avec un peu de sel ; après
quelques minutes d'ébullition, vous l'égouttez et la
faites rafraîchir ; ensuite vous la pressez parfaitement; et, après l'avoir pilée en purée, vous la faites
passer par le tamis de soie.

Au moment du service, vous devez avoir dans une
casserole à bain-marie de la sauce allemande, pour
saucer une entrée, étant presque bouillante ; vous y
joignez un peu de glace et de beurre, une pointe de
vinaigre à l'estragon, puis de la ravigote, juste ce
qu'il en faut pour donner à cette sauce une teinte
vert-pistache ; et servez.

SAUCE MAIGRE A LA RAVIGOTE PRINTANIÈRE.

Vous remplacez la sauce allemande et la glace de
volaille par de la sauce maigre allemande et de la
glace de poisson. Le reste du procédé est le même
que celui démontré ci-dessus.

Je ne parlerai point de la sauce vert-pré, celle-ci
étant préférable.

SAUCE A L'AIL A LA PROVENÇALE.

Faites mijoter dans une casserole à ragoût quatre

gousses d'ail , un bouquet légèrement assaisonné ,
une pincée de mignonnette , et deux cuillerées à ragout de consommé. La réduction étant presque à
point , vous retirez l'ail et le bouquet assaisonné ,
puis vous ajoutez deux grandes cuillerées de velouté,
en y joignant une liaison de trois jaunes d'œuf. Après
quelques minutes d'ébullition , vous passez la sauce
à l'étamine ; et au moment du service , vous y mêlez
un peu de beurre et de jus de citron.

SAUCE MAIGRE A L'AIL A LA PROVENÇALE.

Vous marquez votre assaisonnement ainsi qu'il est
analysé ci-dessus , puis vous remplacez le consommé
par de l'essence de poisson , et le velouté par de la
sauce maigre allemandé.

SAUCE A LA FRANÇAISE.

Mettez dans une casserole à bain-marie de la sauce
béchamel maigre ; lorsqu'elle est presque bouillante,
vous y joignez une pointe d'ail , un peu de muscade
râpée et une essence de champignons. Quand elle a
jeté quelques bouillons, et à l'instant de servir , vous
y joignez un beurre d'écrevisses , afin de la colorer
d'une teinte rosée.

Cette sauce a une physionomie qui lui est particulière , et elle ne le cède en rien aux autres sauces
pour servir le poisson. Elle convient parfaitement
pour les pains de carpe , de brochet , de saumon, et
en général pour les entrées de poisson. On peut y
ajouter des queues d'écrevisses et de petits champi-

gnons tournés, bien blancs. J'ai servi cette sauce pour la première fois chez le prince Paul de Wurtemberg.

Cette sauce étant maigre, elle sert pour les deux cuisines.

SAUCE AUX HOMARDS.

Versez dans une casserole à ragoût un verre de vin de Madère, dans lequel vous ajoutez quelques branches de persil, une échalotte, un peu de mignonnette et de muscade râpée. Faites réduire à petit feu; après quoi vous additionnez une cuillerée de consommé; donnez quelques minutes d'ébullition; passez cet assaisonnement au tamis de soie dans une casserole à ragoût, contenant deux grandes cuillerées de sauce allemande. Faites réduire à point; puis vous versez de rechef un demi-verre de vin de Madère. Réduisez de nouveau, et passez la sauce à l'étamine dans une casserole à bain-marie. A l'instant de servir, vous y mettez un peu de jus de citron et un peu de beurre : la sauce doit être presque bouillante; alors vous y mêlez légèrement les chairs d'un homard cuit au Madère, que vous avez coupées en petits dés.

Cette sauce étant au vin de Madère, on ne doit pas y ajouter de persil haché, comme cela se pratique dans la sauce au beurre aux homards. On peut également y mêler un beurre de homards.

SAUCE MAIGRE AUX HOMARDS.

Vous procédez ainsi qu'il est démontré ci-dessus,

en supprimant le consommé, que vous remplacez par
de la sauce maigre allemande.

SAUCE AUX ÉCREVISSES.

Après avoir lavé un demi-cent de moyennes écrevisses de Seine, vous les faites cuire avec une demi-
bouteille de vin de Champagne, un oignon émincé,
un bouquet assaisonné, une pincée de mignonette
et fort peu de sel ; lorsque vos écrevisses sont froides
vous les égouttez, et vous passez la cuisson au tamis
de soie ; vous la faites réduire de moitié, puis vous y
ajoutez deux grandes cuillerées à ragoût de sauce allemande ; faites réduire à point, et ajoutez un demi-
verre de Champagne. Réduction faite, vous passez
la sauce à l'étamine ; au moment du service vous y
joignez un peu de glace et de beurre fin, puis les
queues d'écrevisses, que vous avez parées selon la
règle.

On doit ajouter à cette sauce un beurre d'écrevisse préparé avec les coquilles d'écrevisses, dont les
queues entrent dans la sauce.

SAUCE MAIGRE AUX ÉCREVISSES.

Vous remplacez la sauce allemande par de la sauce maigre à l'allemande, et suivez de tous points
le reste du procédé, ainsi qu'il est démontré ci-dessus.

SAUCE AUX CREVETTES.

Vous devez choisir vos crevettes fraiches et peu salées ; mais les marchands ont l'habitude , lorsque leur fraîcheur se passe après plusieurs jours qu'ils les ont étalées, et non vendues , de les faire rebouillir dans un assaisonnement léger, afin de leur ôter en partie le goût désagréable qu'elles contractent par l'action de l'air. Il est facile de s'en apercevoir : la chair devient alors salée et coriace. Pour cette sauce vous devez prendre une livre d'excellentes crevettes d'égale grosseur ; vous épluchez les queues et les parez légèrement; au moment du service, vous les mêlez dans de la sauce allemande; dans laquelle vous avez ajouté un peu de glace et de beurre, un jus de citron , un peu de muscade râpée et une cuillerée à bouche de persil haché et blanchi.

SAUCE MAIGRE AUX CREVETTES.

Préparez cette sauce ainsi qu'il est indiqué ci-dessus , seulement vous remplacez l'allemande par de la sauce maigre idem , et la glace de la volaille par de la glace de poisson à l'essence de racines.

SAUCE AUX HUITRES.

Faites ouvrir dix douzaines de grosses huîtres bien fraîches et bien grasses , puis vous les mettez dans leurs eaux sur le feu , en les remuant de temps en temps, afin qu'elles aient une égale cuisson. Lorsqu'elles sont prêtes à bouillir, vous les retirez de leurs eaux avec une cuillère percée (lorsqu'on les égoutte dans une passoire, il est rare que les huîtres ne gardent point de gravier, ce qui les fait croquer;

tandis qu'en les égouttant par cuillerées cela n'arrive jamais).

Lorsque l'eau est déposée, vous en prenez une cuillerée à ragoût que vous ajoutez dans de l'allemande en suffisante quantité pour l'entrée que vous voulez saucer ; puis vous additionnez une cuillerée à bouche de persil haché et blanchi, une idem de glace, un peu de beurre fin, un jus de citron, une pointe de poivre blanc et de muscade râpée, et les huîtres que vous avez parées. A cet effet, vous ôtez de chaque huître le durillon et la barbe, afin de n'employer que le gras de l'huître ; ayez soin d'ôter une petite partie noire qui se trouve entre le durillon et le gras, que vous conservez.

SAUCE MAIGRE AUX HUITRES.

Remplacez la sauce allemande par de la sauce maigre idem, la glace de volaille par de la glace de poisson, et suivez du reste les détails analysés ci-dessus.

SAUCE AUX HUITRES ET AUX CHAMPIGNONS.

Vous préparez cette sauce selon les détails indiqués ci-dessus pour la sauce aux huîtres, puis vous y mêlez une trentaine de petits champignons tournés et leurs fonds.

L'addition des champignons donne un goût très agréable à cette sauce, et la caractérise d'une manière toute particulière.

SAUCE MAIGRE AUX HUÎTRES ET AUX CHAMPIGNONS.

A l'égard de cette sauce (voyez sauce aux huîtres) vous supprimez la glace de volaille et l'allemande, que vous remplacez par de la glace de poisson et de la sauce maigre allemande, puis vous y mêlez une trentaine de petits .champignons tournés et leurs fonds , ainsi que nous l'avons démontré ci-dessus.

SAUCE AUX MOULES.

Ayez six douzaines de grosses moules ; après les avoir grattées et bien lavées, vous les mettez dans une casserole sur un feu modéré , en ayant le soin de les couvrir; puis vous les sautez de temps en temps , et, dès qu'elles s'entrouvent, vous les retirezdes coquilles et laissez déposer leurs eaux ; ensuite vous parez les moules en ôtant la couronne noire qui les .borde , et une espèce de petite langue noire qui se trouve dans l'intérieur ; au moment du service vous avez deux grandes cuillerées à ragoût de sauce allemande en ébullition , dans laquelle vous ajoutez une cuille-rée à ragoût de l'eau des moules , une cuillerée à bouche de persil haché et blanchi, un peu de musca-de râpée, un peu de glace de volaille , un jus de ci-tron et un peu de beurre , puis vous faites jeter à la sauce quelques bouillons et vous y ajoutez les moules.

SAUCE MAIGRE AUX MOULES.

A l'égard de cette sauce vous suivez les détails précités, seulement vous remplacez l'allemande et la glace de volaille par de la sauce maigre allemande et par de la glace de poisson à l'essence de racines.

SAUCE A LA RUSSE.

Après avoir haché et blanchi une cuillerée à bouche de persil, de cerfeuil et d'estragon, vous égouttez et mêlez le tout dans du velouté demi-lié ce qu'il en faut pour saucer une entrée ; au moment de servir, vous y joignez une cuillerée à bouche de moutarde fine, une demi-cuillerée de sucre en poudre, une pincée de poivre fin et un jus de citron.

Cette sauce se sert pour le bœuf.

SAUCE MAIGRE A LA RUSSE.

Vous remplacez le velouté demi-lié par de la sauce maigre à l'allemande ; le reste du procédé est le même que ci-dessus.

SAUCE A L'ANGLAISE.

Après avoir haché très fin quatre jaunes d'œufs durs, vous les mêlez, dans une casserole à bain-marie, avec du velouté demi-lié ce qu'il en faut pour saucer une entrée ; puis vous y ajoutez une pointe de poivre et de muscade râpée, un jus de citron et un peu de beurre d'anchois ; cette sauce se sert pour les rôts et entrées de volaille.

SAUCE MAIGRE A L'ANGLAISE.

Vous suivez les détails précités pour cette sauce, seulement vous supprimez le velouté demi-lié et le remplacez par de la sauce maigre à l'allemande.

SAUCE BRANDADE POUR LA MORUE A LA PROVENÇALE.

Mettez dans une casserole à ragoût deux cuillerées à bouche de sauce maigre à l'allemande, trois jaunes d'œuf, une pointe de muscade râpée, une idem de poivre fin, une idem d'ail pilé avec le dos du couteau, tout le jus d'un gros citron et une pointe de sel. Après avoir parfaitement mêlé cet assaisonnement avec une cuillère de bois, vous posez la casserole sur de la cendre chaude en la remuant sans cesse afin d'obtenir une sauce liée et velouté ; alors vous la retirez du feu pour y mêler cuillerée à cuillerée un verre et demi de bonne huile d'Aix.

Observation.

Votre sauce doit se trouver, par l'addition de l'huile, d'un velouté parfait et d'un assaisonnement relevé ; la saveur de l'ail doit seulement se faire un peu sentir. Au moment du service vous ajoutez un jus de citron et une cuillerée à bouche de cerfeuil haché et blanchi, ou de l'estragon également haché et blanchi. Cette sauce convient parfaitement pour les entrées de poissons cuits à l'eau de sel, et en particulier pour la morue.

Cette sauce maigre sert cependant également pour les jours gras, ainsi que toutes les sauces maigres en général.

SAUCE A LA MAITRE-D'HÔTEL LIÉE.

Mettez dans une casserole à ragoût ou à bain-marie une grande cuillerée et demie de velouté demi-lié ; ce velouté doit être peu lié, et, au moment du service, il doit être bouillant ; vous le retirez du feu, puis vous y mêlez un peu de glace et une maître-d'hôtel marquée selon la règle. Ayez soin de l'amalgamer parfaitement au velouté, et servez.

SAUCE MAIGRE A LA MAITRE-D'HÔTEL LIÉE.

Vous supprimez le velouté et le remplacez par de la sauce maigre à l'allemande ; le reste du procédé est le même que ci-dessus.

SAUCE VELOUTÉE A LA CIVETTE.

Mettez dans une casserole à bain-marie une grande cuillerée et demie de sauce allemande, une idem de sauce tomate ; ajoutez une pointe de muscade râpée et de poivre fin, et un jus de citron ; faites jeter quelques bouillons ; puis, au moment du service, vous y mêlez un beurre d'écrevisses et une petite cuillerée à café de civette émincée très menue ; servez.

Cette sauce a une physionomie rosée et appétissante.

II.   5

SAUCE MAIGRE VELOUTÉE A LA CIVETTE.

Vous supprimez de la sauce précitée la sauce allemande et celle aux tomates, pour les remplacer par
de la sauce maigre allemande ainsi que de la sauce
tomate en maigre; pour le reste du procédé, vous
suivez de tout point les détails donnés ci-dessus.

SAUCE AIGRELETTE AU VERJUS.

Après avoir lavé une trentaine de grains de verjus, vous les pilez et en exprimez le suc en les passant avec pression par l'étamine ; au moment de servir vous avez dans une casserole à bain-marie deux
grandes cuillerées à ragoût de sauce allemande
en ébullition , dans laquelle vous joignez un peu de
glace de volaille , un peu de beurre d'Isigny, une
pointe de muscade et de poivre fin , et assez de verjus pour rendre cette sauce aigrelette et appétissante.

SAUCE MAIGRE AIGRELETTE AU VERJUS.

A l'égard de cette sauce, vous procédez ainsi
qu'il est démontré ci-dessus, puis vous remplacez
l'allemande par de la sauce maigre allemande , et
la glace de volaille par de la glace de poisson : voilà
toute la différence.

SAUCE A LA DUXELLE.

Après avoir haché un maniveau de champignons ,

vous le mettez dans une casserole à ragoût avec une cuillerée à bouche de persil haché, une idem de truffes, deux échalottes et une pointe d'ail également hachée ; puis vous y mêlez un peu de gras de lard râpé, un peu de beurre fin, deux clous de girofle, un peu de mignonnette et de muscade râpée, un fragment de feuilles de laurier, de thym et de basilic. Après avoir légèrement passé cet assaisonnement sur un feu modéré, vous y joignez un verre de champagne ou de chablis, et le faites entièrement réduire ; après quoi vous avez soin de retirer les fragments d'aromates et les deux clous de girofle ; puis vous ajoutez quatre grandes cuillerées de sauce allemande ; après avoir fait réduire d'un tiers, vous déposez cette sauce dans une petite terrine, et vous en servez pour les entrées de filets de poisson , de volaille, de gibier, et généralement pour les entrées indiquées en papillottes.

SAUCE MAIGRE A LA DUXELLE.

Vous préparez le même assaisonnement que ci-dessus ; seulement vous remplacez le lard par un peu d'huile, et la sauce allemande par de la sauce maigre à l'allemande.

SAUCE A HATELETS.

Mettez dans une casserole à ragoût un peu de maigre de jambon émincé, quelques champignons idem , une pointe de mignonnette et de muscade râpée, et deux grandes cuillerées de bon consommé ;

5*

faites réduire à petit feu ; puis vous ajoutez quatre grandes cuillerées à ragoût de velouté, et le faites réduire de moitié; mêlez-y ensuite une liaison de quatre jaunes d'œufs; faites jeter quelques bouillons ; passez la sauce à l'étamine au-dessus d'une petite terrine, et vous vous en servez pour paner une entrée à la maréchal ou à la Villeroy, ou pour des hatelets de couleur.

SAUCE MAIGRE A HATELETS.

Vous procédez ainsi qu'il est démontré ci-dessus ; seulement vous supprimez le jambon et remplacez l'allemande par de la sauce maigre allemande, et le consommé par de l'essence de poisson.

SAUCE AU FENOUIL.

Vous épluchez et lavez quelques branches de fenouil, vous les hachez et en mettez une cuillerée à bouche dans une casserole à bain-marie contenant deux grandes cuillerées à ragoût de sauce allemande en ébullition; ajoutez un peu de glace de volaille, un peu de beurre, une pointe de muscade et un jus de citron. Servez.

SAUCE MAIGRE AU FENOUIL.

Vous procédez à l'égard de cette sauce en suivant les procédés décrits ci-dessus, en remplaçant toutefois l'allemande et la glace de volaille par de la sauce maigre allemande, et par de la glace de poisson à l'essence de racines.

SAUCE POLONAISE.

Ratissez une racine de raiford, afin de la rendre
blanche ; puis vous en râpez la moitié, après quoi
vous en mettez trois cuillerées à bouche dans une
casserole à bain-marie, avec une idem de sucre en
poudre ; alors vous la délayez peu à peu dans du
velouté demi-lié, et en assez grande quantité pour
saucer une entrée ; lorsque cette sauce entre en ébullition, vous y joignez un jus de citron et un peu de
glace et de beurre fin.

SAUCE MAIGRE A LA POLONAISE.

Vous remplacez le velouté et la glace de volaille
par de la sauce maigre allemande et de la glace de
poisson ; le reste du procédé est le même que ci-dessus.

CHAPITRE VI.

SUITE DES PETITES SAUCES EN GRAS ET EN MAIGRE.

SOMMAIRE.

Sauce à la régence; idem aux truffes à la parisienne; idem au vin de
Champagne; idem à la bourguignotte; idem brochet au vin du
Rhin; idem matelotte; idem matelotte à la normande; idem matelotte à la germanique; idem esturgeon au vin de Madère; idem
génoise au vin de Bordeaux; idem tortue au vin de Madère; idem
tortue à l'américaine; idem à la financière; idem à la Périgueux;
idem salmis au vin de Champagne; idem levraut liée au sang; idem
à la bigarade; idem à la gasconne, idem à la bordelaise; idem à la
westphalienne; idem ravigotte à l'ancienne; idem à l'italienne au
vin de Champagne; idem à la romaine; idem à la napolitaine; idem
à la sicilienne; idem à la milanaise; idem à la florentine; idem à la
Palerme; idem à la piémontaise; idem à la portugaise.

SAUCE A LA RÉGENCE.

APRÈS avoir habillé (1) une moyenne carpe
de Seine, vous la coupez par tronçons
(ayez soin d'ôter la pierre d'amertume qui
se trouve à la naissance de la tête), et la mettez dans

---

(1) Habiller, signifie vider, écailler et laver un poisson

une casserole à ragoût, en y joignant deux oignons
et deux maniveaux émincés, un peu de persil en
branches, un fragment de feuilles de laurier, de
thym et basilic, deux clous de girofle, une pincée de
mignonnette, un peu de macis et de quatre épices,
du tout en très petite quantité ; ensuite vous y versez
une demi-bouteille de vin de Porto et les parures
d'une livre de truffes (que vous parez légèrement en
les arrondissant). Faites mijoter à très petit feu pendant trente à quarante minutes, afin d'obtenir la
quintessence de l'assaisonnement, que vous passez
ensuite à l'étamine.

Maintenant vous ajoutez assez d'espagnole travaillée pour saucer une entrée. Lorsque la sauce est
réduite (1) à point, vous y versez un verre de porto
et la livre de truffes à cru ; continuez de faire réduire
la sauce à petit feu, selon la règle, puis vous y joignez quatre maniveaux de moyens champignons
tournés, et leurs fonds; après quelques minutes d'é-
bullition vous la passez à l'étamine dans une casserole à bain-marie; au moment de servir, vous ajoutez un peu de glace de volaille et de beurre d'Isigny.

Observation.

L'addition des truffes à cru donne à cette sauce

---

(1) Réduire signifie remuer la sauce sans discontinuer avec une cuillère de bois; sur un feu ardent, afin d'éviter qu'elle gratine. Quand
cela arrive elle contracte un goût désagréable qui lui ôte toute qualité
et saveur.

un goût exquis, et la constitue l'une des plus succulentes pour servir le poisson cuit au court-bouillon.

J'ai servi cette sauce pour la première fois en 1816
au prince-régent d'Angleterre au pavillon de Brighton. J'ai quelquefois servi cette sauce en y laissant
les champignons et les truffes : je lui donnais alors
le nom de ragoût aux truffes à la régence.

SAUCE MAIGRE A LA RÉGENCE.

Vous procédez pour cette sauce selon l'analyse
donnée ci-dessus ; seulement vous supprimez la
glace de volaille et l'espagnole, pour les remplacer
par un peu de glace de poisson et de la sauce maigre
espagnole.

SAUCE AUX TRUFFES A LA PARISIENNE.

Après avoir dépecé un poulet en chair, vous le
faites cuire avec une grande cuillerée de bouillon,
une demi-bouteille de vin de Champagne, un bouquet assaisonné, une pincée de gros poivre, une
pointe de muscade râpée, et les parures d'une livre
de truffes ; faites mijoter à petit feu. Le poulet étant
cuit, passez cet assaisonnement au tamis de soie ;
vous le dégraissez bien parfaitement et le faites réduire des trois quarts ; puis vous y mêlez de la sauce
allemande pour saucer une entrée, un verre de
champagne, et la livre de truffes, que vous avez
tournées en grosses olives ; lorsque la sauce est réduite à point, vous y versez un demi-verre de champagne, et, après un instant d'ébullition, vous la

passez à l'étamine dans une casserole à bain-marie : au moment du service, vous y mêlez un peu de beurre frais.

Observation.

Cette sauce à la parisienne est une des plus savoureuses de la cuisine du jour : c'est véritablement une essence de truffes. Elle convient aux Lucullus modernes; on peut y laisser les truffes : alors ce sera le ragoût de truffes à la parisienne.

En supprimant le poulet, et en le remplaçant par un peu de glace de volaille, le résultat est à peu près le même.

Cette sauce est des plus suaves pour servir des entrées de broche, comme volailles, faisans, perdreaux, gélinottes et bécasses.

Je l'ai servie pour la première fois à l'empereur Alexandre pendant le congrès d'Aix–la–Chapelle.

SAUCE MAIGRE A LA PARISIENNE.

Vous supprimez de la sauce précitée le poulet, le bouillon, et l'allemande, que vous remplacez par une moyenne anguille, de l'essence de racines, et de la sauce maigre à l'allemande ; puis vous procédez et terminez la sauce selon les détails décrits ci-dessus.

SAUCE AU VIN DE CHAMPAGNE.

Après avoir habillé deux moyennes soles, vous les coupez en escalopes, et les mettez dans une casserole à ragoût avec une demi-bouteille de vin de

Champagne, deux maniveaux, deux oignons, et des carottes émincées, deux échalottes, une petite gousse d'ail, un bouquet assaisonné, un peu de mignonnette et de macis. Faites mijoter et réduire à petit feu pendant trente à quarante minutes; après quoi vous passez cette essence avec pression par l'étamine; ensuite vous y joignez deux grandes cuillerées à ragoût de sauce allemande, et quatre maniveaux tournés et leurs fonds; faites réduire de la manière accoutumée; ajoutez un verre de champagne, et, dès que la sauce est réduite à point, vous la versez dans une casserole à bain-marie. A l'instant du service, vous y mêlez un peu de glace et de beurre d'Isigny.

Cette sauce convient pour le turbot, le colullaud, les soles, et généralement le poisson cuit à l'eau de sel, ou grillé.

J'ai servi cette sauce pour la première fois, en 1815, à l'Elysée-Bourbon.

SAUCE MAIGRE AU VIN DE CHAMPAGNE.

Vous procédez à l'égard de cette sauce selon les détails donnés ci-dessus; seulement vous remplacez l'allemande par de la sauce maigre allemande, et la glace de volaille par de la glace de poisson.

SAUCE A LA BOURGUIGNOTTE.

Après avoir habillé une moyenne anguille, vous la coupez par tronçons et la mettez dans une casserole à ragoût avec deux oignons, deux maniveaux émincés, deux gousses d'ail, deux échalottes, un bouquet assaisonné, une pincée de poivre en pou-

dre, une idem de quatre épices, quatre anchois
lavés, une demi-bouteille de vin de Volney; faites
mijoter et réduire un peu sur un feu doux; ensuite
vous passez cette essence avec pression à l'étamine;
puis vous y joignez deux grandes cuillerées à ragoût
d'espagnole travaillée, et deux maniveaux tournés
et leurs fonds. Faites réduire à grand feu et selon la
règle; puis vous y versez de nouveau un verre de
volney. Lorsque la sauce est réduite à point, vous
la déposez dans une casserole à bain-marie. Au moment du service, vous y joignez un beurre d'écrevisses, une trentaine de queues d'écrevisses, et le même
nombre de petits champignons bien blancs. Servez.

Cette sauce est des plus savoureuses, et convient
pour le poisson de rivière cuit au court-bouillon et
à l'eau de sel.

J'ai servi cette sauce pour la première fois à la
princesse de B***.

SAUCE MAIGRE A LA BOURGUIGNOTTE.

Pour obtenir cette sauce, vous remplacez la sauce
espagnole par de la sauce maigre espagnole, puis
vous terminez le reste de l'opération selon les détails décrits ci-dessus.

SAUCE BROCHET AU VIN DU RHIN.

Après avoir habillé un moyen brochet, vous le
coupez en escalopes et le mettez dans une casserole à ragoût, avec deux verres de vin blanc du
Rhin, deux oignons émincés, persil en branches,

échalottes, un peu de thym , de basilic , de laurier, de girofle , de mignonnette et de muscade râpée ; ajoutez deux cuillerées à ragoût de consommé. Le tout étant mijoté et réduit à petit feu , vous le passez avec pression par l'étamine , puis vous ajoutez un verre de vin du Rhin et deux grandes cuillerées à ragoût de velouté. Etant réduit à point, vous y mêlez encore un verre de vin ; faites réduire de rechef, puis vous y mêlez une liaison de trois jaunes d'œufs ; et , au moment du service , vous ajoutez une petite maître-d'hôtel. (Voyez cet article.) On peut également ment faire cette sauce avec de l'espagnole travaillée.

SAUCE MAIGRE AU BROCHET ET AU VIN DU RHIN.

Vous procédez de tout point selon les détails décrits ci-dessus ; seulement vous remplacez le consommé et le velouté par de l'essence de racines et par de la sauce maigre à l'allemande.

SAUCE MATELOTTE.

Après avoir habillé un moyen brochet et une petite anguille , vous les coupez par tronçons et les mettez dans une casserole à ragoût en y joignant deux oignons et deux carottes émincés , une petite gousse d'ail , du persil en branches , des champignons, un peu de thym , de basilic , de laurier, de mignonnette , de macis , une pincée de quatre épices , une demi-bouteille de vin de Bordeaux et une grande cuillerée de blond de veau ; faites mijoter et réduire à petit feu pendant trente à quarante minutes; retirez alors le brochet et l'anguille, puis vous passez cette essence avec pression par l'étamine fine ; ensuite vous y joignez deux grandes cuillerées d'espagnole travaillée et faites réduire à grand feu , puis vous y versez un verre de vin de Bordeaux et deux maniveaux de champignons tournés et leurs fonds. La sauce étant réduite à point , vous la versez dans une casserole à bain-marie. Au moment du service vous y mêlez un peu de beurre fin et une vingtaine de petits oignons légèrement colorés au beurre clarifié, et cuits ensuite dans du consommé, en ayant soin de le dégraisser et de le faire réduire à glace. On doit s'apercevoir que ces petits oignons ne doivent se mettre dans la sauce qu'au moment même du service.

On peut ajouter dans cette sauce des queues et un beurre d'écrevisses, et des laitances de carpes, ou tout simplement un petit beurre d'anchois , sans garniture.

SAUCE MAIGRE A LA MATELOTTE.

A l'égard de cette sauce , vous procédez ainsi qu'il est démontré ci-dessus; seulement vous remplacez le blond de veau par de l'essence de racines , et l'espagnole par de la sauce maigre espagnole.

SAUCE MATELOTTE A LA NORMANDE.

Après avoir habillé deux moyennes soles et un carlet , vous les coupez en escalopes et les mettez dans une casserole à ragoût; ajoutez un oignon ,

deux maniveaux émincés, un bouquet légèrement
assaisonné, un peu de mignonnette et de muscade
râpée, et une demi-bouteille de vin blanc de Sauterne. Faites mijoter à petit feu pendant trente à
quarante minutes; passez ensuite cette essence avec
pression par l'étamine; ajoutez deux cuillerées d'eau
de moule, passée au tamis de soie; faites réduire,
et joignez deux grandes cuillerées à ragoût de sauce
allemande, et un demi-verre de sauterne. La sauce
étant reduite à point, vous la versez dans une casserole à bain-marie; au moment du service, vous y
mêlez un peu de glace, un peu de beurre d'Isigny,
et la moitié du jus d'un citron. (Voir *Ragoût à la
normande.*)

Cette sauce convient parfaitement pour toute sorte
de poissons de mer cuits à l'eau de sel; mais elle convient encore mieux pour les soles, les rougets et le
turbot, en matelotte normande. Alors on doit ajouter
une partie du fond de la cuisson de ces poissons, en
réduisant la sauce, et puis le ragoût à la normande,
tel que nous l'avons décrit au chapitre *des Ragoûts.*
(Voir le *Traité des Ragoûts en général.*)

SAUCE MAIGRE A LA MATELOTTE NORMANDE.

Pour obtenir cette sauce, vous procédez de tout
point en suivant les détails précités, seulement vous
remplacez l'allemande par de la sauce maigre allemande. Voilà la seule différence.

SAUCE MATELOTTE A LA GERMANIQUE.

Faites mijoter dans une casserole à ragoût un

verre de bon vin rouge de Bourgogne et deux cuillerées de sucre en poudre. Etant réduit en sirop,
vous y mêlez de l'espagnole travaillée, ce qu'il en
faut pour saucer une entrée, puis un verre de vin
rouge. Faites réduire à point, et passez la sauce à
l'étamine dans une casserole à bain-marie. Au moment du service, vous y mêlez la moitié du jus d'un
citron.

On se sert de cette sauce en Allemagne pour les
matelottes de carpe, pour du saumon, des truites et
de l'esturgeon cuits au court-bouillon. Les Allemands
s'en servent également pour du bœuf braisé et pour
les rôts de gibier et venaison.

SAUCE MAIGRE MATELOTTE A LA GERMANIQUE.

Pour obtenir cette sauce, vous procédez ainsi qu'il
est démontré ci-dessus, puis vous remplacez l'espagnole par de la sauce maigre espagnole.

SAUCE ESTURGEON AU VIN DE MADÈRE.

Prenez deux cuillerées à ragoût du court-bouillon
dans lequel vous aurez fait cuire une darne d'esturgeon (voir *Court-bouillon*); ajoutez des parures de
champignons, de truffes, une gousse d'ail, et un
bouquet assaisonné selon la règle. Faites mijoter et
réduire à petit feu; passez cette essence avec pression par l'étamine; ensuite vous y mêlez un verre de
bon madère sec et deux grandes cuillerées d'espagnole travaillée. Réduisez-la à point, et ajoutez un
verre de madère, un jus de citron et une pincée de

quatre épices. Faites réduire de nouveau ; déposez-
la dans une cassesole à bain-marie ; et, au moment
de servir, mettez-y un peu de beurre.

On peut ajouter à cette sauce des truffes et des
champignons.

SAUCE MAIGRE ESTURGEON AU VIN DE MADÈRE.

A l'égard de cette sauce, vous suivez les détails
analysés ci-dessus ; seulement vous remplacez la sauce
espagnole par de la même sauce traitée en maigre :
c'est la seule différence.

SAUCE GÉNOISE AU VIN DE BORDEAUX.

Versez dans une casserole à ragoût deux verres de
vin rouge de Bordeaux-Lafitte ; ajoutez deux cuillerées à bouche de fines herbes, composées de champignons, truffes, persil, et deux échalottes, également hachées et blanchies ; une pointe de quatre
épices, une idem de poivre fin. La réduction étant
faite, vous y versez deux cuillerées à ragoût de consommé, deux grandes idem d'espagnole travaillée,
et un verre de Bordeaux. Faites réduire à point, et
déposez la sauce dans une casserole à bain-marie. Au
moment de servir, vous y mêlez un peu de beurre
d'Isigny.

Cette sauce sert ordinairement pour les truites, les
saumons et les carpes au blanc.

SAUCE MAIGRE GÉNOISE AU VIN DE BORDEAUX.

Vous procédez de tout point ainsi qu'il est indiqué ci-dessus ; seulement vous remplacez le consommé et l'espagnole par de l'essence de poisson , et par de la sauce maigre espagnole.

SAUCE TORTUE AU VIN DE MADÈRE.

Mettez dans une casserole à ragoût un verre de vin de madère sec , un peu de maigre de jambon émincé , une pincée de mignonnette , une idem de piment, une idem de poivre de Cayenne et une échalotte hachée. Faites mijoter et réduire à petit feu ; après cela, ajoutez deux cuillerées à ragoût de consommé , deux grandes idem d'espagnole travaillée , et un peu de sauce tomate, si vous en avez.

Lorsque cette sauce est réduite à point , vous y joignez le quart d'un verre de vin de madère ; et , après quelques bouillons, vous la passez à l'étamine. A l'instant du service , vous y ajoutez un peu de beurre d'Isigny.

SAUCE MAIGRE TORTUE AU VIN DE MADÈRE.

A l'égard de cette sauce , vous procédez ainsi qu'il est démontré ci-dessus , en remplaçant toutefois le consommé et l'espagnole par de l'essence de poisson et de la sauce maigre espagnole.

SAUCE TORTUE A L'AMÉRICAINE.

Coupez par tronçons une petite anguille habillée ; mettez-la dans une casserole à ragoût , avec une demi-bouteille de bon champagne , quatre anchois

II.   6

lavés , une gousse d'ail , deux oignons et un maní-
veau de champignons émincés , un peu de thym, de
basilic , de laurier , de romarin , de marjolaine et de
sarriette ; un peu de macis ; de mignonnette , de
Cayenne et de piment. Faites mijoter et réduire à
petit feu ; passez cette essence avec pression par l'é-
tamine ; joignez-y deux cuillerées de consommé et la
sauce espagnole nécessaire pour saucer une entrée.
Réduisez à point ; après quoi vous y versez un demi-
verre de vin de Champagne ; et , après quelques minutes d'ébullition , vous passez la sauce à l'étamine.
Au moment de servir , vous y mêlez un peu de
beurre, un peu de glace de volaille et le quart du jus
d'un citron. Servez.

Pour les personnes qui aiment cette sauce très piquante , vous pouvez , à l'instant du service , y in-
corporer une pincée de poivre de Cayenne , amalga-
mée dans un peu de beurre frais.

L'idée de cette sauce m'a été suggérée par M. Ra-
vez (alors président de la chambre des députés) , en
dînant un jour chez la princesse de B... , où je servais mon dîner en maître-d'hôtel.

Cette idée m'a servi aussi pour mes potages à l'a-
méricaine.

SAUCE MAIGRE TORTUE A L'AMÉRICAINE.

Pour obtenir cette sauce , vous remplacez le consommé , la glace de volaille, et l'espagnole de la
sauce précitée , par de l'essence de poisson , de la
sauce maigre espagnole, et par de la glace d'essence

de racines ; puis vous suivez le reste du procédé selon les détails donnés ci-dessus.

SAUCE A LA FINANCIÈRE.

Mettez dans une casserole à ragoût quelques émincés de jambon maigre , une pincée de mignonnette,
un peu de thym et de laurier, des parures de champignons et de truffes, et deux verres de madère sec ;
faites mijoter et réduire à petit feu, ajoutez deux
cuillerées à ragoût de consommé et deux grandes
idem d'espagnole travaillée. Lorsque cette sauce est
à moitié réduite, vous la passez à l'étamine , puis
vous la remettez sur le feu en y mêlant un demi-
verre de madère ; faites réduire à point. Après
quoi, vous versez la sauce dans une casserole bain-
marie.

Il est important d'observer que, cette sauce devant
servir pour une entrée de gibier à la financière, on
doit supprimer le consommé de volaille pour ajouter
à la place un fumet du gibier qu'elle devra saucer ;
ajoutez un peu de beurre au moment du service.

SAUCE MAIGRE A LA FINANCIÈRE.

Procédez ainsi qu'il est démontré ci-dessus ; seulement vous remplacez le consommé et l'espagnole par
de l'essence de racines et de la sauce maigre espagnole,
et supprimez le jambon, que vous remplacez par du
saumon fumé.

6*

SAUCE A LA PÉRIGUEUX.

Après avoir épluché une livre de belles truffes, vous les parez à peu près d'égale grosseur en les coupant en deux ; puis vous hachez les parures, que vous mettez dans une casserole à ragoût avec un peu de madère sec, un peu de maigre de jambon, un peu de poivre et un fragment de laurier ; faites mijoter et réduire à petit feu ; ensuite vous retirez le jambon et le laurier, puis vous y additionnez deux cuillerées de consommé, les truffes, et de l'espagnole en suffisante quantité pour saucer une entrée. Lorsque les truffes ont mijoté quelques minutes, vous les retirez dans une casserole à bain-marie, et réduisez la sauce à point ; ensuite vous ajoutez un demi-verre de madère, réduisez de rechef, et versez la Périgueux sur les truffes. A l'instant du service, vous pouvez ajouter un peu de beurre frais.

SAUCE MAIGRE A LA PÉRIGUEUX.

Pour obtenir cette sauce, vous procédez ainsi qu'il est démontré ci-dessus ; seulement vous remplacez le consommé et l'espagnole par de la sauce maigre espagnole et de l'essence de poisson ; puis vous supprimez le jambon.

SAUCE SALMIS AU VIN DE CHAMPAGNE.

Mettez dans une casserole à ragoût une demi-bou-

teille de champagne; ajoutez ensuite les débris et
parures de six perdreaux rouges préparés pour salmis, puis un fragment de feuilles de laurier, deux
échalottes et deux cuillerées à ragoût de consommé;
faites mijoter ce fumet pendant une heure, après
quoi vous le passez au tamis de soie et le faites réduire de moitié; puis vous y joignez deux grandes
cuillerées à ragoût d'espagnole travaillée.

Lorsque cette sauce est presque réduite, vous y
versez un demi-verre de vin de Champagne, et la
réduisez de nouveau et à point, vous la passez à l'é-
tamine, et, à l'instant du service, vous y mêlez un
peu de beurre fin.

Observation.

Pour faire le salmis au vin de Bordeaux, vous employez une bouteille de ce vin (sauterne ou lafitte)
en place de champagne, et, pour le salmis ordinaire,
vous faites le fumet tout simplement avec du bouillon, une échalotte et un fragment de laurier.

Je ne vois pas ici le moyen de faire une sauce maigre salmis, puisqu'elle ne s'obtient que par le fumet
des menus gibiers cuits à la broche; cependant on
pourrait faire griller des tronçons d'anguille, avec
lesquels on marquerait une essence qui remplacerait
le fumet; mais cela serait toujours imparfait. Cependant mes confrères pourront en essayer.

SAUCE LEVRAUT LIÉE AU SANG.

Mettez dans une casserole à ragoût de l'espagnole

travaillée ce qu'il en faut pour saucer une entrée ; puis vous y joignez le fumet de deux levrauts (dont les filets ont servi pour marquer une escalope) marqué selon la règle et bien dégraissé. Lorsque la sauce est réduite à point, vous y joignez un peu de beurre et le sang des deux levrauts que vous avez eu soin de garder au moment où les levrauts ont été vidés.

Il est important de remuer la sauce au moment où on la lie avec le sang ; autrement le sang se coagule et la sauce se trouve décomposée et de pauvre mine.

On obtient également cette sauce en faisant réduire le fumet à glace, que vous mêlez, au moment du service, dans de l'espagnole travaillée et bouillante ; puis vous ajoutez le beurre et le sang : le résultat est le même et le travail devient plus facile.

Cette sauce liée au sang se sert pour les entrées de côtelettes, de filets de levrauts, idem à la Conti, idem à la maréchal ou en lorgnette.

SAUCE A LA BIGARADE.

Levez par bandes, de la tête à la queue, le zeste d'une bigarade de bonne maturité ; ayez soin qu'il soit très mince, afin qu'il n'ait point d'amertume, ce qui arriverait si vous laissiez un peu de peau blanche ; vous coupez le bord de chaque bande, pour les couper ensuite en travers en petits filets. Tout le zeste étant coupé ainsi, vous le jetez dans un peu d'eau bouillante, et, après quelques minutes d'ébullition, vous l'égouttez et le mettez dans une casserole à bain marie avec de l'espagnole travaillée pour saucer une entrée, un peu de glace de gibier, une pointe de mignonnette, la moitié du jus de la bigarade. Après quelques bouillons, vous ajoutez un peu de beurre fin, et servez.

La sauce à l'orange et au citron se prépare de la même manière.

SAUCE MAIGRE A LA BIGARADE.

Pour obtenir cette sauce, vous procédez ainsi qu'il est indiqué ci-dessus; puis vous supprimez l'espagnole et la glace de gibier, pour les remplacer par de la glace de poisson et de la sauce maigre espagnole.

SAUCE A LA GASCONNE.

Mettez dans une casserole à ragoût une cuillerée à ragoût d'huile d'Aix, dans laquelle vous joignez une petite gousse d'ail hachée, du persil, ciboule, champignons et truffes également hachés, un peu de poivre et de muscade râpée; passez légèrement ces fines herbes sur un feu modéré, après quoi vous y versez un verre de vin blanc de bon châblis, et le velouté (demi-lié) nécessaire pour une entrée; dégraissez et faites réduire à point; ajoutez encore un demi-verre de vin en réduisant de nouveau la sauce; puis vous y joignez une liaison de trois jaunes d'œufs, donnez quelques bouillons; versez-la ensuite dans une casserole à bain-marie. Au moment du service, ajoutez un beurre de deux anchois.

SAUCE MAIGRE A LA GASCONNE.

Vous procédez de tout point ainsi qu'il est démontré ci-dessus, seulement vous remplacez le velouté par de la sauce maigre allemande.

SAUCE A LA BORDELAISE.

Après avoir mis dans une casserole à ragoût deux gousses d'ail, une pincée de feuilles d'estragon, la chair d'un citron épépiné, un peu de laurier et deux clous de girofle, un verre de vin de Sauterne et deux cuillerées à bouche d'huile d'Aix, faites mijoter à petit feu. Après avoir dégraissé cet assaisonnement, vous y mêlez de l'espagnole travaillée pour saucer une entrée, deux grandes cuillerées à ragoût de blond de veau ; faites réduire ; ajoutez un demi-verre de sauterne en réduisant toujours. Lorsque la sauce est à point, vous la passez à l'étamine fine dans une casserole à bain-marie. A l'instant du service, vous y joignez un peu de beurre et le jus d'un demi-citron.

SAUCE MAIGRE A LA BORDELAISE.

Procédez en suivant l'analyse décrite ci-dessus, puis vous remplacez le blond de veau et l'espagnole par du jus maigre et par de la sauce maigre à l'espagnole.

SAUCE A LA WESTPHALIENNE.

Après avoir émincé une demi-livre de jambon de Westphalie, vous le faites mijoter dans une casserole à ragoût, avec un verre de vin blanc du Rhin, une grande cuillerée à ragoût de consommé, un bouquet légèrement assaisonné selon la règle, une pointe de mignonnette, une idem de muscade râpée, et un peu de sucre fin. Etant réduit et tombé à glace, vous y versez une grande cuillerée à ragoût de consommé, deux idem d'espagnole travaillée. Faites réduire à point; passez cette sauce à l'étamine; donnez quelques bouillons au moment de servir, puis vous y mêlez un peu de beurre d'Isigny et un peu de jus de citron.

SAUCE MAIGRE A LA WESTPHALIENNE.

Pour obtenir cette sauce, vous procédez ainsi qu'il est démontré ci-dessus; seulement vous remplacez le jambon par un peu de saumon fumé, et le consommé et l'espagnole par de l'essence de poisson et par de la sauce maigre espagnole.

SAUCE RAVIGOTE A L'ANCIENNE.

Emincez un oignon, et le passez légèrement dans un peu de beurre clarifié; puis vous y joignez un verre de vin de Châblis, une grande cuillerée de consommé, un jus de citron, une pointe d'ail et d'échalotte, un cornichon haché, une cuillerée de câ-

pres, quelques racines de persil et quelques feuilles
d'estragon , un petit bouquet légèrement assaisonné,
un clou de girofle, une pointe de muscade et de
poivre concassé. Faites mijoter vingt minutes ; passez cette essence au tamis de soie, dans une casserole
à ragoût contenant deux grandes cuillerées à ragoût
d'espagnole travaillée et bouillante ; dégraissez cette
sauce avec soin. Faites-la réduire à point ; ensuite
vous y mêlez une cuillerée à bouche de moutarde
fine , et la passez à l'étamine. Etant prêt à servir ,
vous y mêlez un peu de beurre d'Isigny et une cuillerée à bouche de cerfeuil et d'estragon haché. Servez. Cette sauce doit être de haut goût.

SAUCE MAIGRE RAVIGOTE A L'ANCIENNE.

Pour obtenir cette sauce , vous supprimez le consommé et l'espagnole , que vous remplacez par de
l'essence de poisson et par de la sauce maigre espagnole; puis vous procédez du reste en suivant les détails décrits ci-dessus.

SAUCE A L'ITALIENNE AU VIN DE CHAMPAGNE.

Mettez dans une casserole à ragoût un verre de
champagne , deux cuillerées à bouche de champignons hachés , une échalotte , une pointe de rocambole , un peu de thym et de laurier , une pincée de
gros poivre , et un peu de quatre épices. Faites mijoter et réduire à petit feu ; retirez le laurier et le
thym ; ajoutez ensuite deux grandes cuillerées à ragoût de sauce allemande , et la réduisez à point ;

après quoi, vous y mêlez un demi-verre de vin de Champagne. Faites réduire de nouveau, et versez la sauce dans une casserole à bain-marie. A l'instant de servir, vous ajoutez un peu de beurre fin et un jus de citron.

On fait également cette sauce avec du vin blanc ordinaire.

SAUCE MAIGRE A L'ITALIENNE AU VIN DE CHAMPAGNE.

Vous procédez ainsi qu'il est démontré ci-dessus ; seulement vous remplacez la sauce allemande par de la sauce maigre.

SAUCE A LA ROMAINE.

Emincez le blanc d'un pied de céleri, et le mettez dans une casserole à ragoût, avec une bonne pincée de coriandre, une idem de sucre en poudre, une pointe d'ail, un peu de basilic et de laurier, puis deux verres de vin de Champagne. Faites mijoter à petit feu ; le céleri étant cuit, vous ajoutez deux grandes cuillerées à ragoût de consommé, et deux idem d'espagnole travaillée. Réduction faite, vous y versez un demi-verre de champagne, et la faites réduire de nouveau ; ensuite vous passez la sauce avec pression à l'étamine ; et, à l'instant du service, vous y joignez un peu de beurre et un jus de citron.

SAUCE MAIGRE A LA ROMAINE.

Pour obtenir cette sauce, vous suivez l'analyse

précitée ; puis vous remplacez l'espagnole par de la
sauce maigre espagnole , et la glace de volaille par
de la glace de poisson.

SAUCE A LA NAPOLITAINE.

Mettez dans une casserole à ragoût une cuillerée à
bouche de raifort râpé , un peu de maigre de jambon émincé , un bouquet assaisonné , un peu de mignonnette et de muscade râpée , et un verre de madère sec. Faites mijoter et réduire à très petit feu ;
retirez ensuite le bouquet ; ajoutez deux cuillerées à
ragoût de bon consommé , et deux grandes idem
d'espagnole travaillée. La sauce étant réduite , vous
la passez par l'étamine fine , et la réduisez de nouveau, en y mêlant peu à peu un verre de malaga et
le quart d'un pot de gelée de groseille. Au moment
du service, vous ajoutez un peu de beurre et de glace de gibier.

Observation.

Cette sauce convient parfaitement pour les rôts de
gibier , tels que faisans , perdreaux , bécasses , le-
vreaux , et aussi pour le gibier de venaison.

En ajoutant dans cette sauce deux onces de beau
raisin de Smyrne épluché et lavé , elle convient alors
pour les entrées de filets de bœuf braisés et rôtis servis à la napolitaine. On peut joindre un peu de cédrat confit , coupé en petits dés et blanchi.

SAUCE MAIGRE A LA NAPOLITAINE.

Vous procédez pour cette sauce selon les détails

décrits ci-dessus ; puis vous remplacez la glace de gibier et l'espagnole par de la glace de poisson et par de la sauce maigre espagnole. Il faut aussi supprimer le jambon.

SAUCE A LA SICILIENNE.

Versez dans une casserole à ragoût un verre de vin de Xérès ; ajoutez champignons , truffes , persil et échalotte , le tout haché ; une petite gousse d'ail , un peu de thym , de laurier, de piment , de poivre concassé et de muscade râpée. Faites mijoter et réduire à petit feu ; retirez ensuite l'ail , le laurier , le thym et le piment ; puis vous y joignez deux cuillerées à ragoût de consommé, et deux grandes idem de sauce allemande. Réduction faite , vous la versez dans une casserole à bain-marie, en y mêlant ensuite la moitié du jus d'un citron , un peu de zeste de bigarade haché et blanchi , et une pointe de sucre en poudre.

SAUCE MAIGRE A LA SICILIENNE.

Pour obtenir cette sauce, vous procédez ainsi qu'il est démontré ci-dessus ; seulement vous remplacez le consommé et l'allemande par de l'essence de poisson et par de la sauce maigre allemande.

SAUCE A LA MILANAISE.

Mettez dans une casserole à ragoût un peu de maigre de jambon émincé, quelques champignons, écha-

lotes et persil en branches, un peu de thym, de basilic, de laurier, deux clous de girofle, un peu de
macis, une pincée de poivre de Cayenne, une cuillerée de sucre en poudre, la moitié de la chair d'un
citron épépiné et un verre de madère sec ; faites mijoter et réduire à petit feu ; ensuite vous y joignez
deux grandes cuillerées à ragoût de consommé et
deux idem de sauce allemande. La sauce étant presque réduite, vous la passez à l'étamine, puis vous y
joignez un demi-verre de madère, après quoi vous
lui faites jeter quelques bouillons en y mêlant une
cuillerée à bouche de pignoles et un peu de beurre
fin.

J'ai recueilli cette sauce à mon passage à Milan.

SAUCE MAIGRE A LA MILANAISE

Vous procédez pour cette sauce selon les détails
donnés pour la sauce précédente, en remplaçant
cependant le consommé et l'allemande par de l'essence de racines et par de la sauce maigre à l'allemande.

SAUCE A LA FLORENTINE.

Après avoir épluché et lavé quatre onces de raisin
de Smyrne et quatre idem de Corinthe, vous les mettez dans une casserole à ragoût, en y joignant deux
ou trois cornichons hachés, une cuillerée à bouche
de câpres, une idem de sucre en poudre, une pointe
d'ail, une échalote et un peu de persil haché ; ajoutez un peu de macis ou de muscade râpée, une pin-

cée de piment et de mignonnette, un peu de thym et
de laurier et une grande cuillerée à ragoût de vinaigre ordinaire ; couvrez cet assaisonnement, et le faites
mijoter et réduire à petit feu ; ensuite vous y joignez
une grande cuillerée de blond de veau et deux d'espagnole travaillée. Réduction faite, vous passez la
sauce à l'étamine avec pression, et, au moment du
service, vous y mêlez un peu de beurre, de glace de
volaille et un jus de citron. Cette sauce devient d'un
tout autre goût si vous ne la passez pas ; mais je préfère le goût de l'essence des ingrédients qui la composent au mélange de son assaisonnement.

SAUCE MAIGRE A LA FLORENTINE.

Pour cette sauce, vous procédez ainsi qu'il est
démontré ci-dessus ; seulement vous remplacez le
blond de veau et l'espagnole par de l'essence de poisson et par de la sauce maigre espagnole.

SAUCE A LA PALERME.

Après avoir haché très fin un peu de maigre de
jambon et de pignoles, vous y joignez quatre gousses d'ail, un bouquet assaisonné, une pincée de mignonnette, une pointe de muscade râpée, deux clous
de girofle hachés très fin, la chair d'un citron épépiné,
un verre de vin blanc et une cuillerée de sucre en
poudre ; faites mijoter et réduire à petit feu, après
quoi vous ajoutez deux cuillerées à ragoût de consommé et deux grandes idem de sauce allemande ;
faites réduire la sauce à point, en y mêlant toutefois

un demi-verre de vin blanc et un peu de beurre, après avoir retiré les gousses d'ail et le bouquet.

SAUCE MAIGRE A LA PALERME.

Pour obtenir cette sauce, vous suivez les détails précités ; puis vous supprimez le consommé et l'allemande pour les remplacer par de l'essence de racines et de la sauce maigre allemande.

SAUCE A LA PIÉMONTAISE.

Coupez deux gros oignons en petits dés très fins, puis vous les passez bien blonds dans du beurre clarifié. Après les avoir égouttés, vous les faites cuire dans d'excellent consommé, et les dégraissez bien parfaitement ; puis vous y mêlez assez de béchamel pour saucer une entrée, et une demi-livre de truffes du Piémont coupées en gros dés , puis deux cuillerées de pignoles bien blancs et lavés. Après quelques bouillons, vous y mêlez un peu de glace de volaille, un petit beurre d'ail et un jus de citron.

Cette sauce convient parfaitement pour les entrées de volaille à la piémontaise.

On me servit cette sauce à mon passage à Bologne, et j'en demandai la recette, que je viens de décrire.

SAUCE MAIGRE A LA PIÉMONTAISE.

Procédez pour cette sauce ainsi qu'il est démontré ci-dessus. Le consommé, la béchamel et la glace de volaille doivent être remplacés par de l'essence de

racines, de la glace de poisson et de la sauce maigre
à la béchamel.

SAUCE A LA PORTUGAISE.

Levez légèrement deux petites parties du zeste
d'un citron et autant du zeste d'une orange ; mettez-
les dans une casserole à ragoût en y joignant une demi-cuillerée de graines de coriandre, une idem de
sucre en poudre et un verre de malaga ; faites mijoter
et réduire à petit feu ; mettez deux cuillerées de consommé, et passez cet assaisonnement par l'étamine ;
ensuite ajoutez l'espagnole nécessaire pour saucer une
entrée. Après l'avoir fait réduire à point, vous y versez un verre de malaga, faites réduire de nouveau,
et versez la sauce dans une casserole bain-marie ;
ajoutez un jus de citron et un peu de beurre.

Vous pouvez servir cette sauce pour du jambon ou
des filets de bœuf braisés ou rôtis.

SAUCE MAIGRE A LA PORTUGAISE.

Vous procédez à l'égard de cette sauce selon les détails indiqués ci-dessus ; seulement vous remplacez
le consommé et l'espagnole par de l'essence de racines et par de la sauce maigre espagnole.

II.   7

CHAPITRE VII.

SUITE DES PETITES SAUCES EN GRAS ET EN MAIGRE.

SOMMAIRE.

Sauce à la Soubise; idem à la Richelieu; idem à la Clermont; idem à
la provençale; idem à la lyonnaise; idem à la bretonne; idem à
la Robert; idem à l'africaine.

SAUCE A LA SOUBISE.

OUPEZ quatre oignons en deux, ensuite
vous coupez la tête et la queue à quatre
lignes de distance sur l'oignon, puis vous
les émincez très fin et les jetez dans de l'eau bouillante. Lorsqu'ils ont donné quelques bouillons, vous
les égouttez dans une passoire, ensuite vous les met-

tez dans une casserole à ragoût avec un bon morceau de beurre d'Isigny et un peu de consommé. Faites-le mijoter à petit feu. Dès qu'il est cuit, vous l'égouttez de nouveau et le versez dans la casserole avec deux bonnes cuillerées de consommé que vous avez dégraissé et réduit de moitié ; vous y joignez deux grandes cuillerées à ragoût de sauce béchamel, une pointe de muscade, une pincée de sucre en poudre, et un peu de glace de volaille ; après quoi vous le passez avec pression à l'étamine fine. Au moment du service vous y mêlez un peu de beurre d'Isigny.

La soubise est ordinairement une purée d'oignons. Cette sauce se compose de l'extrait de l'essence d'oignon, et n'est point une purée.

SAUCE MAIGRE A LA SOUBISE.

Procédez ainsi qu'il est démontré ci-dessus ; seulement vous remplacez le consommé par de l'essence de poisson, la béchamel par de la sauce maigre idem, et la glace de volaille par de la glace maigre.

SAUCE A LA RICHELIEU.

Après avoir coupé quatre gros oignons en petits dés, vous les passez blonds dans du beurre clarifié ; puis vous les égouttez sur un petit tamis de crin, pour les cuire ensuite dans deux grandes cuillerées de consommé, en y joignant un peu de sucre fin, un peu de muscade râpée et de mignonnette. L'oignon étant cuit, vous ajoutez deux grandes cuillerées à

7*

ragoût de sauce allemande, un peu de glace de volaille et un peu de beurre fin; puis vous passez la sauce avec pression à l'étamine fine.

Au moment de servir vous additionnez une demi-cuillerée à bouche de cerfeuil haché et blanchi.

Cette sauce diffère de la soubise parce que l'oignon est roussi , ce qui en change sensiblement le goût.

La première fois que je fis cette sauce, ce fut à Ratisbonne, en traversant la Bavière avec le marquis de Londonderry , ambassadeur d'Angleterre.

SAUCE MAIGRE A LA RICHELIEU.

Vous remplacez la glace de volaille par de la glace de poisson, et la sauce allemande par de la sauce maigre allemande ; puis vous procédez de tout point, pour obtenir cette sauce , ainsi qu'il est indiqué aux détails de la sauce précitée.

SAUCE A LA CLERMONT.

Coupez quatre gros oignons en deux ; coupez la tête et la queue à trois lignes sur l'oignon ; ôtez le cœur à chaque moitié et émincez-les en ruelles d'égale épaisseur (afin qu'en les passant dans le beurre ils se colorent également) ; ensuite vous les passez dans une demi-livre de beurre fin clarifié , en les remuant sans cesse sur un feu modéré. Etant roussis d'un blond rougeâtre , vous les égouttez sur un tamis de crin ; après quoi vous les faites cuire dans une casserole à ragoût , dans laquelle vous versez deux cuillerées de bon consommé, un peu de poivre blanc et un peu de sucre fin. Lorsque l'oignon est presque cuit à point, vous y mêlez deux grandes cuillerées d'espagnole travaillée, et un peu de glace de volaille.

La sauce étant réduite à point, vous la versez dans la casserole à bain-marie.

Cette sauce à la Clermont est excellente pour les émincés et entrées de boucherie.

Je ne l'ai vu faire que par M. Richaud, fameux saucier de la maison de Condé.

SAUCE MAIGRE A LA CLERMONT.

Procédez ainsi que nous l'avons démontré ci-dessus ; seulement vous supprimez le consommé, la glace et l'espagnole, et les remplacez par de l'essence de poisson, de la sauce maigre espagnole, et de la glace maigre.

SAUCE A LA PROVENÇALE.

Après avoir émincé, selon la règle, quatre gros oignons, vous les passez légèrement blonds dans de l'huile d'Aix ; ensuite vous y ajoutez une pluche de persil, une pointe d'ail hachée, un peu de mignonnette et de muscade râpée. Etant bien égouttés, vous les versez dans une casserole avec deux cuillerées à ragoût de bon consommé. Lorsque l'ébullition a lieu, vous placez la casserole sur l'angle du fourneau, en ayant soin de dégraisser l'oignon ; et, dès qu'il est cuit à point, vous y joignez deux cuillerées à ragout de sauce allemande. La sauce étant réduite

selon la règle, vous la déposez dans une cassserole
à bain-marie en y mettant un peu de jus de citron,
un peu de glace de volaille, et un peu de beurre.

SAUCE MAIGRE A LA PROVENÇALE.

Vous procédez à l'égard de cette sauce selon les
détails analysés ci-dessus; seulement vous remplacez
la sauce allemande par de la sauce maigre allemande, puis le consommé par de l'essence de poisson,
la glace de volaille par de la glace maigre : voilà
toute la différence.

SAUCE A LA LYONNAISE.

Blanchissez quatre gros oignons coupés en dés, et
faites-les mijoter dans du beurre fin clarifié. Etant
presque cuits, vous les égouttez sur le tamis de crin,
les travaillez ensuite avec deux cuillerées à ragoût
de fumet de gibier et deux grandes idem de sauce
allemande. Etant réduite à point, vous y joignez un
peu d'estragon haché et blanchi, un jus de citron,
un peu de muscade râpée, un peu de beurre, et un
peu de glace de gibier.

La sauce étant ainsi terminée, vous la déposez
dans la casserole à bain-marie.

J'ai servi cette sauce pour la première fois à Vienne, chez l'ambassadeur d'Angleterre.

SAUCE MAIGRE A LA LYONNAISE.

Supprimez le fumet de gibier, la glace et l'alle -

mande ; remplacez-les par de la glace de poisson , de l'essence idem , et de la sauce maigre à l'allemande. Suivez le reste du procédé ainsi qu'il est démontré ci-dessus.

SAUCE A LA BRETONNE

Coupez six gros oignons en ruelles; puis donnez-leur couleur dans du beurre clarifié. Après les avoir égouttés sur le tamis de crin, vous y joignez deux cuillerées à ragoût de consommé , et deux grandes d'espagnole travaillée ; ajoutez un peu de sucre en poudre , un peu de poivre blanc , un peu de beurre et un peu de glace de volaille; ensuite vous passez cette sauce avec pression par l'étamine fine.

SAUCE MAIGRE A LA BRETONNE.

Vous supprimez de la sauce précitée le consommé, l'espagnole et la glace de volaille, pour les remplacer par de l'espagnole maigre , de l'essence, et de la glace de poisson. Le reste du procédé est le même.

SAUCE A LA ROBERT.

Après avoir coupé en petits dés trois gros oignons, vous les colorez blonds dans du beurre clarifié , puis vous les égouttez , et les travaillez avec du consommé et deux grandes cuillerées d'espagnole travaillée. La sauce étant réduite à point , vous y mêlez un peu de sucre en poudre , un peu de poivre , un peu de vinaigre et une cuillerée à bouche de moutarde fine.

SAUCE MAIGRE A LA ROBERT.

Procédez pour cette sauce ainsi qu'il est démontré ci-dessus ; seulement vous remplacez le consommé par de l'essence de poisson , et l'espagnole par de la sauce maigre espagnole.

SAUCE A L'AFRICAINE.

Coupez en ruelles deux gros oignons , que vous passez légèrement blonds dans du beurre clarifié ; puis vous les égouttez, et les mettez dans une casserole à ragoût, avec deux grandes cuillerées de consommé. Lorsque l'ébullition a lieu , vous le dégraissez avec soin ; puis vous y joignez deux grandes cuillerées d'espagnole travaillée , un demi-verre de vin de Malaga , et une demi-livre de petites truffes , que vous aurez parées en petites gousses de la grosseur des gousses d'ail ordinaires ; ajoutez un petit bouquet assaisonné. Faites réduire à point , puis vous retirez le bouquet; et , au moment du service, vous ajoutez un peu de beurre mêlé d'une pointe de poivre de Cayenne et un jus de citron.

La première fois que j'ai servi cette sauce , ce fut au congrès d'Aix-la-Chapelle , chez l'empereur Alexandre.

SAUCE MAIGRE A L'AFRICAINE.

A l'égard de cette sauce en maigre , vous suppri-

mez de la précédente le consommé et l'espagnole,
que vous remplacez par de l'essence de poisson et
par de la sauce maigre espagnole. Le reste du procédé est le même que ci-dessus.

CHAPITRE VIII.

SUITE DES PETITES SAUCES EN GRAS ET EN MAIGRE.

SOMMAIRE.

Sauce tomate ; idem tomate à la parisienne ; idem poivrade ; idem piquante ; idem hachée ; idem chevreuil ; idem venaison ; idem pignole à l'italienne ; idem à la gelée de groseilles ; idem aux cerises sèches ; idem à la mie de pain , idem à la chapelure.

SAUCE TOMATE.

COUPEZ en deux dix grosses tomates de bonne maturité, après en avoir ôté le jus et les graines ; vous les mettez dans une casserole à ragoût, en y mêlant un peu de thym, de laurier, de mignonnette, et quelques fragments de jambon maigre ; couvrez la casserole. Lorsque

l'ébullition a lieu , faites mijoter doucement les tomates, afin qu'elles se fondent bien parfaitement.
Vingt minutes après, vous y joignez deux grandes
cuillerées d'espagnole travaillée ; puis vous la recui-
sez à point , et la passez en purée par l'étamine fine.
Ensuite vous la déposez dans une casserole à bain-
marie. On peut , au moment du service , y joindre
un peu de glace et de beurre.

Cette sauce aigrelette convient pour le bœuf braisé , les rosbifs , les bifteks et les grillades en général.

SAUCE MAIGRE AUX TOMATES.

Vous prenez un petit flacon de tomates conservées,
puis vous les faites bouillir avec un petit bouquet assaisonné selon la règle, deux grandes cuillerées d'essence de poisson , et deux idem d'espagnole maigre. Après dix minutes d'une légère ébullition, vous
retirez le bouquet , et passez la sauce en purée par
l'étamine. Au moment de servir, vous y mêlez un
jus de citron et un peu de beurre frais. Servez.

SAUCE TOMATE A LA PARISIENNE.

Mettez dans une casserole à ragoût deux cuillerées
à bouche de champignons hachés, une idem de persil , une petite gousse d'ail et deux échalotes également hachées, un peu de maigre de jambon émincé , un peu de laurier et de thym , deux clous de girofle , un peu de muscade râpée et de gros poivre , et
huit grosses tomates, dont vous aurez ôté le jus et
les graines. Ajoutez à cet assaisonnement deux cuil-

lerées à ragoût de bon consommé ; couvrez la casserole , et placez-la sur un feu modéré , afin d'y laisser
mijoter les tomates pendant vingt à vingt-cinq minutes. Après ce laps de temps , vous y mêlez deux
grandes cuillerées d'espagnole et un peu de consommé. Réduisez la sauce à point , et la passez en purée
à l'étamine fine. Au moment de servir , vous y additionnez un peu de beurre , un peu de glace et un jus
de citron.

Cette sauce est des plus appétissantes. Je l'ai servie
pour la première fois, au congrès d'Aix-la-Chapelle,
à l'empereur Alexandre.

SAUCE MAIGRE DE TOMATES A LA PARISIENNE.

Vous procédez pour cette sauce ainsi qu'il est démontré ci-dessus ; seulement vous remplacez les tomates fraîches par un petit flacon de tomates conservées , le consommé par de l'essence de poisson , la
sauce espagnole par de la sauce maigre espagnole ,
et la glace par de la glace de poisson.

SAUCE POIVRADE.

Mettez dans une casserole à ragoût deux oignons
et deux carottes émincés ; ajoutez un peu de maigre
de jambon , du persil en branches , un peu de thym
et de laurier , une forte pincée de mignonnette , un
peu de macis , puis deux cuillerées à ragoût de bon
vinaigre , et deux idem de consommé. Faites mijoter
cet assaisonnement sur un feu très doux. Lorsque la
réduction est faite , vous y joignez deux cuillerées à

ragoût de consommé , et deux grandes cuillerées de
sauce espagnole travaillée. Après quelques instants
d'ébullition , vous passez la sauce avec pression , et
la faites réduire à point. Au moment du service, vous
ajoutez un peu de beurre.

L'addition de l'émincé de carottes et d'oignons
donne à cette sauce plus de saveur ; le sucre de ces
racines corrige l'âpreté de l'assaisonnement de cette
sauce relevée. Mais dans sa composition, comme
dans celle de beaucoup d'autres, j'ai suivi les préceptes du célèbre Laguipierre : lorsque les sauces en
général se trouvaient un peu âpre au palais, il ajoutait un rien de sucre fin pour en corriger l'âpreté.

SAUCE MAIGRE POIVRADE.

Vous supprimez de la sauce ci-dessus le peu de
jambon , le consommé et la sauce espagnole ; puis
vous y joignez de l'essence de poisson ainsi que de
l'espagnole maigre : le reste du procédé est le même.

SAUCE PIQUANTE.

Vous marquez cette sauce selon les détails donnés
ci-dessus ; seulement vous ajoutez au moment du
service un peu de poivre de Cayenne et un peu de
beurre d'anchois. (Voyez *Beurre d'anchois*.)

Observation.

Pour obtenir cette sauce en maigre , vous suivez
de tout point les détails indiqués pour la sauce poi-

vrade maigre ; seulement vous y joindrez un beurre d'anchois et un peu de poivre de Cayenne.

SAUCE HACHÉE.

Versez dans une casserole à ragoût deux cuillerées de vinaigre ; ajoutez une cuillerée à bouche de champignons hachés , la moitié de persil, deux échalotes hachées, un peu d'ail, un fragment de thym et de laurier, deux clous de girofle, une forte pincée de poivre blanc et une pointe de muscade râpée. Faites réduire cet assaisonnement sur l'angle du fourneau ; retirez le laurier, le thym et les clous de girofle ; ensuite vous ajoutez deux cuillerées de consommé et deux grandes idem d'espagnole travaillée. Le tout étant réduit à point, vous versez votre sauce dans une casserole à bain-marie ; à l'instant du service vous y mêlez un peu de beurre d'anchois , deux petits cornichons hachés très fins, et quelques câpres.

SAUCE MAIGRE HACHÉE.

Vous procédez de tout point ainsi qu'il est démontré ci-dessus ; seulement vous remplacez le consommé et l'espagnole par de l'essence de poisson et de la sauce maigre espagnole.

SAUCE CHEVREUIL.

Après avoir émincé un peu de jambon maigre, deux échalotes et une pointe d'aille, vous le mettez dans une casserole à ragoût en y mêlant un bouquet assaisonné, une forte pincée de poivre concassé, une pointe de muscade et deux cuillerées à ragoût de bon vinaigre. Faites mijoter à petit feu; étant réduit, vous ajoutez deux cuillerées de consommé et deux grandes idem de sauce espagnole travaillée. Maintenant faites réduire de nouveau; puis vous y mêlez un verre de bon vin de Bordeaux ou de Bourgogne, et faites réduire à point. Ensuite vous passez la sauce à l'étamine fine; vous pouvez ajouter une petite pointe de sucre, ou encore mieux une cuillerée de gelée de groseilles, après l'avoir broyée et passée à l'étamine.

SAUCE MAIGRE AU CHEVREUIL.

Vous procédez à l'égard de cette sauce ainsi qu'il est démontré ci-dessus, en remplaçant le consommé et l'espagnole par de l'essence de poisson et de la sauce maigre espagnole; puis vous supprimez le jambon.

SAUCE VENAISON.

Versez dans une casserole à ragoût un verre de vin vieux de Bourgogne, deux cuillerées de vinaigre ordinaire, deux cuillerées à bouche de sucre en poudre, la moitié de la chair d'un citron épépiné, puis un demi-pot de gelée de groseilles; faites réduire, et ajoutez une grande cuillerée de sauce espagnole travaillée; réduisez de nouveau en y mêlant par intervalles un second verre de vin de Bourgogne. La sauce étant réduite à point, vous la passez à l'étamine fine.

Cette sauce aigre-douce convient parfaitement pour les rôts de gibier de venaison.

SAUCE PIGNOLES A L'ITALIENNE.

Mettez dans une casserole à ragoût deux onces de cassonnade ou de sucre en poudre, deux cuillerées à ragoût de bon vinaigre, deux idem de blond de veau, un bouquet assaisonné, une pointe de muscade râpée, et une pincée de mignonnette ; faites mijoter le tout sur un feu modéré ; réduction faite, vous y joignez deux grandes cuillerées de sauce espagnole travaillée, et un verre de bon vin rouge de Bordeaux-Lafitte. Lorsque la réduction se trouve faite à point, vous passez la sauce à l'étamine ; après quoi vous y mêlez une cuillerée à bouche de petites graines blanches que donnent les pins, et que les Italiens nomment pignoles. Au moment du service, ayez soin de faire bouillir une seconde les pignoles dans la sauce.

Cette sauce convient encore parfaitement pour les levrauts et la venaison.

SAUCE MAIGRE DE PIGNOLES A L'ITALIENNE.

Vous procédez à l'égard de cette sauce ainsi qu'il est démontré ci-dessus ; cependant vous supprimez le blond de veau et la sauce espagnole, que vous remplacez par de l'essence de racine et de la sauce maigre espagnole.

Cette sauce convient pour le poisson servi à l'italienne et à l'allemande.

SAUCE A LA GELÉE DE GROSEILLES.

Prenez un pot de gelée de groseilles rouges et la broyez avec une cuillère à bouche ; puis vous y mêlez le tiers d'un verre d'eau et la passez ensuite à l'étamine blanche ; servez-la dans une saucière pour les rôts de venaison, et aussi pour les levrauts.

SAUCE AUX CERISES SÈCHES.

Après avoir épluché et lavé une demi-livre de cerises sèches, vous les faites piler dans un mortier et les faites bouillir ensuite dans une casserole à ragoût avec deux cuillérées à bouche de sucre en poudre, deux verres de bon vin de Bourgogne, le quart d'un verre de vinaigre, une pincée de coriandre, et un peu de zeste de citron. Après avoir fait mijoter cet assaisonnement vingt à vingt-cinq minutes, vous y mêlez deux cuillerées à ragoût d'espagnole travaillée, et un jus de citron. Faites réduire la sauce en la remuant sans cesse sur un feu ardent, et passez-la ensuite avec pression par l'étamine fine.

Cette sauce aigre-douce convient également pour les rôts de venaison et levrauts.

SAUCE A LA MIE DE PAIN A L'ANCIENNE.

Après avoir haché une pointe d'ail , une échalote
III.   8

et du persil, vous les mettez dans une casserole, avec une demi-verre de vin blanc ; faites mijoter et réduire ; puis vous y mêlez deux cuillerées à bouche de mie de pain très fine, un peu de beurre fin , une pointe de mignonnette et de muscade râpée, deux grandes cuillerées à ragoût de bon consommé et deux idem de blond de veau ; faites réduire de moitié, ajoutez un jus de citron ; et servez.

SAUCE MAIGRE A LA MIE DE PAIN A L'ANCIENNE.

Supprimez de la sauce précitée le consommé et le blond de veau pour y joindre la même dose de jus de poisson et d'essence de racines. Le reste du procédé est le même.

SAUCE A LA CHAPELURE.

Hachez deux échalottes, émincez un peu de maigre de jambon , ajoutez dans la casserole une grande cuillerée de blond de veau et une pointe de mignon- nette ; faites mijoter et réduire à petit feu. Ensuite vous ôtez le jambon, et vous ajoutez deux cuillerées à bouche de chapelure très fine, un peu de beurre fin, deux cuillerées de bon consommé et un jus de citron. Après quelques minutes d'ébullition, vous servez.

SAUCE MAIGRE A LA CHAPELURE.

A l'égard de cette sauce vous procédez selon les détails décrits ci-dessus, en remplaçant le consommé et le blond de veau par de l'essence de poisson et de racines.

CHAPITRE IX.

TRAITÉ DES PETITES SAUCES AU BEURRE.

SOMMAIRE.

Sauce au beurre ; idem au beurre à la Laguipierre; idem au beurre à la maître-d'hôtel ; idem au beurre à la vénitienne; idem au beurre à la pluche de cerfeuil ; idem au beurre à la ravigotte : idem au beurre à la ravigotte verte; idem au beurre d'ail ; idem au beurre d'anchois ; idem au beurre d'écrevisses ; idem au beurre de homards ; idem au beurre et aux câpres; idem au beurre au blond de veau ; idem au beurre à l'essence de champignons ; idem au beurre à l'essence de truffes ; idem au beurre à la printanière ; idem au beurre à la morue ; idem à la flamande ; idem à la water-fish ; idem au beurre à l'italienne ; idem au beurre à la hollandaise ordidinaire ; idem au beurre à la portugaise ; idem au beurre à l'indienne ; idem au beurre à l'aurore : idem au beurre et aux œufs à l'anglaise; idem au pain à l'anglaise ; idem au beurre noir, maître-d'hôtel.

Observation.

 E voilà arrivé à la fin de mes chapitres contenant les petites sauces composées d'espagnole , d'allemande et de bécha-mel. Mes confrères doivent avoir la conviction des

8*

grandes ressources de variété que nous avions
dans notre travail ; et , quoi qu'ils en puissent dire,
nous avons, par nos méditations, donné un accrois-
sement notable à la cuisine moderne , et , s'ils ap-
portent un peu de bonne foi pour juger cette nouvelle production, ils ne pourront disconvenir que
mon nouveau procédé pour le travail des petites sauces (mes grandes réduites à point) est bien plus accéléré ; et je suis moralement persuadé qu'un grand
nombre d'entre eux adopteront mes procédés, en réduisant, le matin du jour de leurs grands dîners, les
grandes sauces avant de les employer dans les petites. Je le répète, les jeunes praticiens m'en sauront
gré : voilà mon but principal. Maintenant je vais
décrire la série des sauces au beurre et des petites
sauces à l'huile , et ce traité sera terminé à notre satisfaction.

SAUCE AU BEURRE.

Mettez dans une casserole à ragoût une petite cuillerée à bouche de farine et un peu de
beurre d'Isigny. Après avoir amalgamé la farine
avec une cuillère de bois , vous ajoutez un demi-
verre d'eau ou de consommé, un peu de sel et de
muscade râpée , et la moitié d'un jus de citron ;
remuez l'assaisonnement sur un feu ardent, et , sitôt
que l'ébullition a lieu, vous retirez la sauce en y
mêlant un bon morceau de beurre d'Isigny, la sauce
doit se trouver alors veloutée, très lisse et d'un bon
goût. On peut supprimer le jus du citron pour le
remplacer par un peu de bon vinaigre ordinaire.

Observation.

En ajoutant le beurre après que l'ébullition a lieu, cette sauce n'est point sujette à tourner à l'huile comme cela arrive par le procédé ordinaire.

Il est inutile de rappeler à mes confrères que les sauces au beurre en général doivent être assaisonnées avec discernement, puisqu'il est vrai qu'elles ne se composent que d'un assaisonnement qui n'est point substantiel : je veux dire qu'elles diffèrent de tous points de celles que nous composons avec le velouté, l'allemande, la béchamel et l'espagnole ; il est donc de toute nécessité que le beurre, le sel, le poivre, la muscade, le citron et les autres ingrédients qui entrent dans les sauces contenues dans ce chapitre soient tellement en harmonie, que la sauce au beurre se trouve suave, veloutée et parfaite de son assaisonnement. Voilà de ces choses que la théorie ne saurait démontrer ; le discernement et le palais du cuisinier décident seuls de la science du praticien habile. Toutes ces sauces au beurre appartiennent incontestablement à la cuisine maigre.

SAUCE AU BEURRE A LA LAGUIPIERRE.

Mettez dans une casserole à ragoût une grande cuillerée à ragoût de la sauce au beurre indiquée au chapitre des *Grandes sauces en maigre ;* ajoutez à cette sauce une cuillerée ordinaire de bon consommé ou bien un peu de glace de volaille, une pointe de sel, de muscade, et de bon vinaigre ordinaire ou

du jus de citron; faites bouillir quelques secondes,
puis vous y mêlez un bon morceau de beurre fin; et
vous servez.

Observation.

Ce procédé de cuire la sauce avant d'y joindre le
beurre lui donne un corps velouté et l'empêche de
tourner à l'huile. C'est par cette raison que je me suis
déterminé à placer cette sauce au nombre des grandes
sauces, et par l'importance qu'elle a dans le travail des
petites sauces au beurre, et par conséquent pour les
sauces en maigre.

SAUCE AU BEURRE A LA MAITRE-D'HÔTEL.

Après avoir marqué une maître-d'hôtel de la manière accoutumée, au moment de servir vous la mettez dans une casserole à bain-marie dans laquelle
vous aurez mis une grande cuillerée de grande sauce
au beurre (voir le chapitre des *Grandes sauces en
maigre*), une idem d'eau et une pointe de muscade
râpée. Le tout étant en ébullition, après y avoir bien
amalgamé la maître-d'hôtel, vous la servez pour les
entrées indiquées.

SAUCE AU BEURRE A LA VÉNITIENNE.

Au moment de servir, vous faites bouillir dans une
casserole à bain-marie une grande cuillerée de grande
sauce au beurre, puis vous y mêlez une cuillerée à
bouche d'eau, un bon morceau de beurre d'Isigny,

une pointe de vinaigre à l'estragon, du poivre fin, de la muscade râpée et une petite cuillerée à bouche d'estragon haché et blanchi, le tout bien amalgamé ; vous servez.

Cette sauce doit être d'un assaisonnement relevé et appétissant.

SAUCE AU BEURRE A LA PLUCHE DE CERFEUIL.

Faites bouillir dans une casserole à bain-marie une grande cuillerée de grande sauce au beurre en y joignant un peu de sel, de poivre fin, de muscade râpée, le jus d'un demi-citron, un peu d'eau, un bon morceau de beurre d'Isigny, puis une cuillerée à bouche de petites feuilles de cerfeuil blanchi ; servez.

SAUCE AU BEURRE A LA RAVIGOTE.

Après avoir marqué cette sauce de la manière accoutumée (voir *Grande sauce au beurre*), et après quelques bouillons, vous y mêlez un bon morceau de beurre d'Isigny, une cuillerée à bouche pleine de cerfeuil, d'estragon, et un peu de civette hachée et blanchie; ajoutez une pointe de vinaigre à l'estragon. Servez.

SAUCE AU BEURRE A LA RAVIGOTE VERTE.

Après avoir lavé une poignée de cerfeuil, d'estragon, un peu de pimprenelle et de civette, vous la faites blanchir quelques minutes à l'eau bouillante, puis vous l'égouttez dans de l'eau fraîche. Après quoi

vous la pressez parfaitement, et la pilez selon la règle. Après l'avoir passée avec une cuillère d'argent
sur un tamis de soie, vous l'additionnez à la sauce
au beurre marquée selon la règle (voir la *Sauce au
beurre* indiquée *à la Laguipierre*), en y mêlant du
beurre d'Isigny, un jus de citron, une pointe de
poivre fin et de muscade râpée. Observez que cette
sauce soit d'un vert printanier.

SAUCE AU BEURRE D'AIL.

Marquez votre sauce selon la règle (voir *Grande
sauce au beurre*). Ajoutez une pointe de muscade
râpée, et un beurre d'ail, que vous faites ainsi :
vous broyez dans le mortier le quart d'une petite
gousse d'ail, en y mêlant gros comme une noix de
beurre. Après quoi, vous passez ce beurre par le tamis de soie, puis vous le mêlez à la sauce avec du
beurre d'Isigny et un jus de citron, en observant
toutefois que le goût de l'ail soit peu sensible au palais.

SAUCE AU BEURRE D'ANCHOIS.

Après avoir parfaitement nettoyé deux anchois bien
frais, vous en levez les filets, que vous pilez dans le
mortier, en y mêlant un peu de beurre. Etant bien
broyés, vous les passez par le tamis de soie ; puis,
au moment du service, vous avez dans une casserole
à bain-marie une grande cuillerée de grande sauce
au beurre, à laquelle vous aurez joint un peu d'eau
ou de consommé, de poivre, de muscade, un jus de

citron, le beurre d'anchois, et un bon morceau de beurre d'Isigny.

SAUCE AU BEURRE D'ÉCREVISSES.

Mettez dans une casserole à bain-marie une grande cuillerée de sauce au beurre; ajoutez un peu d'eau, un peu de sel, de poivre fin, de muscade râpée et un petit jus de citron. La sauce étant bouillante, vous y mêlez un beurre d'écrevisses préparé selon la règle ; et vous servez.

SAUCE AU BEURRE DE HOMARDS.

Elle se prépare selon les procédés indiqués ci-dessus. La seule différence est que vous employez un beurre de homards en place de celui d'écrevisses. La-guipierre ajoutait quelquefois à cette sauce un peu de cerfeuil haché et blanchi, et une petite pointe d'ail, mais à peine sensible.

SAUCE AU BEURRE ET AUX CAPRES.

Mettez dans une petite casserole une grande cuillerée à ragoût de grande sauce au beurre, marquée selon la règle. Ajoutez un peu d'eau ou de consommé, un peu de poivre fin, de muscade râpée, et un peu de sel. Lorsque l'ébullition a lieu, vous retirez la sauce du feu, puis vous y mêlez une demi-livre de beurre d'Isigny, un filet de vinaigre ordinaire, et une cuillerée à bouche de câpres fines. Servez.

SAUCE AU BEURRE AU BLOND DE VEAU.

Après avoir fait bouillir dans une casserole à bain-marie une grande cuillerée à ragoût de sauce au beurre, marquée de la manière accoutumée, vous y mêlez une grande cuillerée de blond de veau, un peu de muscade et de poivre fin, une demi-livre de beurre d'Isigny, et un jus de citron. Servez.

SAUCE AU BEURRE A L'ESSENCE DE CHAMPIGNONS.

Après avoir préparé l'essence de champignons ainsi que nous l'avons indiqué au chapitre des essences, vous la versez dans une casserole à ragoût, en y mêlant une grande cuillerée de grande sauce au beurre. Vous faites réduire, en ayant soin de tourner toujours la sauce avec la cuillère de bois ; puis, au moment de servir, vous y joignez un bon morceau de beurre d'Isigny.

SAUCE AU BEURRE A L'ESSENCE DE TRUFFES.

Vous procédez à l'égard de cette sauce ainsi que nous venons de l'indiquer ci-dessus; seulement vous employez l'essence des truffes (ainsi que nous l'avons décrite au chapitre des essences), au lieu de celle de champignons. Du reste, le procédé est le même. Ajoutez une petite pointe d'ail.

On peut faire des sauces au beurre avec toutes les essences contenues dans le chapitre des essences.

C'est au cuisinier à décider celles qui conviendront le mieux à la personne qu'il sert.

SAUCE AU BEURRE PRINTANIÈRE.

Après avoir lavé une poignée de cerfeuil, auquel vous ajoutez un peu de persil, d'estragon et de civette, vous les pressez parfaitement, et les faites bien piler, puis vous en exprimez le jus, les passez avec pression dans l'étamine, et mettez ce suc de ravigotte dans une casserole à bain-marie contenant une grande cuillerée de grande sauce au beurre, marquée selon la règle..Ajoutez un peu de poivre et de muscade râpée, un peu de beurre, un jus de citron et une cuillerée à bouche de cerfeuil et d'estragon hachés et blanchis. Servez.

SAUCE AU BEURRE A LA MORUE.

Mettez dans une casserole à ragoût un peu de beurre, une gousse d'ail, quelques champignons et un petit oignon, le tout émincé. Ajoutez un peu de persil en branches, un fragment de feuilles de laurier, deux clous de girofle, et une pointe de mignonnette et de macis. Passez le tout légèrement sur un feu modéré. Après quoi, vous y mêlez une cuillerée à bouche de farine tamisée. Vous remuez cet assaisonnement quelques secondes ; puis vous y joignez une chopine de crème double, et le sel nécessaire. Faites bouillir dix à quinze minutes ; puis vous passez la sauce à l'étamine fine ; et, au moment du service, vous y mêlez un peu de persil et d'échalote hachés et blanchis, et du beurre d'Isigny.

SAUCE AU BEURRE A LA FLAMANDE.

Vous préparez la même sauce que nous avons indiquée ci-dessus ; seulement vous supprimez le persil et l'échalote, et vous ajoutez du rouge de petites carottes coupées en petits filets, ainsi que nous les préparons pour le potage à la julienne. Vous coupez également des racines de persil et un peu de raifort. Ces racines ainsi préparées, vous les blanchissez ; et, après les avoir rafraîchies, vous les joignez à la sauce à la crème précitée, en ajoutant deux cornichons, coupés également en petits filets et blanchis, afin de leur ôter de leur acide ; ajoutez du beurre d'Isigny.

SAUCE AU BEURRE A LA WATER-FISH.

Après avoir coupé en petits filets le demi-zeste d'une bigarade, le rouge d'une petite carotte, quelques queues de persil et un peu de racines de persil également coupées en petits filets très minces et de six lignes de longueur ; après avoir blanchi et rafraîchi ces racines, vous les versez dans une casserole à bain-marie contenant une bonne sauce au beurre ou à la hollandaise, dans laquelle vous ajoutez une essence de poisson. (Voir le chapitre des essences.) Cette sauce doit être de haut goût ; elle sert habituellement pour saucer les perches et autres poissons d'eau douce et de mer cuits à l'eau de sel et dénommés à la water-fish.

SAUCE AU BEURRE A L'ITALIENNE.

Après avoir haché un peu de persil , quelques champignons , une truffe , une pointe d'ail , un fragment de laurier et de thym , un clou de girofle , un peu de poivre , de mignonnette , de muscade râpée , et de sel ; après avoir passé cet assaisonnement avec un peu de beurre fin sur un fourneau modéré , vous y versez un verre de champagne , puis vous avez le soin de retirer les fragments d'aromates et le clou de girofle ; versez vos fines herbes dans une casserole à bain-marie contenant une grande cuillerée de grande sauce préparée de la manière accoutumée , deux cuillerées de bonne huile d'Aix , du beurre d'Isigny , un jus de citron , et servez.

Cette sauce doit être de haut goût ; on s'en sert généralement pour les poissons grillés et cuits au court bouillon ou à l'eau de sel.

SAUCE AU BEURRE A LA HOLLANDAISE ORDINAIRE.

Mettez dans une casserole à ragoût cinq jaunes d'œufs frais , un peu de beurre fin , de sel , de poivre et muscade râpée ; placez la casserole sur un petit plat à sauter contenant de l'eau presque bouillante , ou tout simplement sur un feu doux ; alors vous remuez sans cesse la sauce avec la cuillère de bois , et, à mesure qu'elle prend du corps, vous y mêlez un peu de beurre d'Isigny. Après en avoir

ajouté plus d'une demi-livre, vous y mêlez une
cuillerée de vinaigre ordinaire. Votre sauce doit se
trouver alors veloutée et d'un goût un peu relevé :
elle sert pour les entrées de poissons de mer cuits à
l'anglaise.

Il faut avoir soin de cuire les œufs avant d'y additionner le beurre par parties, ainsi qu'il est indiqué.

SAUCE AU BEURRE A LA PORTUGAISE.

Après avoir parfaitement mêlé dans une casserole
à ragoût trois jaunes d'œufs frais et un peu de beurre fin. vous ajoutez sel, poivre fin, muscade râpée,
le jus d'un citron, et une pincée de poivre de Cayen--
ne. Faites prendre cette sauce au bain-marie en y
mêlant peu à peu une demi-livre de beurre d'Isigny ;
puis vous y joignez un petit beurre d'anchois et une
cuillerée de persil haché et blanchi. Dans cette sauce de haut goût, le poivre de Cayenne, le citron et
l'anchois doivent dominer.

Cette sauce se sert pour toute sorte de poissons
grillés et cuits à l'eau de sel.

SAUCE AU BEURRE A L'INDIENNE.

Mettez dans une casserole à bain-marie une grande cuillerée de grande sauce au beurre, marquée
selon la règle, puis vous y joignez un peu de sel, de
poivre de Cayenne, de muscade râpée, une pointe
d'ail pilé avec le dos d'un couteau, le jus d'un gros
citron, et une petite infusion de safran, afin de colorer la sauce d'un beau jaune. Au moment de servir,

vous y mêlez du beurre d'Isigny, un cornichon haché sans être blanchi. Servez.

SAUCE AU BEURRE A L'AURORE.

Vous marquez votre sauce de la manière accoutumée. (Voir *Grande sauce au beurre*.) Seulement elle
doit être claire ; puis, au moment de servir, vous y
mêlez un petit beurre d'ail très léger, un jus de citron, et quatre jaunes d'œufs durs que vous passez
en vermicelle en les foulant sur le tamis de crin.
Servez.

SAUCE AU BEURRE ET AUX OEUFS A L'ANGLAISE.

Votre sauce étant marquée de la manière accoutumée, au moment de servir vous avez deux œufs durs
que vous coupez par petits morceaux que vous mêlez légèrement dans la sauce, et la versez dans une
saucière. Elle se sert avec les rôts de volaille à l'anglaise.

SAUCE AU BEURRE ET AU PAIN A L'ANGLAISE.

Faites bouillir dans deux grandes cuillerées à ragoût de consommé une cuillerée à bouche de mie
de pain en y joignant un petit oignon coupé en deux
et un clou de girofle ; ajoutez un peu de sel, de
muscade râpée, et de poivre de Cayenne. Donnez
dix minutes d'ébullition ; retirez l'oignon, le girofle,
puis vous y mêlez une cuillerée de grande sauce au
beurre ; et, au moment de servir, vous additionnez

un peu de beurre fin. Cette sauce se sert en Angleterre pour les rôts de gibier.

BEURRE NOIR A LA NOISETTE POUR LA RAIE.

Faites fondre sur un feu modéré huit onces de beurre d'Isigny que vous mettez dans une casserole à ragoût; placez-le sur l'angle du fourneau, et, dès que la mousse tombe, vous l'écumez avec soin, et peu à peu le beurre se brunit légèrement et contrac-un goût de noisette agréable au palais. Alors vous le retirez du feu pour faire cesser l'ébullition. Etant déposé, vous le versez dans une casserole à bain-marie contenant un peu de sel et de poivre fin, puis deux cuillerées à bouche de bon vinaigre ordinaire que vous avez fait bouillir. Au moment de servir, vous le remuez bien parfaitement avec la cuillère.

Observez que l'assaisonnement doit être de haut goût. Lorsque vous le destinez pour marquer de la raie, après l'avoir coloré à point, en le laissant toujours sur le feu, vous y précipitez une forte pincée de petites branches de persil, en l'appuyant avec la cuillère percée; et, sitôt qu'il ne petille plus, vous l'égouttez et le placez sur la raie; puis vous tirez le beurre à clair en le versant dans l'assaisonnement, ainsi qu'il est démontré ci-dessus.

BEURRE A LA MAITRE-D'HÔTEL POUR LES MAQUEREAUX.

Mettez dans une petite terrine huit onces de beurre d'Isigny avec le jus d'un gros citron, deux cuillerées à bouche de persil haché très fin, deux fortes pincées de sel et une petite idem de poivre fin; amalgamez le tout ensemble avec une cuillère de bois; ayez soin que l'assaisonnement soit de haut goût et appétissant.

Maintenant il me reste à donner quelques notions sur les beurres de poivre de Cayenne, d'ail, d'anchois et homards. Pour celui d'écrevisses, comme j'en ai donné l'analyse au *Traité des Potages* (voir *Bisque*), je n'en parlerai point ici. Il en sera de même à l'égard du beurre de Montpellier, que j'ai décrit dans mon *Cuisinier parisien*. Nous avons encore l'habitude de faire des beurres de ravigotes de persil, de cerfeuil, d'estragon et de civette. Ils se préparent en mêlant l'une de ces fines herbes avec un peu de beurre fin, et s'emploient au moment de servir les sauces où vous jugez nécessaire de l'ajouter.

BEURRE DE CAYENNE.

Mêlez sur un petit couvercle de casserole, avec la pointe du couteau, une pincée de Cayenne et gros comme une aveline de beurre frais, et vous vous en servez au moment du service pour les sauces grasses ou maigres, afin de les rendre plus relevées.

BEURRE D'AIL.

Vous pilez sur le bord de la table, avec le dos du couteau, une pointe d'ail; puis vous y mêlez un peu de beurre fin, et le faites passer par le tamis de soie.

III.   9

BEURRE D'ANCHOIS.

Après avoir lavé et paré les filets d'un gros anchois nouveau, vous le broyez bien parfaitement, en y joignant gros comme une noix-muscade de beurre d'Isigny, et le faites passer par le tamis, en l'appuyant dessus avec la cuillère de bois.

BEURRE DE HOMARDS.

Prenez les œufs d'un homard bien frais, puis une partie du rouge qui se trouve dans l'intérieur, à la naissance de la queue. Broyez le tout dans le mortier avec un peu de beurre frais, afin de le colorer d'un beau rouge de corail. Passez-le par le tamis, et employez-le dans les sauces indiquées.

CHAPITRE X.

DES PETITES SAUCES FROIDES A L'HUILE.

SOMMAIRE.

Sauce magnonaise; second procédé de magnonaise; idem magnonaise blanche à la gelée; idem magnonaise ravigote printanière; idem magnonaise à la provençale; idem magnonaise remoulade aux fines herbes; idem remoulade à la ravigote; idem remoulade à l'anglaise; idem remoulade à l'échalote; idem remoulade à la russe; idem remoulade à la tyrolienne; idem remoulade à la mogol; idem à la tartare; idem aux fines herbes à l'huile; idem ravigote froide à l'huile.

SAUCE MAGNONAISE.

METTEZ dans une moyenne terrine (placée sur de la glace pilée) deux jaunes d'œufs frais, un peu de sel et de poivre blanc, et un peu de vinaigre à l'estragon. Remuez prompte-

9*

ment ce mélange avec une cuillère de bois ; et , dès qu'il se lie , vous y mêlez peu à peu une cuillerée à bouche d'huile d'Aix et un peu de vinaigre, en ayant soin de frotter la sauce contre les parois de la terrine. De ce frottement réitéré dépend la blancheur de la sauce magnonaise. A mesure qu'elle prend du volume, vous mettez plus d'huile, plus de vinaigre à la fois, et un peu de gelée d'aspic en la commençant. Il est essentiel d'en mettre peu à la fois, afin d'éviter qu'elle ne se décompose. A mesure que cette sauce arrive à sa perfection , elle prend du corps et du velouté. Vous devez employer pour sa confection deux verres d'huile, un demi-verre de gelée d'aspic, et du vinaigre à l'estragon en suffisante quantité afin de la rendre d'un goût appétissant et relevé. Vous devez ajouter un jus de citron , pour la rendre plus blanche.

Observation.

Il est nécessaire de mettre toute la promptitude possible pour obtenir cette sauce veloutée et parfaite, et de se placer dans un endroit frais pour la travailler.

Pendant les chaleurs de l'été cette sauce se décompose quelquefois , perd son velouté , et ne peut plus masquer son entrée. Or, quand cela arrive, vous mêlez dans une petite terrine une cuillerée de velouté, d'allemande ou de béchamel avec un jaune d'œuf frais ; puis vous y joignez peu à peu la magnonaise, que vous remuez vivement. Par ce simple travail , elle reprend son corps primitif ; et vous la servez.

Seconde manière de procéder pour la magnonaise.

On n'a pas toujours sous la main de la glace à piler pour faire cette sauce ; il est néanmoins facile de l'obtenir veloutée et appétissante. A cet effet, vous procédez ainsi : Vous remuez vivement dans une moyenne terrine une cuillerée de velouté ou de béchamel froide, avec une cuillerée à bouche de beurre tiède seulement, un peu de sel et de poivre fin, et quelques gouttes de vinaigre à l'estragon. Travaillez cette sauce en la frottant continuellement contre les parois de la terrine ; puis vous y mêlez tour à tour un peu d'huile d'Aix, un peu de vinaigre et d'eau, et un peu de citron. Mettez-en toujours peu à la fois, afin d'obtenir une magnonaise veloutée et parfaite. Ce procédé ne le cède en rien au précédent.

SAUCE MAGNONAISE BLANCHE A LA GELÉE.

Placez sur de la glace pilée un plat à sauter, contenant deux grandes cuillerées à ragoût de gelée blanche, deux idem à bouche d'huile, une idem de vinaigre à l'estragon, un peu de sel et de poivre fin ; puis vous remuez ce mélange avec le fouet à blanc d'œufs, en ayant soin d'appuyer sur les parois du plat à sauter. Ajoutez par parties le jus d'un citron, ce qui blanchit sensiblement la sauce, qui devient veloutée, d'un goût suave et relevé, et d'une mine fort appétissante. Vous pouvez ajouter à cette sauce du cerfeuil haché et blanchi.

Observation.

Cette sauce doit être préférée à celles décrites précédemment. Mais on n'a pas toujours de la gelée à souhait, tandis que, dans le procédé précité, on se passe de gelée ; puis cette magnonaise blanche s'emploie principalement pour les bals ou pour les grands dîners d'apparat. Elle convient particulièrement pour garnir des aspics de filets de poisson, de volaille, de blanquettes, de crêtes et rognons, et pour les aspics garnis de cervelles, de dindonneaux, de faisans et de veau.

SAUCE MAGNONAISE A LA RAVIGOTE PRINTANIÈRE

Après avoir épluché et lavé une poignée de cerfeuil, un peu d'estragon, de ciboulette et de pimprenelle, vous les blanchissez à l'eau bouillante dans un poêlon d'office, avec un peu de sel. Après cinq minutes d'ébullition, vous rafraîchissez la ravigote, la pressez bien parfaitement, et la pilez. Alors vous y mêlez une cuillerée de magnonaise, et la passez par le tamis de soie ; puis vous la mêlez dans une sauce magnonaise préparée à la gelée, ainsi qu'il est démontré ci-dessus. Cette sauce doit être d'un vert printanier. Dans le cas contraire, vous pouvez y joindre un peu de vert d'épinards, afin de l'obtenir d'un beau vert-pistache.

SAUCE MAGNONAISE A LA PROVENÇALE.

Après avoir pilé le quart d'une très petite gousse

d'ail, vous y mêlerez une cuillerée de l'une des sauces magnonaises analysées ci-dessus, puis vous la passez par le tamis de soie et la mêlez dans l'une des sauces précitées. Ce peu d'ail relève le goût de la magnonaise, la rend plus appétissante et rappelle la Provence.

SAUCE MAGNONAISE REMOULADE AUX FINES HERBES.

Mêlez dans une des sauces précitées une cuillerée à bouche de moutarde fine, deux cuillerées idem de fines herbes composées de cerfeuil, d'estragon, de civette et d'un peu d'ail pilé.

SAUCE REMOULADE A LA RAVIGOTE.

Faites blanchir une poignée de cerfeuil mêlée d'un peu d'estragon, de pimprenelle et de civette ; vous la rafraîchissez, la pressez et la pilez bien parfaitement avec trois jaunes d'œufs durcis ; ajoutez sel, poivre et muscade râpée, puis vous y mêlez une cuillerée à bouche de moutarde fine, et peu à peu deux grandes cuillerées à ragoût d'huile d'Aix et du vinaigre à l'estragon ; passez ensuite cette essence en purée par l'étamine.

L'assaisonnement de cette sauce doit être relevé et appétissant.

SAUCE REMOULADE A L'ANGLAISE.

Vous procédez à l'égard de cette sauce en suivant de tous points les procédés décrits ci-dessus ; seulement vous y mêlez une pincée de poivre de Cayenne, afin que cette sauce picote légèrement le palais.

SAUCE REMOULADE A L'ÉCHALOTE.

Après avoir haché une grosse échalote, vous la jetez à l'eau bouillante et la rafraîchissez de suite, puis vous la mettez dans une moyenne terrine avec deux jaunes d'œufs frais, un peu de sel, poivre fin et deux cuillerées à bouche de cerfeuil et d'estragon hachés ; ensuite vous y joignez peu à peu deux grandes cuillerées à ragoût d'huile et du vinaigre à l'estragon, afin de la rendre de haut goût et appétissante.

SAUCE REMOULADE A LA RUSSE.

Broyez dans le mortier quatre jaunes d'œufs durcis ; ajoutez une cuillerée de moutarde fine et une idem d'huile d'Aix ; passez cette préparation en purée par l'étamine et au-dessus d'une terrine ; puis vous y mêlez du sel, du poivre, une pointe d'échalote hachée et blanchie, du persil, du cerfeuil et de l'estragon haché ; ajoutez une cuillerée à bouche de sucre fin, un peu d'huile, de vinaigre à l'estragon et le jus d'un citron.

Cette sauce aigre-douce doit être de haut goût.

Les Russes servent cette remoulade pour le bœuf bouilli et rôti et pour les grillades de volaille et de boucherie.

SAUCE REMOULADE A LA TYROLIENNE.

Après avoir lavé et paré trois gros anchois nouveaux, vous pilez les chairs avec quatre jaunes d'œufs durcis; ajoutez du sel, du poivre, deux grandes cuillerées à ragoût d'huile d'Aix et une demi idem de vinaigre à l'estragon ; passez cette sauce en purée par l'étamine ; puis vous y mêlez deux cuillerées à bouche de persil haché, une pointe d'échalote hachée et blanchie, et le blanc d'un œuf haché fin. Cette sauce doit être d'un assaisonnement relevé.

Observation.

Les Allemands servent cette sauce pour le poisson et autres entrées grillées.

SAUCE REMOULADE A LA MOGOL.

Après avoir broyé dans le mortier quatre jaunes d'œufs durcis, vous y mêlez sel , poivre , muscade râpée, une pointe de Cayenne et de piment, une cuillerée de sucre fin, deux grandes cuillerées d'huile , une demi idem de vinaigre à l'estragon ; passez cette sauce en purée par l'étamine ; puis vous y mêlez une petite infusion de safran, afin de la colorer d'un beau jaune, et une cuillerée à bouche de petite civette émincée très fin. Cette sauce doit être de haut goût et picoter un peu le palais.

SAUCE A LA TARTARE.

Mettez dans une moyenne terrine une cuillerée à

bouche de sauce allemande (maigre pendant le carême), une idem de moutarde fine, deux jaunes d'œufs frais, un peu de sel, de poivre et de muscade râpée. Après avoir bien remué ce mélange, vous y mêlez peu à peu deux grandes cuillerées d'huile d'Aix, une demi de vinaigre à l'estragon, puis une pointe d'échalote hachée et blanchie, un peu d'ail et une cuillerée à bouche d'estragon et de cerfeuil hachés.

Observation.

Cette sauce doit être relevée d'assaisonnement ; elle sert pour les entrées indiquées à la tartare.

SAUCE AUX FINES HERBES A L'HUILE.

Mêlez dans une petite terrine deux grandes cuillerées d'huile, une demi de vinaigre à l'estragon, sel, poivre, persil et échalote hachés ; servez.

SAUCE RAVIGOTE FROIDE A L'HUILE.

Pilez bien parfaitement une poignée de cerfeuil mêlée de pimprenelle, de cresson alénois, d'estragon et de civette, puis une demi-échalote et une petite rocambole ; ajoutez une cuillerée de velouté froid, un peu de sel, poivre et muscade râpée et une cuillerée de moutarde fine ; passez cette sauce en purée par l'étamine ; puis vous y mêlez une grande cuillerée d'huile et du vinaigre en suffisante quantité afin de donner à cette ravigote un goût appétissant et relevé.

Observation.

Les sauces contenues dans ce chapitre sont toutes
maigres, et cependant elles se servent durant toute
l'année. Je le répète, voilà les avantages dont nous
jouissons tous les jours dans le service de la cuisine
grasse : elle s'enrichit des ressources de celle en maigre, tandis que cette dernière reste pauvre et réduite
à ses propres moyens.

CHAPITRE XI.

TRAITÉ DES RAGOUTS ET GARNITURES
EN GRAS ET EN MAIGRE.

SOMMAIRE.

Ragoût à la financière; idem de foies gras à la financière; idem de foies gras aux truffes au suprême; idem de foies gras à la Monglas; idem de foies gras à l'américaine; idem de foies gras aux champignons; idem à la tortue; idem de quenelles de volaille à la Périgueux; idem de quenelles de volaille au beurre d'écrevisses; idem de quenelles de volaille à la hollandaise; idem de quenelles de volaille en haricots vierges; idem de quenelles de volaille aux petits pois; idem de quenelles de volaille à la macédoine; idem de quenelles aux grosses pointes d'asperges; idem de quenelles de faisan à la régence; idem de quenelles de perdreaux à la Soubise; idem à la française; idem d'escalopes de mauviettes aux champignons; idem d'estomac de mauviettes aux truffes; idem d'ortolans aux truffes à la Périgord; idem d'escalopes de lapereaux au chasseur; idem d'escalopes de lapereaux à la parisienne; idem d'escalopes de lapereaux aux pointes d'asperges; idem d'escalopes de lapereaux à la macédoine; idem d'escalopes de lapereaux aux haricots verts; idem de crêtes et rognons à la Toulouse; idem à la Toulouse au suprême; idem de crêtes

et rognons à la Périgueux ; idem de noisettes de veau à la ravigote ;
idem de noisettes de veau à la Soubise ; idem de noisettes de veau aux
concombres ; idem de riz d'agneau en haricots vierges ; idem de riz
de veau sautés à la sauce tomate à la parisienne ; idem de riz de veau
sautés à la provençale ; idem d'escalopes de riz de veau à la ravigote
printanière ; idem de langue à l'écarlate à la Clermont.

Observation.

J'AI souvent réfléchi sur la garniture de
certaines entrées susceptibles d'être accompagnées d'un ragoût, afin d'en re-
haussser la succulence et la somptuosité (1). J'en ai
donc composé de nouveaux pour en garnir mes grosses pièces et entrées, et mon travail en est devenu
plus élégant et plus varié. Je sais que mes confrères
ne pourront pas toujours agir ainsi : car il sera difficile de faire entendre cela à certains amphitryons qui

(1) Depuis bien des années l'art alimentaire va toujours en décrois-
sant ; j'ai signalé cette décadence dans mes ouvrages, sans pour cela
en avoir arrêté les tristes effets. Depuis la renaissance de la cuisine
française, jamais nous n'avons servi si peu d'entrées pour le nombre
des convives invités dans les maisons opulentes de Paris. Nous y servons
huit entrées quand il en faudrait servir douze. Mais tel est l'esprit du
siècle : on mange pour vivre, voilà tout. Or, par suite de l'économie que
réclame de nous cet ordre de choses, il m'a semblé plus convenable,
pour sauver la science du naufrage, de servir quatre grosses pièces avec
quatre entrées (chose que nous n'avions faite dans aucun temps), plutôt
que deux grosses pièces avec six entrées : par cette nouvelle combinaison mes grosses pièces ont suppléé au faible nombre des entrées, de
manière qu'en servant continuellement des grosses pièces et des entrées
sur des plats ovals, ce nouveau genre de travail m'a réclamé de nouveaux ragoûts, afin de servir ces entrées et grosses pièces avec plus de
variété et d'élégance. L'addition de mes nouveaux hatelets a donné de
la dignité à ce nouveau service.

aiment la bonne chère, mais qui n'aiment point à payer les dépenses qu'elle nécessite pour la rendre succulente et variée. Ceux-là sont plus que déraisonnables, et paralysent le génie culinaire du cuisinier qui a le chagrin de les servir. Mais leur gourmandise est toujours punie de leur avarice : car l'homme qui a quelque talent ne souffre point ces médiocrités, et laisse ces tristes maisons végéter dans leur obscurité. Pour venger la science et mes confrères, je rapporterai ici, à la honte de ces avares gourmands, quelques lignes du célèbre Grimod de la Reynière, qui savait apprécier nos talents alimentaires : « Heureux, dit-il, l'amphitryon qui possède » un bon cuisinier ! Il doit le traiter moins en servi- » teur qu'en ami, lui donner toute sa confiance, le » soutenir contre tous les désagréments de son état, » le citer en toute occasion, et ne rien épargner pour » sa gloire comme pour sa fortune. »

O mes confrères ! voilà le langage digne de l'homme riche et gourmand. Nous rencontrons ces généreux sentiments chez les hommes habitués à l'opulence, mais trop rarement chez ceux nouvellement enrichis ; et cependant l'art culinaire ennoblit ceux qui l'honorent en donnant avec ordre et économie de splendides festins à leurs amis. Ce système, le plus aimable de la vie sociale, est méconnu de nos jours. Honte à la fortune des amphitryons tristement gourmands ! honte au sentiment de l'égoïsme qui les gouverne ! Honneur aux neveux des hommes de nos jours ! car ils sauront apprécier les bienfaits d'une table bien servie ; ils s'apercevront que ces jouissances sont les plus réelles de la vie ; et l'art alimentaire, alors honorable et honoré, brillera de toute sa splendeur. Tels sont mes vœux pour la prospérité de la science, et mes prévisions ne seront point trompées, je l'espère.

Je reviens à mes travaux culinaîres. Je vais donc marquer mes ragoûts pour des entrées rondes et ovales que nous servons dans les contre-flancs de nos grands dîners. Ce sera à mes confrères à les augmenter, selon les grosses pièces auxquelles ils seront destinés.

Remarque.

Les jeunes praticiens doivent apporter le plus grand soin à la préparation des garnitures de crètes: elles sont devenues le plus bel ornement de mon travail; elles donnent de l'élégance à nos hatelets, qui rendent nos grosses pièces de cuisine si somptueuses, ainsi qu'il sera facile de s'en convaincre par les dessins des planches contenues dans cet ouvrage. Mes confrères à réputation verront combien j'ai augmenté le nombre de nos grosses pièces en leur donnant toute l'élégance dont elles étaient susceptibles, et cela par l'addition de mes hatelets nouveaux, tandis que nos grands maîtres ne savaient garnir de hatelets que les Godard et les Chambord; encore leurs garnitures différaient-elles des nôtres, elles avaient moins d'élégance et de variété. Tout ce grand résultat vient d'un peu de dessin que j'ai répandu dans tous mes travaux, et qui caractérise notre cuisine moderne. Cette nouvelle production l'atteste clairement, et cette pensée consolante pour nous est la plus douce des récompenses pour l'homme qui se dévoue au développement d'une science qui chaque jour reçoit de notables accroissements, en dépit de la sévère économie d'un trop grand nombre d'amphitryons.

Il faut choisir les crêtes nouvelles, entièrement rosées, doubles et à longues barbes, et rejeter celles ramassées et frisées à grains de morilles. Après les avoir ébarbées et parées avec soin, vous en mettez sept ou huit dans une casserole contenant de l'eau pas tout-à-fait bouillante (1); vous les remuez avec la cuillère percée, en les retirant après une seconde; alors vous les frottez entre les doigts, et, sitôt que l'épiderme quitte aisément la crête, vous les égouttez et les débarrassez entièrement de cette légère peau, ce qui les rend plus roses encore. Mettez-les dans de l'eau tiède seulement, et recommencez la même opération autant de fois que le nombre de vos crêtes l'exigera. Il est essentiel d'avoir le soin de les changer assez souvent d'eau pour qu'elles soient toujours

_____

(1) Quelques confrères mettent les crêtes, après les avoir ébarbées, dans une serviette, et les trempent dans de l'eau presque bouillante, puis les retirent une seconde après; entr'ouvent la serviette, sèment sur les crêtes un peu de sel marin, referment la serviette, qu'ils tiennent de la main gauche, et de la droite frottent légèrement les crêtes sur elles-mêmes, afin d'en détacher l'épiderme. Il faut les frotter ensuite entre les doigts pour la retirer entièrement; si elle ne quitte pas aisément, vous les plongez dans l'eau chaude et les en retirez aussitôt. Après les avoir mondées, vous les mettez dans l'eau tiède et les laissez dégorger vingt-quatre heures, en les changeant deux ou trois fois d'eau tiède. Vous les faites ensuite blanchir en les mettant sur le feu à l'eau froide, et, dès qu'elles entrent en ébullition, les égouttez et les sautez avec beurre, sel, citron et eau chaude; puis vous les faites cuire.

tièdes, puis vous les pressez légèrement dans la main pour en faire sortir un limon sanguin : alors elles blanchissent sensiblement. Le soir vous les mettez dans une grande quantité d'eau tiède, et le lendemain matin, en arrivant à la cuisine, vous les changez avec de l'eau tiède et les pressez de nouveau dans la main. Recommencez ce procédé chaque fois que vous les changez d'eau. Il est des praticiens qui, après les avoir mondées, les piquent çà et là avec la pointe de l'aiguille à brider, pour en faire sortir les parties sanguines. Ce procédé doit être employé avec modération.

Les crêtes étant devenues très blanches, vous les égouttez et les sautez dans une casserole contenant du beurre fin, un jus de citron et un peu de sel ; après les avoir sautées quelques secondes, vous y mêlez un peu d'eau tiède et leur donnez quelques bouillons, seulement à celles que vous destinez pour la garniture des hatelets, car il est essentiel qu'elles soient très droites ; tandis que celles pour garniture de ragoût doivent être cuites à point. A l'égard des rognons de coq, vous les faites degorger à l'eau froide et les jetez dans les crêtes en ébullition et les retirez de suite, afin d'éviter qu'ils ne se séparent par fragments, ce qui arrive dès qu'ils bouillent. Vous mettez les crêtes et les rognons dans une terrine, et les couvrez d'un rond de papier beurré.

Les champignons destinés pour garniture doivent être moyens, blancs, fermes et bien ronds, en les tournant, il convient de leur laisser un fragment de la queue ; puis vous les sautez dans un jus de citron avec un peu d'eau. Dès qu'ils sont tournés, vous y joignez un peu de sel et de beurre, et les

III.   10

placez sur un feu modéré en les couvrant. Faites-les mijoter cinq minutes ; puis vous les déposez dans une petite terrine. A l'égard des autres garnitures, je les décrirai dans l'analyse des ragoûts qui vont se succéder.

RAGOUT A LA FINANCIÈRE.

Après avoir paré une livre de truffes (1) rondes du Périgord, vous les parez de moyenne grosseur, et les faites suer dix minutes dans du vin de Madère ; puis vous y joignez la sauce à la financière (voir *Traité des sauces*). Donnez quelques bouillons; retirez une légère écume occasionée par le madère. Etant prêt à servir, vous y mêlez une douzaine de petits champignons, autant de moyennes crêtes (on doit les faire bouillir dans un peu de madère, avant de les joindre au ragoût) et de rognons de coq. Donnez un bouillon. Ajoutez un peu de beurre frais, quelques petites quenelles de volaille, et quelques petites escalopes de foie gras et de ris d'agneau. Servez la moitié de ce ragoût sur le plat d'entrée qui doit vous servir; placez dessus l'entrée destinée à la financière. Ajoutez autour quelques belles crêtes blanches et

(1) Il faut choisir ses truffes pleines et le moins chargées de terre possible ; il vaut mieux les payer un franc de plus par livre, afin d'en faire le choix soi-même. Il est essentiel de les faire tremper quelques minutes seulement et de les faire brosser promptement en les égouttant à mesure. Lorsqu'elles sont rondes et peu terreuses, vous pouvez les parer sans les faire brosser et tremper ; alors vous les lavez, les égouttez et les employez de suite : elles ont plus de parfum par ce procédé que par l'autre, mais on en perd davantage.

gros rognons de coq. Observez que la sauce du ragoût ne doit pas dépasser le fond du plat : autrement votre entrée perd toute sa grâce ; la bordure du
plat se dérange, et votre entrée devient de pauvre
mine. Versez le reste du ragoût dans une saucière, que vous servez avec l'entrée.

Observation.

Nous devons généralement servir dans une saucière une partie des ragoûts destinés à garnir des entrées ovales, et plus encore pour les grosses pièces.

Observez surtout que celui qui sert en maître-
d'hôtel ait le soin de les faire passer à table en même
temps que l'entrée assignée audit ragoût. Les jeunes
praticiens, jaloux d'acquérir de la réputation, ne
doivent pas perdre de vue cet avertissement.

RAGOUT DE FOIE GRAS A LA FINANCIÈRE.

Après avoir dégorgé et blanchi un petit foie gras
de Strasbourg, vous le faites cuire dans une mirepoix, avec un verre de madère. Laissez-le refroidir;
puis vous l'égouttez de sa cuisson, et le parez en escalopes, en arrondissant les bords avec le couteau,
afin de les parer convenablement. Placez-les dans un
petit plat à sauter ; versez dessus le fond de la mirepoix, que vous avez dégraissée et passée au tamis de
soie. Quelques minutes avant le moment de servir,
vous les faites chauffer un instant, en mettant un peu
de feu dessus et dessous ; puis vous avez préparé le
ragoût à la financière, ainsi qu'il est démontré ci-

10*

dessus. N'y mettez cependant qu'une demi-livre de truffes, et supprimez quelques crêtes, rognons et ris d'agneau. Etant prêt à servir, vous égouttez les escalopes, en placez la moitié sur le plat d'entrée, et le reste dans une saucière chaude. Masquez les foies avec la financière ; posez l'entrée dessus ; ajoutez autour quelques crêtes blanches et rognons ; versez le reste du ragoût dans la saucière, et servez.

RAGOUT DE FOIE GRAS ET DE TRUFFES AU SUPRÊME.

Vous préparez en escalopes un petit foie gras de Strasbourg, ainsi qu'il est démontré dans le ragoût précité ; puis vous émincez quatre grosses truffes du Périgord, et les faites suer dix minutes dans un peu de beurre d'Isigny, avec un grain de sel et de poivre fin. Après quoi vous en égouttez en partie le beurre, et versez dessus la sauce au suprême en ébullition (préparée selon la règle). Etant prêt à servir, vous mettez la moitié des escalopes de foie gras dans le plat d'entrée. Ajoutez dessus de l'émincé de truffes ; placez-y l'entrée, en observant que la sauce ne doit pas dépasser le bord du plat. Mettez le reste du foie gras dans une saucière, et versez dessus l'émincé de truffes avec le reste du suprême. Servez. Pour le ragoût de foie gras aux truffes à la parisienne, vous remplacez le suprême par la sauce à la parisienne.

RAGOUT DE FOIE GRAS A LA MONGLAS.

Préparez la moitié d'un foie gras de Strasbourg en

escalopes, ainsi qu'il est démontré précédemment. Coupez également en escalopes deux grosses truffes cuites au vin de Champagne. Parez aussi en escalopes le tiers du gros bout d'une langue de bœuf à l'écarlate, et les faites mijoter cinq minutes dans un peu de consommé. Au moment de servir, vous versez sur les truffes la sauce indiquée au vin de Champagne (voir le *Traité des sauces*). Donnez une légère ébullition; ajoutez les escalopes de langue à l'écarlate, que vous égouttez. Faites bouillir seulement le ragoût; puis vous placez la moitié du foie gras dans le plat d'entrée. Ajoutez des truffes, et placez dessus l'entrée indiquée, toujours en observant que la sauce du ragoût ne dépasse pas le bord de la bordure du plat d'entrée. Servez le reste du ragoût dans une saucière.

RAGOUT DE FOIE GRAS A L'AMÉRICAINE.

Faites cuire dans une mirepoix la moitié d'un foie gras de Strasbourg avec une petite anguille de Seine; égouttez l'anguille, et la placez dans un petit plat à sauter. Le foie étant refroidi dans la mirepoix, vous le parez en escalopes, et le placez à côté de l'anguille, puis vous passez le fond de la mirepoix, que vous dégraissez bien parfaitement, et faites chauffer feu dessus et dessous. Au moment de servir, et la sauce indiquée à l'américaine étant bouillante, vous y joignez deux maniveaux de champignons tournés; ensuite vous avez garni le plat d'entrée de foie gras et de tronçons d'anguille, que vous masquez de sauce et de champignons. Placez l'entrée indiquée sur le plat, et servez le reste du foie gras et de la sauce dans une saucière.

RAGOUT DE FOIE GRAS AUX CHAMPIGNONS.

Préparez avec un demi-foie gras de Strasbourg une escalope selon les procédés indiqués pour les ragoûts de foie gras à la financière, et la tenez chaude. Au moment de servir, vous avez en ébullition la sauce indiquée aux champignons; puis vous placez la moitié de l'escalope sur le plat d'entrée, et la masquez de sauce et de champignons. Placez dessus l'entrée, et versez dans une saucière le reste du ragoùt. Servez.

Le ragoùt de foie gras aux morilles et aux mousserons se prépare de même.

RAGOUT A LA TORTUE.

Préparez le ragoùt indiqué à la financière, puis le saucez avec la sauce à la tortue, et vous y additionnez de petites quenelles, dans une partie de la sauce desquelles vous ajoutez un peu de persil haché et blanchi, et dans l'autre des truffes hachées, afin d'avoir des petites quenelles aux truffes et au persil. Le reste du procédé pour servir ce ragoùt est le même que celui de la financière. Après avoir dressé l'entrée, placez dessus de belles crêtes et de gros rognons de coq, puis quelques petits cornichons bien verts parés en olives; quelques confrères ajoutent quelques jaunes d'œufs durcis. Cela dépend des goûts;

mais cette addition ne convient que pour les grosses pièces.

RAGOUT DE QUENELLES DE VOLAILLE AUX TRUFFES A LA PARISIENNE.

Parez en grosses olives une douzaine de fragments de truffes que vous faites mijoter dans un peu de consommé ; égouttez-les pour les mettre dans une casserole à bain-marie contenant la sauce indiquée à la parisienne (Voir le *Traité des sauces.*) ; ajoutez une douzaine de gros rognons de coq ; donnez quelques ébullitions, puis vous y joignez autant de quenelles de volaille moulées à la cuillère à café ; versez la moitié du ragoût dans le plat d'entrée ; placez-y l'entrée, et servez le reste dans une saucière.

RAGOUT DE QUENELLES DE VOLAILLE A LA PÉRIGUEUX.

Hachez une grosse truffe après l'avoir épluchée, puis vous la mêlez dans une petite farce à quenelles préparée de la manière accoutumée ; ensuite vous moulez vos quenelles dans des cuillères à café, et, au moment de servir, vous les pochez au consommé sans ébullition ; égouttez-les sur une serviette et mettez-les dans une casserole à bain-marie contenant la sauce à la Périgueux, préparée selon la règle et toute bouillante. ; ajoutez de gros rognons de coq, versez-en la moitié sur le plat d'entrée ; dressez-y l'entrée ; placez autour quelques belles crêtes doubles, et servez le reste du ragoût dans une saucière.

RAGOUT DE QUENELLES DE VOLAILLE
AUX BEURRE D'ÉCREVISSES.

Préparez, selon la règle, un peu de farce au beurre d'écrevisses ; puis, après les avoir pochées avec soin, vous les mettez dans la sauce au suprême (Voyez le *Traité des sauces.*) contenant quelques champignons et queues d'écrevisses ; donnez une seule ébullition ; versez la moitié du ragoût sous l'entrée, et servez le reste dans une saucière.

RAGOUT DE QUENELLES DE VOLAILLE
A LA HOLLANDAISE.

Ajoutez dans la farce à quenelles un peu de persil haché et blanchi ; formez vos quenelles dans des cuillères à café, pochez-les sans ébullition, puis vous les égouttez et les mettez dans la sauce hollandaise indiquée au suprême et contenant un maniveau de petits champignons ; versez la moitié du ragoût sous l'entrée, et versez le reste dans une saucière. Servez.

RAGOUT DE QUENELLES DE VOLAILLE
AUX HARICOTS VERTS.

Ce légume est un des premiers que le printemps nous donne, et nous l'employons comme garniture dans sa primeure. A cet effet vous les coupez de huit lignes de longueur, puis vous les blanchissez dans un poêlon d'office, afin de les obtenir bien verts ;

après les avoir égouttés sur une serviette, vous les sautez dans une grande cuillerée à ragoût de sauce allemande, avec un peu de glace de volaille, un peu de beurre, une pointe de muscade râpée, un peu de jus de citron, et douze quenelles de volaille moulées à la cuillère à café. Donnez quelques bouillons, et servez.

RAGOUT DE QUENELLES DE VOLAILLE
AUX PETITS POIS.

Préparez un litre de petits pois à la française, puis vous y mêlez une cuillerée à ragoût de sauce allemande, et un peu de glace de volaille. Etant prêt à servir, vous y mêlez une douzaine de petites quenelles de volaille préparées selon la règle ; servez ce ragoût de la manière accoutumée.

RAGOUT DE QUENELLES DE VOLAILLE
A LA MACÉDOINE.

Préparez selon la règle une petite macédoine d'entrée; puis vous y mettez assez de suprême pour en saucer une douzaine de quenelles de volaille moulées dans une cuillère à café ; donnez quelques bouillons, et servez ce ragoût sous l'entrée indiquée, et le reste dans une saucière.

RAGOUT DE QUENELLES DE VOLAILLE
AUX GROSSES POINTES D'ASPERGES.

Après avoir blanchi les pointes d'une botte de

grosses asperges, vous les égouttez sur une serviette et les sautez dans du suprême avec une pointe de sucre en poudre et de muscade râpée. Au moment du service, vous y mêlez une douzaine de quenelles de volaille préparées pour ragoût, et servez selon la règle.

RAGOUT A LA FRANÇAISE.

Préparez de tout point la sauce indiquée à la parisienne; ajoutez aux truffes tournées en olives, et que vous laissez dans leur préparation, une douzaine de moyennes crêtes, autant de gros rognons de coq, le même nombre de champignons, douze petites quenelles de volaille à la purée de champignons, et douze queues d'écrevisses parées selon la règle; donnez quelques ébullitions, et servez une entrée destinée pour flanc.

RAGOUT DE QUENELLES DE FAISAN A LA RÉGENCE.

Faites, avec les filets d'un faisan, une farce à quenelle à l'essence de champignons; formez-les dans la cuillère à café. Au moment du service, pochez-les avec soin au consommé, mettez-les dans la sauce indiquée à la régence lorsqu'elle est en ébullition, et joignez-y en même temps vingt-quatre queues d'écrevisses.: servez votre ragoût de la manière accoutumée.

RAGOUT DE QUENELLES DE PERDREAUX A LA SOUBISE.

Vous préparez de la manière accoutumée une

vingtaine de petites quenelles de perdreaux que vous pochez dans du consommé au moment du service, puis vous les égouttez et les mettez dans la sauce indiquée à la Soubise. (Voir le *Traité des sauces.*) Faites jeter un seul bouillon, et servez votre ragoût selon la règle.

Observation.

Mes confrères s'apercevront aisément qu'il leur sera facile de faire des ragoûts avec des quenelles de gélinottes, de bécasses, de mauviettes, de lapereaux, et de les marquer selon la variété des ragoûts que nous avons analysés pour les quenelles de volaille, de faisans et de perdreaux décrits précédemment. Ces nouveaux ragoûts ne seront pas moins bien accueillis par les gastronomes, fins appréciateurs de bonnes choses.

RAGOUT D'ESCALOPES DE MAUVIETTES AUX CHAMPIGNONS.

Sautez au beurre les filets de douze belles mauviettes, puis vous les égouttez et les mêlez avec vingt-quatre moyens champignons dans la sauce indiquée à la Richelieu et préparée selon la règle. Observez que l'escalope ne doit pas bouillir. Servez ce ragoût de la manière accoutumée.

RAGOUT D'ESTOMACS DE MAUVIETTES AUX TRUFFES.

Levez les estomacs à douze belles mauviettes, en

les parant des petits os des ailes, puis vous les sautez au beurre selon la règle, et les mettez dans la
sauce indiquée au vin de Champagne, dans laquelle
vous avez fait bouillir une seconde une douzaine de
truffes cuites au vin de Champagne, et tournées de
la grosseur d'une noix muscade. Servez ce ragoût de
la manière accoutumée.

RAGOUT D'ORTOLANS AUX TRUFFES A LA PÉRIGORD.

Faites cuire à la broche douze ortolans, puis vous
en levez les estomacs et les parez avec soin ; placez-
les sur le plat d'entrée, et masquez-les avec un
émincé de truffes sautées dans la sauce indiquée au
suprême. Servez.

RAGOUT D'ESCALOPES DE LAPEREAUX AU CHASSEUR.

Sautez en escalopes les filets d'un lapereau ; puis
vous les égouttez du beurre et les joignez à une nivernaise de petites carottes nouvelles, dans laquelle
vous ajoutez un peu de glace de fumet de lapereaux,
un peu d'allemande et de beurre frais. Servez votre
sauce de la manière accoutumée.

RAGOUT D'ESCALOPES DE LAPEREAUX A LA PARISIENNE.

Faites blanchir dans un poêlon d'office un litre
de pois fins nouvellement écossés ; puis vous les
égouttez et les sautez dans un plat à sauter contenant
une cuillerée à ragoût de sauce allemande, un peu de

glace de fumet de lapereau, une pointe de sucre en poudre, et un peu de poivre et de beurre frais ; donnez quelques minutes d'ébullition sur un feu doux ; après quoi vous y mêlez les filets d'un lapereau, que vous avez sautés au beurre et parés ensuite en escalopes. Servez ce ragoût de la manière accoutumée.

RAGOUT D'ESCALOPES DE LAPEREAUX
AUX POINTES D'ASPERGES.

Faites blanchir avec soin les boutons d'une botte de grosses asperges ; puis vous les égouttez et les sautez avec une grande cuillerée à ragoût de sauce allemande dans laquelle vous avez mêlé un peu de glace de fumet de lapereaux, un peu de beurre d'Isigny, une pointe de poivre et de muscade râpée, et un peu de sucre ; ensuite vous y joignez les filets de lapereaux sautés en escalopes, et servez.

RAGOUT D'ESCALOPES DE LAPEREAUX
A LA MACÉDOINE.

Vous préparez, selon la règle, une macédoine pour garnir une entrée ; au moment de servir, vous sautez au beurre les filets de lapereaux parés en petites escalopes. En les mêlant à la macédoine, vous y joignez un peu de glace de fumet de lapereau, un peu de beurre et une cuillerée de béchamel. Servez votre ragoût de la manière accoutumée.

RAGOUT D'ESCALOPES DE LAPEREAUX
AUX HARICOTS VERTS.

Après avoir préparé vos haricots verts selon la
règle (Voir *Quenelles de volaille aux haricots.*),
vous les sautez dans une grande cuillerée à ragoût
de sauce allemande, avec un peu de glace de fumet
de lapereaux, un peu de beurre, de muscade râpée,
et un jus de citron; puis vous coupez en escalopes
deux filets de lapereaux sautés au beurre. Faites
jeter un bouillon et servez ce ragoût de la manière
accoutumée.

Observation.

On peut également servir des escalopes de filets
de faisans, de perdreaux, de gélinottes et de grives,
selon les diverses garnitures indiquées ci-dessus pour
accompagner les escalopes de filets de lapereaux.

RAGOUT DE CRÊTES ET DE ROGNONS A LA TOULOUSE.

Faites bouillir deux grandes cuillerées à ragoût de
sauce allemande dans laquelle vous ajoutez deux
maniveaux de moyens champignons avec leurs fonds,
un peu de glace de volaille, un peu de beurre, une
pointe de muscade râpée, et une douzaine de crêtes
doubles. Faites réduire la sauce à point, puis vous
y mêlez vingt-quatre gros rognons de coq: faites
jeter quelques bouillons, et servez votre ragoût selon la règle.

RAGOUT A LA TOULOUSE AU SUPRÊME.

Parez en petites escalopes deux grosses truffes, et les faites mijoter dans un peu de bon consommé de volaille ; puis vous y mêlez deux grandes cuillerées de sauce suprême, des crêtes, des champignons et leurs fonds, et une pointe de muscade râpée ; faites réduire à point ; ajoutez au ragoût de gros rognons de coq et un peu de beurre frais ; servez.

RAGOUT DE ROGNONS DE COQ A LA PÉRIGORD.

Coupez en olives une trentaine de fragments de truffes que vous faites mijoter dans un peu de vin de Champagne ; puis vous y joignez la sauce indiquée au vin de Champagne. Etant réduite à point, vous y mêlez une trentaine de gros rognons de coq ; donnez un seul bouillon ; et servez votre ragoût de la manière accoutumée.

RAGOUT DE CRÊTES ET ROGNONS A LA PÉRIGUEUX.

Faites bouillir dans un demi–verre de madère sec une belle garniture de crêtes, puis vous y joignez la sauce indiquée à la Périgueux ; donnez quelques bouillons ; après quoi vous ajoutez des rognons de coq, et servez votre ragoût selon la règle, en plaçant çà et là quelques belles crêtes dessus.

Observation.

On doit servir également des ragoûts de rognons

de coq aux petits pois, à la macédoine, aux pointes
de grosses asperges, aux pointes d'asperges en petits
pois et aux haricots verts ; on agira de même en employant seulement des crêtes avec ces diverses garnitures. On peut également faire ces ragoûts aux concombres nouveaux.

RAGOUT DE NOISETTES DE VEAU A LA RAVIGOTE.

Après avoir fait dégorger et blanchir douze noisettes
d'épaule de veau, vous les faites cuire dans une mirepoix et les y laissez refroidir ; ensuite vous en retirez toutes les parties grasses, puis vous les sautez
dans la sauce indiquée à la ravigote ; donnez alors
un simple bouillon, et servez.

RAGOUT DE NOISETTES DE VEAU A LA SOUBISE.

Vous préparez dix noisettes de veau selon les procédés décrits ci–dessus, puis vous les mêlez dans la
sauce indiquée à la Soubise, et, après quelques bouillons, vous servez le ragoût.

Observation.

Les ragoûts de noisettes de veau à la Clermont, à
la sauce Périgueux, à la sauce tomate, à la sauce vénitienne et à la sauce provençale, se préparent selon
les détails précités ; seulement vous joignez dix noisettes de veau dans l'une de ces sauces, en y mêlant
un peu de glace de volaille.

RAGOUT DE NOISETTES DE VEAU AUX CHAMPIGNONS.

Préparez vos noisettes de veau selon les détails donnés ci-dessus; puis vous les joignez dans la sauce indiquée aux champignons; donnez quelques bouillons, et servez votre ragoût de la manière accoutumée.

Les ragoûts de noisettes de veau aux mousserons et aux morilles se préparent en suivant les procédés décrits ci-dessus.

RAGOUT DE NOISETTES DE VEAU AUX CONCOMBRES.

Parez deux moyens concombres en escalopes comme pour entrée; sautez-les cinq minutes dans une pointe de sel; puis vous les égouttez de l'eau qu'ils ont rendue', et, après les avoir lavés, vous les placez sur une serviette; puis vous les essuyez et les sautez dans du beurre clarifié sur un feu doux, afin de les cuire en leur donnant une couleur blonde à peine sensible; égouttez-les sur le tamis de crin, puis vous les sautez dans la sauce indiquée au suprême; donnez quelques bouillons, et servez le ragoût selon la règle.

Observation.

A l'égard des ragoûts de noisettes de veau aux petits pois, aux pointes d'asperges, à la macédoine à la nivernaise de petites carottes nouvelles et aux haricots verts, vous procédez selon les détails indiqués

III.   11

précédemment pour les ragoûts déjà décrits avec ces différentes garnitures.

RAGOUT DE RIZ D'AGNEAU EN HARICOTS VIERGES.

Coupez à la colonne de bons navets de Suède ou autres en quantité suffisante pour une entrée ; puis vous les faites blanchir une seconde à l'eau bouillante, et les rafraîchissez de suite. Après les avoir égouttés sur une serviette, vous les faites cuire dans du consommé avec un peu de beurre et de sucre ; ayez soin d'observer leur cuisson à point ; puis vous les faites tomber à glace à grand feu. Étant prêt de servir, vous y mêlez une grande cuillerée à ragoût de béchamel, un peu de glace de volaille, une pointe de muscade râpée, et six gros riz d'agneau que vous avez cuits dans une mirepoix, et coupez ensuite chacun d'eux en deux parties ; donnez quelques bouillons, et servez.

Observation.

Ce ragoût de riz d'agneau se sert également avec les garnitures de champignons, de morilles, de concombres, de pointes d'asperges, de petits pois, à la macédoine et à la nivernaise de petites carottes printanières et de haricots verts.

RAGOUT DE RIZ DE VEAU SAUTÉS
À LA SAUCE TOMATE A LA PARISIENNE.

Faites blanchir trois petits riz de veau un peu allongés ; puis vous les coupez en escalopes et les sau-

tez au beurre avec un peu de persil haché, un peu de
sel et de poivre ; faites-les mijoter vingt-cinq minutes
feu dessus et dessous. Au moment de servir, vous les
égouttez de leur beurre, puis vous versez dessus la
sauce tomate indiquée à la parisienne ; donnez quelques bouillons, et servez.

RAGOUT DE RIZ DE VEAU SAUTÉS A LA PROVENÇALE.

Sautez aux fines herbes trois petits riz de veau préparés ainsi qu'il est démontré ci-dessus, puis, au moment de servir, vous les égouttez et leur donnez quelques bouillons dans la sauce indiquée à la provençale ;
servez.

RAGOUT D'ESCALOPES DE RIZ DE VEAU
A LA RAVIGOTE PRINTANIÈRE.

Après avoir fait dégorger et blanchir trois petits riz
de veau un peu longs et bien blancs, vous les faites
cuire dans une mirepoix. Après vingt cinq minutes
d'ébullition, vous les faites refroidir dans leur fond,
puis vous les égouttez et les parez en petites escalopes ; au moment de servir vous les sautez dans la
sauce indiquée à la ravigote printanière. Après quelques légers bouillons, vous servez votre ragoût selon
la règle.

Observation.

Pour les ragoûts d'escalopes de riz de veau à la
Soubise, à la lyonnaise, à la bigarade, à la vénitienne,

11*

à la hollandaise, au suprême et à la Périgueux, vous
employez l'une de ces sauces, et préparez votre escalope de riz de veau selon les procédés décrits ci-dessus ; il en est de même pour les ragoûts de riz de
veau à la macédoine, aux pointes d'asperges, aux petits pois, aux concombres, aux petites carottes nouvelles, aux haricots verts et en haricots vierges. A cet
effet, vous mettez dans l'une de ces garnitures les riz
de veau préparés en escalopes, ainsi qu'il est démontré précédemment.

RAGOUT DE LANGUES A L'ÉCARLATE A LA CLERMONT.

Prenez la moitié du gros bout d'une langue de
bœuf à l'écarlate, puis vous la séparez en deux dans
sa longueur ; coupez chaque partie en lames de trois
lignes d'épaisseur et les parez en escalopes ovales ;
mettez-les mijoter dans un petit plat à sauter avec un
peu de consommé ; étant prêt à servir, vous avez en
ébullition la sauce indiquée à la Clermont, faites-y
mijoter quelques minutes l'escalope, et servez le
ragoût.

Observation.

On peut servir des escalopes de langues de veau,
de mouton braisé et à la Clermont. Cette sauce convient à ces sortes de ragoûts; mais la langue à l'écarlate est préférable à celles qui ne le sont pas. Sa sa-
laison et son fumet lui donnent un goût qui flatte
sensiblement le palais du gourmand. On doit donc
servir ce ragoût de langue à l'écarlate à la sauce to-

mate, à la sauce Soubise, à la sauce poivrade, à la sauce lyonnaise, puis avec les garnitures de champignons, de petits pois, de pointes d'asperges, de nivernaise de petites carottes nouvelles, de haricots blancs, de concombres, de navets et de macédoine. Lorsque vous aurez servi pour grosse pièce un jambon de Baïonne ou de Westphalie, et qu'il se trouve peu salé et d'un bon fumet, vous prenez de la noix, que vous parez en escalopes, et les servez en ragoût avec les sauces à la Richelieu, à la bretonne, à la Clermont et à la Robert.

D'après les détails contenus dans la série des ragoûts décrits précédemment, mes confrères doivent remarquer que nous n'en avons point donné de volaille; cependant on pourra servir en ragoût des blanquettes de filets de volaille, et particulièrement des filets mignons de poulardes et de poulets gras. A cet effet, on sautera au beurre ces escalopes parées à cru, et servies avec les sauces que nous avons désignées pour les ragoûts de quenelles de volaille.

CHAPITRE XII.

DES GARNITURES DE TRUFFES, DE CHAMPIGNONS, DE RACINES ET DE LÉGUMES.

SOMMAIRE.

Garniture de truffes à la régence ; idem de truffes au suprême ; idem
de truffes au vin de Champagne ; idem de truffes à la génoise ; idem
de truffes à la piémontaise ; idem de champignons à la princesse ;
idem de morilles à la ravigote printanière ; idem de concombres en
escalopes ; idem de céleri à la française ; idem de racines de céleri,
idem de petites carottes pour macédoine ; idem de petites carottes nouvelles ; idem de petites carottes à la nivernaise ; idem de petites carottes
à la flamande ; idem de petites carottes aux petits pois à l'allemande ;
idem de petits navets en haricots vierges ; idem de petits haricots verts ;
idem de concombres pour macédoine ; idem de petits radis printaniers ;
idem de pointes d'asperges vertes ; idem de pointes de grosses asperges ;
idem de macédoine à la béchamel ; idem de petits pois à la parisienne ;
idem de petits pois au petit lard fumé ; idem de sikel aux choux de
mer ; idem de petits oignons pour matelotte ; idem de petits oignons
à la Soubise ; idem d'oignons glacés ; idem d'oignons farcis ; idem de
choux brocolis ; idem de choux-fleurs ; idem de choux de Bruxelles ;

idem de fonds d'artichauds à la vénitienne ; idem de fonds d'artichauds glacés ; idem de groseilles vertes à maquereau ; idem de groseilles vertes à la hongroise ; idem de groseilles blanches en grappes ;
idem de rocamboles à la bordelaise ; idem d'ail à la provençale ; idem
de marrons à la lyonnaise.

Observation.

OUS voilà arrivés aux racines et légumes
printaniers. Ce travail réclame des soins
que la pratique des choses seule peut donner ; cependant j'observerai aux jeunes praticiens
que, pour bien faire les choses, il faut les comprendre, et pour cela il faut les raisonner. D'abord, les
concombres, les petites carottes nouvelles, les haricots verts, les asperges en petits pois, celles en branches, les petits pois, les petites fèves de marais, les
navets nouveaux, ainsi que d'autres plantes légumineuses, doivent toujours être cuits un peu fermes.
Par ce moyen, ces végétaux potagers ont plus de saveur et de qualité ; tandis qu'en retirant ces garnitures et entremets printaniers des blanchissages ou cuissons lorsqu'ils sont mous au toucher, à coup sûr ils
deviennent de pauvre mine, et sans goût.

Je vais décrire ces détails analytiques, en divisant en trois classes les racines et légumes que nous
employons depuis le printemps jusqu'à la fin de l'hiver. La première comprend les entremets qui reçoivent leur cuisson à point par le blanchissage seulement, tels qu'asperges, petits pois à l'anglaise, haricots verts, sikel, petites fèves de marais, choux
de Bruxelles, épinards et chicorée. Ces entremets,
dis-je, doivent être retirés du feu sitôt qu'ils cèdent

aisément sous la pression des doigts, mais non pas lorsqu'ils sont mous au toucher, comme je viens de le dire plus haut. Je comprendrai dans la seconde classe les carottes, navets, céleri, cardes, petits radis, laitues et choux. Cette classe demande à recevoir seulement quelques bouillons à l'eau bouillante (dans laquelle vous ajoutez un peu de sel), afin de leur ôter de l'âcreté. Tel est le résultat que nous obtenons par le procédé du blanchissage. Ensuite on les rafraîchit en les égouttant de l'eau bouillante, pour les mettre baigner à l'eau froide ; puis on les égoutte lorsqu'ils sont froids, et on les fait cuire dans du consommé ou dans des fonds qui ont servi à braiser des entrées ; mais il est essentiel d'observer que vos racines, coupées en petites colonnes pour servir de garnitures ou pour macédoines, doivent être cuites à point, afin qu'elles se conservent entières en les mêlant dans la macédoine ou ragoût : car le frottement qu'elles éprouvent entre elles en les sautant altère sensiblement la bonne mine de ces sortes de ragoûts. Cependant il est difficile de préciser le temps à donner à chacune de ces cuissons, comme la quantité de mouillement qu'elles réclament. Les navets coupés en petites colonnes, par exemple, demandent à être peu mouillés, étant peu de temps à cuire, tandis que les petites carottes doivent recevoir plus de mouillement, ayant plus de cuisson.

C'est donc la pratique qui donne ici ce tact d'appréciation qui tient au savoir ; cependant il est des préceptes invariables que l'analyse peut décrire. Les jeunes praticiens doivent toujours avoir pour principe de mouiller peu à la fois, et d'observer vers la fin de ces sortes de cuisson si l'addition d'un peu de consommé est devenue nécessaire , afin que ces petites racines arrivent à leur cuisson à point en tombant à glace. Dans le cas contraire , c'est-à-dire lorsqu'ils s'apercevront qu'ils ont mis trop de mouillement , ils devront accélérer la réduction pour que la cuisson arrive en même temps ; mais alors il est important de ne point quitter la réduction , qui , arrivée au degré de glace , se calcine aisément par l'effet du sucre nécessaire à ces racines ; et , dès que cela a lieu , elles ne sont plus servables par le goût de·brûlé qu'elles ont contracté. J'invite mes jeunes confrères à prendre cet avis en considération.

La troisième classe comprend les légumes qui se cuisent à l'eau (1) bouillante seulement ; mais alors on y mêle du beurre et du sel. Les choux-fleurs, les haricots blancs nouveaux, les pommes de terre et les salsifis se cuisent ainsi , tandis que les plantes légumineuses séchées pour l'hiver, telles que haricots blancs et rouges, lentilles et pois , se mettent sur le feu à l'eau froide, afin d'en dilater la peau, de les attendrir et d'en accélérer la cuisson, en y joignant aussi du beurre et du sel en les mettant sur le feu.

GARNITURE DE TRUFFES A LA PARISIENNE.

Ce ragoût se trouve décrit tout au long dans la

---

(1) Il est essentiel d'observer que les eaux crues, telles que celles tirées des puits et des citernes, ne conviennent point pour faire blanchir nos légumes : l'eau de rivière et de fontaine sont les seules que nous devions employer.

préparation de la sauce dénommée à la parisienne ; mes confrères voudront donc bien s'y reporter.

GARNITURE DE TRUFFES A LA RÉGENCE.

Après avoir épluché une livre de truffes du Péri-gord, vous les parez en forme de quartiers d'orange et d'égale grosseur, puis vous les faites mijoter dans un peu de bon consommé pendant cinq minutes ; en-suite vous y joignez la sauce indiquée à la régence ; donnez quelques ébullitions, et servez le ragoût selon la règle.

GARNITURE DE TRUFFES AU SUPRÊME.

Coupez huit truffes moyennes pour les parer ensuite en grosses olives, puis vous · les faites mijoter cinq minutes dans un peu de consommé de volaille ; vous y versez ensuite la sauce indiquée au suprême. Après avoir donné quelques bouillons, vous servez votre ragoût de la manière accoutumée.

GARNITURE DE TRUFFES AU VIN DE CHAMPAGNE.

Coupez en petites escalopes quatre grosses truffes du Périgord ; puis vous les faites mijoter cinq minutes avec un demi-verre de vin de Champagne ; ensuite vous y mêlez la sauce au vin de Champagne préparée comme de coutume ; faites bouillir quelques minutes le ra-goût ; et servez.

GARNITURE DE TRUFFES A LA GÉNOISE.

Coupez quatre grosses truffes en petites colonnes de huit lignes de diamètre sur dix de longueur, et les faites mijoter dans un peu de bon consommé; puis vous y mêlez la sauce indiquée à la génoise; donnez quelques bouillons, et servez le ragoût selon la règle.

GARNITURE DE TRUFFES A LA PIÉMONTAISE.

Parez en escalopes une livre de truffes du Piémont; puis vous les faites mijoter dans un peu de consommé pendant cinq minutes; ensuite vous y joignez la sauce à la piémontaise; et, après avoir fait ébullitionner, vous servez le ragoût selon la règle.

Ce ragoût convient pour les personnes qui aiment le goût de l'ail.

GARNITURE DE TRUFFES ET CHAMPIGNONS A LA RÉGENCE.

J'ai décrit cette garniture aux détails de la sauce à la régence; mes confrères voudront donc bien s'y reporter.

GARNITURE DE CHAMPIGNONS A LA PRINCESSE.

Préparez selon la règle trois maniveaux de champignons; puis vous les versez avec leurs fonds dans la sauce à la princesse (voir cet article); faites réduire à point, et servez.

GARNITURE DE CHAMPIGNONS
A LA SAUCE TOMATE A LA PARISIENNE.

Vous préparez trois maniveaux de moyens champignons selon la règle ; puis vous les versez avec leurs fonds dans la sauce indiquée sauce tomate à la parisienne, et la faites réduire à point ; servez de la manière accoutumée.

GARNITURE DE MORILLES
A LA SAUCE RAVIGOTE PRINTANIÈRE.

Apres avoir lavé à plusieurs eaux une assiettée de moyennes morilles d'égale grosseur, vous les faites suer avec un peu d'eau, un peu de beurre, de sel et de jus de citron. Après cinq minutes d'une légère ébullition, vous les faites réduire à glace ; puis vous les mêlez à la sauce ravigote printanière presque bouillante ; servez. Observez qu'elle ne doit pas bouillir.

Observation.

Les mousserons se préparent de même que les morilles, et vous les servez, ainsi que les champignons, à la sauce à la princesse, à la sauce tomate à la parisienne, à la sauce Soubise, à la sauce vénitienne, à la sauce hollandaise, au suprême, à la sauce provençale et à la sauce au vin de Champagne. On peut également les servir avec les sauces étrangères susceptibles de recevoir un peu d'acide du jus de citron, inséparable des préparations de champignons, mousserons et morilles.

GARNITURE DE CONCOMBRES EN ESCALOPES.

Préparez quatre moyens concombres bien faits; puis vous en coupez les deux extrémités de huit lignes sur le concombre; ensuite vous les coupez en quartiers dans leur longueur; puis vous en retirez toute la partie adhérente aux pépins, ainsi que la pelure, en anticipant un peu sur la chair; alors vous les coupez avec un coupe-pâte rond du diamètre de quinze à dix-huit lignes; par ce procédé, vous les obtenez d'égale grandeur; vous en parez légèrement le pourtour, afin de les arrondir. Les ayant tous préparés ainsi, vous les mettez dans une terrine avec une pointe de sel, et les sautez de temps en temps; une heure après, vous les égouttez de l'eau qu'ils ont rendue, les lavez à l'eau fraîche, les égouttez et les essuyez sur une serviette; puis vous les sautez dans du beurre clarifié sur un feu modéré, afin de les cuire en leur donnant le moins de couleur possible (1) : ils doivent être teints d'un blond à peine sensible; alors vous les égouttez et les étalez sur une serviette pour en extraire tout le beurre possible; après quoi vous les sautez dans un peu d'allemande avec un peu de glace de volaille, un peu de beurre frais, une pointe de muscade râpée et de sucre fin. Observez que vos

(1) Il est des personnes qui les font tout simplement blanchir avec un peu de sel, les égouttant et les mêlant ainsi préparés dans leurs sauces.

concombres doivent être glacés, et par conséquent
peu saucés, afin de pouvoir les dresser en buissons
si vous les destinez pour garniture ; tandis que, si vous
devez les servir pour ragoûts, ainsi que je l'ai démontré précédemment, vous les saucez plus amplement,
devant masquer aisément les objets que vous y additionnez. Mais nous avons donné ces détails aux ragoûts indiqués aux concombres.

GARNITURE DE CÉLERI A LA FRANÇAISE.

Coupez en gros dés toutes les branches jaunes de
six pieds de céleri bien pleins ; puis vous les blanchissez une seconde et les rafraîchissez ; ensuite vous
les faites mijoter dans du consommé avec un peu de
beurre et de sucre. Etant cuit à point, vous faites
réduire les cuissons à demi-glace, puis vous y joignez un peu de béchamel, un peu de glace de volaille, un peu de beurre d'Isigny, et une pointe de
muscade râpée ; donnez quelques ébullitions en sautant le céleri, et le dressez en buisson si c'est pour
garniture, tandis que, si c'est pour ragoût, vous le
saucez davantage.

GARNITURE DE RACINES DE CÉLERI.

Après avoir épluché trois grosses racines de céleri,
vous les coupez par fragments que vous parez ensuite en forme de gousses d'ail un peu allongées ; puis
vous les faites blanchir, les rafraîchissez et les faites
cuire dans du consommé avec un peu de beurre et
de sucre. Ayez soin de les faire tomber à glace en

même temps que la cuisson du céleri arrive à point;
ensuite vous ajoutez un peu de sauce allemande et
de glace de volaille. Donnez quelques ébullitions,
et dressez la garniture en buisson. Si vous destinez
ces racines pour ragoût, vous ajoutez la sauce nécessaire à cet effet.

GARNITURE DE PETITES CAROTTES NOUVELLES POUR MACÉDOINE.

Coupez en petites colonnes de six lignes de longueur vingt carottes nouvelles avec un coupe-racines
de deux à deux lignes et demie de diamètre; puis
vous les blanchissez une seconde, les rafraîchissez
et les faites cuire selon la règle avec du consommé,
un peu de beurre et de sucre. Etant cuites à point
et tombées à glace, vous les mêlez à la macédoine
au moment du service, ou bien vous les servez séparément pour garniture.

Observation.

Les navets pour macédoine se préparent également en petites colonnes du même diamètre et de la
même longueur; nous nous en servons pareillement
pour macédoine et pour garniture particulière.

GARNITURE DE PETITES CAROTTES NOUVELLES.

Tournez en petites poires une trentaine de petites
carottes nouvelles et d'égale grosseur; puis vous les

faites blanchir quelques secondes, les égouttez, et les faites cuire avec du consommé, un peu de beurre et de sucre; faites-les mijoter doucement, et, sur la fin de la cuisson, vous les faites tomber à glace, et les servez ainsi en buisson. Si vous en voulez faire un ragoût, vous devez y joindre une cuillerée à ragoût ordinaire de demi-espagnole, un peu de glace, un peu de beurre et une pointe de muscade râpée; donnez quelques ébullitions, puis vous y joignez ce que vous avez décidé d'y mêler pour ragoût.

GARNITURE DE PETITES CAROTTES
A LA NIVERNAISE.

Vous prenez d'une botte de carottes nouvelles vingt-quatre des plus grosses, puis vous en coupez la tête et la queue et séparez chacune d'elles en deux parties dans la longueur; parez-les ensuite en forme d'olives. Après les avoir fait blanchir quelques secondes, vous les rafraîchissez, les égouttez et les faites cuire dans une casserole à ragoût avec du consommé, un peu de beurre frais et de sucre. Observez que la cuisson des carottes doit être arrivée à point lorsqu'elles tombent à glace. Servez.

Observation.

Les carottes doivent être glacées d'un brillant volontiers semblable au glacé de la cuisson du sucre cuit au cassé. Ceci n'est point un paradoxe. Un jour, un chef d'office, venant me voir au moment du service, me vit verser sur un plat de grosses pièces une garniture de carottes tournées en poires, et il me dit : Ce glacé est aussi beau que du sucre cuit au cassé. — Oui, lui répondis-je : nos racines glacées sont les compotes de la cuisine. Et il me dit que j'avais raison.

Vous devez ajouter au consommé, pour les obtenir ainsi, un petit pain de beurre frais et trois gros morceaux de sucre que l'on sert ordinairement pour le café. Il faut de rigueur que la fin de la cuisson des racines glacées en général arrive précisément à l'instant de les servir; autrement elles perdent en partie leur brillant.

GARNITURE DE PETITES CAROTTES A LA FLAMANDE.

Vous coupez en petites colonnes une botte de petites carottes nouvelles, puis vous les blanchissez, les rafraîchissez et les faites cuire avec du consommé, un peu de beurre et de sucre. Etant tombées à glace, et au moment de servir, vous y mêlez une pincée de persil haché et blanchi, et les servez en liaison.

J'observe que ces carottes sont pour garniture, et non pour entremets.

GARNITURE DE CAROTTES AUX PETITS POIS A L'ALLEMANDE.

Coupez vingt carottes nouvelles en petites colonnes destinées ordinairement pour la macédoine, puis vous les coupez en gros pois ; après les avoir blanchies, rafraichies et cuites selon la règle, vous les

III.   12

faites tomber à glace et les mettez dans un plat à sauter contenant un litre de petits pois préparés ainsi ; vous les faites blanchir avec soin dans un poêlon d'office ; vous les égouttez et les sautez avec une cuillerée à bouche de sauce allemande, un peu de beurre, un peu de glace de volaille et de sucre en poudre, et une pointe de muscade râpée. Donnez-leur quelques bouillons, puis vous y mêlez les petites carottes en les sautant. Servez.

GARNITURE DE PETITS NAVETS EN HARICOTS VIERGES.

Coupez huit gros navets bien pleins avec un coupe-racines de trois à trois lignes et demie de diamètre, en leur donnant sept lignes de hauteur ; puis vous blanchissez, rafraîchissez et cuisez ces racines selon la règle, avec du consommé, beurre et sucre. Au moment du service, vous les faites tomber à glace ; puis vous y joignez une cuillerée de sauce allemande ou de béchamel avec un peu de glace de volaille, un peu de beurre et de muscade râpée. Servez.

GARNITURE DE PETITS HARICOTS VERTS.

Faites choix d'une assiettée de haricots verts nouveaux d'égale grosseur, puis vous les coupez de six à huit lignes de longueur et les faites blanchir dans un poêlon d'office contenant de l'eau bouillante avec un peu de sel. Dès qu'ils sont cuits à point, et un peu fermes, vous les rafraîchissez, les égouttez dans la passoire, et les essuyez sur une serviette. Étant prêt à servir, vous les sautez dans un plat à sauter avec un peu de sauce suprême ou d'allemande, un peu de glace de volaille, de beurre, et une pointe de muscade râpée ; donnez quelques légers bouillons, et les servez en buisson au milieu d'une entrée ou bien autour d'une. grosse pièce.

GARNITURE DE PETITS CONCOMBRES POUR MACÉDOINE.

Coupez trois concombres par fragments de huit lignes de hauteur, puis vous coupez la chair en petites colonnes avec un coupe-racines de trois lignes de diamètre ; ensuite vous les sautez dans une terrine avec une pointe de sel blanc. Une heure après, vous les égouttez de l'eau qu'ils ont rendue, et les faites blanchir quelques minutes dans un poêlon d'office ; ensuite vous les rafraîchissez, les égouttez et les versez sur une serviette, puis vous les mêlez à la macédoine. Si vous voulez les servir pour garniture, vous les sautez avec un peu de suprême en ébullition, et une pointe de sucre et de muscade râpée ; servez-les en buisson au milieu d'une entrée ou autour d'une grosse pièce.

GARNITURE DE PETITS RADIS PRINTANIERS.

Prenez quatre petites bottes de radis nouveaux, puis vous en parez ceux qui sont les plus égaux, en retirant la peau rouge ou blanche, afin de leur donner la forme allongée d'une olive. Après les avoir blanchis et rafraîchis, vous les faites cuire, selon la règle, avec du consommé, et un peu de beurre et de

12*

sucre. Etant prêt à servir, vous les faites tomber à glace, et les dressez en buisson pour garniture.

GARNITURE DE POINTES D'ASPERGES VERTES.

Après avoir effeuillé une botte de petites asperges vertes, vous les rompez en deux en les ployant·, afin d'en séparer la partie tendre de la partie dure qui approche du blanc. Ensuite vous en coupez les pointes, que vous mettez de côté pour servir dans un potage. Continuez à couper vos asperges avec le même soin, en leur donnant six lignes de longueur lorsque vous voulez les servir pour garniture, tandis que vous les coupez en petits pois si vous les destinez pour entremets. Maintenant vous les versez dans un poêlon d'office contenant de l'eau bouillante dans laquelle vous avez joint trois cuillerées à bouche de cendre de bois neuf, que vous attachez en pelotte dans un petit linge fin. Par ce procédé, vous obtenez vos asperges d'un vert printanier. On peut également employer cette pelotte de cendres (en place de sel, bien entendu) pour blanchir les haricots verts et les petits pois à l'anglaise.

Dès que vos asperges sont cuites, vous les rafraîchissez, les égouttez dans la passoire, et ensuite vous les versez sur une serviette. Etant prêt à servir, vous les sautez dans un plat à sauter contenant un peu de sauce allemande, avec un peu de glace de volaille, de beurre frais, une pointe de muscade râpée et de sucre en poudre. Servez-les en buisson, si c'est pour garniture : car pour une macédoine vous les em-

ployez de suite, après les avoir égouttées sur la serviette.

GARNITURE DE POINTES DE GROSSES ASPERGES.

Ayez une botte de grosses asperges, dont les bour-
geons seront d'égale grosseur ; vous en coupez les
pointes, puis vous effeuillez le bouton autant que
possible, en le ratissant à un pouce de longueur, et
les coupez ensuite, en prenant encore la même longueur sur l'asperge, que vous ratissez également.
Cette opération terminée, vous faites blanchir votre
garniture, selon la règle, dans un poêlon d'office.
Ayez soin d'observer la cuisson à point de vos asperges ; puis vous les rafraîchissez, les égouttez dans
la passoire, et les versez ensuite sur une serviette.
Au moment du service, vous les sautez légèrement
dans un plat à sauter contenant un peu de sauce
allemande, un peu de glace de volaille, un peu de
beurre frais et une pointe de sucre en poudre et de
muscade râpée. Donnez un simple bouillon ; et servez en buisson, au milieu d'une entrée, ou autour
d'une grosse pièce.

GARNITURE DE MACÉDOINE A LA BÉCHAMEL.

Vous préparez, selon la règle, plein une cuillère
à ragoût de carottes en colonnes pour macédoine,
autant de petits navets, une cuillerée idem de petites
asperges vertes; puis vous les sautez dans un peu de
sauce béchamel, avec un peu de glace de volaille,
un peu de beurre, une pointe de muscade râpée, et

un rien de sucre en poudre. Donnez quelques bouillons, et servez la macédoine en buisson.

Observation.

Cette macédoine est la première que nous puissions servir au commencement du printemps ; mais, plus la saison s'avance, plus nous avons de variété pour composer la macédoine. Les concombres et les haricots verts se montrent dans nos marchés; ensuite viennent les petits pois, les petites fèves de marais et les petits haricots blancs : la macédoine est alors dans toute sa splendeur. Le mélange de toutes ces saveurs légumineuses nous permet de servir de nouvelles entrées : aussi le pâté froid, le vol-au-vent et la timballe à la macédoine, viennent enrichir nos menus ; puis la garniture de nos grosses pièces devient plus riche, étant plus variée. Nous devons donc profiter de cette saison pour employer dans nos entrées les garnitures qui sont contenues dans ce chapitre, afin de faire oublier aux amphitryons le peu de ressources qui nous restent pour charmer leur sensuel appétit.

Je reviens à la macédoine. Pour celles qui doivent servir de garnitures d'entrées, j'avais l'habitude de les composer ainsi : un peu de carottes, navets et haricots verts. Ce mélange de nuances suffisait pour une garniture. Une autre fois je formais ma macédoine de carottes, de concombres et de petits pois seulement, ou bien de petites carottes, de petites fèves de marais, de petits haricots-flageolets et de petits pois, ou bien de fonds d'artichauts coupés en dés après leur cuisson, et mêlés de petites carottes coupées aussi en dés, puis des haricots verts ; le tout sauté à la béchamel, selon la règle. Mais lorsqu'il s'agissait d'une grande macédoine devant servir d'entrée, je la variais autant que possible.

GARNITURE DE PETITS POIS A LA PARISIENNE.

Prenez un litre de moyens pois de Clamard fraîchement écossés, puis vous les faites blanchir dans un poêlon d'office contenant de l'eau bouillante, dans laquelle vous avez joint une pelotte garnie de cendre de bois neuf. Vous aurez soin de les égoutter dans la passoire dès qu'ils fléchissent facilement sous la pression des doigts ; ensuite vous les mettez dans un plat à sauter contenant une petite cuillerée de sauce allemande, un peu de glace de volaille, un peu de beurre frais, une pointe de sucre fin et de muscade râpée. Donnez quelques bouillons, et servez vos pois en buisson.

Observation.

Il est essentiel d'ajouter peu de sauce dans ces pois, afin qu'ils se soutiennent en les dressant ; puis le peu de sucre, de beurre et de glace, que vous y joignez, doit les rendre brillants, veloutés, et par conséquent de bonne mine. Leur vert printanier surtout les rend extrêmement appétissants.

GARNITURE DE PETITS POIS AU PETIT LARD FUMÉ.

Parez en petits dés une demi-livre de petit lard

fumé ; vous le faites dégorger quelques heures, le blanchissez et le faites légèrement roussir avec un peu de beurre sur un feu doux; puis vous le faites cuire dans de l'eau seulement, afin qu'il n'ait plus de sel. Au moment de servir, vous l'égouttez et le mélez dans un litre de pois fins, préparés ainsi qu'il est démontré ci-dessus ; et le servez.

GARNITURE DE SIKEL OU CHOUX DE MER.

Coupez en petits dés une vingtaine de branches de choux de mer, puis vous les faites blanchir selon la règle. Dès qu'ils sont cuits à point, vous les rafraîchissez, les égouttez à la passoire, et ensuite sur une serviette. Etant prêt à servir, vous les sautez avec un peu de sauce béchamel, un peu de glace de volaille, une pointe de muscade râpée et un peu de sucre en poudre. Donnez quelques bouillons, et les servez en buisson pour garniture.

Observation.

Cette plante légumineuse nous vient de la Grande-Bretagne depuis quelques années seulement. Les maraichers des environs de Paris la cultivent avec succès. Ce légume ressemble aux branches jaunes du pied de céleri ; sa hauteur est de huit à dix pouces. Nous les servons, ainsi qu'en Angleterre, en branches comme les asperges, avec lesquelles elles ont assez d'analogie par la saveur de leur goût agréable.

GARNITURE DE PETITS OIGNONS BLANCS A LA SOUBISE.

Après avoir épluché avec soin un litre de petits
oignons blancs et d'égale grosseur , faites-les blanchir avec soin; puis vous les faites cuire dans du consommé, avec un peu de beurre et de sucre fin. Il est
essentiel de ne point les saucer, afin de les obtenir
entiers autant que possible. Au moment du service,
vous les faites tomber à glace, en y mêlant une cuillerée de sauce à la Soubise ; et les servez en buisson
pour garniture.

GARNITURE DE PETITS OIGNONS POUR MATELOTTE.

Après avoir épluché avec soin un litre de petits oignons blancs d'égale grosseur, vous les faites roussir
légèrement dans du beurre clarifié. Dès qu'ils sont colorés blonds, vous les égouttez et les faites cuire dans
du consommé , en ayant soin de les faire tomber à
glace lorsque la cuisson arrive à point; puis, au moment de servir , vous y mêlez une cuillerée de sauce
matelotte , et les servez par grappes.

GARNITURE D'OIGNONS GLACÉS.

Epluchez avec soin une vingtaine de moyens oignons blancs d'égale grosseur ; vous faites une petite
incision en croix du côté de la racine avec la pointe
du couteau, afin que le cœur de l'oignon prenne de
l'onction et que la cuisson soit accélérée. Vous devez
les placer du côté de la queue, dans un plat à sau-

ter légèrement beurré ; puis vous y versez une grande cuillerée de consommé, et une idem de blond de
veau ; ajoutez gros comme un petit œuf de beurre
frais et un peu plus de sucre. Faites mijoter vos oignons sur un feu doux pendant une heure : alors ils
doivent être moelleux au toucher ; du moins tel est
le point de leur cuisson. Etant prêt de servir, vous
les retournez sens dessus dessous, et les faites tomber à glace sur un feu modéré : alors ils se colorent
d'un blond rougeâtre et brillant. Vous les servez en
cordon pour garniture ou par grappes.

GARNITURE D'OIGNONS FARCIS.

Après avoir épluché vingt oignons, un peu plus
que moyens, vous les videz de moitié. Cette opération doit se faire du côté de la racine ; ensuite vous
les garnissez de farce de volaille ou autre ; puis vous
les faites cuire, en suivant les détails et les procédés
décrits ci-dessus, et les servez de même.

GARNITURE DE CHOUX BROCOLIS.

Epluchez par petits fragments deux têtes de choux-
fleurs brocolis, d'égale grosseur autant que possible; puis vous les faites blanchir dans un poêlon d'office, avec un peu de beurre et de sel, afin de les
conserver violets. Ayez soin de les retirer un peu
fermes de cuisson. Après les avoir égouttés sur une
serviette, vous les mettez bien légèrement dans un
plat à sauter contenant un peu de velouté demi-lié,

un peu de glace, une pointe de sucre et de muscade râpée. Cet assaisonnement doit être en ébullition avant d'y joindre ce légume fragile, qui s'égraine aisément. Sans ce soin, il vaudrait mieux le servir en buisson, après l'avoir blanchi, et le masquer ensuite de sauce, comme cela se pratique ordinairement; mais il est préférable de le servir selon les procédés décrits ci-dessus. Leur qualité étant de beaucoup supérieure en les mêlant à la sauce, nous devons nous décider à donner des soins à sa cuisson à point, et cela est peu de chose pour le praticien jaloux de sa réputation. Il s'agit seulement de les choisir d'un grain ferme et serré.

GARNITURE DE CHOUX-FLEURS.

A l'égard de cette garniture, vous procédez de tout point selon les détails décrits ci-dessus pour les brocolis, en ayant soin de les séparer par petits fragments d'égale grosseur.

GARNITURE DE CHOUX DE BRUXELLES.

Prenez une livre de petits choux de Bruxelles qui soient verts, fermes au toucher, et point ouverts; puis vous en coupez la racine, afin de dégarnir chacun d'eux de quelques feuilles. Après les avoir fait blanchir, selon la règle, dans un poêlon d'office, vous les rafraîchissez, les égouttez à la passoire, et ensuite sur la serviette, et les sautez dans une espagnole, avec un peu de glace de volaille, un peu de beurre, une pointe de muscade râpée et de su-

cre fin. Donnez quelques instants d'ébullition, et
servez de la manière accoutumée, c'est-à-dire en
buisson.

GARNITURE DE FONDS D'ARTICHAUTS
A LA VÉNITIENNE.

Après avoir tourné selon la règle (1) quatre artichauts, vous les faites blanchir à l'eau bouillante,
avec un peu de sel. Dès que le foin quitte aisément
le fond, vous les rafraîchissez, les égouttez, en retirant le foin, et coupez chaque artichaut en huit parties égales, que vous parez légèrement, afin d'arron-

---

(1) Voilà de ces choses que l'analyse ne saurait apprendre aux personnes qui ne sont point du métier. La pratique a des résultats qu'on
ne peut décrire, puisqu'il est démontré que le travail de la main peut
seul parvenir à donner aux racines et aux légumes que nous tournons
une forme aussi ronde que pourrait le faire le tourneur par le mouvement régulier de son tour. Ainsi, par exemple, je dirai aux jeunes
praticiens qu'ils doivent tenir la pointe du couteau entre le pouce et
l'index de la main droite, tandis qu'ils tiennent du bout des doigts de la
gauche le légume qu'ils ont intention de tourner ; ils doivent l'appro-
cher de la pointe du couteau, qui doit rester immobile, tandis que la
main gauche doit faire tourner par son mouvement, et celui des doigts,
le légume, afin de le tourner peu à peu, au point qu'il devient d'une
rondeur régulière et parfaite, en conservant sa forme et son épaisseur.
Je le répète, voilà de ces choses que l'habitude du travail seule peut
donner. Aussi ai-je toujours recommandé, et recommandé-je plus que
jamais aux apprentis, de s'attacher, en commençant leur état, à s'essayer
à tourner des champignons avec soin ; puis il leur est si facile d'apprendre, puisque tous les jours il ne dépend que d'eux de tourner les racines destinées à garnir la marmite ; par ce résultat ils pourront aisément
tourner une pomme en poire pour le travail de la pâtisserie et des entremets de sucre, ainsi que les entremets et garnitures de cuisine comme carottes, navets, concombres et fonds d'artichauts.

dir les carrés vifs. Cette opération terminée, vous les faites cuire dans une casserole à ragoût contenant de l'eau bouillante dans laquelle vous avez joint un peu de beurre, de sel, et un jus de citron. Faites-les mijoter sur un feu doux ; lorsqu'ils sont cuits à point, vous les égouttez, et les sautez dans la sauce indiquée à la vénitienne. Servez-les en buisson.

Observation.

On sert également ces fonds d'artichauts, préparés ainsi qu'il vient d'être démontré, avec les sauces à la ravigote printanière, à la tomate, à la hollandaise, au suprême, à la Soubise, à la lyonnaise et à la provençale.

GARNITURE DE FONDS D'ARTICHAUTS GLACÉS.

Faites blanchir six fonds d'artichauts tournés selon la règle, puis vous en retirez le foin et coupez chaque fond avec un coupe-racines rond d'un pouce de diamètre ; vous les parez ensuite légèrement pour les arrondir, puis vous les faites cuire un peu fermes dans un peu de beurre, de sel, de jus de citron et d'eau bouillante; vous les égouttez, et vous achevez de les faire cuire dans un plat à sauter contenant un peu de bon consommé de volaille, avec un peu de beurre et de sucre fin. Faites-les mijoter bien doucement. Etant cuits à point, et près de servir, vous les faites tomber à glace et les dressez en buisson.

GARNITURE DE GROSEILLES VERTES A MAQUEREAUX.

Prenez un demi-litre de groseilles vertes dans leur primeur, puis vous en coupez la floraison et la queue ; faites-les blanchir dans un poêlon d'office selon la règle ; ayez soin de les égoutter dès qu'elles s'écrasent facilement sous la pression des doigts ; alors vous les égouttez, et les mêlez dans la sauce indiquée à la maître-d'hôtel liée, ou bien dans la sauce au fenouil.

Observation.

Cette garniture se sert avec les maquereaux cuits à l'anglaise (à l'eau de sel) ; l'addition des groseilles vertes dans cette sauce la rend aigrelette et un peu âpre ; on ne la sert guère que pour des étraugers.

GARNITURE DE GROSEILLES VERTES A LA HONGROISE.

Après avoir coupé la queue et la floraison à un litre et demi de groseilles vertes d'égale grosseur et sans maturité, un quart d'heure avant le moment du service, vous les faites blanchir dans un poêlon d'office selon la règle, et, sitôt qu'elles commencent à mollir au toucher, vous les égouttez dans la passoire, sans toutefois les rafraîchir ; puis vous les sautez légèrement dans un plat à sauter dans lequel vous avez fait cuire une demi-livre de sucre.

Observation.

Cette garniture aigre-douce n'a pas d'autre assaisonnement que le sirop et l'acidité que le vert des groseilles à maquereaux donne à cette garniture, que les indigènes de la Germanie savourent avec plaisir.

GARNITURE DE PETITES GROSEILLES BLANCHES
EN GRAPPES.

Après avoir égrainé une livre de petites groseilles blanches en grappes, des premières cueillies, afin qu'elles soient vertes et fermes au toucher, vous coupez la floraison et la queue, et les faites blanchir dans le poêlon d'office de la manière accoutumée, en ayant soin de les égoutter après quelques ébullitions seulement; alors vous les sautez dans la sauce indiquée à la princesse en y joignant deux cuillerées de sucre en poudre, afin de rendre cette garniture aigre-douce.

Observation.

Je ne vois pas pourquoi nous n'adopterions pas cette espèce de groseilles blanches, qui, étant cueillies dans leur primeure, ont tout autant d'acidité que les groseilles vertes dites à maquereau. Nous devons donc supprimer ces dernières, pour les remplacer par les blanches à grappes, ainsi qu'il est démontré ci-dessus. Mes confrères qui serviront des familles allemandes pourront leur donner dans la saison de ces sortes de garnitures, qui seront de leur goût, en les sautant dans un sirop, ainsi que nous l'avons démontré ci-dessus.

GARNITURE DE ROCAMBOLES A LA BORDELAISE.

Epluchez le quart d'un litre de rocamboles, espèce de petit oignon blanc qui pousse après les tiges de l'ail, et qui par conséquent en a le goût, mais pas aussi dominant ; après les avoir blanchies à grande eau, selon la règle, vous les rafraîchissez ; et, une heure après, vous les égouttez, et les faites mijoter quelques secondes avec de la sauce indiquée à la bordelaise ; puis vous y joignez un peu de beurre d'anchois et un jus de citron.

GARNITURE D'AIL A LA PROVENÇALE.

Vous épluchez avec soin vingt-quatre petites gousses d'ail, puis vous les faites blanchir à grande eau ; et, dès qu'elles cèdent aisément sous la pression des doigts, vous les rafraîchissez ; une heure après, vous les égouttez, et les faites mijoter quelques minutes dans une casserole à ragoût contenant deux cuillerées à ragoût de sauce allemande, dans laquelle vous avez joint un peu de beurre frais, un peu de glace de volaille, une cuillerée à bouche de persil haché et blanchi, une pointe de poivre de Cayenne, et un jus de citron. Servez.

Observation.

La garniture de rocamboles et celle d'ail se ser-

vent également tour à tour à la sauce indiquée à la
bordelaise et à la sauce allemande, ainsi qu'il est
démontré ci-dessus; mais elle ne convient réellement que dans le midi de la France, où l'ail est fêté
et choyé.

GARNITURE DE MARRONS DE LYON.

Après avoir retiré avec la pointe du couteau la
première peau à un demi-cent de marrons de Lyon,
vous les jetez à l'eau bouillante, et, dès que la seconde peau quitte aisément sous la pression des doigts,
vous les mondez, les lavez à l'eau fraîche, puis vous
les faites cuire dans un plat à sauter contenant une
grande cuillerée de consommé, une idem de blond
de veau, un peu de beurre et trois gros morceaux
de sucre (pour prendre le café); faites-les mijoter à
très petit feu pendant une heure et demie, et ensuite
vous les faites tomber à glace sur un feu modéré au
moment du service, puis vous les dressez en buisson pour garniture.

Remarque essentielle.

Je n'ai pas cru devoir donner de détails en maigre
sur les ragoûts et garnitures, composés de truffes, de
champignons, de morilles, de racines et légumes,
analysés dans les deux chapitres précédents; mes confrères en supprimeront seulement les sauces grasses
pour les remplacer par des sauces en maigre; ces

III.   13

divers ragoûts et garnitures prendront alors les noms que je leur ai assignés.

Je vais donner de nouveaux ragoûts et garnitures, ainsi que la cuisine en maigre le réclame.

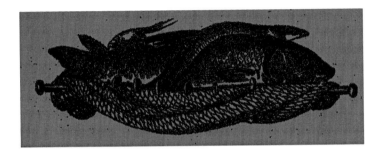

CHAPITRE XIII.

DES RAGOUTS ET GARNITURES DE LA CUISINE EN MAIGRE.

SOMMAIRE.

Ragoût maigre en matelotte au vin de Champagne ; idem à la bourguignotte ; idem à la Périgord ; idem à la génoise ; idem à la parisienne ;
idem normande ; idem à la rouennaise ; idem à la marinière ; idem
d'escalopes de saumon à la régence ; idem de saumon à la parisienne ;
idem de saumon à la ravigote printanière ; idem d'escalopes de turbot à la hollandaise au suprême ; idem d'escalopes de filets de barbue
à la sauce aux champignons ; idem d'escalopes de filets de soles à la
vénitienne ; idem d'escalopes de rougets d'Océan à la française ; idem
d'escalopes de filets de maquereaux à la maître-d'hôtel ; idem d'escalopes d'esturgeon à la financière ; idem d'escalopes d'esturgeon à la
régence ; idem d'escalopes de filets d'anguille à la Périgueux ; idem
d'éperlans et de queues d'écrevisses à la vénitienne ; idem d'escalopes
et de laitances de carpes aux morilles ; idem d'escalopes de filets de

13*

brochet et de crevettes à la Soubise ; idem de foies de lottes à la Lucullus ; idem de laitances de carpes aux huîtres ; idem de laitances de maquereaux aux morilles ; idem de foies de lottes à la Périgueux ; idem de foies de lottes à la parisienne ; idem d'escalopes de homards à la Navarin ; idem d'escalopes de homards à la provençale ; idem d'huîtres aux queues d'écrevisses et mousserons ; idem de moules et queues de crevettes aux champignons ; idem de langues de carpes au suprême.

RAGOUT EN MATELOTTE AU VIN DE CHAMPAGNE.

APRÈS avoir habillé une petite anguille de Seine, vous la coupez par tronçons, puis vous la faites cuire dans une marinade maigre préparée selon la règle ; faites mijoter vingt à vingt-cinq minutes, et retirez l'anguille du feu ; pendant sa cuisson vous avez préparé selon la règle un demi-litre de petits oignons blancs, dans la cuisson desquels vous avez joint la moitié de la marinade de l'anguille ; ensuite faites cuire dans l'eau bouillante, avec un peu de sel et de vinaigre, six laitances de carpes bien dégorgées. Après quelques bouillons, vous les retirez du feu ; maintenant vous joignez deux maniveaux de champignons dans la sauce maigre indiquée *Matelotte au vin de Champagne ;* donnez quelques légers bouillons ; au moment de servir, vous égouttez l'anguille et la placez sur le plat, autour de l'entrée qu'elle doit garnir ; ajoutez çà et là des groupes de petits oignons que vous masquez ensuite avec la sauce, et dressez des champignons également en groupes en les égouttant avec la cuillère percée ; égouttez les laitances, et placez-les sur les tronçons d'anguille ; versez le reste des petits oignons avec le reste de la sauce dans une saucière, et servez.

RAGOUT EN MATELOTTE A LA BOURGUIGNOTTE.

A l'égard de ce ragoût, vous procédez pour sa préparation ainsi qu'il est démontré ci-dessus ; seulement vous employez la sauce maigre matelotte indiquée à la bourguignotte ; puis vous ajoutez à la garniture de l'entrée quelques groupes de queues d'écrevisses, six croutons parés en cœur passés au beurre et glacés, et quatre belles écrevisses préparées pour garniture ; servez le reste de la sauce dans une saucière avec quelques champignons, oignons et queues d'écrevisses.

RAGOUT EN MATELOTTE A LA PÉRIGORD.

Contisez aux truffes douze petits filets de soles ; puis vous les roulez sur eux-mêmes, ainsi que cela se pratique pour les attéreaux ; faites-les cuire dans un petit plat à sauter beurré , avec feu dessus et dessous ; retirez-les dès qu'ils sont fermes au toucher ; ensuite vous mettez deux maniveaux de champignons tournés et leurs fonds dans la sauce maigre indiquée *Sauce au brochet au vin du Rhin ;* ajoutez un émincé de quatre truffes sautées au beurre avec un grain de sel ; donnez quelques ébullitions ; ajoutez encore une trentaine de queues d'écrevisses ; faites seulement ébullitionner , et versez la moitié de cette garniture sur le plat, et, autour de l'entrée, vous placez les filets de soles, et servez le reste de la sauce dans une saucière.

RAGOUT EN MATELOTTE A LA GÉNOISE.

Sautez (au beurre) en escalopes les filets d'une petite truite de Seine ; puis vous parez en grosses olives quatre truffes noires coupées par fragments, et les faites bouillir quelques secondes dans la sauce maigre indiquée à la génoise, en y joignant deux maniveaux de champignons avec leurs fonds ; ensuite vous avez haché les parures de truffes que vous avez mêlées dans un peu de farce de merlans, avec laquelle vous avez formé six quenelles que vous avez pochées (au bouillon maigre) selon la règle. Au moment de servir, vous égouttez les escalopes, les placez sur un plat et les masquez avec un peu de ragoût ; puis vous placez autour de l'entrée quelques petits groupes de petits oignons préparés pour matelotte ; ajoutez les quenelles aux truffes, et servez le reste de la garniture dans une saucière.

RAGOUT EN MATELOTTE A LA PARISIENNE.

Faites selon la règle une douzaine de petites quenelles de chair de brochet au beurre d'écrevisses moulées à la cuillère à café. Au moment de servir, vous les pochez au bouillon de racines ; ensuite faites cuire selon la règle six laitances de carpes bien dégorgées ; donnez quelques ébullitions à la sauce indiquée sauce au vin de Champagne, joignez-y deux maniveaux de champignons sans leurs fonds, les noix

de trois douzaines d'huîtres préparées de la manière
accoutumée , et vingt-quatre queues d'écrevisses dont
les coquilles vous ont servi à faire le beurre pour la
farce des quenelles ; faites ébullitionner la garniture ,
puis vous en versez la moitié sur le plat ; placez-y
l'entrée , mettez à l'entour quatre petits groupes de
trois quenelles, et entre chacun d'eux une laitance
et demie également groupée en hauteur ; servez le
reste de la garniture dans une saucière.

RAGOUT EN MATELOTTE NORMANDE.

Préparez selon la règle trois douzaines de moules
et trois idem d'huîtres pour garnitures (voir les *Sauces aux huîtres* et *aux moules*) ; puis vous coupez en
deux six gros éperlans ; retirez la tête et la queue,
afin qu'il ne vous reste que les tronçons. Au moment
du service, vous les mettez à l'eau bouillante avec un
peu de sel, et les retirez du feu ; faites cuire également
quatre laitances de carpes ; faites bouillir ensuite la
sauce maigre indiquée sauce matelotte à la normande ;
joignez-y deux maniveaux de champignons ; donnez
quelques ébullitions ; ajoutez les moules et les huîtres ;
retirez la sauce du feu, pour éviter qu'elle bouille ;
égouttez les éperlans, placez-les sur le plat d'entrée ,
masquez-les avec de la garniture d'huîtres ; placez
les laitances autour de l'entrée ; ajoutez quelques
groupes de queues de crevettes, puis huit ou dix
petits croutons ronds passés au beurre et glacés ensuite ; servez le reste de la garniture dans une saucière.

RAGOUT EN MATELOTTE A LA ROUENNAISE.

Vous préparez de tout point le ragoût décrit ci-dessus. Seulement vous ajoutez à la sauce , au moment de servir, un beurre d'écrevisses.

RAGOUT EN MATELOTTE A LA MARINIÈRE.

Sautez [au beurre (1)] en escalopes les filets d'une petite anguille préparés de la manière accoutumée. Sautez également les filets d'une sole ; puis vous faites bouillir la sauce indiquée à la bourguignotte , en y joignant un maniveau de champignons. Ensuite vous égouttez l'anguille et les filets de soles , et les dressez sur le plat. Ajoutez des groupes de petits oignons préparés pour matelottes ; masquez le tout avec la sauce. Ajoutez des croutons et des écrevisses parés et glacés ; servez le reste de la sauce dans une saucière.

RAGOUT D'ESCALOPES DE SAUMON A LA RÉGENCE.

Parez en petites escalopes une petite darne de saumon, et les sautez au beurre selon la règle. Au moment de servir, vous les égouttez, les dressez sur le plat, et les masquez avec le ragoût de truffes indiqué à la régence. Servez le reste du ragoût dans une saucière.

---

(1) En général, pour sauter les filets de poisson, on doit les assaisonner de sel, d'un peu de poivre et de muscade râpée , les masquer ensuite de beurre tiède , et les faire cuire feu dessus et dessous.

RAGOUT D'ESCALOPES DE SAUMON A LA PARISIENNE.

Préparez en escalopes une petite darne de saumon,
ainsi qu'il est démontré ci-dessus ; puis vous faites
bouillir la sauce indiquée à la parisienne, en y mêlant deux maniveaux de champignons et leurs fonds ;
ajoutez la noix de six douzaines d'huîtres préparées
de la manière accoutumée, et vingt-quatre queues
d'écrevisses. Donnez une seule ébullition, et retirez
la garniture du feu ; ensuite vous égouttez les escalopes, et les dressez autour de l'entrée désignée ; puis
vous les masquez avec de la garniture, dont vous
servez le reste dans une saucière.

RAGOUT D'ESCALOPES DE SAUMON
A LA RAVIGOTE PRINTANIÈRE.

Après avoir préparé selon la règle (voir *Escalopes
de saumon à la régence*) une petite darne de saumon
en escalopes, vous les sautez au beurre, avec un peu
de sel et de poivre fin ; puis vous ajoutez deux maniveaux de champignons dans la sauce maigre indiquée à la ravigotte printanière, que vous tenez bien
chaude, étant placée dans le bain-marie ; après quoi
vous en versez la moitié sur le plat, et posez les escalopes de saumon, sans les saucer, autour de l'entrée à garnir ; ajoutez quelques groupes de laitances
de carpes préparées de la manière accoutumée. Versez le reste de la sauce dans une saucière ; et servez.

Observation.

Cette sauce ne doit pas bouillir après l'addition de
la ravigote, afin de la conserver d'un beau vert printanier. Ensuite je ferai remarquer à mes confrères que
nous servons également des escalopes de saumon ou
de truite en ragoût pour garniture, en y joignant des
champignons, ou des truffes, ou des queues de crevettes ou d'écrevisses, en variant ces ragoûts par les
sauces à la Soubise, à la vénitienne, à la hollandaise,
à la bourguignotte, à la génoise, à la Périgueux et à
la financière. Toutes ces sauces, bien entendu, doivent
être préparées en maigre dès que ces ragoûts devront
servir pour la cuisine du jeûne. Cependant tous les
ragoûts et garnitures qui seront contenus dans ce chapitre pourront également se servir toute l'année en
y joignant des sauces grasses ou maigres.

RAGOUT (MAIGRE) D'ESCALOPES DE TURBOT
A LA HOLLANDAISE AU SUPRÊME.

Parez en petites escalopes un très petit turbot, et le
placez dans un plat à sauter beurré ; ajoutez un peu de
sel. Au moment du service, vous les sautez en y joignant
du beurre, afin que les escalopes en soient masquées ;
ensuite vous les égouttez et les dressez autour de l'entrée indiquée ; puis vous les saucez avec une partie de
la sauce maigre hollandaise au suprême que vous avez
préparée selon la règle ; servez le reste de la sauce
dans une saucière.

RAGOUT (MAIGRE) D'ESCALOPES DE FILETS DE BARBUE
A LA SAUCE AUX CHAMPIGNONS.

Parez en petites escalopes une toute petite barbue, et la sautez au beurre au moment de servir ; puis vous les égouttez, les dressez autour de l'entrée, et les masquez avec de la sauce maigre indiquée aux champignons (voir *Traité des sauces*) ; servez le reste dans une saucière.

RAGOUT (MAIGRE) D'ESCALOPES DE FILETS DE SOLES
A LA VÉNITIENNE.

Après avoir levé les filets d'une sole, vous les lavez et les parez en escalopes pour les sauter au beurre à l'instant du service ; alors vous les égouttez, les dressez autour de l'entrée, et les masquez avec une partie de la sauce maigre indiquée à la vénitienne, dont vous servez le reste dans une saucière.

Observation.

Je ne décris point les détails des ragoûts que nous sommes dans l'usage de faire avec les filets de merlans (la peau des filets doit être conservée), de limandes, de carlets, de grondins et de vives, puisque ces filets se préparent absolument de même que les filets de soles, en les variant par les sauces à la ravigote printanière, à la Soubise, à la Richelieu, et généralement avec toutes les sauces contenues dans le chapitre des sauces au beurre.

RAGOUT D'ESCALOPES DE FILETS DE ROUGETS D'OCÉAN A LA FRANÇAISE.

Levez les filets de trois rougets d'Océan. Après les avoir lavés, vous les parez en escalopes, et les placez dans un plat à sauter grassement beurré, et vous semez dessus un peu de sel et de muscade râpée ; ajoutez le beurre nécessaire , et, au moment de servir, vous les faites cuire feu dessus et dessous ; puis vous les égouttez, les dressez autour de l'entrée, et les masquez avec la sauce indiquée sauce à la française, dans laquelle vous ajoutez deux maniveaux de champignons et trois douzaines d'huîtres préparées selon la règle.

RAGOUT (MAIGRE) D'ESCALOPES DE FILETS DE MAQUEREAUX A LA MAITRE-D'HÔTEL.

Levez les filets à deux moyens maquereaux laités ; après les avoir lavés, vous les parez en petites escalopes et les placez dans un plat à sauter beurré , après quoi vous versez dessus une maître-d'hôtel fondue, et les faites cuire feu dessus et dessous. Etant prêt de servir, vous les égouttez, les dressez pour garniture autour d'une entrée ; puis vous versez dessus la sauce indiquée à la maître-d'hôtel liée ; puis vous placez dessus les laitances, que vous avez fait cuire à l'eau de sel avec une pointe de vinaigre et de jus de citron.

Observation.

Nous sommes dans l'habitude de servir aussi des ragoûts d'escalopes de filets de maquereaux à la sauce aux champignons, à la sauce ravigote, à la sauce hollandaise, à la sauce aux huîtres, à la sauce aux moules, à la sauce aux crevettes et aux écrevisses. Les ragoûts d'escalopes de filets de rougets d'Océan se servent également avec les sauces précitées.

RAGOUT (MAIGRE) D'ESCALOPES D'ESTURGEON A LA FINANCIÈRE.

Faites cuire dans une mirepoix maigre (au vin de Madère) un fragment d'esturgeon. Lorsqu'il est froid, vous l'égouttez et le parez avec soin en petites escalopes que vous placez dans un petit plat à sauter ; versez dessus le fond de la mirepoix, que vous avez passée au tamis de soie après l'avoir parfaitement dégraissée ; ensuite vous avez préparé selon la règle la sauce maigre à la financière (voir cette sauce) ; puis vous y joignez trois douzaines de moules, trois idem d'huîtres préparées de la manière accoutumée, un maniveau de champignons et une vingtaine de petites truffes tournées en olives. Au moment de servir, vaus égouttez les escalopes d'esturgeon, que vous avez fait ébullitionner dans leur fond ; après les avoir dressées en garniture autour de l'entrée indiquée, vous les masquez avec une partie de la sauce financière ; ensuite vous ajoutez dessus quelques groupes de laitances de carpes préparées comme de coutume ; servez le reste de la sauce dans une saucière.

RAGOUT (MAIGRE) D'ESCALOPES D'ESTURGEON
A LA RÉGENCE.

Préparez votre escalope d'esturgeon selon les procédés décrits ci-dessus ; puis vous avez également
confectionné la sauce à la régence ainsi que nous
l'avons démontré au *Traité des petites sauces ;* au
moment de servir, vous dressez vos escalopes et les
masquez de la sauce à la régence dont vous servez le
reste dans une saucière.

Observation.

J'ai servi des escalopes d'esturgeon pour garniture
avec des garnitures d'écrevisses, de crevettes, de homards, de champignons, de morilles, de mousse-
serons, d'huîtres, et de moules ; mais seulement l'une
de ces garnitures doit composer un ragoût avec une
escalope d'esturgeon. Ensuite j'observerai à mes confrères que les fragments de darne d'esturgeon cuit
à la broche, à la mirepoix, à la marinade, ou au
court-bouillon qui aurait servi pour entrée, peuvent
être employés dans les ragoûts précités.

RAGOUT (MAIGRE) D'ESCALOPES DE FILETS D'ANGUILLE
AUX CHAMPIGNONS.

Après avoir habillé une moyenne anguille de Seine, vous en parez les filets en escalopes, et les sautez au beurre au moment de servir ; puis vous les
égouttez, les dressez et les masquez avec une partie

de la sauce indiquée aux champignons (Voir le *Traité des sauces*), dont vous servez le reste dans une saucière.

La lamproie se prépare de même que l'anguille ; par conséquent mes confrères agiront à l'égard de ce poisson selon les détails précités pour l'anguille.

RAGOUT (MAIGRE) D'ESCALOPES DE FILETS D'ANGUILLE A LA PÉRIGUEUX.

Préparez votre escalope d'anguille en suivant les détails précités, puis vous les dressez et les masquez avec une partie de la sauce indiquée à la Périgueux, dont vous servez le reste dans une saucière.

RAGOUT (MAIGRE) D'ÉPERLANS ET DE QUEUES D'ÉCREVISSES A LA VÉNITIENNE.

Après avoir habillé douze beaux éperlans, vous en supprimez la tête et la queue, et coupez chacun d'eux en deux parties ; étant prêt à servir, vous les faites cuire au beurre avec une pointe de sel et de muscade râpée ; puis vous les égouttez avec soin, les dressez et les masquez avec une partie de la sauce maigre à la Vénitienne (voir le *Traité des sauces*), et placez dessus de petits groupes de queues d'écrevisses ; joignez en aussi dans le reste de la sauce, que vous servez dans une saucière.

RAGOUT (MAIGRE) D'ESCALOPES DE FILETS ET DE LAITANCES DE CARPES AUX MORILLES.

Levez les filets d'une moyenne carpe de Seine et les

parez en petites escalopes, en ayant soin d'en extraire les arrêtes; puis vous les sautez au beurre au moment du service, les égouttez, les dressez et les masquez avec une partie de la garniture indiquée aux morilles; après quoi vous posez dessus çà et là quatre laitances de carpes que vous avez fait cuire à l'eau de sel avez une pointe de vinaigre; versez le reste de la sauce dans une saucière.

RAGOUT (MAIGRE) D'ESCALOPES DE FILETS DE BROCHET AUX CREVETTES A LA SOUBISE.

Après avoir habillé un moyen brochet de Seine, vous levez les filets et les parez en petites escalopes, en ayant le soin d'en retirer les arètes; puis au moment de servir, vous les sautez au beurre comme de coutume, vous les égouttez, les placez sur le plat et les masquez avec de la sauce à la Soubise dans laquelle vous joignez une cinquantaine de queues de crevettes, et servez le reste de la sauce dans une saucière.

Observation.

Mes confrères doivent également servir des ragoûts d'escalopes de carpe, de brochet et d'éperlans, avec les sauces à la matelotte, la sauce brochet au vin du Rhin, la sauce génoise, la sauce à la hollandaise, la sauce aux huîtres, aux moules, aux morilles, aux mousserons et aux champignons.

RAGOUT (MAIGRE) DE FOIES DE LOTTES A LA LUCULLUS.

Faites dégorger six foies de lottes parés, puis vous les faites cuire dans une mirepoix mouillée avec un verre de vin de Champagne ; ensuite vous faites selon la règle une douzaine de petites quenelles d'éperlans au beurre d'écrevisses et les moulez dans la cuillère à café , vous les pochez au bouillon maigre au moment du service ; maintenant vous avez en ébullition la sauce maigre indiquée à la régence, dans laquelle vous ajoutez douze queues d'écrevisses , vingt quatre moules et le même nombre d'huîtres préparées selon la règle ; étant prêt à servir, vous égouttez les petites quenelles et les foies de lottes ; puis vous les placez en groupes sur la moitié du ragoût que vous avez versé sur le plat, et servez le reste dans une saucière.

RAGOUT (MAIGRE) DE LAITANCES DE CARPES AUX HUITRES.

Préparez selon la règle six douzaines d'huîtres grasses et fraîches ; puis vous faites cuire six laitances de carpe dans une casserole à ragoût avec un peu de beurre , de sel, un jus de citron et l'eau bouillante nécessaire pour les mouiller à la surface ; donnez-leur quelques ébullitions et les retirez du feu ; ensuite vous avez préparé de la manière accoutumée la sauce hollandaise au suprême, dans laquelle vous ajoutez une petite maître-d'hôtel et un maniveau de champignons avec leurs fonds et les huîtres ; obser-

III.   14

vez que cette sauce ne doit pas bouillir; mais elle
doit être maintenue chaude au bain-marie; après
avoir versé sur le plat la moitié du ragoût, vous
égouttez les laitances, les dressez en groupes autour
de l'entrée, et servez le reste de la garniture dans
une saucière.

RAGOUT (MAIGRE) DE LAITANCES DE MAQUEREAUX AUX MORILLES.

Après avoir fait dégorger six laitances de maquereaux, vous les faites cuire dans une casserole à ragoût avec un peu de beurre, de jus de citron, de sel
et un peu d'eau bouillante; faites - les mijoter quelques secondes et les retirez du feu; étant près de servir, vous les égouttez, les dressez sur le plat, et versez dessus la moitié de la sauce garniture aux morilles préparée selon la règle, et servez le reste dans
une saucière.

Observation.

Les laitances de harengs se préparent en suivant les
détails donnés ci-dessus.

RAGOUT (MAIGRE) DE FOIES DE LOTTES A LA PÉRIGUEUX.

Faites dégorger six foies de lottes légèrement parés;
puis vous les faites cuire dans une mirepoix maigre
avec un verre de vin de Madère; au moment de servir
vous avez en ébullition la sauce maigre à la Périgueux,

que vous avez préparée selon la règle ; vous en versez la moitié sur le plat d'entrée et placez dessus les foies que vous avez égouttés ; versez le reste de la sauce dans la saucière.

RAGOUT (MAIGRE) DE FOIES DE LOTTES A LA PARISIENNE.

Préparez six foies de lottes selon les procédés décrits ci-dessus ; puis vous avez en ébullition la sauce indiquée à la Parisienne dans laquelle vous ajoutez cinquante queues de crevettes parées comme de coutume et deux maniveaux de champignons ; égouttez les foies, dressez-les, versez dessus la moitié de la garniture et mettez le reste dans une saucière ; servez.

Observation.

Relativement aux ragoûts mentionnés ci-dessus, on doit les servir également et indistinctement avec les garnitures d'huîtres, de moules, de queues de homards, d'écrevisses, de crevettes, de truffes, de morilles, de mousserons et de champignons, avec la sauce assignée auxdites garnitures.

RAGOUT (MAIGRE) D'ESCALOPES DE HOMARDS A LA NAVARIN.

Coupez en escalopes la chair d'un homard cuit au vin de Champagne ; faites une douzaine de petites

14*

quenelles d'anguille à la purée de champignons et
les pochez selon la règle avec du bouillon maigre;
ensuite vous avez préparé de la manière accoutumée
la sauce maigre indiquée à la française (voir le
Traité des sauces); joignez-y deux maniveaux de
champignons et deux douzaines d'huîtres (la noix
seulement); après avoir fait ébullitionner ce ragoût,
vous égouttez les petites quenelles et les masquez
comme de coutume; ensuite vous y placez par
groupes la chair du homard, que vous avez doucement chauffée dans un petit plat à sauter, avec du
beurre fondu; servez le reste de la sauce dans une
saucière.

RAGOUT (MAIGRE) D'ESCALOPES DE HOMARDS
A LA PROVENÇALE.

Préparez en escalopes les chairs d'un homard nouvellement cuit, ainsi qu'il est démontré ci-dessus;
puis vous avez préparé la sauce maigre indiquée à la
provençale; donnez-lui quelques ébullitions en y joignant douze petites quenelles de merlan dans la farce
desquelles vous avez mis une truffe noire hachée et
douze petites morilles; versez la moitié de ce ragoût
sur le plat d'entrée; dressez dessus des groupes de homard que vous avez égouttés, puis des groupes de
laitances de carpe que vous avez fait cuire dans une
casserole à ragoût avec un peu de sel, de beurre, de
jus de citron et d'eau bouillante.

Versez le reste de la sauce dans une saucière.

RAGOUT (MAIGRE) D'HUITRES
AUX QUEUES D'ÉCREVISSES ET AUX MOUSSERONS.

Préparez de la manière accoutumée quatre douzaines de grosses huîtres, puis vous avez en ébullition la sauce aux mousserons indiquée au *Traité des petites sauces ;* alors au moment de servir vous y mêlez les huîtres et cinquante petites queues d'écrevisses ; versez la moitié de ce ragoût dessous l'entrée et le reste dans une saucière.

RAGOUT (MAIGRE) DE MOULES
ET DE QUEUES DE CREVETTES AUX CHAMPIGNONS.

Après avoir préparé vingt quatre grosses moules selon la règle, vous les mettez dans la sauce aux champignons (voir *Traité des sauces*); ajoutez les queues d'un demi cent de crevettes bien fraîches ; puis vous en versez la moitié dessous l'entrée et le reste dans une saucière.

RAGOUT DE LANGUES DE CARPES AU SUPRÊME.

Ayez vingt-quatre palais ou langues de carpes de Seine de moyenne grosseur ; puis vous les faites dégorger à l'eau froide ; après quelques heures vous les parez légèrement et les faites mijoter cinq minutes dans une petite mirepoix mouillée avec un verre de vin de Champagne ; étant près de servir, vous les égouttez, et les sautez dans la sauce maigre au suprême, dans laquelle vous joignez vingt-quatre queues d'écrevisses et vingt-quatre petits champignons; donnez une seule ébullition, et servez ce ragoût de la manière accoutumée.

Nous servons ce ragoût fort rarement à Paris, et plus rarement encore à l'étranger. Ceux de mes confrères qui voudraient en servir doivent avoir le soin de les commander la veille à madame Renaud, marchande de poisson à la halle.

Observation.

Je ferai remarquer à mes confrères que la série des ragoûts maigres contenus dans ce chapitre sont indiqués pour être servis avec les sauces maigres travaillées avec les grandes sauces de la cuisine maigre. Cependant ces mêmes ragoûts peuvent également se servir avec la variété des sauces analysées dans le chapitre des sauces au beurre. C'est surtout pour les ménagères et pour les cuisinières que cette observation doit devenir fructueuse; elles pourront également simplifier ces ragoûts en ne les composant que de deux articles seulement.

Je terminerai ce chapitre en observant à mes confrères que j'ai servi deux ou trois fois des ragoûts composés de truffes tournées en petites olives (sauce au vin de Champagne ou au suprême) et mêlées avec des langues de cabillaud, que vous préparez du reste en suivant les procédés indiqués pour les langues de carpes. J'observerai que celles-ci ne sont véritablement que le palais de ce poisson, tandis que le cabillaud a réellement une langue qui ne le cède

en rien à celles précitées, car elle est blanche, délicate et de meilleure mine.

Il s'agira seulement d'avoir le soin de les demander
la veille à la marchande de poisson.

CHAPITRE XIV.

TRAITÉ DES PURÉES DE RACINES

ET PLANTES LÉGUMINEUSES EN GRAS ET EN MAIGRE.

SOMMAIRE.

veau; idem de carottes nouvelles; idem de carottes à la Crécy; idem de racines à la jardinière; idem de céleri à la française; idem de céleri à l'espagnole; idem de sikel ou choux de mer; idem de choux-fleurs à l'allemande; idem au blond de veau; idem de choux de Bruxelles; idem d'épinards au velouté; idem d'épinards à la crème; idem de chicorée à la béchamel; idem d'oseille; second procédé de purée d'oseille; idem de laitues au blond de veau; idem de cardes à l'espagnole; idem de fonds d'artichauds; idem de pommes de terre à la crème; idem de pommes de terre à la lyonnaise; idem de pommes de terre à la bretonne; idem de marrons de Lyon au velouté à la crème; idem de concombres à la béchamel; idem de lentilles mondées à la reine; idem de pois secs; idem de haricots secs à la bretonne; idem de haricots secs à la crème.

PURÉE DE CHAMPIGNONS VELOUTÉE.

APRÈS avoir lavé avec soin quatre maniveaux de champignons, vous les égouttez sur un tamis et les émincez en les sautant à mesure dans une casserole à ragoût contenant une eau légère de jus de citron; après quoi vous les faites mijoter avec un peu de beurre fin et une grande cuillerée de bon consommé de volaille; ajoutez un peu de poivre et de muscade râpée; couvrez la casserole et faite mijoter à très petit feu, afin d'obtenir la quintessence des champignons; vingt minutes après, vous la passez avec pression par l'étamine et la versez dans une casserole à ragoût, contenant deux onces de mie de pain à potage que vous avez imbibée de bonne crème; desséchez ce mélange en purée légère; ajoutez une cuillerée à ragoût de béchamel, un peu de beurre frais et un peu de glace de volaille; passez cette purée par l'étamine, déposez-la dans une casserole à bain-marie, et servez.

Observation.

La composition de cette savoureuse purée de champignons nous vient d'un illustre gastronome qui protége autant les bons cuisiniers qu'il aime la bonne cuisine, grand nombre de mes confrères savent combien le prince Louis de Rohan a placé et place encore de cuisiniers chez de grands seigneurs tant français qu'étrangers. Les personnes qui ont connu la vieille France doivent avoir souvenance que ce prince fut toujours cité comme l'un des plus grands appréciateurs de l'art culinaire : aussi le prince de Guémené était-il cité comme le plus aimable et le plus élégant des seigneurs de la cour de Louis XVI. Sa noble maison fut réputée pour la bonne chère qu'on y faisait ; et le prince de Guémené, prenant le nom de Louis de Rohan, resta toujours le même, bon, accessible, et protégeant les hommes de bouche en généreux appréciateur des vrais talents culinaires.

Je tiens cette recette du grand M. Dunan, qui fut son chef de cuisine, et qui daigna me communiquer ces détails intéressants pour l'art gastronomique.

PURÉE DE CHAMPIGNONS A LA LAGUIPIERRE.

Faites laver et hacher quatre maniveaux de champignons ; puis vous les mettez dans une casserole à ragoût contenant une grande cuillerée à ragoût de consommé, un peu de maigre de jambon émincé, une tomate dont vous retirez le jus et les grains , une cuillerée à bouche de farine de crème de riz , une pointe de poivre et de muscade râpée ; le tout bien mêlé, vous le faites mijoter doucement en le remuant de temps en temps ; vingt minutes après, vous y joignez une grande cuillerée à ragoût de sauce espagnole travaillée ; donnez quelques ébullitions , et passez la purée à l'étamine ; au moment de servir ajoutez un peu de beurre frais et un jus de citron.

Cette purée de champignons à la Laguipierre est aussi savoureuse que la précédente ; l'addition de la crème de riz lui donne du velouté et du moelleux , et remplace parfaitement le mitonnage de la mie de pain. En supprimant la tomate et l'espagnole on obtient cette purée au suprême en y joignant de la sauce au suprême ; le reste du procédé est le même.

PURÉE DE MORILLES A LA RAVIGOTE.

Après avoir émincé une vingtaine de morilles, vous les lavez à plusieurs eaux, afin qu'elles ne conservent point de terre ; ensuite vous procédez à l'égard de cette purée en suivant les détails décrits pour la purée de champignons au velouté ou bien selon l'analyse de la purée précitée ; puis vous y mêlez une petite ravigote hachée et blanchie.

La purée de mousserons se prépare de la manière indiquée ci-dessus.

PURÉE DE TRUFFES A LA PÉRIGORD.

Mettez dans une casserole à ragoût les parures

d'une livre de truffes du Périgord, une grande cuillerée à ragoût de consommé de volaille, le quart de la
mie d'un pain à potage d'une demi-livre ; une pointe
de muscade râpée et de poivre fin ; faites mijoter vingt
minutes, après quoi vous y mêlez une grande cuillerée à ragoût de sauce espagnole, un peu de glace
de volaille et un peu de beurre ; passez cette purée
en la foulant par l'étamine ; au moment de servir
vous y mêlez une truffe hachée très fin ; donnez quelques ébullitions et servez.

PURÉE DE TRUFFES A LA PÉRIGUEUX.

Faites mijoter dans une casserole à ragoût une demi-livre de truffes noires émincées avec une grande
cuillerée de consommé de volaille ; après vingt-cinq
minutes d'une légère ébullition, vous passez cette essence avec pression dans une casserole contenant le
quart de la mie d'un pain à potage d'une demi-livre ;
ajoutez une pointe de poivre et de muscade râpée ;
faites mijoter à petit feu pendant vingt minutes ; puis
vous y joignez une grande cuillerée à ragoût de sauce suprême et un peu de beurre fin ; passez la purée par l'étamine ; mettez-la dans une casserole à bain-
marie, et la servez presque bouillante.

Observation.

Par ce procédé l'essence de cette purée embaume
le palais du parfum de la truffe périgourdine ; mes
confrères peuvent également employer ce procédé

pour confectionner la purée de truffes à la sauce espagnole à la Périgord.

PURÉE DE TRUFFES A LA PIÉMONTAISE.

Après avoir paré deux grosses truffes du Piémont,
vous les hachez et les faites suer dans un peu de beurre
(ou d'huile d'Aix) avec une pointe de sel ; vous y mêlez ensuite une grande cuillerée à ragoût de bon consommé ; donnez quelques ébullitions, et passez cette
essence avec pression par l'étamine ; puis vous y mêlez le quart de la mie d'un pain à potage d'une demi-
livre ; faites-la mitonner quelques secondes, après quoi
vous y joignez une grande cuillerée à ragoût de sauce
à la piémontaise avec un peu de beurre et de glace de
volaille ; servez.

PURÉE D'OIGNONS A LA SOUBISE.

Après avoir épluché six gros oignons blancs, vous
les coupez en deux, supprimez les têtes et les queues,
les émincez, et les faites blanchir quelques minutes à
l'eau bouillante ; égouttez-les, et passez-les cinq minutes sur un feu doux avec un bon morceau de beurre
d'Isigny ; ensuite vous y mêlez une cuillerée à ragoût
de bon consommé de volaille, une pointe de poivre
et de muscade râpée, et un peu de sucre en poudre ;
faites mijoter trente à quarante minutes ; ajoutez deux
grandes cuillerées à ragoût de bonne béchamel, et
faites réduire la purée en la tournant sans discontinuer avec la cuillère de bois ; après quoi vous la

passez en purée en la foulant par l'étamine, et la déposez dans la casserole à bain-marie.

Cette purée doit être veloutée et d'un goût savoureux et appétissant.

Seconde manière de procéder pour la purée à la Soubise.

Faites blanchir six oignons préparés ainsi qu'il est indiqué ci-dessus; puis vous les égouttez et les passez sur un feu doux avec quatre onces de beurre fin; couvrez la casserole, que vous placez ensuite dessous le fourneau, afin que l'oignon reçoive dessus et dessous une chaleur tempérée; ayez soin de le remuer de temps en temps, et, après trente à quarante minutes d'une légère ébullition, vous y mêlez une cuillerée de velouté, puis une grande idem à ragoût de bon consommé de volaille, une pointe de poivre et de muscade râpée, et un peu de sucre en poudre; placez la casserole sur un feu ardent, et desséchez la purée en y joignant par intervalles une chopine de crème double; passez la purée par l'étamine, déposez-la dans la casserole à bain-marie, et la servez en ébullition.

Lorsque la béchamel et le velouté manquent, on y supplée par une cuillerée à bouche de farine, que l'on mêle à l'oignon; puis on procède pour le reste de l'opération ainsi qu'il est démontré ci-dessus.

PURÉE D'OIGNONS A LA BRETONNE.

Coupez en deux six gros oignons blancs épluchés;

puis vous les parez et les émincez d'égale épaisseur ;
ensuite vous leur faites prendre une belle couleur
blonde dans du beurre d'Isigny clarifié ; après quoi
vous les égouttez sur le tamis de crin ; puis vous les
versez dans une casserole à ragoût contenant une
grande cuillerée de bon consommé ; faites-les mijoter
vingt à vingt-cinq minutes sur un feu modéré ; dégraissez bien parfaitement ; puis vous ajoutez une
grande cuillerée de sauce espagnole travaillée, un
peu de sucre en poudre, une pointe de muscade râpée et de poivre fin ; faites réduire à grand feu en
remuant la purée avec une cuillère de bois, et passez-
la ensuite par l'étamine ; après l'avoir versée dans une
casserole à bain-marie, vous y mêlez un peu de beurre
frais, et la servez en ébullition.

PURÉE D'OIGNONS A LA ROBERT.

A l'égard de cette purée, vous la préparez de tous
points selon les détails décrits précédemment ; puis
vous y mêlez une cuillerée à bouche de moutarde fine,
et vous passez ensuite la purée par l'étamine. Observez qu'elle ne doit plus bouillir après l'addition de la
moutarde.

PURÉE DE POINTES D'ASPERGES AU SUPRÊME.

Préparez en hiver deux bottes d'asperges vertes, et
au printemps une grosse botte d'asperges également
vertes ; après les avoir effeuillées et coupées en petits
pois, vous les lavez et les faites blanchir selon la règle
dans un poêlon d'office ; ensuite vous les égouttez, et
les faites mijoter cinq minutes dans un poêlon d'of-

fice avec un peu de consommé, un peu de beurre et une petite mie de pain à potage, afin de donner du moelleux à la purée ; ajoutez un peu de sucre fin, une pointe de poivre et de muscade râpée, puis la sauce indiquée au suprême, et passez la purée par l'étamine, après quoi vous la versez dans la casserole à bain-marie. Etant prêt de servir, vous la faites ébullitionner seulement ; puis vous y mêlez un peu de vert d'épinards passé au tamis de soie, afin de rendre d'un vert printanier cette purée savoureuse, qui a du moelleux, de l'onction, et convient parfaitement pour une infinité d'entrées.

PURÉE DE POIS NOUVEAUX.

Ayez un litre et demi de gros pois fraîchement cueillis et nouvellement écossés ; puis vous les maniez dans une casserole avec quatre onces de beurre frais et un peu d'eau, que vous égouttez ensuite ; ajoutez un bouquet de persil et faites suer doucement les pois sur un fourneau modéré en les couvrant ; ayez soin de les sauter de temps en temps, après vingt à vingt-cinq minutes d'ébullition, vous retirez le bouquet et broyez les pois dans le mortier, après quoi vous les relevez dans une casserole à ragoût contenant une grande cuillerée de sauce allemande, un peu de beurre fin, une pointe de sucre en poudre, un peu de poivre et de muscade râpée, et un peu de glace de volaille ; remuez la purée sur un feu modéré, et, dès qu'elle entre en ébullition, vous la passez par l'étamine et la déposez ensuite dans la casserole à bain-marie ; au moment du service, vous la faites ébullitionner en y joignant un peu de vert d'épinards préparé comme de coutume, si cela est nécessaire.

PURÉE DE POIS A LA PARISIENNE.

Prenez un litre et demi de gros pois nouvellement cueillis et écossés ; puis vous les faites blanchir dans le poêlon d'office avec un peu d'eau et de sel (et un fragment de mie de pain à potage), afin qu'ils conservent plus de goût ; après vingt-cinq minutes d'ébullition, vous les égouttez et les broyez dans le mortier ; ensuite vous les mettez dans un poêlon d'office contenant une grande cuillerée de velouté ou de sauce allemande, un peu de glace de volaille, un peu de beurre d'Isigny, une pointe de poivre et de muscade râpée, et du sucre en poudre ; remuez la purée sur le feu, et, dès qu'elle commence à bouillir, vous la passez par l'étamine et la déposez dans la casserole à bain-marie. Observez qu'elle ne jette qu'une seule ébullition au moment de la servir.

Observation.

Par ce procédé la purée conserve sa couleur printanière, tandis qu'en faisant suer les pois ainsi que nous l'avons indiqué précédemment, la verdure s'en altère sensiblement ; puis cette purée à la parisienne a toute la saveur et le moelleux désirable : c'est donc à mes confrères à choisir l'un des deux procédés analysés ci-dessus.

PURÉE DE FÈVES DE MARAIS.

Après avoir retiré la robe à un litre de grosses

III.   15

fèves de marais fraîchement écossées, vous les faites
blanchir dans un poêlon d'office avec un peu de sel
et une petite branche de sarriette; dès qu'elles se
broient facilement sous la pression des doigts, vous
retirez la sarriette, les égoutlez et les broyez dans
un mortier; ensuite vous mettez la purée dans une
casserole contenant une grande cuillerée à ragoût
de sauce allemande, un peu de glace de volaille,
du beurre d'Isigny, un peu de sucre, de poivre et de
muscade râpée ; donnez quelques ébullitions; ajoutez un peu de consommé, si cela est devenu nécessaire, afin que la purée soit délicate et légère, ainsi
que cela se pratique ordinairement; puis vous passez
la purée de la manière accoutumée; servez-la presque bouillante.

PURÉE DE HARICOTS BLANCS NOUVEAUX.

Mettez un litre de haricots nouveaux dans une
casserole contenant de l'eau bouillante, avec un peu
de beurre et de sel; faites-les cuire à feu doux, et
dès qu'ils sont moelleux au toucher, vous les égouttez et les broyez légèrement dans le mortier en y
mêlant une cuillerée d'allemande (on remplace l'allemande en ajoutant un peu de mie de pain en cuisant les haricots), un peu de glace de volaille, quatre petits pains de beurre frais, un peu de poivre et
de muscade râpée, et un rien de sucre en poudre;
donnez quelques ébullitions et passez la purée par
l'étamine. Vous la faites bouillir au moment de servir.

PURÉE DE HARICOTS NOUVEAUX A LA BRETONNE.

Préparez votre purée ainsi qu'il est démontré ci-

dessus; puis vous y mêlez, au lieu de sauce allemande, une grande cuillerée à ragoût de purée à la
bretonne, et terminez votre purée de la manière
accoutumée.

PURÉE DE HARICOTS NOUVEAUX A LA BÉCHAMEL.

Faites cuire à l'eau bouillante, avec un peu de
beurre et de sel, un litre de petits haricots nouveaux;
lorsqu'ils sont cuits vous les égouttez, les broyez
dans le mortier et les mettez ensuite dans une casserole contenant une grande cuillerée à ragoût de
béchamel, quatre petits pains de beurre frais, un
peu de glace de volaille, une petite pointe de muscade râpée et de sucre en poudre; ajoutez un peu
de bonne crème double, afin de rendre la purée délicate et savoureuse; faites-la bouillir et la passez à
l'étamine selon la règle. Au moment du service vous
la faites ébullitionner.

PURÉE DE NAVETS A LA CRÈME.

Après avoir épluché six gros navets nouveaux, et
de bonne qualité, vous les émincez, les blanchissez
une seconde, les égouttez sur une serviette, et les
passez légèrement avec du beurre clarifié sur un feu
modéré, ayant soin de les remuer sans cesse, afin
d'éviter qu'ils prennent couleur; puis vous y mêlez
une grande cuillerée de consommé, un peu de mie
de pain, une pointe de sucre, un peu de muscade
râpée et de poivre; faites mijoter doucement, et dès
que les navets sont moelleux sous la pression des

15*

doigts, vous les faites tomber à glace et les broyez dans le mortier, après quoi vous les mettez dans une casserole à ragoût contenant une cuillerée de béchamel, un peu de glace de volaille, de beurre frais, et un peu de bonne crème double ; donnez quelques légers bouillons et passez la purée à l'étamine comme de coutume. Au moment de servir vous la faites ébullitionner et la servez.

PURÉE DE NAVETS AU BLOND DE VEAU.

Épluchez dix gros navets de Suède ; ensuite vous les émincez et les faites roussir dans du beurre clarifié, en les remuant continuellement avec la cuillère de bois ; lorsqu'ils sont colorés d'un blond clair, vous y joignez une grande cuillerée de blond de veau, un peu de sucre en poudre, de muscade râpée, et un peu de mie de pain ; faites mijoter doucement ; ayez soin de dégraisser bien parfaitement vos navets, et, dès qu'ils cèdent aisément sous la pression des doigts, vous les faites réduire à glace et les broyez dans le mortier ; ensuite vous les mettez dans une casserole contenant une grande cuillerée à ragoût d'espagnole travaillée ; donnez quelques ébullitions, et passez la purée selon la règle ; au moment de servir, vous la faites ébullitionner ; puis vous y mêlez quatre petits pains de beurre frais et un peu de bonne crème double, si cela est nécessaire, pour la rendre délicate et moelleuse.

PURÉE DE CAROTTES NOUVELLES.

Après avoir épluché une botte de petites carottes

nouvelles, vous les émincez, les lavez et les égouttez sur une serviette ; puis vous les passez avec du beurre fin clarifié sur un feu doux ; dès qu'elles commencent à se roussir légèrement, vous y mêlez une grande cuillerée de bon consommé, un peu de mie de pain, et les faites mijoter en ayant soin de les dégraisser parfaitement ; dès qu'elles sont cuites à point, vous les faites tomber à glace en y joignant un peu de sucre et de muscade râpée ; ensuite vous les broyez dans le mortier et les mettez dans une casserole contenant une grande cuillerée à ragoût de sauce allemande et un peu de glace de volaille ; après quelques bouillons, vous passez la purée par l'étamine ; puis, à l'instant de servir, vous la faites bouillir en y mêlant deux petits pains de beurre frais et un peu de bonne crème double, si cela est nécessaire, afin de la rendre savoureuse et délicate.

PURÉE DE CAROTTES A LA CRÉCY.

Après avoir zesté le rouge de huit carottes rouges dites de Crécy, vous les lavez et les faites roussir légèrement dans du beurre clarifié sur un feu modéré en les remuant de temps en temps avec la cuillère de bois ; ensuite vous y joignez une grande cuillerée à ragoût de consommé, un peu de mie de pain à potage, un peu de beurre, de sucre, et une pointe de muscade râpée ; faites mijoter vos carottes, et, lorsqu'elles sont cuites à point, vous les faites réduire à glace, les broyez dans le mortier, et les mettez dans une casserole avec une grande cuillerée à ragoût de sauce allemande et un peu de glace de volaille ; faites bouil

lir. la purée en la remuant, et la passez à l'étamine
selon la règle ; étant prêt de servir, vous la faites
ébullitionner en y joignant trois petits pains de beurre
frais.

PURÉE DE RACINES A LA JARDINIÈRE.

Emincez le rouge de quatre carottes, deux navets,
deux oignons, deux poireaux et deux pieds de céleri ;
lavez ces plantes légumineuses , égouttez-les sur une
serviette ; puis vous les passez au beurre clarifié sur
un feu doux ; donnez-leur un peu de couleur ; mêlez-y une grande cuillerée de consommé avec un fragment de mie de pain à potage, un peu de sucre, une
pointe de poivre et de muscade râpée ; faites mijoter
doucement, et, lorsque la purée est cuite, vous la faites réduire à point et la broyez dans le mortier ; ensuite vous la mettez dans une casserole contenant une
grande cuillerée à ragoût de sauce espagnole travaillée ; ajoutez un peu de glace de volaille ; faites bouillir quelques secondes, et passez la purée de la manière
accoutumée ; au moment du service, vous y mêlez
deux petits pains de beurre, et servez.

PURÉE DE CÉLERI A LA FRANÇAISE.

Coupez en gros dés les branches jaunes de six
gros pieds de céleri ; puis vous les lavez et les
faites blanchir selon la règle à l'eau bouillante ;
après les avoir égouttées, vous les faites cuire avec
une grande cuillerée à ragoût de consommé , un
peu de beurre d'Isigny, un peu de sucre et une
pointe de muscade râpée ; ajoutez un fragment de

mie de pain à potage ; faites mijoter sur un feu doux, et, dès que le céleri cède aisément sous la pression des doigts, vous le faites réduire à glace et le broyez ensuite dans le mortier , après quoi vous le mettez dans une casserole contenant une grande cuillerée à ragoût de béchamel et un peu de glace de volaille ; donnez quelques ébullitions, et passez la purée par l'étamine ; étant prêt à servir, vous y mêlez deux petits pains de beurre et un peu de bonne crème double , afin de rendre la purée délicate et savoureuse.

PURÉE DE CÉLERI A L'ESPAGNOLE.

Après avoir épluché deux grosses racines de céleri, vous les lavez, les émincez et les faites cuire dans une casserole contenant une grande cuillerée de consommé, un peu de beurre frais, un peu de sucre, une pointe de muscade râpée et un fragment de la mie d'un pain à potage ; faites mijoter sur un feu modéré , et, lorsque les racines sont cuites à point, vous les faites réduire comme de coutume, les broyez dans le mortier et les faites bouillir dans une casserole avec une grande cuillerée à ragoût d'espagnole travaillée, un peu de glace de volaille et deux petits pains de beurre d'Isigny ; puis vous passez la purée de la manière accoutumée, et la servez toute bouillante.

PURÉE DE SIKEL OU CHOUX DE MER.

Coupez en gros dés six gros pieds de choux de mer ; faites-les blanchir quelques secondes ; égouttez-les et faites-les cuire dans du consommé avec un peu

de beurre frais, de sucre en poudre, de muscade râ
pée, et gros comme un œuf de mie de pain ; dès qu'ils
sont cuits à point, faites-les réduire, broyez-les selon
la règle, et donnez-leur quelques ébullitions avec
une grande cuillerée de béchamel, un peu de glace
de volaille, deux petits pains de beurre frais ; passez
la purée par l'étamine, et, au moment de servir, faites-la bouillir en y joignant un peu de bonne crème
double.

PURÉE DE CHOUX-FLEURS A L'ALLEMANDE.

Après avoir épluché en petits fragments deux têtes
de beaux choux-fleurs blancs et durs au toucher, faites-les blanchir quelques minutes ; puis vous les faites cuire avec une grande cuillerée de consommé,
un peu de mie de pain, une pointe de muscade râpée et de poivre fin, une pincée de sucre en poudre,
et un peu de beurre fin ; faites mijoter vos choux-
fleurs sur un feu très doux ; étant cuits à point, vous
les faites réduire à glace, les broyez comme de coutume, et les faites ébullitionner ensuite avec une grande
cuillerée à ragoût de béchamel et un peu de glace de
volaille ; puis vous les passez en purée par l'étamine ;
au moment du service, vous la faites bouillir en y joignant un peu de beurre frais et de bonne crème double ; servez.

PURÉE DE CHOUX-FLEURS AU BLOND DE VEAU.

Préparez deux têtes de gros choux-fleurs ainsi qu'il
est démontré ci-dessus ; puis vous les faites cuire
(après les avoir légèrement blanchis) avec une grande

cuillerée de blond de veau, un peu de beurre, de sucre fin, une pointe de muscade et de poivre, et un peu de mie de pain à potage; ensuite vous les faites réduire, et leur donnez quelques ébullitions avec une grande cuillerée à ragoût d'espagnole travaillée; puis vous passez la purée de la manière accoutumée; étant près de servir, vous la faites ébullitionner en y mêlant un peu de beurre d'Isigny.

La purée de brocolis se prépare également à la béchamel et à la sauce espagnole, ainsi qu'il est démontré ci-dessus pour les choux-fleurs.

PURÉE DE CHOUX DE BRUXELLES.

Après avoir épluché et paré une livre de choux de Bruxelles, vous les lavez, les faites blanchir quelques secondes; puis vous les rafraîchissez et les faites cuire dans une grande cuillerée à ragoût de consommé avec un peu de beurre frais, une pointe de muscade râpée, de poivre et de sucre fin; faites mijoter doucement, et dès que les choux sont cuits, vous les faites réduire à point, les broyez, et les faites ébullitionner une seconde avec une cuillerée d'espagnole travaillée, et un peu de glace de volaille; passez la purée selon la coutume; étant près de servir vous lui faites jeter un seul bouillon en y mêlant deux petits pains de beurre frais.

PURÉE D'ÉPINARDS VELOUTÉE.

Faites blanchir selon la règle (dans un poêlon d'office) le quart d'un paquet d'épinards fraîchement cueillis; puis vous les rafraîchissez, les égouttez,

les pressez (pour en extraire l'eau), les broyez dans
lè mortier et les faites presque bouillir dans une casserole contenant une cuillerée à ragoût d'espagnole travaillée, ajoutez un peu de glace de volaille, une
pointe de muscade râpée et un bon morceau de beurre frais.

Cette purée d'épinards est veloutée et savoureuse.

PURÉE D'ÉPINARDS A LA CRÈME.

Préparez-les ainsi qu'il est analysé ci-dessus, et après
les avoir broyés, vous y mêlez une grande cuillerée
à ragoût de béchamel, trois petits pains de beurre
frais, une pointe de muscade râpée, deux bonnes
pincées de sucre en poudre et un peu de bonne crème
double ; donnez quelques ébullitions et passez la purée de la manière accoutumée ; faites-la bouillir au
moment de servir. On peut également ajouter à ces
purées un peu de mie de pain à potage : elles n'en
seront que plus veloutées.

PURÉE DE CHICORÉE A LA BÉCHAMEL.

Après avoir épluché six belles chicorées bien jaunes, vous les effeuillez et les faites blanchir selon la
règle ; puis vous les rafraîchissez, les égouttez et les
pressez fortement ; ensuite vous les hachez et les
faites cuire dans une grande cuillerée à ragoût de
consommé de volaille, en y joignant un peu de beurre, une pointe de sucre, de poivre, de muscade râpée, un peu de mie de pain à potage ; faites mijoter
doucement votre chicorée, et dès qu'elle se trouve
moelleuse au toucher vous la faites réduire sur un
feu ardent, en la remuant avec la cuillère de bois ;

après quoi vous la broyez dans le mortier et la faites bouillir avec une grande cuillerée à ragoût de béchamel, un peu de glace de volaille et de crème double; puis vous passez la purée par l'étamine selon la règle, et la servez toute bouillante.

PURÉE D'OSEILLE.

Après avoir épluché et lavé le quart d'un paquet d'oseille à laquelle vous ajoutez un peu de cerfeuil et de laitue, vous la faites fondre dans une casserole sur un feu modéré, sans rien y ajouter que le peu de mie de pain convenu; ensuite vous l'égouttez dans une passoire, pendant ce temps passez avec un peu de beurre un maniveau de champignons hachés; puis vous y mêlez l'oseille avec un peu de poivre fin, une pointe de muscade râpée et un peu de sucre; desséchez-la sur un fourneau ardent, et la broyez dans le mortier en y mêlant un peu de mie de pain à potage trempée dans du consommé et desséchée en panade légère; alors il est inutile de la broyer; relevez l'oseille dans une casserole contenant une grande cuillerée d'espagnole travaillée selon la règle, un peu de glace de volaille, un bon morceau de beurre d'Isigny et la passez en purée par l'étamine; au moment de servir vous la faites ébullitionner en y mêlant un peu de crème et sel, si cela est nécessaire, afin de la rendre d'un bon assaisonnement, veloutée et appétissante.

Seconde manière de procéder pour la purée d'oseille.

Après avoir fait fondre votre oseille ainsi qu'il est

démontré ci-dessus, vous l'égouttez ; puis vous faites
un petit roux blond avec quatre onces de beurre
frais et une cuillerée à bouche de farine ; alors vous
y mêlez l'oseille, que vous assaisonnez avec un peu
de sel, de poivre et de muscade râpée, et un rien de
sucre ; ensuite vous y mêlez une grande cuillerée de
consommé ou de bouillon, un peu de mie de pain
à potage coupée en petits dés, ou une petite panade ;
réduisez la purée sur un feu modéré en la remuant
sans cesse avec la cuillère de bois ; puis vous y mêlez deux petits pains de beurre frais et une liaison
de cinq jaunes d'œufs mêlés de bonne crème double ;
donnez quelques ébullitions et passez la purée selon
la règle. Au moment de servir vous la faites légèrement bouillir.

Observation.

Par ce procédé la purée d'oseille a également du
moelleux et de la saveur, sans être cependant aussi
onctueuse que par l'addition des sauces précitées ;
mais lorsque la sauce manquera, on pourra employer
le procédé du roux pour confectionner les purées qui
seront contenues dans ce chapitre, seulement on sup-
pléera au manque de sauce en additionnant un peu
de glace de volaille dans lesdites purées, ainsi qu'une
petite panade légère.

PURÉE DE LAITUES AU BLOND DE VEAU.

Faites blanchir selon la règle huit grosses laitues
pommées ; puis vous les rafraîchissez, les égouttez,
les pressez, et les parez en ne prenant que les feuilles,

que vous hachez légèrement ; ensuite vous les faites
cuire avec une cuillerée à ragoût de bon consommé,
une idem de blond de veau , un peu de beurre, une
pointe de poivre et de muscade râpée , un peu de
sucre fin , un fragment de pain à potage et un petit
bouquet très peu assaisonné ; faites mijoter vos laitues (couvertes d'un rond de papier beurré) pendant
deux heures ; alors vous les faites réduire à glace,
les broyez dans le mortier, et les mettez dans une
casserole contenant une grande cuillerée à ragoût
d'espagnole travaillée et un peu de glace ; donnez
quelques ébullitions et passez la purée à l'étamine
selon la règle ; au moment de servir vous la faites
bouillir, en y joignant un peu de beurre frais.

PURÉE DE CARDES A L'ESPAGNOLE.

Après avoir paré et blanchi selon la règle un
gros pied de carde , vous le faites cuire dans d'excellent consommé de volaille, en y mêlant la moitié
de la chair d'un citron épépiné, un fragment de mie
de pain à potage, une pointe de muscade et de poivre , un rien de sucre fin , deux petits pains de beurre
frais ; faites mijoter doucement votre carde , et dès
qu'elle est cuite à point , vous la faites réduire et
la broyez dans le mortier ; ensuite vous la faites
bouillir avec une grande cuillerée à ragoût d'espagnole travaillée, un peu de glace de volaille , deux
petits pains de beurre d'Isigny, et passez la purée de
la manière accoutumée. Pour la servir faites-la ébullitionner.

PURÉE DE FONDS D'ARTICHAUTS.

Préparez comme de coutume six fonds d'arti-

chauts; puis, après eu avoir retiré le foin, vous les
faites cuire avec une grande cuillerée de consommé,
un peu de beurre frais, un fragment de mie de pain
à potage, un peu de jus de citron, une pointe de
poivre, de muscade râpée, et une pointe de sucre
fin; faites mijoter à petit feu; et, dès que les artichauts cèdent aisément sous la pression des doigts,
vous les faites réduire à glace, les broyez selon la
règle, et les faites bouillir ensuite avec une grande
cuillerée à ragoût d'espagnole travaillée, un peu de
glace de volaille et deux petits pains de beurre frais;
après avoir passé la purée de la manière accoutumée, vous la faites ébullitionner au moment de la
servir.

PURÉE DE POMMES DE TERRE A LA CRÈME.

Après avoir épluché et émincé huit grosses pommes de terre dites de Hollande, vous les faites blanchir quelques secondes, les égouttez, et les faites
cuire avec une grande cuilleréc de consommé, un
peu de poivre et de muscade râpée; faites mijoter
en plaçant la casserole dessus le fourneau, afin que
les pommes de terre recoivent une égale ébullition;
dès qu'elles sont cuites à point vous les broyez avec
la cuíllère de bois en y mêlant assez de bonne crème
double pour les rendre délicates; joignez-y un peu
de glace de volaille et deux petits pains de beurre
d'Isigny; passez la purée par l'étamine, et la faites
légèrement bouillir au moment du service, en la remuant sans cesse avec la cuillère de bois. Observez
que cette purée doit être veloutée et délicate.

PURÉE DE POMMES DE TERRE A LA LYONNAISE.

Après avoir fait frire dans du beurre clarifié six grosses pommes de terre vitelottes (ou de Hollande), émincées en lames d'égale épaisseur, vous les égouttez sur une serviette et les faites mijoter ensuite avec une grande cuillerée à ragoût de consommé, un fragment de mie de pain à potage, une pointe de sucre, de muscade, de poivre fin, et deux petits pains de beurre; étant cuites en purée, vous les broyez avec la cuillère de bois en y mêlant un peu de bonne espagnole, de crème double et de glace de volaille, afin de la rendre délicate et onctueuse; après l'avoir passée par l'étamine, vous la faites ébullitionner, et y joignez deux petits pains de beurre et une cuillerée de persil haché et blanchi.

PURÉE DE POMMES DE TERRE A LA BRETONNE.

Faites cuire dans les cendres, selon la règle, huit grosses pommes de terre dites de Hollande; vous les parez bien parfaitement et les broyez avec la cuillère de bois dans une casserole contenant une grande cuillerée à ragoût de sauce indiquée *à la bretonne*, puis une pointe de sel, de poivre, de muscade, de sucre, quatre petits pains de beurre frais, et de la crème double, pour la rendre délicate et moelleuse; dès qu'elle a jeté quelques ébullitions vous la passez par l'étamine, et la faites bouillir à l'instant du service en la remuant avec la cuillère de bois.

Seconde manière de procéder
pour la purée de pommes de terre à la bretonne.

Passez bien blonds, dans du beurre clarifié, deux gros oignons émincés; puis vous les égouttez et les mêlez avec six grosses pommes de terre coupées en lames et blanchies; ajoutez-y un fragment de mie de pain à potage, une pointe de sel, de muscade, de sucre, de poivre, un peu de beurre et une grande cuillerée à ragoût de blond de veau; faites mijoter doucement, et dès que les pommes de terre sont cuites à point, vous les broyez avec la cuillère de bois en y mêlant du beurre d'Isigny avec assez de bonne crème double, afin de rendre la purée délicate et savoureuse; après l'avoir fait ébullitionner, vous la passez par l'étamine et la servez presque bouillante.

Observation.

Je viens de démontrer plusieurs manières d'agir à l'égard de la purée de pommes de terre : ainsi mes confrères pourront également faire cuire les pommes de terre dans les cendres pour la purée à la crème, comme aussi les faire cuire au consommé pour la purée indiquée à la bretonne.

PURÉE DE MARRONS A LA LYONNAISE.

Préparez un demi-cent de marrons de Lyon ainsi que nous l'avons démontré au chapitre des Garnitures; puis vous les faites cuire dans un plat à sauter avec une grande cuillerée de bon consommé, un peu de beurre fin, une pointe de sucre, de poivre, de muscade, et gros comme un œuf de mie de pain à potage; faites-les mijoter à petit feu, et dès qu'ils cèdent facilement sous la pression des doigts vous les faites tomber à glace et les broyez dans le mortier; après ce, faites-les légèrement bouillir avec une cuillerée à ragoût d'espagnole travaillée, et les passez en purée selon la règle. Au moment de servir vous donnez quelques ébullitions, en y mêlant deux petits pains de beurre d'Isigny, un peu de bonne crème et de glace de volaille. On fait également cette purée avec des marrons cuits dans la poêle à griller; mais je les préfère ainsi que je viens de l'indiquer.

PURÉE DE MARRONS AU VELOUTÉ A LA CRÈME.

Faites une petite incision avec la pointe du couteau sur le côté de chaque marrons d'un demi-cent; puis vous les faites bouillir dans de l'eau, dans laquelle vous additionnez une pointe de sel; lorsqu'ils sont cuits, vous les égouttez, les ouvrez en deux pour en retirer la chair avec une petite cuillère. Cette opération terminée, vous les mettez dans une casserole contenant une cuillerée de velouté, un peu de glace de volaille, de beurre fin, un peu de sucre, de poivre, de muscade râpée et de bonne crème double, afin de rendre la purée délicate et savoureuse; donnez quelques bouillons, et là passez selon la règle.

Etant prêt de servir, vous la faites ébullitionner et y joignez deux petits pains de beurre d'Isigny.

PURÉE DE CONCOMBRES A LA BÉCHAMEL.

Coupez en escalopes selon la règle deux gros con-

combres ; puis vous les faites légèrement roussir dans
du beurre clarifié ; après les avoir égouttés, vous les
faites mijoter avec une cuillerée de bon consommé,
le quart de la mie d'un pain à potage d'une demi-livre, un peu de beurre fin, une pointe de poivre, de
muscade, de sucre en poudre, et un peu de sel ; après
vingt minutes d'ébullition, vous les faites réduire à
glace ; puis vous y joignez une grande cuillerée à ragoût de béchamel et un peu de glace de volaille ;
après avoir passé la purée de la manière accoutumée,
vous la faites bouillir au moment du service, en y
mêlant deux petits pains de beurre frais.

PURÉE DE POTIRON AU VELOUTÉ.

Coupez en petits dés un fragment de potiron ; puis
vous les passez dans du beurre clarifié sur un feu modéré ; dès qu'ils commencent à roussir, vous y mêlez
une cuillerée à ragoût de bon consommé de volaille, le
quart de la mie d'un pain à potage d'une demi-livre,
un peu de sel, de poivre, de muscade et de sucre ;
faites mijoter, et, dès que le potiron est cuit, vous le
faites réduire à grand feu ; ensuite vous y mêlez une
cuillerée à ragoût de sauce allemande, un peu de
glace, et deux petits pains de beurre fin ; puis vous
passez la purée par l'étamine et la faites ébullitionner
au moment de servir.

Observation.

Les deux purées précitées doivent être faites avec
soin et promptitude, afin de les obtenir transparentes
et veloutées. Comme ces légumes sont d'une chair
molle et sans consistance, il est bien d'y joindre un

peu plus de mie de pain, afin de leur donner du corps,
ou bien d'y suppléer par un petit roux blanc ; mais je
préfère le procédé que j'emploie , la mie de pain ayant
plus de moelleux.

PURÉE DE LENTILLES MONDÉES A LA REINE.

Lavez à plusieurs eaux les trois quarts d'un litre
de lentilles mondées (elles sont alors rouges); puis
vous les faites cuire avec du consommé, un fragment
de maigre de jambon, une petite perdrix, un peu de
poivre, de muscade râpée, un peu de beurre frais, et
une pointe de sucre ; ayez soin de les réduire à la fin
de leur cuisson ; puis vous en retirez le jambon et la
perdrix, les broyez avec la cuillère de bois , après quoi
vous y mêlez un peu d'espagnole travaillée ; donnez
quelques ébullitions, et passez la purée selon la
règle. Etant près de servir, vous y mêlez deux petits
pains de beurre frais ; elle doit être presque bouillante.

PURÉE DE POIS SECS.

Après avoir lavé les trois quarts d'un litre de pois
concassés, vous les faites cuire dans du consommé
dans lequel vous ajoutez un peu de beurre, de poivre,
de muscade, une pointe de sucre , un petit bouquet
très peu assaisonné, et un fragment de mie de pain.
Il est essentiel de les mouiller peu, afin que la réduction arrive en même temps que la cuisson ; alors
vous en retirez le bouquet et broyez les pois avec la
cuillère de bois ; ensuite vous y mêlez une demi-cuillerée à ragoût d'espagnole travaillée. Faites bouillir
la purée et la passez de la manière accoutumée ; au

moment du service, vous la faites ébullitionner, et y joignez deux petits pains de beurre d'Isigny.

PURÉE DE HARICOTS SECS A LA BRETONNE.

Lavez à plusieurs eaux les trois quarts d'un litre de haricots blancs; faites–les cuire avec du consommé, un peu de mie de pain à potage, un peu de poivre, de muscade, et un rien de sucre. Dès qu'ils sont cuits, vous les faites réduire, les broyez et y mêlez une cuillerée de sauce à la bretonne; faites bouillir la purée, ajoutez–y un peu de bonne crème double; passez-la selon la règle, et, à l'instant de servir, vous la faites ébullitionner en y mêlant un peu de glace de volaille et deux petits pains de beurre frais.

PURÉE DE HARICOTS A LA CRÈME.

Vous faites cuire vos haricots ainsi qu'il est démontré ci-dessus; puis vous y mêlez (au lieu de bretonne) une cuillerée à ragoût de béchamel, un peu de beurre, de bonne crème double, un peu de glace de volaille, de sucre, de poivre et de muscade râpée·; donnez quelques légers bouillons; passez la purée de la manière accoutumée, et servez.

PURÉE DE HARICOTS ROUGES A L'ESPAGNOLE.

Après avoir lavé à plusieurs eaux les trois quarts d'un litre de haricots rouges, vous les faites cuire avec deux grandes cuillerées de consommé, un peu de beurre, de poivre, de muscade, et un rien de sucre; broyez-les en y mêlant une demi-cuillerée d'espa gnole travaillée, un peu de glace et deux petits pains de beurre d'Isigny. Après avoir fait ébullitionner la purée, vous la passez à l'étamine, et la servez moelleuse et délicate, en y mêlant un peu de crème si cela est nécessaire.

Observation.

Relativement aux purées contenues dans ce chapitre, elles sont toutes pour servir en gras ; cependant mes confrères pourront facilement les exécuter en maigre en supprimant dans chacunes d'elles les consommés et blonds de veau, pour les remplacer par des essences de poissons, et les sauces grasses par de l'allemande, de la béchamel et de l'espagnole maigre. Le reste du procédé est le même : c'est pourquoi je n'ai pas cru nécessaire de décrire ces détails. D'ailleurs j'ai rendu ce travail du maigre facile par l'analyse des chapitres contenant les détails des petites sauces.

Je dois également faire remarquer à ceux de mes confrères qui ne sont pas à même d'avoir toujours du consommé à discrétion qu'ils pourront le remplacer par du bouillon ; seulement ils ajouteront un peu de glace de plus, et ils arriveront à peu près aux mêmes résultats ; ils pourront aussi faire cuire les légumes secs à l'eau froide avec un peu de beurre et de sel, comme cela se pratique ordinairement ; seulement ils les égoutteront et les prépareront du reste en suivant les procédés décrits dans ce chapitre.

CHAPITRE XV.

TRAITÉ DES ESSENCES EN GRAS ET EN MAIGRE.

SOMMAIRE.

Essence de bécasses pour rôt: idem de faisans; idem de cannetons à la
bigarade; idem de perdreaux à l'espagnole; idem de lapereaux au
chasseur; idem où aspic chaud; idem réparateur ou restaurant;
idem de jambon; idem à l'orange; idem d'échalotte au jus de mouton;
idem à la ravigote printanière: idem de fines herbes; idem à la ravigote bordelaise; idem de racines au jambon; idem à la Montpellier; idem à la mirepoix; idem de sauge à l'anglaise; idem de citron
à l'huile; idem de champignons; idem de truffes; idem pour le
porc frais; idem d'anchois; idem d'ail à la gasconne; idem de poisson à la marinière; idem de moules aux anchois; idem de poisson à
la marseillaise; idem de poisson à la champenoise.

Remarques et observations.

 E voilà arrivé à ce chapitre où je dois ré-
tablir les choses dans leurs principes, en
secouant encore la routine.

Les auteurs qui, jusqu'ici, ont écrit sur l'art culinaire, ont toujours traité de saúces des assaisonne-

ments quintessencés qui ne sont pas liés ; l'essence
de l'aspic, par exemple, qu'ils nomment sauce aspic.
Il me semble que pour constituer une sauce il faut
de toute nécessité que l'assaisonnement soit lié, afin
d'obtenir un corps substantiel et velouté pour en
masquer nos entrées, ainsi que nous l'obtenons avec
l'espagnole, le velouté, l'allemande et la béchamel.

D'après ces simples réflexions, j'ai donné aux articles de ce chapitre le nom d'essences, et non pas de
sauces. Je sais que, parmi nous autres praticiens, il
en est qui auront fait la même remarque que moi ;
mais je veux diriger mes confrères dans la bonne
route, afin qu'ils puissent quitter pour jamais l'i-
gnorante routine.

ESSENCE DE BÉCASSES POUR RÔT.

Après avoir vidé deux bécasses, vous broyez les
entrailles dans le mortier ; ou de préférence prenez
des fragments de bécasses roties ; puis vous les mettez dans une casserole à ragoût avec deux échalottes
hachées, un peu de mignonette, un petit bouquet,
une pointe d'ail, un verre de vin de Bordeaux ou
de bon Bourgogne, une grande cuillerée de blond de
veau et deux idem de bon consommé ; faites mijoter
pendant quinze à vingt minutes et réduire de moitié ; après quoi vous passez cette essence par le tamis de soie, et au moment du service vous ajoutez un
jus de citron.

Observation.

Je trouve que l'on a l'habitude de mettre sous les

rôts en général tout simplement du jus ordinaire,
tandis qu'il nous serait facile d'ajouter à chaque espèce de gibier une essence particulière. Pour des bécasses, par exemple, on pourrait, au lieu de jus, mettre sous ce gibier une essence de bécasses ainsi qu'elle est indiquée ci-dessus. Nos rôts seraient par ce
moyen encore plus succulents ; du moins telle est
mon intention en entreprenant ce chapitre sur les
essences, qui peuvent aussi servir pour les entrées.

ESSENCE DE FAISANS.

Coupez par fragments la carcasse d'un faisan cuit
à la broche ; ajoutez un oignon et une carotte émincés, une racine de persil, une échalotte, une pointe
d'ail, un clou de girofle, un peu de thym et de laurier et une pointe de mignonnette ; ajoutez un demi-
verre de vin de Champagne, deux grandes cuillerées
à ragoût de consommé et une idem de blond de
veau ; faites mijoter à petit feu trente à quarante minutes, et faites réduire de moitié ; après quoi vous
passez l'essence au tamis de soie, et servez.

Observation.

Cette essence doit vous servir pour les rôts de gibier volatile et pour les grillades de membres du même gibier que l'on sert pour les déjeuners.

Les essences de gélinottes, de perdreaux, de levrauts, de lapereaux, de menu gibier, se marquent de
même. On peut également employer les carcasses de
ces gibiers à cru ; mais je les préfère après avoir été

rôties à la broche ; le :fumet de ces essences est plus
fin et plus exquis.

ESSENCE DE CANNETONS A LA BIGARADE.

Après avoir coupé par fragments deux carcasses
de canards ou cannetons rôtis , vous les mettez dans
une casserole à ragoût avec deux grandes cuillerées
de consommé, deux idem de blond de veau, un bouquet assaisonné selon la règle, un peu de mignonnette et de macis ; faites mijoter trente à quarante mi-
nute et réduire de moitié ; passez l'essence au tamis
de soie ; ensuite vous ajoutez le jus d'une bigarade
et la moitié du zeste levé très mince, coupé en petits
filets et blanchi à l'eau bouillante pendant quelques-
secondes.

Cette essence convient pour les rôts de sarcelles ,
de cannetons et canards sauvages , et pour réchauf-
fer des fragments de ces volatiles pour servir au déjeuner.

Cette essence peut également se faire à l'orange
ou au citron.

ESSENCE DE PERDREAUX A L'ESPAGNOLE.

Après avoir émincé un oignon , une carotte et un
peu de jambon , vous passez légèrement ce mélange
sur le feu avec une cuillerée d'huile ; ensuite vous
ajoutez des fragments de carcasses de perdreaux ,
deux échalottes, deux gousses d'ail, quelques cibou-
les , un peu de persil en branche , un peu de thym
et de laurier, une pointe de mignonnette et.de musca-

de râpée ; ensuite vous ajoutez un verre de vin de Xerès, deux grandes cuillerées de blond de veau et deux idem de bon consommé. Après avoir fait mijoter cet assaisonnement pendant trente à quarante minutes, vous le dégraissez avec soin, le faites réduire de moité et le passez au tamis de soie.

Cette essence convient pour les rôts de menus gibiers. On peut également donner à cette essence le fumet de faisans, de bécasses, de gélinottes, de mauviettes, de grives, de levrauts et de lapereaux, en employant des fragments de l'un de ces gibiers, et de préférence lorsqu'ils auront été cuits à la broche.

ESSENCE DE LAPEREAUX AU CHASSEUR.

Faites cuire à la broche un lapereau de garenne que vous coupez par fragments ; mettez-le dans une casserole à ragoût en y joignant un bouquet assaisonné de la manière accoutumée, une carotte et un oignon émincés, une gousse d'ail, un peu de romarin et de marjolaine, un verre de vin blanc, deux grandes cuillerées de blond de veau, deux idem de consommé, un peu de poivre concassé et de macis ; après trente à quarante minutes d'une légère ébullition, vous passez l'essence au tamis de soie, et vous en servez pour les rôts de gibier, de même que pour les rôts de pigeons, de ramereaux, de canards et de sarcelles.

ESSENCE OU ASPIC CHAUD.

Versez dans une casserole à ragoût une grande

cuillerée à ragoût de vinaigre ordinaire, quelques feuilles d'estragon, un fragment de laurier et thym, un peu de fleur de muscade, une pointe de mignonnette et quelque peu de jambon émincé ; faites mijoter et réduire à petit feu, après quoi vous ajoutez une grande cuillerée de blond de veau et trois idem de bon consommé ; faites réduire de moitié, et passez au tamis de soie ; ensuite vous clarifiez l'essence en la versant peu à peu sur un blanc d'œuf battu dans une petite casserole, et après quelques bouillons vous passez à clair l'essence par une serviette ouvrée.

On peut servir cette essence pour les rôts de volaille, ainsi que pour les entrées de volaille indiquées à l'ivoire ; puis, en y joignant une demi-cuillerée à bouche de feuilles d'estragon blanchies, et coupées en filets ou en losanges, vous la servirez sous les entrées de volaille poêlées et en entrées de broche indiquées à l'estragon.

ESSENCE RÉPARATEUR OU RESTAURANT.

Mettez dans une casserole à ragoût quelques escalopes de maigre de jambon, la moitié d'un poulet en chair, deux oignons et deux carottes émincés, une pointe d'échalote, un bouquet légèrement assaisonné, une pointe de poivre concassé, deux grandes cuillerées de blond de veau et deux idem de bon consommé ; faites mijoter à très petit feu quarante à cinquante minutes ; puis vous passez l'essence au tamis de soie ; ensuite vous y mettez un demi-verre de malaga, et après quelques minutes d'ébullition vous la dégraissez avec soin et la servez.

Cette essence convient parfaitement pour les entrées de volaille indiquées au consommé et pour les
grillades en général.

Servez-la aux personnes qui ont besoin de restaurant.

ESSENCE DE JAMBON.

Emincez quelques tranches maigres de jambon de
Baïonne (six onces), mettez-les dans une casserole à
ragoût avec deux oignons, deux carottes émincées,
un bouquet assaisonné selon la règle, une pointe de
poivre mignonnette, un demie-verre de champagne,
deux grandes cuillerées de blond de veau et deux
idem de bon consommé ; faites mijoter à petit feu et
réduire d'un tiers ; ensuite ajoutez un demi-verre
de champagne, et après quelques minutes d'ébullition vous passez votre essence au tamis de soie.
Vous pouvez vous servir de cette essence de jambon
pour toute sorte de grillades de volaille, de gibier,
et de viande de boucherie.

On peut également employer du vin blanc de Châblis pour remplacer celui de Champagne.

ESSENCE A L'ORANGE.

Mettez dans une casserole à ragoût un peu de maigre de jambon, une pointe de mignonnette et de muscade rapée, un petit bouquet légèrement assaisonné,
la moitié du zeste d'une orange dont vous aurez grand
soin de retirer le peu de peau blanche qui pourrait
s'y trouver ; ajoutez une grande cuillerée à ragoût de

blond de veau et deux idem de consommé ; faites mijoter et réduire de moitié ; puis vous y joignez le jus de l'orange, et passez l'essence au tamis de soie.

Les essences de bigarade et de citron se préparent de la même manière. Cette essence convient sous les rôts de canards sauvages, de sarcelles et de cannetons de ferme.

ESSENCE D'ÉCHALOTES AU JUS DE MOUTON.

Faites mijoter dans une casserole à ragoût deux échalottes hachées, une pointe de mignonnette et de muscade râpée, puis deux grandes cuillerées de bon consommé ; faites réduire à demi-glace et ajoutez le jus de deux gigots de mouton à l'anglaise ; vous devez servir cette essence sous des grillades de viande de boucherie, et aussi sous des rosbifs de selles de mouton, d'agneau, de veau et de bœuf.

ESSENCE A LA RAVIGOTE PRINTANIÈRE.

Mettez dans une casserole à ragoût trois grandes cuillerées de consommé, une pointe d'ail, un bouquet préparé comme de coutume, puis quelques branches d'estragon, de cerfeuil, de pimprenelle et de petite civette ; ajoutez une pointe de poivre concassé, et la moitié de la chair d'un citron épépiné ; faites réduire l'essence de moitié, retirez-la du feu, ajoutez-y une petite ravigote pilée à cru, et la passez au tamis de soie ; elle se trouve alors légèrement colorée d'un vert peu sensible, et cela par l'effet de l'acidité du citron additionné à cette essence.

ESSENCE DE FINES HERBES.

Mettez dans une casserole à ragoût deux cuillerées à bouche de vinaigre à l'estragon, trois grandes cuillerées à ragoût de bon consommé et une idem de blond de veau ; ajoutez un bouquet assaisonné selon la règle, un peu d'ail et une pointe de mignonnette ; faites réduire de moitié à très petit feu ; ensuite vous ôtez le bouquet et l'ail, pour ajouter à l'essence une cuillerée à bouche de cerfeuil, d'estragon et de petite civette, le tout haché très fin ; après avoir fait infuser une seconde ces fines herbes dans l'essence, vous y joignez un jus de citron, et la servez sous des grillades d'agneau, de veau, de mouton et d'entre-côtes de bœuf.

ESSENCE A LA RAVIGOTE BORDELAISE.

Après avoir émincé deux gousses d'ail et une échalote, vous les mettez infuser dans une casserole avec trois grandes cuillerées à ragoût de bon consommé et une idem d'essence de jambon ; puis vous y joignez quelques branches d'estragon, de cerfeuil, de civette, un fragment de thym et de laurier, un peu de mignonnette et de macis. Faites mijoter très doucement, ajoutez un demi-verre de vin blanc de Sauterne, et lorsque l'essence est réduite de moitié, vous la passez au tamis de soie, et vous en servez pour des rôts de gibier, et pour les entrées de grillade de volaille, de gibier, et de viande de boucherie.

ESSENCE DE RACINES AU JAMBON.

Emincez la racine d'un pied de celeri, deux carottes, deux oignons, du persil en branches, un fragment d'ail et d'échalote, un peu de mignonnette et de muscade râpée, et quelques lames de maigre de jambon ; ajoutez une grande cuillerée de consommé; faites mijoter à petit feu, et, dès que l'essence commence à se colorer légèrement, vous y versez un demi-verre de vin blanc de Châblis ou de Champagne, deux grandes cuillerées de consommé, deux idem de blond de veau; faites partir l'essence sur un feu modéré; dès que les carottes sont cuites et que la réduction s'est opérée de moitié, vous passez l'essence de racines au tamis de soie.

Cette essence convient parfaitement pour les rosbifs d'agneau et de mouton, pour les longes et poitrines de veau, ainsi que pour les grillades en général.

ESSENCE A LA MONTPELLIER.

Mettez dans une casserole à-ragoût deux anchois en filets, deux gousses d'ail, une cuillerée à bouche de câpres, quelques cornichons hachés, quelques branches d'estragon, de cerfeuil, de civette ; quelques cuillerées à bouche de vinaigre à l'estragon, un peu de poivre et de muscade, deux clous de girofle, deux grandes cuillerées de consommé et deux idem de blond de veau ; faites mijoter et réduire de moitié; puis vous passez l'essence au tamis de soie ; ajoutez ensuite un peu d'estragon et de cerfeuil haché et blanchi. Cette essence est très appétissante et relevée ; on peut y ajouter un peu de beurre d'ail. On s'en sert également pour les rosbifs de boucherie et pour les grillades en général.

ESSENCE A LA MIREPOÏX.

Coupez en gros dés un peu de ruelle de veau, un peu de petit lard, du maigre de jambon et un demi-poulet ; passez tout cela dans une casserole sur un feu modéré en y mêlant un bon morceau de beurre fin, deux oignons, deux carottes, et un maniveau de champignons émincés ; ajoutez encore un peu de persil en branches, une pointe de rocambole, une pincée de mignonnette et de muscade râpée, un fragment de laurier, de thym et de basilic, deux clous de girofle. Lorsque cet assaisonnement se trouve légèrement coloré, après l'avoir remué avec la cuillère de bois sur un feu modéré pendant vingt à vingt-cinq minutes, vous y mêlez un verre de champagne ou de châblis, deux grandes cuillerées de consommé, et deux idem de blond de veau. Après trois quarts d'heure d'une légère ébullition, vous dégraissez et passez l'essence au tamis de soie, et, après l'avoir fait réduire de moitié, vous la versez sous les rôts de volaille, de gibier volatile, d'agneau, de veau, de mouton et de bœuf. En la clarifiant, vous vous en servirez pour des entrées de volaille poêlées, pour des entrées de broche et pour les grillades en général.

ESSENCE DE SAUGE A L'ANGLAISE.

Faites mijoter et réduire à petit feu une grande

cuillerée à ragoût de vinaigre ordinaire, dans lequel
vous ajoutez quelques fragments de maigre de jambon, un peu de thym, de laurier, de mignonnette et
de Cayenne ; ensuite vous y mêlez deux grandes cuillerées de blond de veau, et trois idem de consommé. Lorsque la réduction s'est opérée de moitié, vous
passez l'essence au tamis de soie ; puis vous y joignez
une cuillerée à bouche de sauge hachée et une demi-
cuillerée de sucre en poudre; faites bouillir une seconde, et servez sous de l'agneau rôti et entrées de
volaille à l'anglaise.

ESSENCE DE CITRON A L'HUILE.

Mettez dans une petite terrine une cuillerée de persil et d'estragon haché, une pointe de rocambole pilée avec le dos du couteau, un peu de sel et de mignonnette, deux cuillerées à bouche de vinaigre à
l'estragon, six cuillerées à bouche d'huile d'Aix, le
jus d'un citron et la chair d'un citron épépiné, que
vous avez soin d'émincer en tranches très fines et
égales d'épaisseur. Le tout doit être bien mêlé.

Cette essence convient pour les grillades de volaille,
de gibier et de poisson.

ESSENCE DE CHAMPIGNONS.

Après avoir émincé deux maniveaux de champignons, vous les mettez dans une casserole avec deux
grandes cuillerées de consommé, le jus d'un citron,
une pointe de sel, de poivre fin, de muscade, et un
peu de beurre, faites mijoter et réduire à petit feu ;

III.   17

ensuite vous ajoutez une grande cuillerée de blond
de veau et une idem d'essence de jambon ; après
quelques bouillons, vous passez l'essence au tamis
de soie.

ESSENCE DE TRUFFES.

Mettez dans une casserole à ragoût les parures
d'une livre de truffes du Périgord, un petit bouquet
assaisonné, un peu de maigre de jambon, un demi-
verre de madère sec, une grande cuillerée de consommé ; puis une pointe de mignonnette et de macis ;
faites mijoter et réduire à glace ; ajoutez ensuite deux
grandes cuillerées de consommé et une idem de blond
de veau. Lorsque l'essence est réduite de moitié, vous
la passez au tamis de soie, et vous en servez pour les
rôts de gibier et de volailles truffées.

ESSENCE POUR LE PORC FRAIS.

Coupez en ruelles deux oignons d'Espagne ; faites-
les légèrement roussir dans un peu de beurre clarifié ;
puis vous les égouttez sur le tamis ; ensuite vous les
mettez dans une casserole à ragoût avec quelques lames de maigre de jambon, un fragment de laurier,
de thym, une pointe de mignonnette, quelques rocamboles ou un peu d'ail, quelques racines de persil,
deux cuillerées à bouche de vinaigre ordinaire, une
grande cuillerée à ragoût de blond de veau, et
deux idem de consommé ; faites réduire de moitié et à petit feu ; dégraissez et passez l'essence au
tamis de soie, et servez-en pour les grillades de
porc frais.

ESSENCE D'ANCHOIS.

Emincez un peu de maigre de jambon, une pointe
de mignonnette et de macis, un petit bouquet assaisonné selon la règle ; quatre gros anchois bien frais,
bien lavés et coupés en filets ; puis vous y mêlez
deux grandes cuillerées de bon consommé, et une
idem de blond de veau ; faites mijoter et réduire de
moitié, et passez l'essence au tamis de soie. Vous
pouvez vous en servir pour des grillades et des fragments de viande froide ou de poisson.

ESSENCE D'AIL A LA GASCONNE.

Après avoir émincé un peu de maigre de jambon,
un oignon, une carotte, deux gousses d'ail, un petit
bouquet assaisonné de la manière accoutumée, une
pointe de mignonnette et de muscade râpée, joignez
à cet assaisonnement deux grandes cuillerées de bon
consommé, et une idem de blond de veau ; faites mijoter et réduire de moitié ; passez l'essence au tamis
de soie, et vous en servez pour les personnes qui aiment le goût d'ail. Vous pouvez la servir sous des rôts
et des grillades.

Observation.

En suivant les procédés que nous avons analysés
pour le travail des petites sauces en gras et en maigre, il sera bien facile de confectionner des essences en maigre en supprimant desdites essences le jambon, que l'on peut remplacer par du bon saumon fumé, le blond de veau et le consommé par des essen-

17*

ces de poisson et de racines : voilà la seule différence, puisque les assaisonnements doivent rester les mêmes. Ensuite, pendant les jours consacrés à la cuisine maigre, on pourra bien aisément prendre ces essences pour en confectionner des sauces au beurre, ou en additionnant ces assaisonnements dans de la béchamel maigre. Il nous faut autant que possible enrichir cette pauvre cuisine du jeûne.

Je vais encore décrire quelques essences de poisson, afin de porter ce traité au grand complet.

ESSENCE DE POISSON A LA MARINIÈRE.

Mettez dans une casserole à ragoût une petite anguille coupée en tronçons; ajoutez une demi-bouteille de vin de Châblis, deux oignons, une petite gousse d'ail, deux racines de persil, deux clous de girofle, un fragment de laurier, de basilic et de thym, un peu de gros poivre et de macis; faites mijoter à petit feu. L'essence étant réduite à glace, vous y mêlez deux grandes cuillerées d'essence de racines, et un demi-verre de vin de Châblis; faites réduire de moitié, et passez l'essence au tamis de soie. Vous devez vous en servir pour les poissons grillés ou frits, pour rôt, en la versant dans une saucière.

ESSENCE DE MOULES AUX ANCHOIS.

Après avoir lavé et paré quatre gros anchois nouveaux, vous les mettez dans une casserole à ragoût avec deux racines de persil émincées, un maniveau de champignons, une pointe de poivre et de muscade râpée, une grande cuillerée d'essence de racines, et une idem d'eau de moules ; faites mijoter et réduire de moitié ; puis vous y mêlez le jus d'un citron, et deux grandes cuillerées d'essence de poisson ; faites réduire de moitié, et passez l'essence au tamis de soie.

Vous servez cette essence dans une saucière pour les plats de rôts frits et pannés à l'anglaise.

ESSENCE DE POISSON A LA MARSEILLAISE.

Coupez par petites parties une sole ; mettez-la dans une casserole à ragoût avec une cuillerée à bouche de câpres, deux cornichons hachés, deux rocamboles, deux échalotes, deux clous de girofle, deux racines de persil, quelques branches de cerfeuil, d'estragon et de civette, un fragment de thym, de basilic et de laurier, deux anchois parés, une pointe de mignon-nette, de cayenne, de macis et de quatre épices ; ajou-tez un verre de vin blanc de Bordeaux, et deux grandes cuillerées d'essence de racines ; faites mijoter et réduire de moitié ; passez cette essence au tamis de soie. Elle doit être de haut goût et appétissante.

Elle convient pour les rôts de poissons frits et grillés.

ESSENCE DE POISSON A LA CHAMPENOISE.

Mettez dans une casserole à ragoût des fragments de brochet, d'anguille et de carpe ; ajoutez deux oi-gnons, deux carottes, deux racines de persil, deux rocamboles ou une pointe d'ail, un fragment de laurier, deux clous de girofle, une pointe de muscade râpée, une idem de mignonnette, un jus de citron, et une demi-bouteille de vin de Champagne; faites mijoter et tomber à glace; puis vous y mêlez le reste de la bouteille de vin de Champagne; donnez quelques minutes d'ébullition, et passez l'essence au tamis de soie.

Cette essence convient pour les poissons frits et grillés.

Pl. II.

1

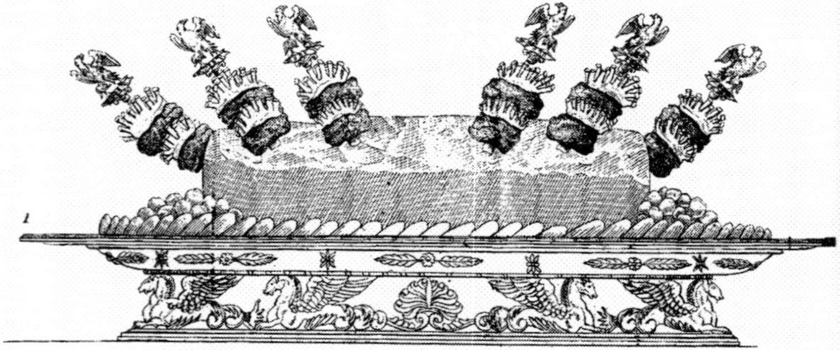

2

C. Puon, *s.*

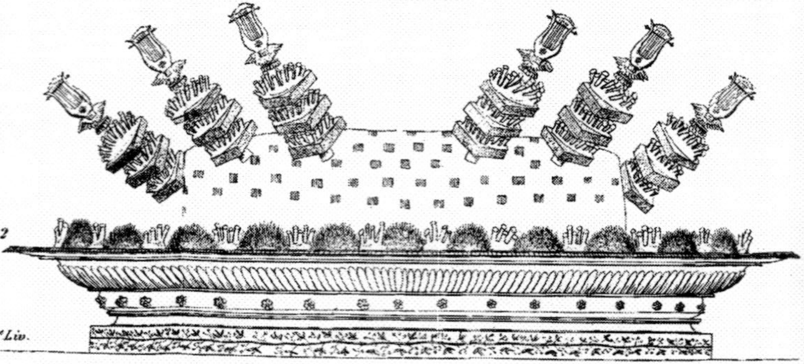

CINQUIÈME PARTIE.

TRAITÉ DES GROSSES PIÈCES DE BOUCHERIE.

CHAPITRE PREMIER.

TRAITÉ DES GROSSES PIÈCES D'ALOYAU
A LA FRANÇAISE.

SOMMAIRE.

Rosbif d'aloyau à la moderne, grosse pièce garnie d'hatelets; idem à la parisienne, grosse pièce garnie d'hatelets; idem à la Parmentière, grosse pièce garnie d'hatelets; idem à la normande, grosse pièce gar-

---

SUJETS DE LA PLANCHE ONZIÈME.

Le N° 1 représente le rosbif d'aloyau à Bagration, grosse pièce garnie d'hatelets.

Le N° 2 représente l'aloyau braisé à la Montébello, grosse pièce garnie d'hatelets.

nie d'hatelets ; idem à la Windsor, grosse pièce garnie d'hatelets ;
idem à la Bagration, grosse pièce garnie d hatelets ; rosbif d'aloyau,
grosse pièce ordinaire ; filet de bœuf piqué, mariné en chevreuil ;
idem mariné à l'indienne ; idem à la choucroute à l'allemande ; idem
à la française ; idem garni de choux rouges ; idem garni de tomates
farcies ; idem piqué à la broche, à la purée de pommes de terre ; idem
à la sauce Périgueux ; idem à la financière, grosse pièce garnie d'hatelets ; idem à la Périgord, grosse pièce garnie d'hatelets ; idem à
la d'Arcet, grosse pièce garnie d'hatelets ; idem à la Fontenelle,
grosse pièce garnie d'hatelets ; idem à la printanière, grosse pièce
garnie d'hatelets ; idem à la macédoine, grosse pièce garnie d'hatelets ;
idem à la tyrolienne, grosse pièce garnie d'hatelets ; idem à l'allemande, grosse pièce garnie d'hatelets ; idem à la westphalienne,
grosse pièce garnie d'hatelets ; idem à l'anglaise, grosse pièce garnie
d'hatelets ; idem à la Richelieu, grosse pièce garnie d'hatelets ; idem
piqué au pilau à l'égyptienne ; idem au riz à l'indostan ; idem à la
piémontaise ; idem piqué au riz à la russe ; idem au macaroni à
l'italienne ; idem au macaroni à la française ; idem au macaroni à la
Delphine-Gay ; idem au macaroni à l'espagnole ; idem au macaroni
à la baïonnaise ; filet de bœuf en rosbif glacé à la Laguipierre ;
idem sauce à l'italienne au vin de Champagne.

Remarques et observations.

OMME nous avons déjà parlé du bœuf au
chapitre du *Grand bouillon*, il nous suffira de rappeler ici que la France et l'Angleterre sont les deux pays du monde où le bœuf est
le meilleur et le plus succulent. La chair en est très
nourrissante, se digère facilement, surtout quand le
bœuf est jeune et nourri de bons pâturages. Les plus
estimés à Paris nous viennent du Poitou, du Bour-
bonnais, de l'Auvergne et de la Normandie.

Nous devons considérer le bœuf comme l'âme de
la cuisine, car nous employons son extraction gélatineuse (le bouillon) dans les potages, les jus, les con-

sommés, les blonds de veau, les sauces, et elle nous sert généralement pour mouiller les cuissons des entrées et des entremets qui réclament un peu de nutrition.

La chair du bœuf servie en rosbif a plus de succulence et de goût qu'étant bouillie : aussi la pièce d'aloy ou rôtie est-elle un manger exquis et salutaire. Le filet mignon est la partie la plus estimée par nous, tandis qu'en Angleterre les gourmands préfèrent le grand filet de rein, disant qu'il a plus de goût et de nutrition. Relativement à cette préférence, je pense que la chaleur du charbon de terre a une grande influence sur ces sortes de rôtis, puisqu'elle pénètre plus intimement l'épaisseur des viandes. D'ailleurs ce combustible conserve la chaleur de l'âtre pendant cinq et six heures. Ensuite c'est quelque chose de digne de remarque que la vapeur gazeuse qui constitue la fumée du charbon de terre remplace parfaitement les tourne-broches de nos maisons françaises, puisqu'en Angleterre un simple volan adapté dans les cheminées des cuisines suffit pour faire mouvoir les broches chargées des plus grosses pièces de boucherie. Or c'est beaucoup de n'avoir point, toutes les trente à quarante minutes, à surveiller un tourne-broche afin qu'il ne s'arrête pas. Cependant vous préférons nos broches avec le feu à la française, et si le bois se consomme plus vite, nous le dirigeons de sorte que nous en obtenons tous les résultats possibles, bien satisfaisants d'ailleurs pour l'art de rôtir. J'ai vu des lords avouer que nos rosbifs de Paris valaient bien ceux de Londres, ce qui est incontestablement vrai. Enfin, nous dirons en denière analyse

que le filet mignon du rosbif a bien plus de délicatesse et de succulence lorsqu'il est cuit rosé et à point,
et que les bouches françaises lui donneront toujours
la préférence.

J'observerai à mes confrères qu'il est important
pour eux de se fournir chez de bons bouchers, seul
moyen d'avoir journellement du bœuf, du veau et
du mouton de première qualité, et de commander
d'avance les rosbifs, les culottes, les langues, les
selles et les gigots de mouton, afin de les avoir toujours mortifiés.

ROSBIF D'ALOYAU A LA FRANÇAISE.

Vous devez choisir cette grosse pièce d'aloyau
bien couverte de bardes de graisse, et la chair d'un
rouge cramoisi et veinée de nuances grasses; puis
vous commencez à retirer avec le couteau toute la
graisse du rognon; ensuite vous détachez légèrement
le filet mignon (avec la pointe du couteau), adhé-
rant aux os de l'échine; cette partie osseuse doit
être sciée ou coupée à fleur des bouts de côtes qui se
trouvent entre le gros filet et le filet mignon, c'est-à-
dire jusqu'à la partie de la moelle de l'épine dorsale.
Après cela, vous retirez un fragment d'os que l'on
nomme coquille et qui se trouve au gros bout du
rosbif.

Maintenant vous piquez la bavette de l'aloyau çà
et là avec la pointe du couteau, et donnez dessus quelques coups avec le plat du couperet; ensuite
vous enlevez avec soin l'épiderme du filet mignon;
puis vous parez la grosse pièce carrément; roulez

la bavette sur elle-même en la rapprochant du filet
mignon et la fixez par six hatelets qui doivent la
traverser, en passant ensuite près des os du gros filet,
la pointe doit sortir entre chaque joint de la partie
osseuse du rosbif. Il est essentiel de ne point trop
la serrer par les hatelets, afin qu'elle se maintienne
après la cuisson : car, en la serrant trop lorsqu'elle
est cuite, en retirant les hatelets, elle se déroule en
partie et donne mauvaise grâce au rosbif. Cette opération terminée, vous coupez dans la longueur de la
graisse du rognon de grandes bardes d'un pouce d'é-
paisseur et de huit de largeur ; vous placez cette graisse sur une serviette, la couvrez avec, et donnez dessus quelques coups avec le plat du couperet ; retirez
cette barde de graisse de la serviette pour en masquer
le filet mignon dans toute la longueur du rosbif ; puis
vous la fixez par quinze tours de ficelle en faisant un
nœud à chaque tour.

Quatre heures avant le moment de servir, vous
couchez l'aloyau sur fer (mot technique), en passant
la broche entre le gros filet et les os des côtes, en
l'appuyant sur ceux-ci, et en observant qu'elle se
trouve traverser parfaitement le milieu de la grosse
pièce, afin qu'elle n'ait pas plus de poids d'un côté du
fer que de l'autre, et que par ce moyen elle tourne
régulièrement à la broche.

Après cela, vous placez un grand et fort hatelet (1)

----

(1) J'ai indiqué de se servir du grand hatelet pour maintenir le rosbif
sur la broche, comme étant le procédé le plus généralement usité dans
nos cuisines ; cependant ceux de mes confrères qui seront jaloux de le

sur le gros filet, l'attachez fortement par les deux
bouts sur la broche avec de la ficelle, et emballez
le rosbif dans dix feuilles de papier d'office grassement beurré, que vous faites tenir par quelques tours
de ficelle ; puis vous mettez la grosse pièce au feu (1),
l'arrosez avec la graisse de la lèche-frite (elle doit
être pure et sans aucun fond de jus). Soutenez le feu
toujours de même chaleur, en observant d'écarter la
braise vers les deux extrémités du rosbif, que vous
avez soin d'arroser toutes les vingt minutes. Une demi-heure avant le moment de servir, vous le retirez
du feu, le déballez, et le remettez à la broche, afin de

supprimer doivent faire faire deux fourches en fer, dont les deux four-
chons doivent être très pointus et avoir six pouces de long et quatre
d'écartement; cette partie de l'embranchement est plate, et a au milieu
une ouverture assez grande pour y passer une grosse branche ; à cette
partie se trouve, d'un côté, une forte vis à tête plate, afin de pouvoir,
par sa pression, fixer la fourche sur la broche. Maintenant, au moment
de coucher l'aloyau sur fer, vous passez d'abord une fourche dans la
broche, de manière que les pointes soient tournées vers la pointe de la
broche; ensuite vous embrochez la grosse pièce ; puis vous ajoutez la
seconde fourche de manière à l'enfoncer dans le rosbif, ainsi que l'autre
fourche, que vous enfoncez également, de sorte que la grosse pièce se
trouve bien mieux maintenue que de coutume par l'hatelet que l'on
place sur le gros filet. Et cela est facile à concevoir : car les deux branches de chaque fourchette s'enfoncent d'un côté dans la bavette de l'a-
loyau, et les deux autres dans le gros filet ; ces deux extrémités se trouvent traversées par deux petits hatelets sur lesquels elles viennent s'appuyer. Mes confrères sentiront la nécessité d'employer, à l'avenir, ce
simple mécanisme pour la broche des aloyaux.

(1) Que vous aurez préparé selon l'analyse que j'ai faite de l'âtre et
du feu de la broche en décrivant la grosse pièce d'esturgeon dite à la
Beauharnais. Mes confrères voudront bien se reporter au chapitre du
Traité des poissons.

colorer la graisse d'un blond rougeâtre ; puis vous
passez dessus la graisse un peu de glace blonde. Dès
qu'elle est séchée par le feu, vous dressez la grosse
pièce en laissant les petits hatelets après ; garnissez
les deux bouts de petites pommes de terre parées en
grosses olives et préparées ainsi : vous les faites cuire
pas tout-à-fait à point dans du consommé, avec du
beurre frais, un peu de sel, de poivre et de muscade
râpée ; puis vous les égouttez, et les colorez ensuite
dans un grand plat à sauter contenant du beurre clarifié. En servant le rosbif, vous le glacez de rechef,
après en avoir retiré les hatelets et la ficelle qui a
maintenu la graisse ; servez sur une assiette une racine de raifort ratissé blanc et coupé en petits filets
auxquels vous ajoutez une pointe de sucre fin. Garnissez deux saucières d'une demi-glace légère, et
servez.

Observation.

La personne qui sert en maître d'hôtel doit servir
un peu de graisse avec un peu de filet mignon, en y
joignant quelques pommes-de-terre, un peu de jus
et de raifort.

Lorsque le feu de l'âtre est gouverné par un praticien, trois heures trois quarts sont suffisantes pour
cuire avec succès une grosse pièce d'aloyau ; tandis
que, si l'homme à qui sont confiés les soins de la broche est indifférent, le rosbif peut être trop cuit et
n'être pas cuit à point. C'est pourquoi il est difficile
de donner une heure précise pour les cuissons à la
broche, et rien n'est sitôt appris quand on sait faire
son feu et son âtre. Le tout est d'être soigneux pour

arriver à bien faire. Sans soins la science du cuisinier, du pâtissier et du rôtisseur, disparaît.

ROSBIF D'ALOYAU A LA MODERNE,
GROSSE PIÈCE GARNIE D'HATELETS.

Vous préparez et faites cuire un aloyau ainsi qu'il
est démontré ci-dessus; ensuite vous le dressez, le
glacez, et le garnissez aux deux extrémités de
groupes de croquettes de pommes de terre (1) frites
de belle couleur; puis vous placez sur le rosbif dix
hatelets garnis chacun de trois belles crêtes doubles
et de deux grosses quenelles à la Villeroy (de farce

---

(1) Que vous préparez ainsi : Faites cuire deux assiettées de pommes
de terre avec un peu de consommé blanc, un peu de beurre, de sel,
de poivre, de muscade râpée, et un rien de sucre en poudre, afin
d'atténuer le peu d'âcreté que cette plante légumineuse contient. Vous
les faites mijoter feu dessus et dessous, en observant de les mouiller
peu; lorsqu'elles sont cuites à point, vous les broyez dans la casserole, les passez par le tamis de crin, et les pilez ensuite en y mêlant deux jaunes d'œufs et un peu de crème bien épaisse. Quand
cet appareil est froid, vous en formez de petites boules de la grosseur et de la forme d'un œuf de pluvier; puis vous les roulez sur de
la mie de pain très-fine; après quoi vous les trempez dans quatre œufs
battus en omelette, les égouttez avec une fourchette, et les roulez de
rechef sur de la mie de pain à laquelle vous avez mêlé un peu de parmesan râpé; donnez-leur une belle forme, et au moment de servir vous
les posez sur un faux fond de laiton qui doit avoir la même forme que
la poêle à frire, contenant de la friture chaude à point; vous y mettez les
croquettes, et les retirez dès qu'elles ont pris une belle couleur blonde;
puis vous les égouttez sur une serviette et les dressez.

On peut également préparer le même appareil avec des pommes de
terre cuites dans les cendres, en n'en employant que le cœur; seulement
vous devez y joindre un peu plus de crème; le reste du procédé est le
même.

de volaille). Servez deux saucières garnies d'une demi-espagnole à glace, et une assiette garnie de raifort ratissé bien blanc et mêlé avec un rien de sucre
en poudre.

ROSBIF D'ALOYAU A LA PARISIENNE,
GROSSE PIÈCE GARNIE D'HATELETS.

Préparez et cuisez un aloyau selon les détails décrits pour celui énoncé à la française ; puis vous le
dressez sur un émincé de langue de bœuf à l'écarlate, sauce à la Clermont. Glacez de nouveau la grosse
pièce et la garnissez de dix hatelets composés chacun
de trois belles crêtes et de deux truffes noires gla ·
cées ; servez à part une saucière garnie de sauce à la
Clermont.

Observation.

La personne chargée de servir à table doit joindre
un peu d'émincé sous une tranche mince de filet de
bœuf.

ROSBIF D'ALOYAU A LA PARMENTIÈRE,
GROSSE PIÈCE GARNIE D'HATELETS.

Vous préparez et faites cuire une grosse pièce d'a-
loyau de la manière accoutumée (voir le premier article de ce chapitre) ; puis vous la dressez sur une
garniture de pommes de terre du même appareil que
pour les croquettes, et, avec une partie de cet appareil, vous formez des boules de la grosseur et de la
forme des œufs ordinaires ; puis vous les placez dans

un grand plat à sauter grassement beurré, et leur faites prendre une belle couleur blonde sur un feu doux. Glacez le rosbif et le garnissez de dix hatelets composés chacun de cinq petites croquettes de pommes de terre, préparées ainsi que nous l'avons indiqué pour celles qui garnissent le rosbif à la moderne (voyez ci-dessus). Servez à part une saucière garnie d'une demi-glace légère.

ROSBIF D'ALOYAU A LA NORMANDE,
GROSSE PIÈCE GARNIE D'HATELETS.

Après avoir préparé et fait cuire un rosbif ainsi qu'il est démontré pour celui indiqué à la française, vous le dressez sur un lit de petites carottes printanières tournées en poires et brillantes de leur glace (voir chapitre XII, 4me partie); puis vous le garnissez de dix hatelets composés de crêtes et de gros rognons de coq. Servez à part une saucière garnie d'une demi-glace.

ROSBIF D'ALOYAU A LA WINDSOR,
GROSSE PIÈCE GARNIE D'HATELETS.

Vous devez préparer et cuire cette grosse pièce selon l'analyse décrite pour la préparation du rosbif dit à la française; puis vous la dressez sur une purée de pommes de terre un peu ferme et peu fine en beurre, nommée par les Anglais mass-potatoes; ensuite vous glacez le rosbif, et le garnissez de dix hatelets composés chacun de cinq petits canelons (espèce de rissoles garnies d'une farce fine de foies gras) frits de belle couleur. Servez à part une saucière garnie d'une demi-glace.

ROSBIF D'ALOYAU A LA BAGRATION,
GROSSE PIÈCE GARNIE D'HATELETS.

Après avoir préparé et fait cuire de la manière accoutumée (voir le premier article de ce chapitre) un rosbif d'aloyau, vous le dressez et le garnissez aux deux extrémités de groupes de truffes sautées au beurre, auxquelles vous ajoutez un peu de glace et de bonne espagnole travaillée, avec une essence de truffes et un verre de madère sec ; puis vous glacez le rosbif, et le garnissez de dix hatelets composés chacun de trois belles crêtes et de deux grosses truffes noires et glacées. Servez à part une saucière garnie de la sauce précitée.

Cette grosse pièce est représentée par le dessin n° 1 de la planche IX. Mes confrères doivent la consulter.

ROSBIF D'ALOYAU, GROSSE PIÈCE ORDINAIRE.

Vous préparez et cuisez à la broche un aloyau selon la règle (voir la préparation du rosbif à la française) ; puis vous le dressez, le glacez, et le garnissez autour de groupes de petites pommes de terre parées rondes à cru, et cuites dans un grand plat à sauter avec du beurre clarifié et un peu de sel. Servez à part du raifort sur une assiette et une saucière garnie d'une demi-glace.

. III.   18

Observation.

Je viens de décrire sept nouvelles manières de servir le rosbif d'aloyau, en leur donnant l'élégance nécessaire par l'addition de mes hatelets, afin que ces grosses pièces de boucherie (généralement servies aujourd'hui) puissent cadrer avec celles de poisson, de volaille et de gibier. A l'égard de cette grosse pièce, j'ai secoué depuis long-temps les vieilles coutumes qui paralysent le talent en le contraignant à rester stationnaire.

Maintenant je vais donner l'analyse de quelques nouveaux procédés pour servir les filets de bœuf rôtis pour moyenne grosse pièce ordinaire, ou devant servir de contre-flancs pour des grandes tables de vingt-quatre, trente-deux, quarante et quarante-huit entrées.

FILET DE BOEUF PIQUÉ MARINÉ, AU CHEVREUIL.

Ayez le plus gros filet de bœuf possible, qu'il soit de bonne qualité, normand, et du poids de neuf à dix livres ; puis vous le placez du côté de l'épiderme sur la table ; posez dessus une serviette, et donnez cinq à six petits coups avec le plat du couperet, afin de l'aplatir un peu ; ensuite vous retirez la serviette, puis vous passez avec soin la lame du couteau entre le filet (en commençant par le bout mince) et l'épiderme, en l'appuyant dessus, afin de ne point anticiper dans la chair du filet, que vous retournez, et continuez d'en séparer l'épiderme qui se trouve à la tête du filet ;

maintenant parez-le légèrement; piquez-le (1) avec
art; puis vous le mettez dans une marinade cuite
(voir première partie, chapitre IV) et l'y laissez pendant vingt à vingt-quatre heures. Ensuite vous l'é-
gouttez sur une serviette, et passez dans sa longueur
un moyen hatelet, en observant qu'il soit bien au milieu de la chair; puis vous le couchez sur fer en serrant fortement avec de la ficelle les deux extrémités
de l'hatelet sur la broche; enveloppez-le d'une feuille
de papier huilé, la longueur du filet seulement.

Une heure et un quart avant le moment de servir,
vous le mettez au feu, qui sera préparé comme de coutume (voir la *Grosse pièce d'esturgeon à la Beauharnais*, *Traité des poissons*); vous l'arrosez avec de
bon dégraissis toutes les dix minutes. Une heure

(1) Voilà de ces choses que l'analyse ne saurait apprendre : la pratique fait tout le talent du piqueur. Sans doute il est des principes pour
piquer; mais le seul talent est de bien tailler son lard et de savoir le
placer. C'est pourquoi nous laissons cette partie de l'opération à la pratique, mère des arts et métiers : car à quoi bon dire à une personne
qui n'aura jamais vu piquer : Tenez la tête du filet sur le coin de la serviette, posée sur le gras du pouce de la main gauche; puis, de la droite,
tenez une petite lardoire que vous piquez dans la surface du filet à quelques lignes de profondeur; mettez un lardon dans la lardoire, que vous
retirez en l'appuyant un peu, et le replacez à côté du lardon, la garnissez,
la retirez, et recommencez en formant une ligne droite sur la largeur
du filet. Ensuite vous recommencez la même opération en passant la lardoire entre chaque filet de lard, et continuez à placer un second rang
de lardons, puis un troisième, et ainsi de suite, en observant que
chaque lardon ne doit pas dépasser l'alignement de chaque rang, puisqu'ils doivent être placés de manière à ce que la carre vive de la taille
du lard soit droite sur le filet, en formant une espèce de losange carré.
En bonne conscience, ce travail est inexécutable pour les personnes qui
n'ont jamais piqué. Je le répète, aucune théorie ne peut remplacer la
pratique; que le travail seul peut donner.

18*

après, vous supprimez la feuille de papier, pour que la.piqûre sèche et se colore d'un blond rougeâtre en poussant un peu la flamme du feu ; cinq minutes avant de servir, vous glacez la surface du lard, donnez quelques tours de broche ; puis vous dressez votre filet sur un plat bordé contenant une sauce poivrade (voir chapitre VIII, quatrième partie) dont vous servez une partie à part dans une saucière. Glacez de rechef le filet. et servez.

Observation.

On peut servir les filets piqués et marinés avec les sauces tomate, à la parisienne, et piquante, avec la sauce pignole, avec celles à la Soubise, à la Clermont, à la provençale, à la lyonnaise, à la bretonne, à la Robert et à l'africaine. Toutes ces sauces relevées, où l'oignon se fait légèrement sentir, s'accordent fort bien avec le goût de la marinade du filet. Nous en avons fait l'expérience, et toujours avec succès.

FILET DE BOEUF PIQUÉ, MARINÉ A L'INDIENNE.

Parez, piquez, marinez et faites cuire à la broche un gros filet de bœuf selon les procédés décrits ci-dessus ; puis vous le dressez sur un plat bordé contenant la sauce à l'indienne (voir chapitre V, quatrième partie) ; ensuite vous glacez de nouveau le filet et l'entourez d'une garniture de croquettes de riz dans lesquelles vous avez additionné une pointe de cayenne, et un peu d'infusion de safran. Servez à part une saucière garnie d'une partie de la sauce.

FILET DE BOEUF PIQUÉ,
MARINÉ A LA CHOUCROUTE A L'ALLEMANDE.

Ayez deux livres de bonne choucroute de Strasbourg, un saucisson de Lyon, douze petites saucisses
à la chipolata, et une livre de petit lard fumé ; ensuite vous émincez six gros oignons blancs que vous
faites à peine roussir dans du beurre frais ou du dégraissis de volaille ; ensuite voûs y mêlez la choucroute, en ayant soin d'en extraire les grains de genièvre qui s'y trouvent ; passez-la cinq minutes avec les
oignons ; joignez-y une demi-bouteille de très bon
vin blanc, deux grandes cuillerées de bon consommé, et le petit lard; que vous aurez blanchi à l'eau
bouillante ; ajoutez un bouquet légèrement assaisonné, et deux carottes ; couvrez la choucroute d'un
rond de papier fort et grassement beurré. Dès que
l'ébullition est bien partie, vous placez la casserole
sur un feu modéré, afin que la choucroute ne fasse
que mijoter pendant trois petites heures ; puis vous
y mêlez le saucisson en l'enfonçant, afin qu'il soit re-
couvert de choucroute ainsi que le petit lard. Après
trois quarts d'heure d'ébullition, vous ajoutez les petites saucisses cinq minutes ; ensuite vous égouttez
la garniture de la choucroute, et versez celle-ci dans
une passoire, afin de l'égoutter ; puis vous avez dans
une casserole une grande cuillerée de bon velouté
auquel vous mêlez le fond de la choucroute, et, après
l'avoir bien dégraissée, vous faites réduire cette sauce
à point ; joignez-y la choucroute en retirant le bouquet et les deux carottes ; ajoutez un peu de mignonnette et de beurre frais ; laissez mijoter quelques mi-

nutes; pendant ce temps vous parez le petit lard en supprimant la couenne et le dessus, et en le coupant de la forme d'un domino, mais du double d'épaisseur; retirez la peau du saucisson, que vous coupez en ronds de deux lignes d'épaisseur. Les petites chipolata étant dépouillées, vous mêlez légèrement la choucroute, la versez sur un plat bordé en l'arrangeant également pour en former un lit sur lequel vous posez un filet de bœuf piqué, mariné, et cuit à la broche, ainsi que nous l'avons démontré pour le filet mariné en chevreuil; ensuite vous placez sur la choucroute, à côté et au milieu du filet, le saucisson; puis, de chaque côté, le petit lard, et, à la suite, les petites saucisses chipolata.

Glacez la grosse pièce et la garniture, et servez.

FILET DE BOEUF PIQUÉ,
MARINÉ A LA CHOUCROUTE A LA FRANÇAISE.

Après avoir retiré les grosses côtes et émincé un gros chou blanc, vous le lavez, et le sautez dans une grande terrine avec une forte pincée de grains de genièvre, un verre de vinaigre ordinaire et un peu de sel blanc. Couvrez la choucroute, et la déposez dans un lieu un peu chaud, afin de produire un peu de fermentation. Vingt-quatre heures après, vous l'égouttez en la pressant dans la passoire; ensuite vous suivez les procédés décrits pour la préparation de la choucroute à l'allemande, en ne donnant toutefois que trois heures de cuisson à celle-ci: car il faudra ajouter le saucisson deux heures après que l'ébullition a lieu, et les petites saucisses un quart d'heure

avant le moment de servir ; après quoi vous égouttez
le petit lard, le saucisson et les saucisses. Terminez
la choucroute ainsi qu'il est démontré ci-dessus ; puis
vous la dressez sur un plat en en formant un lit sur
lequel vous mettez un filet de bœuf piqué, mariné,
et cuit à la broche selon la règle (voir le *Filet piqué
mariné enchevreuil*), le glacez et le garnissez autour
avec le saucisson, le petit lard, et les petites saucisses
à la chipolata, parées comme il est indiqué ci-dessus.

FILET DE BOEUF PIQUÉ MARINÉ,
GARNI DE CHOUX ROUGES.

Après avoir retiré toutes les côtes des feuilles de
deux choux rouges, vous les émincez aussi fin que
possible ; puis vous les lavez, les égouttez et les faites
macérer dans un verre de vinaigre ordinaire avec un
peu de sel. Deux heures après, vous les égouttez et
les pressez dans la passoire ; puis vous les passez cinq
minutes dans une casserole dans laquelle vous aurez
fait roussir légèrement quatre gros oignons blancs
émincés, avec du beurre frais ou de bon dégraissis ;
ajoutez une bouteille de bon vin rouge de Bordeaux,
deux grandes cuillerées d'excellent consommé, un
saucisson de Lyon, un bouquet peu assaisonné, deux
carottes, un peu de sel, de poivre, de muscade râpée, et un combien de jambon de Baïonne paré et
bien échaudé ; faites partir l'ébullition ; couvrez les
choux d'un rond de papier grassement beurré ; faites-
les ensuite mijoter pendant trois petites heures ; égouttez-les dans la passoire ; retirez le bouquet, les carottes, le combien et le saucisson ; dégraissez avec soin

le fond de la cuisson, et le faites réduire avec une cuillerée à ragoût d'espagnole travaillée; puis vous y mêlez l'émincé de choux; donnez quelques ébullitions; ajoutez un peu de glace et de beurre frais; versez votre émincé sur le plat en formant un lit sur lequel vous dressez un filet de bœuf préparé de tout point ainsi que nous l'avons indiqué pour celui piqué mariné en chevreuil ; placez sur les choux douze petites saucisses chipolata (cuites à point) et le saucisson que vous avez paré selon la règle ; glacez ces garnitures ainsi que le filet et servez.

FILET DE BOEUF PIQUÉ,
MARINÉ ET GARNI DE TOMATES FARCIES.

Parez, piquez et marinez un beau filet de bœuf normand; puis vous le faites cuire à la broche ainsi que cela est indiqué pour celui énoncé au chevreuil. Pendant sa cuisson, vous coupez en deux quinze tomates moyennes, et d'égale grosseur; puis vous en ôtez le jus et les graines; vous les remplissez de farce à quenelles de volaille dans laquelle vous ajoutez deux grandes cuillerées de fines herbes passées au beurre ; vous les faites cuire dans un grand plat à sauter, contenant du beurre clarifié, un peu de bon consommé, un rien de poivre et de muscade râpée; faites mijoter vos tomates, feu dessus et dessous, pendant trente à quarante minutes; ensuite vous les égouttez sur un plafond, et les placez autour du filet que vous venez de débrocher, de glacer et de dresser sur son plat; glacez la garniture, et servez à part, dans une saucière, la sauce indiquée *Tomate à la parisienne* (voir chapitre VIII, quatrième partie).

FILET DE BŒUF PIQUÉ A LA BROCHE ,
PURÉE DE POMMES DE TERRE.

Vous parez et piquez un gros filet de bœuf normand ainsi que nous l'avons indiqué pour celui mariné en chevreuil; puis vous le placez sur un grand plat oval, et versez dessus un verre d'huile d'Aix, un gros oignon coupé en anneaux, quelques branches de persil, une feuille de laurier coupé en quatre et une pincée de gros poivre concassé. Cet assaisonnement doit être placé sur le dessus et le dessous du filet. Deux ou trois heures après, vous l'égouttez de cette marinade, le traversez dans sa longueur avec un hatelet, le couchez sur fer, et l'attachez sur la broche en serrant fortement avec de la ficelle les deux bouts de l'hatelet ; puis vous l'entourez d'une feuille de papier huilé, maintenue par quelques tours de ficelle, et le mettez au feu, qui doit être préparé de la manière accoutumée (Voir la *Grosse pièce d'esturgeon* énoncée *à la Beauharnais*) , et l'arrosez avec l'huile de la marinade. Trois quarts d'heure après, vous retirez la feuille de papier, afin de sécher le lard et de le colorer blond. Cinq minutes avant de servir, vous le glacez, le dressez sur une purée de pommes de terre à la crème (Voir chapitre XIX, quatrième partie), et servez.

Observation.

On peut également servir ce filet rôti et piqué sur les purées de pommes de terre indiquées à la lyonnaise, idem à la bretonne, idem au céleri à l'espa-

gnole, idem de carde à l'espagnole, idem de fonds
d'artichauds, idem de truffes à la Périgueux, idem
à la bretonne, idem à la Soubise. Le filet devra prendre le nom des purées précitées.

FILET DE BOEUF PIQUÉ A LA BROCHE,
SAUCE PÉRIGUEUX.

Après avoir piqué, mariné et fait cuire à la broche,
selon l'analyse décrite ci-dessus, votre filet, vous le
glacez et le dressez sur la sauce indiquée à la Périgueux (Voir chapitre VI, quatrième partie). Servez
une saucière garnie. Le plat doit être entouré d'une
bordure.

Observation.

Nous servons également ce filet piqué et glacé à la
broche, avec les sauces tomate à la parisienne, idem
à la ravigote printanière, idem à la financière, idem
à l'italienne, idem à la Clermont, à la Soubise, à la
Richelieu, à la lyonnaise; et avec les purées de pois
nouveaux à la parisienne, idem de pointes d'asperges, idem de haricots blancs nouveaux à la crème,
idem de choux de Bruxelles, idem de chicorée au jus;
toujours en donnant au filet le nom de la sauce ou
purée sur laquelle il doit être servi.

FILET DE BOEUF PIQUÉ A LA BROCHE,
A LA FINANCIÈRE MODERNE.

Préparez et faites cuire ce filet selon les procédés
décrits pour celui à la purée de pommes de terre;

puis vous le glacez comme de coutume et le dressez
sur un ragoût à la financière (Voir chapitre XI, quatrième partie). Puis vous placez sur le filet, selon la
règle, six hatelets garnis chacun de trois crêtes doubles, d'une écrevisse et d'une truffe glacée ; servez
à part une saucière garnie.

FILET DE BOEUF PIQUÉ A LA PÉRIGORD,
GROSSE PIÈCE GARNIE D'HATELETS.

Après avoir préparé et fait cuire un beau filet de
bœuf normand, ainsi que je l'ai démontré pour celui
à la purée de pommes de terre, vous le dressez
sur le ragoût de langues de mouton braisées, sauce
à la Clermont, dans laquelle vous ajoutez une livre
de truffes sautées au beurre; puis vous le glacez, et
le garnissez selon la coutume, de six hatelets garnis
de trois crêtes et de deux grosses truffes noires et glacées.

Servez à part une saucière garnie de sauce à la
Clermont.

FILET DE BOEUF PIQUÉ A LA DARCET,
GROSSE PIÈCE GARNIE D'HATELETS.

Vous préparez et faites cuire ce filet de la manière
accoutumée (Voir celui indiqué à la purée de pommes de terre). Puis, après l'avoir glacé à la broche,
vous le dressez et l'entourez avec le ragoût de noisettes de veau (en les plaçant avec goût) indiqué à
Soubise ; ensuite vous placez selon la règle six hatelets composés chacun de trois crêtes doubles et de

deux gros riz d'agneau glacés, sans être piqués. Servez de la soubise à part dans une saucière.

FILET DE BOEUF PIQUÉ A L FONTENELLE, GROSSE PIÈCE GARNIE D'HATELETS.

Parez, piquez, marinez et faites cuire à la broche un bon filet de bœuf, selon les détails énoncés pour celui dit à la purée de pommes de terre ; puis vous le dressez après l'avoir glacé, et le garnissez autour d'escalopes de riz de veau sautées à la tomate, à la parisienne (Voir chapitre XI, quatrième partie). Placez, comme de coutume, sur le filet, six hatelets garnis chacun de trois crêtes et de deux croquettes de riz de veau.

Servez à part une saucière garnie de tomates.

FILET DE BOEUF PIQUÉ A LA PRINTANIÈRE, GROSSE PIÈCE GARNIE D'HATELETS.

Vous préparez, piquez, marinez et cuisez à la broche un filet de bœuf normand, selon les procédés décrits pour celui indiqué à la purée de pommes de terre ; puis vous le dressez et le garnissez autour de groupes de petites carottes nouvelles, de petits oignons glacés, de haricots verts, de petits navets glacés. Glacez le filet, et placez dessus six hatelets composés chacun de trois quenelles de volaille méplates à la Villeroy et de trois belles crêtes doubles ; servez une demi-glace de racines dans une saucière à part.

Observation.

Pour la préparation de ces racines et légumes vous

devez consulter le XIIe chapitre de la quatrième
partie ; il faut surtout ne les dresser qu'au moment
de servir et lorsqu'ils sont brillants de leur glacé.

FILET DE BOEUF PIQUÉ A LA MACÉDOINE,
GROSSE PIÈCE GARNIE D'HATELETS.

Après avoir préparé , cuit et glacé à la broche un
beau filet de bœuf de la manière accoutumée (voir
celui énoncé à la purée de pommes de terre) vous
le glacez , le dressez sur une macédoine au suprême
(Voir chapitre XII, quatrième partie), assez considérable pour la garniture du plat, qui doit être bordé ; puis vous placez selon la coutume six hatelets composés de trois crêtes chacun et de deux gros
riz d'agneau piqués et glacés.

Servez à part dans une saucière une bonne demi-
glace blonde.

FILET DE BOEUF PIQUÉ A LA TYROLIENNE,
GROSSE PIÈCE GARNIE D'HATELETS.

Vous piquez, marinez et faites cuire à la broche
un gros filet de bœuf selon les détails décrits pour la
préparation de celui à la purée de pommes de terre ;
puis vous le glacez et le dressez sur un lit de petites
carottes et de petits pois indiqués à l'allemande
(Voir chapitre XII, quatrième partie), et placez sur
le filet six hatelets garnis de petits riz de veau et de
langues à l'écarlate parées en crêtes et glacées. Servez à part une demi-glace dans une saucière.

FILET DE BOEUF PIQUÉ A L'ALLEMANDE,
GROSSE PIÈCE GARNIE D'HATELETS.

Vous devez préparer et cuire à la broche un filet de bœuf de la manière accoutumée (voir celui énoncé à la purée de pommes de terre), le glacez et le dressez sur la garniture indiquée *Petits pois à la parisienne* (voir chapitre XII, quatrième partie); puis vous l'entourez d'un cordon de quenelles préparées de tout point ainsi que nous l'avons démontré pour le potage de quenelles à l'allemande, les glacez, et placez sur le filet six hatelets garnis de trois grosses crêtes et de trois petits fonds d'artichauts cannelés autour et glacés.

Servez dans une saucière une demi-glace corsée.

FILET DE BOEUF PIQUÉ A LA WESTPHALIENNE,
GROSSE PIÈCE GARNIE D'HATELETS.

Après avoir préparé et cuit à la broche un bon filet de bœuf ainsi que nous l'avons démontré pour celui à la purée de pommes de terre, vous le glacez, et le dressez sur le plat, contenant une jardinière composée de la même manière que la macédoine; seulement vous la saucez avec un peu de bonne espagnole travaillée avec une essence de racines (voir *Macédoine*, chapitre XII, quatrième partie); puis vous garnissez le tour avec des escalopes maigres de jambon de Westphalie légèrement glacées; ensuite vous garnissez le filet de six hatelets composés chacun de trois quenelles (de farce de veau dans laquelle vous additionnez quatre cuillerées de jambon maigre haché très fin) méplates de veau à la Villeroy.

Servez dans une saucière une demi-glace à l'essence de jambon.

FILET DE BOEUF PIQUÉ A L'ANGLAISE, GROSSE PIÈCE GARNIE D'HATELETS.

Après avoir préparé et fait cuire à la broche, de la manière accoutumée, un filet de bœuf que vous glacez et dressez sur des petits pois préparés au petit lard fumé (voir chapitre XII, quatrième partie), vous l'entourez de fragments de choux-fleurs bien ronds et bien blancs, et le garnissez de six hatelets à la Villeroy, de trois pouces de longueur, composés de riz de veau, de petit lard coupé en losanges de deux pouces de longueur sur un de largeur. Servez à part une demi-espagnole dans laquelle vous avez ajouté un peu de beurre et de persil haché et blanchi.

FILET DE BOEUF PIQUÉ A LA RICHELIEU, GROSSE PIÈCE GARNIE D'HATELETS.

Après avoir préparé, mariné et cuit à la broche, selon la règle (voir celui indiqué à la purée de pommes de terre), un beau filet, vous le glacez, le dressez sur une demi-glace, et le garnissez autour de moyens oignons blancs farcis (voir le chapitre XII, quatrième partie) de farce à quenelles de volaille dans laquelle vous avez additionné un peu de soubise ; puis vous placez, comme de coutume, sur le filet, six hatelets composés chacun de trois crêtes doubles et de deux grosses noisettes de veau braisées et glacées; servez à part, dans une saucière, une soubise légère (voyez cette sauce, chapitre VII, quatrième partie).

FILET DE BOEUF PIQUÉ AU PILAU A L'ÉGYPTIENNE.

Vous avez préparé, mariné et fait cuire à la broche, comme de coutume (voir celui énoncé à la purée de pommes de terre), un filet de bœuf; puis vous le glacez, et le dressez sur un lit de riz préparé ainsi : faites blanchir une livre de riz Caroline pendant cinq minutes; après l'avoir lavé à plusieurs eaux tièdes, vous l'égouttez, le sautez dans une casserole avec un peu de sel, de piment en poudre, et de cayenne; puis vous y joignez assez de beurre frais pour qu'il y en ait à la surface du riz (qu'il en soit baigné), et le faites mijoter ainsi durant trois quarts d'heure : alors les grains sont renflés et moelleux de beurre. Le piment ou le poivre de Cayenne doivent le relever un peu, afin de ne point le rendre désagréable aux palais français. Vous devez servir à part dans une saucière un jus de bœuf bien corsé.

FILET DE BOEUF PIQUÉ, SERVI SUR DU RIZ, A L'INDOSTAN.

Vous devez préparer, mariner et cuire à la broche, un filet de bœuf selon l'analyse décrite pour celui indique à la purée de pommes de terre; puis vous le glacez, et le dressez sur du riz préparé ainsi : après

avoir bien lavé à l'eau tiède une livre de riz Caroline,
vous le faites blanchir quelques secondes et le faites
cuire dans une casserole contenant une légère infusion de safran, huit onces de beurre frais, deux
grandes cuillerées de bon consommé, un peu de
sel et de cayenne ; vous remuez le riz dans cet assaisonnement, et le faites mijoter trois petits quarts
d'heure sans le remuer ; vous le versez sur le plat, afin
de conserver le riz en grains. Vous devez avoir préparé d'avance quatre onces de riz ainsi qu'il est énoncé
ci-dessus ; puis vous le travaillez avec une cuillerée
de sauce allemande un peu réduite ; et formez avec
une quarantaine de petites croquettes de la grosseur
et de la forme des œufs de pluvier ; vous les faites
frire selon la règle, ensuite vous garnissez avec le
tour du riz sur lequel vous avez placé le filet, que
vous glacez. Servez dans une saucière un excellent
jus de bœuf. Le cayenne et le safran ne doivent se
faire que légèrement sentir pour notre cuisine parisienne, tandis que, si vous devez servir cette moyenne grosse pièce à des gens du midi, à des Indiens ou
à des voyageurs amateurs, vous devez faire dominer
le poivre de Cayenne et le safran.

FILET DE BOEUF PIQUÉ AU RIZ A LA PIÉMONTAISE.

Après avoir préparé, mariné et fait cuire à la broche un filet de bœuf en suivant les procédés décrits
pour celui énoncé à la purée de pommes de terre, vous
le glacez et le dressez sur du riz préparé ainsi : lavez
à plusieurs eaux tièdes une livre de riz de Caroline ;
après l'avoir fait blanchir quelques secondes, vous

III.   19

l'égouttez, et le faites mijoter trois quarts d'heure dans
une casserole, en l'y mêlant avec huit onces de beurre
frais, deux grandes cuillerées d'excellent consommé,
un peu de mignonnette et deux cuillerées à bouche
de parmesan râpé ; en le versant sur le plat, vous
le masquez légèrement de ce fromage, ensuite vous
glacez le filet. Servez à part dans une saucière un
jus de bœuf corsé, et sur une assiette du parmesan
râpé.

FILET DE BOEUF PIQUÉ AU RIZ A LA RUSSE.

Vous lavez une livre de riz Caroline, le faites
blanchir, l'égouttez, et le faites mijoter pendant une
heure dans une casserole contenant trois grandes
cuillerées de consommé, un peu de bon dégraissis
et un bouquet légèrement assaisonné auquel vous
ajoutez un clou de girofle, un peu de macis et un peu
de poivre concassé ; étant cuit, vous en retirez le bouquet, le remuez légèrement avec une cuillère en y
mêlant un foie gras cuit dans une mirepoix, refroidi
ensuite et coupé en gros dés ; quand il a mijoté
cinq minutes dans le riz, vous dressez votre filet, préparé de la manière accoutumée, et vous servez à part
dans une saucière un blond de veau en demi-glace.

FILET DE BOEUF PIQUÉ AU MACARONI A L'ITALIENNE.

Préparez et faites cuire à la broche un beau et bon
filet de bœuf selon les détails décrits pour celui indiqué à la purée de pommes de terre ; pendant sa cuisson vous aurez fait bouillir cinq minutes (dans une

casserole, avec de l'eau, un peu de sel et de beurre)
une livre et demie de macaroni de Naples (pris dans
les magazins de M. Porcheron, passage Choiseul),
que vous avez cassé de quatre à cinq pouces de long;
ensuite vous l'égouttez dans la passoire, et le faites mijoter avec une grande cuillerée de fond de braise de
bœuf, de veau ou de volaille, quatre onces de beurre
frais et une pincée de mignonnette. Après avoir donné
vingt minutes d'ébullition au macaroni en le tenant
couvert et en le roulant dans sa cuisson, vous en versez le tiers sur le plat de grosse pièce; puis vous semez légèrement sur la surface du parmesan râpé et
nouveau; recommencez deux fois encore la même
opération, et posez dessus le filet; cuit à point et glacé. Servez à part dans une saucière une demi-glace
de jus de bœuf, et du fromage de Parmesan râpé sur
une assiette.

FILET DE BOEUF PIQUÉ AU MACARONI A LA FRANÇAISE.

Vous avez paré, piqué et fait cuire à la broche, de
la manière accoutumée (Voir celui énoncé à la purée de pommes de terre), un filet; puis vous le dressez sur du macaroni que vous avez préparé ainsi : faites blanchir cinq minutes comme ci-dessus une livre
et demie de vrai macaroni de Naples, vous l'égouttez,
et le faites mijoter avec un grande cuillerée et demie
d'excellent consommé de volaille, un peu de beurre
frais et de mignonnette, pendant vingt à vingt-cinq
minutes. Lorsque ce mouillement a tari en pénétrant
dans le macaroni et lui donnant du moelleux et de

19*

l'onction, vous le sautez en y joignant du beurre frais (quatre onces), du parmesan râpé (six onces), une cuillerée d'espagnole travaillée et un peu de glace de volaille, de manière qu'il soit savoureux par le bon goût du parmesan sans en être salé : c'est pourquoi il faut mettre de ce fromage plutôt trois fois que deux, afin de le servir agréable au palais des amateurs ; lorsque le parmesan est âcre, il est essentiel d'ajouter dans l'assaisonnement un rien de sucre.

FILET DE BOEUF PIQUÉ AU MACARONI
A LA DELPHINE-GAY.

Après avoir préparé et fait cuire à la broche un beau filet de bœuf normand ainsi qu'il est démontré pour la préparation de celui indiqué à la purée de pommes de terre, vous le glacez et le dressez sur un lit de macaroni préparé de cette manière : faites cuire dans d'excellent consommé de volaille ou de gibier une livre et demie de macaroni de Naples selon les détails énoncés ci-dessus ; puis vous le sautez avec un peu de beurre frais, de poivre, de muscade râpée, une purée de trois perdreaux chauffée au bain-marie, une cuillerée à bouche de parmesan râpé, et un peu de glace, s'il est nécessaire, afin de rendre ce macaroni savoureux et onctueux. Servez sur une assiette du parmesan râpé.

FILET DE BOEUF AU MACARONI A L'ESPAGNOLE.

Vous devez préparer et faire cuire à la broche un

filet de bœuf ainsi qu'il est analysé pour celui indiqué à la purée de pommes de terre ; puis vous le glacez, et le dressez sur du macaroni de Naples préparé de cette manière : après en avoir blanchi cinq minutes une livre et demie, vous l'égouttez, et le faites mijoter une demi-heure avec une grande cuillerée de bon consommé, quatre onces de beurre frais, un peu de poivre et de muscade râpée ; ensuite vous y mêlez une cuillerée à ragoût d'espagnole travaillée, avec un peu de glace et de beurre. Servez à part sur une assiette du fromage de Parmesan râpé.

FILET DE BOEUF PIQUÉ AU MACARONI
A LA BAÏONNAISE.

Après avoir préparé et cuit à la broche de la manière accoutumée (voir *Filet de bœuf à la purée de pommes de terre*) un bon filet de bœuf, vous le dressez sur du macaroni préparé à l'espagnole ainsi qu'il est décrit ci-dessus, en mêlant à celui-ci deux cuillerées à ragoût de maigre de jambon de Baïonne cuit et haché très fin.

Vous devez servir sur une assiette du parmesan râpé.

FILET DE BOEUF EN ROSBIF GLACÉ A LA BROCHE,
A LA LAGUIPIERRE.

Après avoir paré un gros filet de bœuf comme pour le piquer, vous le marinez avec un verre d'huile d'Aix, un oignon coupé en anneaux, du persil en branches, un peu de thym et de laurier en fragments, puis du sel et de la mignonnette pour en assaisonner légèrement le filet, que vous roulez dedans et l'y laissez quelques heures, après quoi vous le traversez dans sa longueur avec un moyen hatelet; ensuite vous le masquez de bardes de graisse de rognons de bœuf de six lignes d'épaisseur et appuyée avec le plat du couperet, afin de la rendre plus serrée et plus consistante; vous la fixez sur le filet par quelques tours de ficelle. Maintenant vous avez trois feuilles de grand papier d'office huilées. Sur la première vous avez placé de là même longueur que le filet des racines préparées ainsi : vous avez fait légèrement roussir dans quatre onces de beurre frais deux gros oignons, deux carottes, deux racines de persil et quatre gros champignons, le tout émincé, avec un peu de sel, de poivre, de mignonnette, de muscade râpée, une feuille de laurier par fragments, du thym, et deux clous de girofle. Vous posez le filet de bœuf sur ces racines, qui doivent être froides; puis vous l'enveloppez des feuilles de papier, que vous maintenez par quelques tours de ficelle; après quoi vous couchez le filet sur fer en attachant fortement sur la broche les deux extrémités de l'hatelet contenant le filet; vous ajoutez sur sa longueur trois tours de ficelle, et, cinq quarts d'heure avant de servir, vous mettez la broche au feu, qui qui doit être préparé de la manière accoutumée (voir la *Grosse pièce d'esturgeon* indiquée *à la Beauharnais*). De dix minutes en dix minutes vous l'arrosez avec l'huile de la marinade; puis vous le déballez lorsqu'il est cuit à point, en retirez les brides de ficelle, glacez la surface de la graisse qui masque le filet, posez sur le plat, contenant une demi-espagnole avec une essence de racines; servez.

FILET DE BOEUF EN ROSBIF GLACÉ A LA BROCHE, SAUCE ITALIENNE AU VIN DE CHAMPAGNE.

Vous préparez de tout point un filet de bœuf selon l'analyse décrite ci-dessus ; mettez à la broche cinq quarts d'heure avant le moment de servir ; puis vous le déballez, en supprimez les bardes de graisse , et le séchez par quelques tours de broche ; glacez-le ensuite à plusieurs reprises ; après quoi vous le dressez sur le plat, contenant une sauce à l'italienne au vin de Champagne. (Voyez la préparation de cette sauce au chapitre VI, quatrième partie.)

Observation.

Nous invitons ceux de nos confrères dont les patrons n'aimeraient pas le lard à servir les filets de bœuf sans être piqués, en les préparant ainsi qu'il est décrit ci-dessus pour celui en rosbif glacé à la broche. Ce même filet convient parfaitement pour être servi sur toutes les sauces, purées et garnitures de riz et de macaroni, mentionnées dans ce chapitre, en donnant à chacune de ces grosses pièces l'épithète de filet de bœuf en rosbif glacé à la broche , au macaroni, à l'italienne, et ainsi de même à l'égard des autres dénominations indiquées dans ce chapitre.

Les cuisiniers qui sont restés stationnaires trouveront sans doute étonnant que j'aie osé agrandir d'une manière si notable la nomenclature des grosses pièces de filet de bœuf, en le conservant toutefois dans sa forme, et sans altérer sa nature , dont les sucs nutritifs sont salutaires à la santé de l'homme.

Voilà assurément des aliments sur lesquels les méditations des artistes culinaires doivent s'attacher spécialement, afin de les propager en les servant avec une grande variété de sauces et de garnitures distinguées. C'est ainsi que la science alimentaire marchera vers sa perfection.

Maintenant je vais décrire une nouvelle série de filets de bœuf braisés, en apportant toute la variété possible dans leurs sauces et garnitures.

CHAPITRE II.

TRAITÉ DES FILETS DE BOEUF BRAISÉS
AU VIN DE CHAMPAGNE, DE MADÈRE, ET DE MALAGA.

SOMMAIRE.

Filet de bœuf braisé au chasseur gastronome ; idem à la royale, grosse pièce garnie d'hatelets : idem à la Vaupalière, grosse pièce garnie d'hatelets; idem à la Brillat-Savarin, grosse pièce garnie d'hatelets ; idem à la Châteaubriant, grosse pièce garnie d'hatelets ; idem à la Condé, grosse pièce garnie d'hatelets ; idem à la Trianon, grosse pièce garnie d'hatelets : idem à la parisienne, grosse pièce. garnie d'hatelets : idem à la Colnet, grosse pièce garnie d'hatelets ; idem à la Dufresnoy, grosse pièce garnie d'hatelets; idem à la Pascal, grosse pièce garnie d'hatelets : idem à la Clermont-Ferrant; idem braisé, pané et coloré au four ; idem à la Luxembourg, garni d'hatelets ; idem braisé à la Lesueur, grosse pièce garnie d'hatelets : idem à la languedocienne, grosse pièce garnie d'hatelets ; idem à la provencale ; idem au vin de Champagne à l'italienne ; idem à la romaine ; idem à la napolitaine ; idem à la bourgeoise; second procédé pour préparer le filet de bœuf à la bourgeoise ; filet de bœuf braisé à la bourgeoise, garni de carottes nouvelles.

FILET DE BŒUF BRAISÉ AU CHASSEUR GASTRONOME.

APRÈS avoir paré de l'épiderme un gros filet de bœuf, vous le piquez intérieurement de gros lardons de gras et de maigre de jambon de Baïonne, ainsi que les filets d'un lapereau coupé aussi en lardons, et assaisonnés de sel, poivre et muscade râpée ; ensuite vous masquez entièrement le filet de bardes de lard que vous y fixez par quelques tours de ficelle ; puis vous le mettez dans une braisière qui doit avoir la longueur et la largeur du filet seulement (cet ustensile manque dans la batterie de cuisine, et cependant il est bien essentiel pour cuire le filet de bœuf dans sa longueur et dans sa cuisson, qui doit être resserrée alentour, pour lui donner de l'onction) ; ensuite vous y joignez deux grandes cuillerées de braise préparée ainsi qu'il est indiqué chapitre IV, première partie ; si vous ne voulez pas marquer cette braise, pour la remplacer, vous joignez au filet une grande cuillerée de bon fond ou de bon consommé, une demi-bouteille de madère sec, une livre de lard râpé, ou bien du bon dégraissis de volaille ; puis deux carottes, deux oignons et deux petits bouquets assaisonnés chacun d'une demi-feuille de laurier, d'un peu de thym, de macis, et d'un clou de girofle; puis un rien de sel et de poivre, les parures des lardons de jambon, la carcasse du lapereau et les cuisses. Couvrez le tout d'un papier ovale, fort et grassement beurré. Deux heures avant de servir, faites partir l'ébullition sur un fourneau ovale et ardent, arrosez le filet de sa cuisson, et le faites mijoter feu dessus et dessous, en ayant soin de demi-heure en demi-heure de retourner le filet dans son fond sans en arrêter l'ébullition, qui au contraire doit devenir plus forte vers la fin de la cuisson, afin que le filet soit onctueux et succulent; étant près de servir, vous l'égouttez en l'enlevant sur le faux fond de la braisière, le posez sur un grand plafond, le débridez en retirant toutes les bardes de lard et parez le bout des lardons à fleur du filet; glacez-le au four ou à l'étuve à l'anglaise. Ensuite vous passez le fond au tamis de soie, le dégraissez avec soin, et le faites réduire en demi-glace, que vous joignez avec deux cuillerées à ragoût d'espagnole travaillée et un demi-verre de madère, et la retirez du feu pour y mêler un peu de beurre frais; versez les deux tiers de cette sauce sur le plat, posez dessus le filet, glacez-le de rechef, et servez le reste de l'espagnole dans une saucière à part. Garnissez le tour de l'intérieur du plat de filets de lapereaux en aiguillettes à la Horly.

Observation.

Si vous destinez cette grosse pièce pour une partie de chasse, vous devez, après avoir retiré les bardes de lard du filet, le déposer dans un vase ovale en forme de terrine de Nérac; ajoutez dessus les cuisses du lapereau, les carottes, les oignons (que vous aurez augmentés du double; puis vous joignez à la cuisson un pied de veau blanchi), et le fond de la cuisson, que vous passez au tamis de soie. Cette cuisson doit être faite la veille, afin qu'elle soit froide ainsi que le filet de bœuf.

FILET DE BOEUF A LA ROYALE , GROSSE PIÈCE GARNIE D'HATELETS.

Vous parez selon la règle un filet de bœuf normand ; puis vous le piquez de gros lardons de langue de bœuf à l'écarlate et de gras de lard mêlés avec un peu de sel, de poivre et de muscade râpée, puis des lardons de truffes parées et à cru. Il est essentiel de placer ces lardons en les mêlant alternativement et dans le fil de la viande ; vous en parez légèrement les extrémités, et masquez de bardes de lard le filet, que vous bridez dans sa longueur ; ensuite vous le mettez dans la braisière à filet, en y joignant une grande cuillerée de bon consommé, un verre de madère, un idem de malaga, du beurre frais ou du dégraissis de volaille ; puis une perdrix, un peu de maigre de jambon, deux carottes, deux oignons émincés, deux petits bouquets garnis comme de coutume, un rien de sel, de poivre et de muscade râpée. Couvrez le filet d'un papier fort, coupé ovale et grassement beurré. Deux heures avant le moment de servir, vous faites partir l'ébullition sur un fourneau ardent ; arrosez le filet de sa cuisson, et faites-le mijoter feu dessus et dessous, en lui donnant les mêmes soins que ci-dessus. Au moment de servir vous égouttez le filet sur un plafond et le mettez à l'étuve ; puis vous passez le fond au tamis de soie, le dégraissez bien par-

faitement, et le faites réduire à grand feu en glace
consistante, avec laquelle vous glacez le filet; puis
vous le dressez sur un ragoût à la financière (Voir
chapitre XI, quatrième partie) préparé pour moyenne grosse pièce, et auquel vous additionnez une partie de la glace du filet de bœuf et un peu de beurre
frais, afin que la sauce soit succulente et veloutée
(sans avoir de sel); puis vous garnissez le filet de six
hatelets composés chacun de trois grosses crêtes bien
blanches, d'une truffe et d'une écrevisse glacée. Garnissez le pourtour du ragoût de grosses crêtes, de
truffes noires et d'écrevisses. Servez de la sauce dans
une saucière.

FILET DE BOEUF BRAISÉ A LA VAUPALIÈRE,
GROSSE PIÈCE GARNIE D'HATELETS.

Parez, de la manière accoutumée, un beau et bon
filet de bœuf; puis vous le piquez de gros lardons
de gras et de maigre de jambon de Baïonne, le couvrez
de bardes de lard, le bridez légèrement, et le faites
cuire avec les mêmes soins et le même assaisonnement décrits pour le premier article de ce chapitre.
Étant près de servir, vous l'égouttez, le parez légèrement, le glacez avec le fond de sa cuisson, que
vous avez fait réduire selon la règle, et le dressez sur
le ragoût indiqué à la tartare (voir chapitre XI,
quatrième partie), et préparé en conséquence, en y
joignant une partie de la glace du fond du filet et
un peu de beurre frais. Placez sur le filet six hatelets
composés chacun de trois belles crêtes et de deux
grosses truffes noires glacées; posez sur le rognon,

cà et là, de belles crêtes, de gros rognons de coq, six truffes noires glacées, et six beaux riz d'agneau piqués et glacés.

Servez dans une saucière de la sauce du ragoût.

FILET DE BOEUF BRAISÉ A LA BRILLAT-SAVARIN, GROSSE PIÈCE GARNIE D'HATELETS.

Après avoir paré comme de coutume un gros filet de bœuf normand, vous le piquez de gros lardons, de truffes, de tétines, et des filets d'un faisan, parés également en lardons, et les assaisonnez, ainsi que ceux précités, avec un peu de sel, de poivre et de muscade râpée; masquez entièrement le filet de bardes de lard, et le bridez légèrement, afin de le maintenir dans sa largeur; puis vous le faites mijoter deux heures dans l'assaisonnement suivant : une bouteille de champagne de Moëte, un demi-verre de cognac, une grande cuillerée de bon consommé, du lard râpé (une livre) ou du bon dégraissis de volaille, la carcasse du faisan (dont vous aurez retiré la chair des cuisses pour en faire une farce à quenelles), quelques lames de maigre de jambon de Baïonne, deux carottes, deux oignons, les parures des truffes et des lardons, deux petits bouquets assaisonnés selon la règle, un peu de sel, de poivre et de muscade râpée. Ayez soin d'arroser le filet et de le retourner dans sa cuisson. Au moment de servir, vous l'égouttez, le parez, le glacez à l'étuve, et faites réduire à grand feu le fond de la cuisson, que vous avez passé au tamis de soie et dégraissé avec soin. Joignez-en la moitié ainsi qu'un peu de beurre frais dans le ragoût indiqué de foie gras à la financière (voir chapitre XI, quatrième partie), préparé pour moyenne grosse pièce. Dressez le filet, glacez-le de nouveau, versez autour le ragoût, posez dessus six grosses quenelles faites avec la chair du faisan. Ajoutez six grosses truffes noires et glacées, puis de grosses crêtes et de gros rognons de coq; placez sur le filet six hatelets composés de crêtes, de truffes et de petits riz de veau glacés. Servez une saucière garnie de plus de sauce que de ragoût.

FILET DE BOEUF BRAISÉ A LA CHATEAUBRIANT, GROSSE PIÈCE GARNIE D'HATELETS.

Parez votre filet de la manière accoutumée; puis vous le piquez de gros lardons de langue à l'écarlate, de gras de jambon et de quatre filets de perdreaux parés aussi en lardons, que vous mêlez avec un peu de sel, de poivre et de muscade râpée. Couvrez le filet de bardes de lard, en le bridant, sans le serrer, par quelques tours de ficelle, et placez-le sur la feuille de la braisière, dans laquelle vous versez une demi-bouteille de madère, une demi idem de malaga, une grande cuillerée de fond de braise ou d'excellent consommé, les fragments des carcasses de perdreaux (dont la chair des cuisses doit servir à faire une farce à quenelles), du maigre de jambon, deux carottes, deux oignons, deux petits bouquets garnis comme de coutume, une livre de lard râpé, un peu de sel, de poivre et de muscade; faites partir l'ébullition à grand feu, deux heures avant de servir. Arrosez-en le filet, couvrez-le d'un fort papier ovale grassement beurré, et faites-le mijoter feu dessus et dessous. Après une heure de cuisson, retournez le filet ; puis, au moment du service, vous l'égouttez, le parez, le glacez au four ou à l'étuve. Faites réduire en glace légère le fond, que vous aurez passé au tamis de soie et bien dégraissé ; glacez avec la moitié le filet à plusieurs reprises, et mettez le reste, ainsi qu'un peu de beurre frais, dans le ragoût de foies gras à l'américaine, auquel vous aurez joint de petites quenelles de perdreaux (ci-dessus mentionnées). Dressez le filet, glacez-le ; versez à l'entour le ragoût, sur lequel vous placez çà et là de belles crêtes, des rognons et des groupes de truffes émincées, sautés au beurre et roulés dans une demiglace ; placez avec goût six hatelets garnis de crêtes de langue à l'écarlate, de gros rognons de coq, et de truffes parées aussi en crêtes et glacées. Servez, dans une saucière, du ragoût grandement saucé.

FILET DE BOEUF BRAISÉ A LA CONDÉ, GROSSE PIÈCE GARNIE D'HATELETS.

Préparez et cuisez votre filet de bœuf en suivant de tout point les détails décrits pour celui énoncé au chasseur gastronome (Voir en tête de ce chapitre); puis vous le parez, le glacez au four ou à l'étuve. Faites réduire en glace légère la cuisson passée et dégraissée ; prenez-en la moitié pour glacer le filet ; mettez une partie du reste dans le ragoût d'escalopes de lapereaux indiqué aux pointes de grosses asperges (Voir XIe chapitre, quatrième partie) préparé pour moyenne grosse pièce, et auquel vous avez

ajouté un peu de beurre frais. Dressez le filet, glacez-le, versez autour le ragoût, que vous garnissez de
grosses crêtes et de gros rognons de coq. Placez ensuite six hatelets composés de trois crêtes doubles et
de deux grosses truffes noires glacées. Servez du ragoût dans une saucière.

FILET DE BOEUF BRAISÉ A LA TRIANON,
GROSSE PIÈCE GARNIE D'HATELETS.

Vous préparez et braisez votre filet selon l'analyse
décrite pour la préparation de celui indiqué au
chasseur gastronome. Faites réduire en glace légère
le fond de la cuisson, que vous passez et dégraissez
bien parfaitement. Débridez, parez et glacez le filet
au four ou à l'étuve ; ajoutez la moitié de la glace et
un peu de beurre frais dans le ragoût d'ortolans aux
truffes indiqué à la Périgueux (voir chapitre XI,
quatrième partie) et préparé pour moyenne grosse
pièce. Dressez le filet, glacez-le, versez autour le
ragoût, placez dessus six hatelets composés chacun
de trois crêtes et de deux quenelles de lapereaux
méplates à la Villeroy. Posez sur le ragoût de belles
crêtes et rognons. Servez du ragoût dans une saucière.

FILET DE BOEUF BRAISÉ A LA PARISIENNE,
GROSSE PIÈCE GARNIE D'HATELETS.

Après avoir préparé, braisé et dressé votre filet
de la manière accoutumée (voir le premier article de
ce chapitre), vous versez autour le ragoût d'escalo-

III.   20

pes de lapereaux à la parisienne ; puis vous placez
sur le filet six hatelets composés chacun de trois belles crêtes, d'une truffe noire glacée, et d'une écrevisse idem. Servez du ragoût dans une saucière.

FILET DE BOEUF BRAISÉ A LA COLNET,
GROSSE PIÈCE GARNIE D'HATELETS.

Vous préparez, braisez et dressez le filet en suivant les procédés décrits pour celui au chasseur
gastronome ; puis vous faites réduire en glace légère
la cuisson passée et dégraissée au tamis de soie ;
mettez-en la moitié dans le ragoût indiqué Estomacs
de mauviettes aux truffes (voir chapitre XI, quatrième partie), et préparé pour votre grosse pièce.
Ajoutez un peu de beurre frais ; dressez et glacez le
filet ; versez autour le ragoût ; placez avec goût six
hatelets garnis chacun de gros rognons de coq et de
crêtes formées de langue à l'écarlate. Servez du ragoût dans une saucière.

FILET DE BOEUF BRAISÉ A LA DUFRESNOY,
GROSSE PIÈCE GARNIE D'HATELETS.

Préparez, braisez et dressez ce filet en suivant les
procédés décrits pour la préparation de celui énoncé au chasseur gastronome ; faites réduire le fond
de la cuisson selon la règle ; dressez la grosse
pièce ; glacez-la de rechef ; versez autour le ragoût
de crêtes et rognons indiqué à la Périgueux (voir
chapitre XI, quatrième partie), dans lequel vous avez
additionné la moitié de la glace du filet et un peu

de beurre frais. Placez, selon la règle, six hatelets composés chacun de trois grosses crêtes et de deux grosses truffes noires et glacées. Servez du ragoût dans une saucière.

FILET DE BOEUF BRAISÉ A LA PASCAL, GROSSE PIÈCE GARNIE D'HATELETS.

Vous devez préparer, braiser et glacer votre filet selon la coutume (voir la description de celui indiqué au chasseur gastronome) ; ensuite vous passez et dégraissez la cuisson, la faites réduire en glace légère, en mettez la moitié dans le ragoût indiqué d'escalopes de lapereaux à la macédoine (voir cet article, chapitre XI, quatrième partie), préparé pour moyenne grosse pièce ; ajoutez un peu de beurre frais; dressez le filet ; glacez-le, versez autour le ragoût précité ; placez dessus six hatelets composés chacun de trois crêtes et de deux noisettes de veau glacées. Servez à part du ragoût dans une saucière.

FILET DE BOEUF BRAISÉ A LA CLERMONT-FERRAND.

Vous préparez, braisez, glacez et dressez un beau filet de bœuf de la manière accoutumée (voir les détails décrits pour celui indiqué au chasseur gastronome) ; puis vous passez et dégraissez avec soin la cuisson, la faites réduire en glace, en mettez une partie dans le ragoût énoncé de langue écarlate à la Clermont (voir chapitre XI, quatrième partie), préparé pour une moyenne grosse pièce. Au moment de servir, ajoutez-y un peu de beurre frais et qua-

20*

tre maniveaux de champignons avec leurs fonds.
Dressez le filet; glacez-le, et versez le ragoût autour. Placez dessus avec goût six hatelets composés
de filets de lapereaux parés en aiguillettes et à la
Horly. Servez dans une saucière de la sauce du ragoût.

FILET DE BŒUF BRAISÉ, PANÉ ET COLORÉ AU FOUR.

Après avoir préparé et braisé votre filet de bœuf
selon les détails analysés pour celui énoncé au chasseur gastronome, vous l'égouttez, le parez et le masquez d'une anglaise (mêlez quatre jaunes d'œufs avec
deux onces de beurre fin tiède seulement, et un peu
de sel et de muscade râpée) avec vivacité. Semez
dessus de la mie de pain à laquelle vous avez joint
deux cuillerées à bouche de parmesan râpé ; ensuite
vous l'appuyez légèrement avec la lame du couteau
et l'arrosez de gouttes de beurre frais fondu. Mettez
votre filet au four un peu chaud, afin qu'il se colore
rapidement, sinon employez le procédé de la salamandre (grosse plaque de fer que l'on fait rougir
dans le feu) ; puis vous dressez votre filet et le garnissez autour d'un ragoût de noisettes de veau à la
Périgueux, dans lequel vous avez ajouté un peu de
beurre frais et la moitié du fond de la cuisson réduit
en demi-glace.

Servez une saucière garnie de la sauce du ragoût.

Observation.

Pour paner et colorer ce filet, le praticien doit
apporter la plus grande prestesse, afin qu'il ne perde

point l'onction de sa cuisson. On peut servir ce filet avec les ragoûts indiqués Noisettes de veau à la
Soubise, à la Clermont, à la ravigote printanière;
puis avec ceux d'escalopes de riz d'agneau et de riz
de veau, énoncés dans le chapitre XI, quatrième
partie, en donnant à ce filet pané et coloré au four
le nom du ragoût que l'on servira avec. On doit également servir dessous les sauces à la bretonne, à la
Clermont, à la lyonnaise, à l'africaine, à l'indienne, à la tortue, à la financière, à la tomate, idem
à la parisienne, à la poivrade, à la provençale, à
la sauce pignole, et toujours en donnant au filet le
nom de la sauce avec laquelle on le servira.

FILET DE BOEUF BRAISÉ A LA LUXEMBOURG, GROSSE PIÈCE GARNIE D'HATELETS.

Préparez, braisez et panez votre filet ainsi qu'il
est démontré ci-dessus; puis vous passez et dégraissez sa cuisson, la faites réduire en demi-glace et en
mettez la moitié avec un peu de beurre frais dans le
ragoût indiqué Escalopes de lapereaux aux haricots
verts. Après avoir dressé votre filet, vous le garnissez autour avec le ragoût précité, sur lequel vous
ajoutez une bordure de moitié de petits fonds d'artichauds cuits bien blancs. Placez sur la grosse pièce,
comme de coutume, six hatelets composés chacun
de trois crêtes et de deux croquettes ovales de filets
de lapereaux préparées selon la règle et frites de belle couleur, ce qui s'allie avec la panure du filet.

Servez une saucière garnie du reste de la demi-
glace.

FILET DE BOEUF BRAISÉ A LA LESUEUR,
GROSSE PIÈCE GARNIE D'HATELETS.

Vous préparez, braisez et panez un beau filet de
bœuf, ainsi qu'il est démontré pour celui pané et
coloré au four. Vous passez, dégraissez et réduisez
en demi-glace le fond de la cuisson, dont vous joignez la moitié, ainsi qu'un peu de beurre frais, dans
le ragoût indiqué Escalopes de riz de veau à la provençale (voir chapitre XI, quatrième partie), et le
garnissez autour de belles crêtes et petits riz d'a-
gneau glacés ; puis vous placez sur le filet, selon la
règle, six hatelets composés de gros rognons de coq
et de truffes noires glacées.

Servez dans une saucière le reste de la demi-glace.

FILET DE BOEUF BRAISÉ A LA LANGUEDOCIENNE,
GROSSE PIÈCE GARNIE D'HATELETS.

Préparez, braisez (ajoutez une petite gousse d'ail
et des parures de truffes), parez et glacez un beau
filet de bœuf en suivant les détails décrits pour celui énoncé au chasseur gastronome ; passez et dégraissez avec soin le fond de la cuisson, que vous réduisez en glace légère, dont vous mettez la moitié
avec un peu de beurre dans le ragoût de noisettes de
veau indiqué à la Soubise (voir chapitre XI, quatrième partie), auquel vous avez ajouté une assiettée de
petites truffes parées en grosses olives et cuites dans
la braise des noisettes de veau. Le filet étant dressé,
vous le glacez de nouveau ; versez autour le ragoût :

placez dessus six hatelets garnis de crêtes et de truffes noires glacées. Servez de la sauce du ragoût et des truffes seulement dans une saucière.

FILET DE BOEUF BRAISÉ A LA PROVENÇALE.

Après avoir paré un beau filet de bœuf selon la règle, vous le piquez de gros lardons de maigre de jambon de Baïonne et de lard un peu assaisonné de poivre, sel et muscade râpée; masquez le filet de bardes de lard; bridez-le légèrement; et, deux heures avant le moment de servir, vous le mettez dans la braisière, contenant deux cuillerées à ragoût d'huile d'Aix dans laquelle vous avez fait roussir légèrement quatre gros oignons émincés, une gousse d'ail coupée en deux, une petite poignée de persil en branche, et deux petits bouquets garnis selon la règle; ajoutez deux verres de bon vin de Lunel, un demi idem de vieille eau-de-vie de Cognac, une grande cuillerée de consommé, un peu de sel, de poivre et de muscade râpée. Faites cuire votre filet de la manière accoutumée (voir celui énoncé au chasseur gastronome); puis, au moment de servir, vous l'égouttez, le parez, le glacez avec sa cuisson réduite en glace légère; versez autour le ragoût indiqué de riz de veau sautés à la provençale (voir chapitre XI, quatrième partie).

Servez à part une demi-glace de la cuisson de la grosse pièce.

Observation.

Pour servir ce filet braisé à la bordelaise ou à la

gasconne, vous le préparez ainsi qu'il est précité,
le glacez de sa propre glace, dont vous additionnez la moitié avec un peu de beurre frais dans
les sauces énoncées à la gasconne ou à la bordelaise
(voir chapitre XI, quatrième partie).

FILET DE BOEUF BRAISÉ AU VIN DE CHAMPAGNE

A L'ITALIENNE.

Parez et piquez selon la règle un filet de bœuf de
lardons de gras et de maigre de bon jambon ; masquez-le de bardes de lard, et le bridez légèrement ;
puis vous le faites cuire avec une bouteille de champagne, une grande cuillerée de bon consommé, d'excellent dégraissis ou lard râpé, une cuillerée à ragoût d'huile d'Aix, une gousse d'ail, deux petits bouquets garnis plus forts que de coutume, deux carottes,
deux oignons, un peu de sel, de poivre, de quatre
épices (peu), de muscade râpée, un rien de sucre, la
chair d'un citron épépiné, et des parures de champignons ; faites cuire votre filet selon la règle ; puis
vous passez le fond, le dégraissez et le réduisez à
glace. Après avoir paré les fragments de lardons qui
dépassent la surface du filet, vous le glacez au four ou
à l'étuve, et le dressez ensuite sur la sauce indiquée
italienne au vin de Champagne (voir chapitre VI,
quatrième partie), à laquelle vous additionnez le tiers
de la glace du filet, et un peu de beurre frais pour
la rendre savoureuse et veloutée. Servez une saucière
garnie.

FILET DE BOEUF BRAISÉ A LA ROMAINE.

Après avoir préparé et marqué votre filet ainsi qu'il est démontré ci-dessus, vous ajoutez à la cuisson les racines de deux pieds de céleri, une pincée de coriandre , et deux idem de piment ; faites cuire votre filet comme de coutume ; passez le fond, que vous dégraissez et faites réduire en glace légère ; joignez-en la moitié avec un peu de beurre et d'espagnole travaillée dans la sauce à la romaine (voir chapitre VI, quatrième partie), versez-en les deux tiers sur le plat, qui doit être bordé ; placez dessus le filet, que vous avez paré et glacé selon la règle. Servez avec la grosse pièce une saucière garnie.

FILET DE BOEUF BRAISÉ A LA NAPOLITAINE.

Vous parez et piquez ce filet de lardons de gras et de maigre de jambon ; puis vous le faites cuire dans l'assaisonnement énoncé pour celui au vin de Champagne à l'italienne ; vous supprimez ce vin de la cuisson et le remplacez par deux verres de madère sec , deux idem de malaga , les fragments de carcasses de gibier, et un peu de raifort émincé ; faites cuire votre filet de la manière accoutumée; passez et dégraissez le fond ; réduisez-le en demi-glace, joignez-en la moitié dans la sauce énoncée à la napolitaine (voir chapitre VI, quatrième partie); ajoutez une grande cuillerée d'espagnole travaillée, un demi-verre de malaga, et le quart d'un pot de gelée de groseilles. Cette sauce réduite à point, vous la passez

à l'étamine ; puis vous y mêlez deux onces de beau
raisin de Smyrne mijoté dans un peu de vin de Madère avec deux onces de cédrat blond confi, coupé en
petits dés et blanchi ; donnez quelques ébullitions à
cette sauce, à laquelle vous avez ajouté un peu de
beurre frais ; versez-en les deux tiers sur le plat de
grosse pièce ; posez dessus le filet, que vous aurez
paré et glacé comme de coutume avec sa propre glace.
Servez à part une saucière garnie.

Observation.

Pour servir les filets de bœuf braisés à la florentine, à la milanaise, à la Palerme, à la sicilienne, à
la piémontaise et à la portugaise, vous préparez de
tout point votre filet de bœuf selon les détails analysés pour celui énoncé au vin de Champagne à l'i-
talienne, en lui donnant, bien entendu, le nom des
sauces précitées (pour la préparation desquelles vous
devez consulter le chapitre VI de la quatrième partie), en y mêlant une partie du fond de la cuisson
du filet, ainsi que nous l'avons indiqué précédemment.

Ceux de mes confrères qui serviront dans le midi
de l'Europe, ou des personnes de ces contrées rési-
dant à Paris, pourront également servir, avec la série
des sauces étrangères précitées, les filets de bœuf
piqués de lapereaux, de faisans, de perdreaux et de
langue à l'écarlate, en suivant pour leur préparation
les procédés que nous avons décrits pour les filets
qui sont piqués de ces chairs de gibier. Je recom-
mande cette observation aux jeunes praticiens jaloux
de leur réputation.

FILET DE BOEUF BRAISÉ A LA BOURGEOISE.

Après avoir paré votre filet, vous le piquez, selon la
règle, de gros lardons que vous assaisonnez de sel,
poivre, muscade râpée, et d'un rien de quatre épices.
Si vous voulez encore, hachez très fin un quart de
feuille de laurier, un fragment de thym, et un clou
de girofle, pour ajouter aux lardons; couvrez le filet
de bardes de lard, bridez-le légèrement, et le faites
cuire dans la braisière, contenant un verre de bon vin
de Châblis et le quart d'un de bonne eau-de-vie, une
grande cuillerée et demie de bouillon, un peu de bon
dégraissis (ou de la graisse du filet de bœuf), deux
carottes, deux oignons, un bouquet garni d'une demi-
feuille de laurier, un fragment de thym, de macis, et
un clou de girofle; ajoutez un peu de sel, de poivre
et de muscade râpée. Deux heures avant le moment
de servir, vous faites partir l'ébullition sur un fourneau ardent; arrosez le filet de sa cuisson; couvrez-
le d'un papier fort et grassement beurré, et faites-le
mijoter ensuite feu dessus et dessous; retournez-le
deux fois pendant sa cuisson, après quoi vous passez le fond, le dégraissez, en faites réduire la moitié
pour glacer avec le filet, que vous parez légèrement;
dressez-le, et servez dessous le reste du fond, auquel
vous ajoutez un peu de sel et de beurre frais, afin de
le servir de bon goût.

Observation.

Voilà le filet de bœuf servi le plus bourgeoisement

possible; cependant, si la ménagère veut servir le
fond du filet dans une saucière à part, elle pourra le
garnir autour de pommes de terre cuites à l'eau de
sel, parées en bouchon, et colorées ensuite dans le
dégraissis du filet.

Second procédé pour préparer le filet de bœuf braisé à la bourgeoise.

Vous préparez et cuisez votre filet de bœuf selon
les détails précités, seulement vous mêlerez aux lardons une demi-livre de maigre de jambon, et vous
ajouterez à la cuisson quatre carottes coupées par
fragments et parées ensuite, six moyens oignons
épluchés avec soin, afin qu'ils se maintiennent entiers, et les parures de vos lardons. Le filet étant
cuit avec soin, vous passez le fond, le dégraissez et
le faites réduire en demi-glace. Ensuite vous parez
légèrement la surface du filet, le roulez dans sa glace,
et placez autour vos oignons et vos carottes. Servez
avec le reste de la cuisson.

FILET DE BOEUF BRAISÉ A LA BOURGEOISE, GARNI DE CAROTTES NOUVELLES GLACÉES.

Vous préparez et braisez un beau filet de bœuf
en suivant les procédés décrits ci-dessus; puis vous
le parez, le glacez de sa propre glace, le dressez et
le garnissez autour de petites carottes nouvelles glacées (Voir chapitre XII, quatrième partie). Servez,
dans une saucière, le reste du fond de la cuisson du
filet, que vous avez passé, dégraissé avec soin et réduit en demi-glace.

Observation.

Il n'est pas de petite cuisinière qui, le jour où son maître lui permettra de faire la dépense d'un filet de bœuf, ne puisse se permettre en même temps de le garnir de racines agréables à manger et saines en même temps. Ensuite nous invitons les ménagères à servir également ce filet, qui n'a rien de dispendieux, aux sauces poivrade, piquante, hachée, idem tomate, idem à la Soubise, à la bretonne, à la Clermont, à la provençale, à la lyonnaise, à l'espagnole; et pour cela le fond du filet suffira, en préparant lesdites sauces selon leurs recettes indiquées au traité des sauces, quatrième partie; ensuite avec les garnitures de racines glacées (décrites dans le chapitre XII de la quatrième partie) : telles que petites carottes à la nivernaise, à la flamande, à l'allemande, idem d'oignons glacés, idem de choux-fleurs, idem de choux de Bruxelles, idem de marrons à la lyonnaise; puis avec du macaroni, du riz, ou bien avec les purées de pommes de terre à la bretonne et à la lyonnaise. La préparation de toutes ces plantes légumineuses est facile et peu coûteuse, en raison des résultats aimables qu'elles causeront par leur saveur aux parents et amis du bourgeois, qui prendra alors le beau titre d'amphitryon.

J'ai déjà fait les mêmes observations dans ma préface : c'est donc aux amphitryons, quelle que soit leur fortune, à méditer sur les résultats flatteurs qu'ils obtiendront à l'avenir en essayant mes préceptes et mes conseils.

CHAPITRE III.

TRAITÉ DES GROSSES PIÈCES D'ALOYAU BRAISÉES.

SOMMAIRE.

Aloyau braisé à la Montébello, grosse pièce garnie d'hatelets ; idem à la Vendôme, grosse pièce garnie d'hatelets ; idem à la Tilsitt, grosse pièce garnie d'hatelets ; idem à la Pouiatowski, grosse pièce garnie

---

SUJETS DE LA PLANCHE DOUZIÈME.

Le N° 1 représente l'aloyau braisé à la Godard moderne, grosse pièce garnie d'hatelets.

Le N° 2 représente l'aloyau braisé à la George IV, grosse pièce garnie d'hatelets.

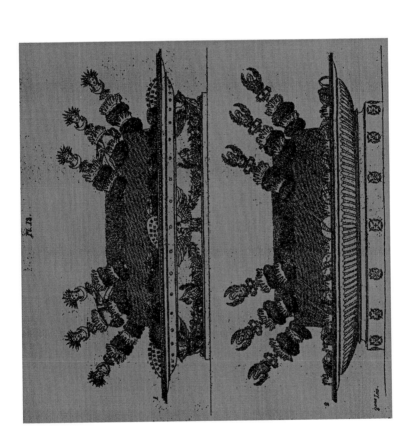

d'hatelets; idem à la royale, grosse pièce garnie d'hatelets; idem a
la Godard, grosse pièce garnie d'hatelets; idem à la Godard moderne, grosse pièce garnie d'hatelets; idem à la Lamoignon, grosse
pièce garnie d'hatelets; idem à l'Albuféra, grosse pièce garnie d'hatelets; idem à la Vaubau, grosse pièce garnie d'hatelets; idem à la
George IV, grosse pièce garnie d'hatelets.

ALOYAU BRAISÉ A LA MONTÉBELLO,
GROSSE PIÈCE GARNIE D'HATELETS.

Vous préparez votre aloyau en suivant les
procédés indiqués pour celui rôti à la
française; ensuite vous lardez le filet mignon, sans le séparer de l'aloyau, avec de moyens
lardons de gras et de maigre de jambon de Baïonne,
en le traversant en biais de droite à gauche dans son
épaisseur; ayez soin de le maintenir le plus large
possible. Après avoir piqué également le gros filet,
vous masquez le petit de bardes de graisse de
bœuf préparées comme pour le rosbif, et les fixez
dessus en bridant de ficelle la grosse pièce, afin de
la maintenir de belle forme; puis vous la mettez
dans une grande braisière dont le fond sera garni
de bardes de lard; versez dessus une forte braise
(voir chapitre IV, première partie) mouillée avec
deux bouteilles de madère sec, un demi-verre
de cognac et deux grandes cuillerées de consom-
mè; ajoutez quelques lames de jambon, une perdrix
dépecée, deux petits bouquets préparés selon la règle, un peu de poivre, de sel, et de muscade râpée.
Cinq heures avant le moment de servir, vous placez la braisière sur un grand fourneau ovale et ar-

dent; puis vous arrosez l'aloyau de sa cuisson, le
couvrez d'un papier frais et grassement beurré; lorsque l'ébullition a lieu , vous éteignez l'ardeur du
fourneau en le garnissant de cendres rouges, ou vous
placez la braisière sur une paillasse largement garnie de cendres rouges et d'une chevrette ; placez-
en aussi sur le couvercle , en observant que l'ébullition soit douce et non interrompue ; de demi-
heure en demi-heure vous avez soin d'arroser la
grosse pièce avec la cuisson. Vers la dernière heure de la cuisson vous retournez l'aloyau, pour que
le filet mignon mijotte dans le fond ; trois quarts
d'heure après, vous le retournez , retirez de la braisière une bonne partie de la cuisson en la dégraissant avec soin, la clarifiez et la faites réduire en glace; masquez-en le filet mignon pour le sécher; mettez du feu sur le couvercle de la braisière, en le laissant un peu entr'ouvert, afin que la vapeur s'échap-
pe, et par ce moyen on obtient le séchage de la glace
en la colorant un peu ; ensuite vous retirez l'aloyau
en l'enlevant sur la feuille de la braisière , le placez
sur un grand plafond ; le débridez , le glacez, le
dressez, et versez autour un ragoût composé ainsi :
Vous avez préparé pour grosse pièce la sauce indiquée à la financière (Voir chapitre VI , quatrième
partie), en y joignant une partie de la glace de l'a-
loyau avec un peu de beurre frais , six maniveaux
de champignons préparés selon la règle , douze noisettes de veau braisées, et quatre riz de veau parés
en escalopes ; versez ce ragoût autour de la grosse
pièce , ajoutez une garniture de grosses crêtes et gros
riz d'agneau piqués et glacés ; placez sur la grosse

pièce dix hatelets composés chacun de trois grosses crêtes et de trois croquettes composées de riz de veau, champignons et langue à l'écarlate, ayant la forme de losanges allongés. A ce sujet, et pour placer les hatelets consultez le dessin, n. 2 de la planche II; servez une saucière garnie de la financière.

ALOYAU BRAISÉ A LA VENDÔME,
GROSSE PIÈCE GARNIE D'HATELETS.

Vous préparez de tous points et braisez votre aloyau selon les détails décrits ci-dessus, puis vous le glacez avec sa propre glace en suivant la manière précitée. Ajoutez une partie de cette glace ainsi qu'un peu de beurre frais dans la sauce indiquée à la Clermont (Voir chapitre VII, quatrième partie), et préparée pour grosse pièce, mêlez à cette sauce un émincé de langue de veau braisée (cuite à point) et de langue à l'écarlate, versez-la autour de l'aloyau, ajoutez dessus une garniture de langues d'agneau préparées à la Villeroy, entre chacune d'elles placez un petit rond glacé de langue à l'écarlate du diamètre de quinze lignes et de deux d'épaisseur; fixez sur la grosse pièce dix hatelets composés de crêtes et de truffes bien rondes et glacées; servez à part une saucière garnie de clermont.

ALOYAU BRAISÉ A LA TILSITT,
GROSSE PIÈCE GARNIE D'HATELETS.

Après avoir préparé et braisé avec soin votre aloyau ainsi que nous l'avons analysé pour le pre-

III.   **21**

mier article de ce chapitre, vous en retirez le fond,
le passez au tamis de soie, le dégraissez, le clarifiez,
le faites réduire; puis vous vous en servez pour
glacer la grosse pièce selon la règle (voir celle énoncée à la Montebello), la dressez et versez autour un
ragoût préparé ainsi : ajoutez dans la sauce indiquée
Tomate à la parisienne (que vous avez préparée pour
grosse pièce, voir chapitre XIIIe, quatrième partie)
six maniveaux de champignons, vingt petits riz d'a-
gneau en escalopes sautés aux fines herbes; ajoutez
un peu de la glace de l'aloyau, ainsi qu'un peu de
beurre frais; donnez une seule ébullition à ce ragoût; versez-le autour de la grosse pièce; garnissez-
le d'une bordure de moyennes croquettes de riz à
la russe, préparées de la manière accoutumée.
(Voir le *Cusinier parisien.*) Ensuite vous placez
sur l'aloyau dix hatelets garnis chacun de trois belles
crêtes, d'un gros ris d'agneau piqué et glacé, et d'u-
ne truffe noire. Servez à part une saucière garnie de
la sauce du ragoût.

ALOYAU BRAISÉ A LA PONIATOSWKI,
GROSSE PIÈCE GARNIE D'HATELETS.

Préparez, braisez, glacez et dressez votre aloyau
de la manière accoutumée (voir le premier article
de ce chapitre); seulement vous piquez celui-ci de
langue à l'écarlate et de tétine, et mettez dans la
cuisson, au lieu de madère, une bouteille de champagne, une idem de vin du Rhin, et un demi-verre
de cognac. Ensuite vous préparez pour grosse pièce
le ragoût indiqué Escalopes de riz de veau sautées à

la ravigotte printanière (voir chapitre XI, quatrième partie), auquel vous ajoutez six maniveaux de champignons et leurs fonds , ainsi qu'une partie de la glace obtenue de la cuisson de l'aloyau ; versez le ragoût autour de la grosse pièce, et garnissez-le d'un cordon de grosses écrevisses glacées, entre lesquelles vous mettez un croûton de truffes. Placez sur la grosse pièce , selon la règle , dix hatelets composés de trois belles crêtes doubles et de deux grosses truffes noires glacées.

Servez à part, dans une saucière , de la ravigote printanière.

ALOYAU BRAISÉ A LA ROYALE ,
GROSSE PIÈCE GARNIE D'HATELETS.

Après avoir paré votre grosse pièce comme de coutume (voir la première de ce chapitre), vous piquez le filet mignon de lardons moyens de gras et de maigre de jambon de Baïonne ; coupez également en lardons les filets d'un faisan bien en chair , et les mêlez avec un peu de sel, de poivre et de muscade râpée ; votre filet d'aloyau étant lardé, couvert de bardes de graisse de bœuf et bridé ainsi qu'il est démontré pour la préparation de celui énoncé à la Montebello , cuisez-le de même dans une forte braise mouillée d'une bouteille de madère sec, d'une idem de malaga , et de deux grandes cuillerées de bon consommé ; ajoutez la carcasse du faisan coupée par fragments, deux petits bouquets garnis selon la règle , un peu de sel, de poivre et de muscade râpée. Trois quarts d'heure avant le

moment de servir, vous retirez les deux tiers du fond
de la cuisson en le dégraissant avec soin, le clarifiez,
le passez au tamis de soie et le faites réduire en glace
pour en glacer ensuite le côté du filet mignon de
l'aloyau ; après quoi vous mettez la moitié de la
glace restante avec un peu de beurre frais dans le
ragoût indiqué de foies gras à la financière (voir
chapitre XI, quatrième partie), préparé pour grosse pièce ; joignez-y douze noisettes de veau braisées,
parfaitement dégarnies de leur graisse, puis une assiettée de petites quenelles de faisan formées dans
la cuillère à café. Observez que ce ragoût ne doit
jeter qu'une seule ébullition. (La sauce doit être succulente.) Versez-le autour de la grosse pièce que
vous avez dressée (après l'avoir égouttée et débri-
dée); placez çà et là sur le ragoût des groupes de
crêtes et de gros rognons ; mettez autour une garniture de truffes noires mêlée de gros riz d'agneau
piqués et glacés. Placez sur la grosse pièce, selon la
coutume, dix hatelets composés de grosses crêtes
doubles, de belles truffes et de grosses écrevisses
glacées. Servez à part une saucière garnie de la sauce du ragoût seulement.

ALOYAU A LA GODARD,
GROSSE PIÈCE GARNIE D'HATELETS.

Vous préparez de tout point votre aloyau ainsi
qu'il est démontré ci-dessus ; puis vous le faites
cuire selon la règle dans une forte braise mouillée
de deux bouteilles de madère sec, d'un demi-verre

de cognac , et de deux grandes cuillerées de bon
consommé. Ajoutez la carcasse du faisan, dont les
filets ont servi à piquer le filet mignon de l'aloyau ,
deux petits bouquets assaisonnés comme de coutume,
quelques lames de maigre de jambon , un peu de
sel , de poivre et de muscade râpée, deux carottes
et quatre oignons. La cuisson étant achevée avec
soin , vous en passez le fond au tamis de soie, le
dégraissez bien parfaitement, le faites réduire en
glace avec laquelle vous glacez l'aloyau ; ensuite
vous en mêlez une partie avec du beurre frais dans
le ragoût indiqué à la financière (voir chapitre XI ,
quatrième partie), en le préparant pour grosse pièce. Après avoir débridé l'aloyau , vous le dressez et
versez autour une partie du ragoût ; posez sur le
bord, au milieu et à chaque bout, un beau riz de
veau piqué et glacé ; à droite et à gauche, de chaque côté de ce riz, vous placez un pigeon innocent ,
cuit dans une mirepoix (avec un jus de citron),
entre des bardes de lard ; à côté de chaque pigeon
vous placez une grosse quenelle de volaille ou de
gibier que vous avez historiée d'une palmette en
truffe ; ajoutez près de chaque quenelle un pigeon
innocent, puis un riz de veau piqué et glacé , ce
qui approche de chaque bout du plat ; alors vous y
placez un beau foie d'oie préparé à la Saint-Cloud ;
placez entre chacune de ces garnitures de belles
crêtes , de gros rognons de coq et huit grosses écrevisses glacées Placez sur la grosse pièce dix hatelets
composés de crêtes doubles et de truffes noires et
glacées. Servez du ragoût dans deux saucières.

ALOYAU A LA GODARD MODERNE,
GROSSE PIÈCE GARNIE D'HATELETS.

Vous levez le filet mignon de votre aloyau, le parez ainsi qu'un autre, et les piquez tous deux comme
nous l'avons énoncé pour celui mariné en chevreuil;
ensuite vous parez le gros filet, et placez la bavette
dessous, en la maintenant avec de petits hatelets, afin
de rendre cette grosse pièce d'égale épaisseur. Vous
la couchez sur fer selon la règle, la couvrez de bardes de lard, et l'emballez de feuilles de papier grassement beurré. Trois heures avant le moment de servir, vous le faites cuire à la broche selon la règle.
Pendant cette opération et deux heures avant le moment du service, vous braisez vos deux filets piqués
dans une excellente braise mouillée avec une bouteille de vin de Champagne, un verre de madère sec, et
une grande cuillerée de bon consommé; ajoutez deux
livres de maigre de jambon de Baïonne coupé en
bardes sur lesquels vous posez les filets; puis deux
petits bouquets, un peu de sel, poivre et muscade
râpée. Glacez vos filets comme de coutume avec une
glace blonde dans laquelle vous ajoutez un peu de
beurre d'écrevisses; ensuite vous dressez le rosbif le
côté de la bavette posé sur le plat; glacez-le; placez
dessus les deux filets piqués; versez autour de la
grosse pièce le ragoût indiqué de crêtes et rognons
à la Périgueux (voir chapitre XI, quatrième partie)
préparé pour grosse pièce, et dans lequel vous avez
ajouté du beurre frais et une partie de la glace faite
avec le fond de la cuisson des filets braisés. Placez

sur le ragoût quatre foies gras cloutés de truffes, deux
au milieu et deux dans les bouts ; puis entre chacun
d'eux un beau riz de veau piqué et glacé ; puis huit
grosses truffes noires sur lesquelles vous placez un
filet mignon de poulet conti à l'écarlate, ayant la
forme de couronne ; ajoutez à cette riche garniture
de belles crêtes blanches et de gros rognons de coq.
Placez dix hatelets, que vous piquez dans le gros filet,
dont quatre de chaque côté et deux dans les bouts ;
vous composerez six de ces hatelets de grosses crêtes
doubles, de quatre truffes noires et glacées, et quatre
autres de grosses crêtes simples, d'une écrevisse, et
d'une grosse quenelle méplate à la Villeroy. Versez
du ragoût dans deux saucières, et servez.

Pour dresser cette grosse pièce vous devez consulter le dessin n. 1 de la planche XII.

Observation.

Cette grosse pièce d'aloyau à la Godard moderne
a un tout autre caractère que celle décrite ci-dessus.
Elle est entièrement nouvelle ; son ragoût, ses garnitures et ses hatelets lui donnent de l'élégance et de
la simplicité ; mais cette grosse pièce ainsi que la Godard décrite précédemment sont coûteuses, et ne
peuvent convenir que dans les festins solennels, où le
cuisinier peut se permettre ces dépenses. Cependant
dans les dîners diplomatiques le cuisinier doit les
servir par amour pour la science culinaire.

ALOYAU BRAISÉ A LA LAMOIGNON,
GROSSE PIÈCE GARNIE D'HATELETS.

Vous préparez, braisez, glacez et dressez votre

grosse pièce selon l'analyse décrite pour le premier article de ce chapitre ; puis vous dégraissez bien parfaitement le fond de la cuisson, en faites réduire la moitié pour glacer l'aloyau, et faites réduire le reste dans deux grandes cuillerées d'espagnole travaillée avec un fumet de lapereaux et un verre de madère ; passez cette sauce à l'étamine ; joignez-y du beurre-frais pour la rendre veloutée et savoureuse ; versez dedans une assiettée de crêtes et rognons de coq et quarante moyens champignons ; ajoutez à ce ragoût les filets de deux lapereaux sautés en escalopes et égouttés ; faites-le seulement ébullitionner, et le versez autour de l'aloyau, que vous glacez ; placez dessus dix hatelets garnis de quenelles de gibier méplates à la Villeroy et de crêtes doubles ; posez au pourtour du ragoût un cordon de noisettes de veau glacées préparées comme pour entrée. Servez à part une saucière garnie du ragoût.

ALOYAU BRAISÉ A L'ALBUFÉRA,
GROSSE PIÈCE GARNIE D'HATELETS.

Après avoir préparé, braisé, glacé et dressé votre aloyau de la manière accoutumée (voir celui énoncé à la Montébello), vous versez autour un ragoût composé ainsi : mettez une partie de la glace de la cuisson de la grosse pièce et un peu de beurre frais dans la sauce indiquée à la tortue (voir chapitre VI, quatrième partie) ; mêlez-y une escalope de riz de veau sautés, une escalope de langue à l'écarlate, et des champignons, une assiettée de chaque ; donnez une seule ébullition à ce ragoût, et le servez ; posez autour une garniture d'escalopes de filets de lapereaux à la Horly ; placez sur la grosse pièce dix hatelets composés chacun de cette manière : placez d'abord une belle crête double, une escalope de lapereaux à la Horly, une crête, une grosse truffe glacée, une crête, et une truffe noire glacée. Servez du ragoût dans deux saucières.

ALOYAU BRAISÉ A LA VAUBAN,
GROSSE PIÈCE GARNIE D'HATELETS.

Préparez, bardez, braisez, glacez et dressez votre grosse pièce selon les détails décrits pour celle énoncée à la royale ; puis vous en réduisez le fond en glace, en mettez une partie avec du beurre frais dans le ragoût indiqué Escalopes de lapereaux au chasseur (voir chapitre XI, quatrième partie), préparé pour grosse pièce ; versez-le en partie autour de l'aloyau ; placez dessus, au milieu de chaque côté et aux deux bouts, un gros ris de veau piqué et glacé (ce qui fait quatre) ; placez entre chacun d'eux un boudin de farce de gibier, sur lesquels vous placez cinq filets mignons de poulets à la Conti formant le fer à cheval ; ajoutez de chaque côté une belle truffe noire et très ronde ; mettez entre chacune de ces garnitures de grosses crêtes et des rognons ; placez dix hatelets composés de crêtes doubles, de grosses écrevisses glacées, de crêtes, de truffes et de crêtes.

Servez avec la grosse pièce deux saucières garnies de ragoût.

ALOYAU BRAISÉ A LA GEORGE IV,
GROSSE PIÈCE GARNIE D'HATELETS.

Vous préparez, cuisez et dressez votre grosse
pièce ainsi qu'il vient d'être énoncé ci-dessus. Cependant vous piquez les filets de bœuf en plaçant dessus
trois bracelets de lard, et trois autres formés de fins
lardons faits avec des truffes noires cuites au champagne, en ayant soin de commencer un filet par les
lardons de truffes, et l'autre par le lard, afin que les
deux filets, étant dressés à côté l'un de l'autre, fassent
ressortir l'opposition du lard glacé et de la truffe en
piqure ; puis vous faites réduire la moitié de leur
cuisson en glace légère, dont vous mettez une partie
avec du beurre frais dans un ragoût composé ainsi :
préparez pour grosse pièce la garniture de truffes
énoncée à la régence (voir chapitre VI, quatrième
partie) ; joignez-y un foie gras de Strasbourg paré
en escalopes, puis une assiettée de gros rognons de
coq ; donnez une seule ébullition à ce ragoût ; versez-en une grande partie autour de la grosse pièce ;
ajoutez dessus une bordure composée de grosses quenelles de volaille au beurre d'écrevisses ; entre chacune d'elles mettez une grosse crête double et bien
blanche ; placez à cheval sur ces quenelles un filet
mignon conti aux truffes ; glacez de nouveau les filets
de bœuf ; placez autour dix hatelets composés chacun de trois crêtes doubles et de deux grosses truffes
noires et glacées. A cet effet, voyez le dessin n° 2 de
la planche XII. Garnissez deux saucières du ragoût
précité ; servez.

Observation.

Je viens de décrire onze grosses pièces d'aloyau
braisées; celui à la Godard seul est pratiqué parmi
nous, et garni d'hatelets. Cette grosse pièce appartient à l'ancienne cuisine, tandis que les dix autres
appartiennent à notre cuisine. On pourrait en augmenter le nombre en suivant les procédés que j'ai décrits pour servir les grosses pièces de filets d'aloyau
braisées énoncées au chasseur gastronome, à la royale,
à la Vaupalière, à la Brillat-Savarin, à la Château-
briand, à la Condé, à la Trianon, à la parisienne, à
la Colnet, à la Dufresnoy, à la Pascal, à la Clermont-
Ferrand, idem pané et coloré au four, idem à la
Luxembourg, idem braisé à la Lesueur, idem à la provençale, idem à la languedocienne, idem à l'italienne,
idem à la romaine, idem à la napolitaine ; puis divers
procédés simples pour le servir à la bourgeoise. Ces
préparations seront moins coûteuses et donneront
également un aspect nouveau aux aloyaux braisés,
étant pour la plupart garnies d'hatelets.

C'est donc aux praticiens à agir à l'égard de
ces grosses pièces selon les dépenses qu'ils pourront
faire.

CHAPITRE IV.

TRAITÉ DES GROSSES PIÈCES DE BOEUF BOUILLIES.

SOMMAIRE.

Grosse pièce de bœuf bouillie, garnie de racines glacées ; idem garnie
de carottes à la nivernaise ; idem garnie de carottes à l'allemande ;
idem garnie d'oignons glacés ; idem garnie d'oignons farcis et glacés ;
idem garnie de racines de céleri glacées ; idem garnie de marrons
glacés au consommé ; idem garnie de choux brocolis à l'anglaise ;
idem de choux-fleurs à l'irlandaise ; idem garnie de choux à la bruxelloise ; idem garnie à la viennoise ; idem bouillie à la Neuilly ; idem à
la Saint-Cloud ; idem à la bourgeoise ; idem garnie de choucroute à
l'allemande ; idem garnie de choucroute à la française ; idem garnie
de choux rouges ; idem garnie de choux braisés ; idem garnie de
choux à la bourgeoise ; idem garnie à la Parmentière ; idem garnie
de pommes de terre à la bretonne ; idem garnie de pommes de terre
à la lyonnaise ; idem garnie à la hongroise ; idem garnie de pommes
de terre au consommé ; idem de mass-patelosses à l'écossaise ; idem

garnie de purée de pommes de terre ; idem garnie de carottes nouvelles ; idem à la française , grosse pièce garnie d'hatelets ; idem à la
parisienne , grosse pièce garnie d'hatelets ; idem à la Desaix , grosse
pièce garnie d'hatelets ; idem garnie de tomates farcies à la moderne.

GROSSE PIÈCE DE BOEUF BOUILLIE,
GARNIE DE RACINES GLACÉES.

AYEZ soin , pour servir cette grosse pièce ,
de choisir une culotte de bœuf plus longue que large , bien couverte de graisse et
de bonne qualité ; vous la désossez , la bridez en lui
donnant bonne grâce , puis vous la faites cuire dans
la marmite comme de coutume. (Consultez les procédés décrits pour la préparation du grand bouillon , chapitre Iᵉʳ , première partie.) Puis vous l'é-
gouttez au moment de servir, la débridez , en parez
légèrement la surface de la graisse et les parties de
maigre , afin de la rendre autant que possible d'un
carré long ; glacez-la deux ou trois fois avec une
glace un peu réduite et colorée ; vous la dressez et
la garnissez autour de deux groupes de petites carottes nouvelles roulées dans leur glace (vous les placez au milieu de la grosse pièce); de chaque côté ,
vous ajoutez un groupe de petits navets tournés en
poires et roulés dans leur glace , et , aux deux bouts
du bœuf , vous dressez un groupe de petits choux de
Bruxelles ; glacez de rechef la grosse pièce , et
servez.

Pour la préparation des racines qui en font la
garniture , voir le chapitre XII de la quatrième
partie.

GROSSE PIÈCE DE BŒUF BOUILLIE ,
GARNIE DE CAROTTES A LA NIVERNAISE.

Vous devez préparer, cuire, parer, glacer et dresser une culotte de bœuf ainsi qu'il est démontré ci-dessus ; puis vous versez autour une forte garniture de petites carottes préparées à la nivernaise, en observant de les faire tomber à glace à l'instant même de les servir, afin qu'elles aient un glacé brillant et agréable à la vue.

GROSSE PIÈCE DE BOEUF BOUILLIE ,
GARNIE DE CAROTTES A L'ALLEMANDE.

Après avoir préparé , paré et glacé une bonne culotte de bœuf normand selon les détails décrits pour le premier article de ce chapitre , vous la dressez et versez autour une garniture de petites carottes indiquées à l'allemande (voir chapitre XII , quatrième partie), et préparée pour grosse pièce. Glacez de nouveau le bœuf, et servez.

GROSSE PIÈCE DE BŒUF BOUILLIE ,
GARNIE D'OIGNONS GLACÉS.

Vous préparez, cuisez, glacez et dressez votre bœuf comme de coutume (voir la première grosse pièce de ce chapitre) ; puis vous la garnissez autour d'oignons glacés selon la règle (Voyez le chapitre XII de la quatrième partie). Glacez et servez.

GROSSE PIÈCE DE BOEUF BOUILLIE,
GARNIE D'OIGNONS FARCIS ET GLACÉS.

Pour servir cette grosse pièce, vous procédez ainsi qu'il est démontré ci-dessus, en employant pour garniture des oignons farcis et glacés.

GROSSE PIÈCE DE BOEUF BOUILLIE,
GARNIE DE RACINES DE CÉLERI GLACÉES.

Préparez, cuisez, glacez et dressez votre bœuf de la manière accoutumée (voir celui énoncé garni de racines glacées); puis vous le garnissez autour de racines de céleri glacées (voir chapitre XII, quatrième partie) pour grosse pièce. Glacez le bœuf, et servez.

GROSSE PIÈCE DE BOEUF BOUILLIE,
GARNIE DE MARRONS GLACÉS AU CONSOMMÉ.

Votre bœuf étant préparé, cuit, glacé et dressé comme de coutume (voir le premier article de ce chapitre), vous le garnissez autour avec des marrons de Lyon ou de Lucques préparés selon les procédés décrits pour les marrons glacés. (Voir chapitre XII, quatrième partie.)

GROSSE PIÈCE DE BOEUF BOUILLIE,
GARNIE DE CHOUX BROCOLIS A L'ANGLAISE.

Après avoir préparé, glacé et dressé une culotte de bœuf selon la règle (voir le premier article de ce chapitre), vous la garnissez autour de brocolis préparés pour grosse pièce, ainsi qu'il est énoncé au chapitre XII de la quatrième partie ; servez à part, dans une saucière, de l'espagnole travaillée, à laquelle vous ajoutez un peu de glace, de beurre frais et de jus de citron.

GROSSE PIÈCE DE BOEUF BOUILLIE,
GARNIE DE CHOUX-FLEURS A L'IRLANDAISE.

Votre bœuf étant préparé, glacé et dressé de la manière accoutumée (voir la grosse pièce énoncée garnie de racines glacées) ; vous le garnissez autour de quartiers de petits choux-fleurs nouveaux cuits bien blancs à l'eau bouillante, à laquelle vous avez joint un peu de beurre et de sel, puis vous les masquez de sauce espagnole réduite en demi-glace, à laquelle vous additionnez quatre petits pains de beurre frais, un peu de mignonnette, un jus de citron et une cuillerée de persil haché et blanchi. Servez, en glaçant de nouveau la pièce de bœuf.

GROSSE PIÈCE DE BOEUF BOUILLIE,
GARNIE DE CHOUX A LA BRUXELLOISE.

Après avoir préparé, glacé et dressé votre grosse pièce ainsi qu'il est énoncé pour le premier article de ce chapitre, vous parez et blanchissez une forte garniture de petits choux de Bruxelles nouveaux et fermes au toucher, selon la règle (voir chapitre XII, quatrième partie) ; vous les égouttez dans une pas-

soire, puis sur une serviette, et les sautez ensuite
dans un grand plat à sauter sur un fourneau ardent,
afin de dessécher leur humidité, en y mêlant un peu
de sel, de poivre, de muscade râpée et une cuillerée
à bouche de sucre en poudre; après quoi vous
ajoutez du beurre frais préparé à la noisette et bien
écumé, et deux cuillerées à bouche de glace légère;
sautez-les dans cet assaisonnement deux ou trois fois
seulement, afin de les conserver bien entiers; puis
vous les dressez par groupes autour de la grosse pièce,
que vous glacez et servez.

GROSSE PIÈCE DE BOEUF BOUILLIE,
GARNIE A LA VIENNOISE.

Votre grosse pièce étant préparée, glacée et dressée selon la règle (voir celle énoncée garnie de racines glacées), vous la garnissez autour de groupes de
choux de Bruxelles et de marrons glacés, préparés
(ainsi qu'il est démontré dans le chapitre XII de la
quatrième partie) pour grosse pièce; glacez ensuite
le bœuf, et servez.

GROSSE PIÈCE DE BOEUF BOUILLIE A LA NEUILLY.

Préparez, glacez et dressez votre bœuf comme de
coutume (voir le premier article de ce chapitre);
puis vous le garnissez autour de groupes de fonds
d'artichauds glacés et de racines de céleri idem préparées pour grosse pièce, ainsi qu'il est démontré
dans le chapitre XII de la quatrième partie; glacez
le bœuf, et servez.

III.   22

GROSSE PIÈCE DE BOEUF BOUILLIE A LA SAINT-CLOUD.

Après avoir préparé, glacé et dressé votre grosse pièce selon les procédés décrits pour celle énoncée garnie de racines glacées, vous la garnissez autour de concombres en escalopes à l'espagnole; puis vous y ajoutez une bordure de navets tournés en poires et glacés. Servez, en glaçant le bœuf de nouveau.

Pour préparer ces garnitures, consultez le chapitre XII de la quatrième partie.

GROSSE PIÈCE DE BOEUF BOUILLIE A LA BOURGEOISE.

Votre bœuf étant préparé, glacé et dressé de la manière accoutumée (voir le premier article de ce chapitre), vous le garnissez autour de pommes de terre parées en bouchons et colorées dans la graisse du derrière de la marmite, sur lesquelles vous semez un peu de sel. Glacez le bœuf, et servez.

Observation.

Cette garniture ne coûte presque rien; elle demandera seulement un peu de soin à la cuisinière : car il faut que son dégraissis soit pur, et que ses pommes de terre soient cuites à point à la vapeur en les mouillant peu et y joignant le sel nécessaire pour leur donner du goût. Cette garniture, toute simple qu'elle est, vaut mieux cent fois que ce persil en branches qui entoure d'ordinaire le bouilli bourgeois. C'est par suite des réflexions que j'ai faites à ce sujet dans l'a-

vertissement de cet ouvrage que je voudrais que le
bœuf bouilli de la cuisine bourgeoise fut désormais
servi avec une garniture de carottes, ou de navets,
d'oignons, de racines de céleri et marrons; l'une de
ces garnitures, étant glacée avec soin, suffira pour
changer l'aspect de là pièce de bœuf et lui donner
plus de qualité. C'est donc aux amphitryons de la
bourgeoisie à se faire servir d'une manière plus convenable et plus en harmonie avec la gastronomie
française.

GROSSE PIÈCE DE BOEUF BOUILLIE,
GARNIE DE CHOUCROUTE A L'ALLEMANDE.

Vous préparez et glacez une culotte de bon bœuf
selon les procédés décrits pour celle énoncée garnie
de racines glacées; puis vous la dressez sur un lit de
choucroute préparé ainsi que je l'ai démontré pour
le filet de bœuf piqué, mariné, garnie de ce mets
à l'allemande, en l'entourant de petit lard fumé,
de saucisson, et de petites saucisses à la Chipolata. Glacez le bœuf et la garniture, et servez.

GROSSE PIÈCE DE BOEUF BOUILLIE,
GARNIE DE CHOUCROUTE A LA FRANÇAISE.

Après avoir préparé, cuit et glacé votre bœuf ainsi
qu'il est démontré pour le premier article de ce chapitre, vous le dressez sur un lit de choucroute à la
française préparé selon les détails que nous avons décrits pour la garniture du filet de bœuf piqué, mariné, énoncé à la choucroute française; vous gar-

22*

nissez également votre grosse pièce de saucisson, de
petit lard fumé, et de petites saucisses; puis vous le
glacez de rechef ainsi que cette garniture, et servez.

GROSSE PIÈCE DE BOEUF BOUILLIE,
GARNIE DE CHOUX ROUGES.

Vous préparez ce légume en suivant de tout point
les procédés analysés pour le filet de bœuf piqué
mariné (voir cet article), garni de choux rouges;
au moment du service vous versez les choux sur le
plat de grosse pièce; placez dessus la culotte de bœuf,
que vous avez préparée et glacée selon la coutume
(Voir le premier article de ce chapitre); garnissez-
la autour de petites saucisses, du petit lard fumé et
du saucisson; glacez-les légèrement, et servez.

GROSSE PIÈCE DE BOEUF BOUILLIE,
GARNIE DE CHOUX BRAISÉS.

Après avoir épluché quatre gros choux frisés, ou
deux ordinaires, vous en retirez les grosses côtes,
les émincez fin, les lavez, les blanchissez et les égouttez avec soin; mettez-en la moitié dans une casserole; placez dessus une livre de petit lard très maigre blanchi, puis un bouquet garni selon la règle,
une carotte, deux oignons, un peu de poivre concassé et de muscade râpée; ajoutez le reste des choux,
d'excellent dégraissis, un bon fond de braise, ou du
consommé ou du bouillon; couvrez-les d'un rond de
papier fort et grassement beurré; faites partir l'ébull-
lition sur un fourneau ardent; appuyez vos choux,

afin que la graisse vienne à la surface, et les faites mijoter pendant deux heures ; après quoi vous y mêlez un saucisson et des petites saucisses à la chipolata ; une heure après, vous égouttez le lard, les saucisses et le saucisson ; dégraissez avec soin vos choux et les faites tomber à glace sur un feu ardent, en observant toutefois que la cuisson ne soit pas salée, car alors il faudrait la supprimer en partie et ajouter aux choux un peu de bonne glace et de beurre frais ; puis vous les versez sur le plat et posez dessus la grosse pièce de bœuf, que vous avez préparée et glacée comme de coutume (voir celle énoncée garnie de racines glacées) ; la garnisssez autour du petit lard, saucisses et saucissons parés selon la règle. Glacez-les légèrement ainsi que la culotte de bœuf, et servez.

Observation.

Si vous voulez changer le goût de l'assaisonnement de vos choux, vous devez y joindre un combien de jambon de Baïonne blanchi, et un fragment de lapereaux ou de perdrix. Ensuite j'observerai à mes confrères que les choux étant émincés et tombés à glace dans leur fond après les avoir parfaitement dégraissés sont préférables, selon mon goût et mon expérience, aux choux braisés par quartiers, comme cela se pratique ordinairement, et ensuite pressés en rouleau dans une serviette. Ce procédé ancien ne sert qu'à extraire une grande partie de l'onction des choux : c'est pourquoi j'ai quitté depuis long-temps cette manière de faire ; elle convient tout au plus pour égoutter les choux pour chartreuse, et encore nous devons,

de préférence, après les avoir bien dégraissés, les
faire tomber à glace, et les presser ensuite dans la
passoire. Par ce moyen d'agir, nous évitons qu'ils
prennent un goût de linge, ainsi que cela arrive quelquefois, sans que nous puissions y parer.

GROSSE PIÈCE DE BOEUF BOUILLIE, GARNIE DE CHOUX A LA BOURGEOISE.

Vous émincez vos choux ainsi qu'il est démontré
ci-dessus, les blanchissez, les égouttez, et les faites
cuire avec du dégraissis de marmite (un peu de petit
lard, et deux saucissons, si vous voulez), du bouillon,
un bouquet garni selon la règle, deux carottes, deux
oignons, un peu de sel, de poivre, et de muscade râpée ; faites cuire à petit feu. Trois heures après, vous
les dégraissez bien parfaitement, les faites tomber à
glace, et les versez sur le plat ; placez dessus la grosse
pièce, que vous avez préparée et glacée de la manière
accoutumée ; servez.

GROSSE PIÈCE DE BOEUF BOUILLIE, GARNIE A LA PARMENTIÈRE.

Parez en grosses olives des pommes de terre vraies
vitelottes ; puis vous les faites blanchir une seconde,
les égouttez, et les faites cuire aux trois quarts avec
du bouillon ou consommé, un peu de sel, de poivre,
de muscade râpée, du beurre frais, et une pointe de
sucre ; égouttez-les ensuite (le fond sert pour les potages d'office), et leur donnez une belle couleur dans
un plat à sauter contenant du beurre frais clarifié ;

semez dessus, après les avoir retournées, un peu de sel blanc ; égouttez-les avec une cuillère percée en les plaçant autour de la culotte de bœuf que vous avez préparée et glacée selon les détails décrits pour celle énoncée aux racines glacées ; servez.

Observation.

Les pommes de terre ainsi préparées ont bien plus de goût et de moelleux que celles cuites en petites boules dans le beurre clarifié.

GROSSE PIÈCE DE BOEUF BOUILLIE,
GARNIE DE POMMES DE TERRE A LA BRETONNE.

Préparez, glacez et dressez votre bœuf selon les détails décrits pour celui énoncé aux racines glacées ; puis vous versez autour une garniture de pommes de terre préparées ainsi qu'il est décrit ci-dessus, et, lorsqu'elles sont aux trois quarts cuites, vous les égouttez et les placez dans un grand plat à sauter contenant la sauce indiquée à la bretonne (voir chapitre VII, quatrième partie), et les faites mijoter pour achever leur cuisson. Il est essentiel de les maintenir entières en les dressant avec soin. Glacez le bœuf, et servez.

GROSSE PIÈCE DE BOEUF BOUILLIE,
GARNIE DE POMMES DE TERRE A LA LYONNAISE.

Coupez deux gros oignons blancs en dés ; puis vous les passez blonds dans du beurre clarifié, les égouttez, et les mettez dans une casserole contenant deux grandes cuillerées de bouillon ou de consommé, du beurre frais, un peu de sucre, de sel, de poivre et de muscade râpée, le sixième d'une petite gousse d'ail pilée, et deux cuillerées à bouche de pluche de persil. Sautez dans cet assaisonnement vos pommes de terre préparées comme ci-dessus; faites-les cuire avec soin, et les dressez entières autour de la culotte de bœuf, que vous avez préparée, glacée et dressée selon les procédés décrits pour le premier article de ce chapitre; servez.

GROSSE PIÈCE DE BOEUF BOUILLIE, GARNIE A LA HONGROISE.

Préparez, glacez et dressez votre bœuf ainsi qu'il est démontré pour la grosse pièce énoncée garnie de racines glacées; puis vous versez autour une forte garniture de groseilles vertes indiquée à la hongroise (voir chapitre XII, quatrième partie); servez.

Observation.

Cette garniture aigre-douce convient aux personnes nées en Allemagne ou qui ont voyagé dans ce pays.

GROSSE PIÈCE DE BOEUF BOUILLIE, GARNIE DE POMMES DE TERRE AU CONSOMMÉ.

Après avoir légèrement blanchi (une seconde) vos pommes de terre, vous les faites cuire avec deux grandes cuillerées de consommé ou de bouillon, du beurre frais, un peu de sucre en poudre, de sel, de poivre fin, et de muscade râpée ; puis vous les versez autour de la culotte de bœuf, préparée, glacée et dressée selon les détails décrits pour celle énoncée garnie de racines glacées ; servez.

GROSSE PIÈCE DE BOEUF BOUILLIE,
GARNIE DE MASS-PATETOSSES A L'ÉCOSSAISE.

Préparez vos pommes de terre comme il est indiqué ci-dessus ; puis vous les écrasez en purée compacte, les versez sur le plat, et dressez dessus la grosse pièce, que vous avez préparée comme de coutume (voir le premier article de ce chapitre), et servez.

GROSSE PIECE DE BOEUF BOUILLIE,
GARNIE D'UNE PURÉE DE POMMES DE TERRE.

Au moment de servir, vous versez sur le plat la purée de pommes de terre indiquée à la crème (voir le chapitre XIV, quatrième partie) et préparée pour grosse pièce ; puis vous posez dessus le bœuf préparé et glacé comme de coutume (voir la première grosse pièce de ce chapitre) ; servez.

Observation.

On doit servir également avec la culotte de bœuf bouillie les purées de pommes de terre à la provençale, à la lyonnaise, et toujours en les préparant pour grosse pièce, ainsi que celles énoncées dans le chapitre XIV, quatrième partie, de choux-fleurs à à l'allemande, de choux de Bruxelles, de cardes à l'espagnole, de céleri, de marrons au blond de veau.

GROSSE PIÈCE DE BOEUF BOUILLIE, GARNIE DE PETITES CAROTTES NOUVELLES.

Vous préparez et cuisez avec soin deux bottes de petites carottes nouvelles ainsi qu'il est démontré à cet article (chapitre XII de la quatrième partie), et les faites tomber à glace au moment de les verser autour de la grosse pièce, que vous préparez, glacez et dressez de la manière accoutumée (voir celle indiquée aux racines glacées). Servez de suite après avoir versé votre garniture, afin que son brillant glacé n'éprouve point d'altération.

GROSSE PIÈCE DE BOEUF A LA FRANÇAISE, GARNIE D'HATELETS.

Pour cette grosse pièce la culotte de bœuf doit être coupée le plus long possible et d'un bœuf de première qualité; après l'avoir préparée selon la règle, vous l'égouttez de la marmite une demi-heure avant le moment du service, la parez d'un carré long, parez la surface de la graisse, et la glacez au four, afin de la colorer d'un rouge clair, ou bien vous la glacez dans la braisière contenant un peu de bon dégraissis et de bouillon, et suivant du reste les procédés décrits précédemment; ensuite vous la placez sur son plat, la masquez de rechef avec la glace, dans laquelle vous additionnez un beurre d'écrevisses; puis vous placez dessus comme de coutume dix hatelets com-

posés de crêtes doubles et de grosses truffes noires
glacées. Après cette opération, vous la garnissez
avec la plus grande prestesse de groupes de petites
carottes glacées, navets, racines de céleri, petits oignons, choux de Bruxelles, choux-fleurs, concombres, pointes de grosses asperges dans la saison, petits pois et haricots verts ; placez autour une garniture de laitues braisées et parées, et entre chacune
d'elles une crête de langue à l'écarlate ; servez.

Observation.

Plus vous pouvez varier la garniture des racines et
légumes de cette grosse pièce, plus elle est élégante ;
mais en même temps le praticien qui veut la servir
avec succès doit de toute nécessité la dresser tout-à-
fait après les entrées et les autres grosses pièces, en
ayant soin de faire tomber les racines à glace au moment de les dresser : alors votre garniture est brillante de son glacé, tandis qu'elle devient terne lorsqu'elle est dressée d'avance ; il vaudrait mieux ne
point annoncer la grosse pièce à la française, mais à
la jardinière tout bonnement.

GROSSE PIÈCE DE BOEUF BOUILLIE A LA PARISIENNE, GARNIE D'HATELETS.

Après avoir désossé et bridé votre grosse pièce comme de coutume, vous la faites cuire dans une braisière avec de l'eau, vous l'égouttez avec soin, y joignez du sel, les racines nécessaires, et la faites mijoter pendant quatre heures et demie ; après quoi vous
l'égouttez sur un grand plafond, la parez ainsi que la

surface de la graisse et la glacez selon la règle; puis vous la dressez et l'entourez de fonds d'artichauds entiers et bien blancs, et la garnissez avec soin d'une riche jardinière brillante de son glacé (ce sont les racines et légumes qui composent la macédoine, que vous sautez dans leur glace avec un peu de beurre frais, d'espagnole et de glace de volaille), en formant autour de petits buissons printaniers; puis vous placez entre chaque fond d'artichaud une belle crête simple. Garnissez de la manière accoutumée la pièce de bœuf de dix hatelets composés de grosses crêtes doubles et de belles truffes noires et glacées; servez dans deux saucières une demi-glace de racines.

Observation.

Catte garniture de grosse pièce ne doit encore se glacer qu'au moment de la servir, afin qu'elle produise tout son effet. Ensuite j'observerai à ceux de mes confrères qui pourraient cuire leur pièce de bœuf dans une braisière qu'ils doivent toujours en agir ainsi. Le bœuf ainsi bouilli a plus de succulence, puisque l'osmazone est plus concentré. Or les culottes de bœuf destinées à être servies sur les tables d'apparat, et celles surtout garnies de nos riches préparations de plantes légumineuses, doivent cuire dans une braisière, et non pas dans la marmite, c'est-à-dire toutes les fois que cela pourra se faire sans gêner en rien le praticien dans son travail. Lorsque l'on pourra ajouter dans la braisière quelques fragments de volaille et un combien de jambon de

Baïonne, après l'avoir bien échaudé, le bœuf en sera de meilleur goût.

GROSSE PIÈCE DE BOEUF A LA DESAIX, GARNIE D'HATELETS.

Vous préparez, glacez et dressez votre grosse pièce selon les détails précités ; puis vous la garnissez autour de groupes de pointes de grosses asperges, de concombres en escalopes au suprême, de petites carottes nouvelles, et autour une garniture de racines de céleri glacées, entre lesquelles vous mettez de gros rognons de coq bien blancs Glacez la grosse pièce, et posez dessus selon la règle dix hatelets composés de crêtes doubles, de gros riz d'agneau piqués et glacés, et de grosses truffes noires ; servez.

Observation.

Les racines et légumes qui composent cette garniture doivent être préparés en assez grande quantité, afin de former de chaque espèce deux groupes de chaque côté de la grosse pièce, et ne la dressez qu'au moment même de servir, pour qu'elle ait plus d'élégance et de fraîcheur. On peut remplacer les racines de céleri par des oignons glacés et farcis, ou des laitues idem, ou des choux-fleurs nouveaux parés d'égale grosseur et cuits bien blancs, ou de navets glacés.

GROSSE PIÈCE DE BOEUF BOUILLIE, GARNIE DE TOMATES FARCIES A LA MODERNE.

Coupez en deux quinze tomates moyennes, rondes

et d'égale grosseur; retirez-en le jus et les graines; puis vous les farcissez intérieurement d'une farce à quenelles de volaille dans laquelle vous additionnez des fines herbes passées comme pour la duxelle. Placez dans un grand plat à sauter grassement beurré vos tomates du côté de la farce, et une demi-heure avant le moment de servir, vous y versez une grande cuillerée de consommé, et faites partir l'ébullition sur un fourneau ardent; ensuite vous les placez feu dessus et dessous; étant prêt, vous les égouttez, les glacez, et les placez autour de votre pièce de bœuf bouilli, parée et glacée selon la coutume. Servez dans une saucière la sauce indiquée tomate à la parisienne.

Observation.

Cette nouvelle manière de servir les tomates farcies convient mieux, en ce qu'elle conserve non seulement la forme, mais plus encore la couleur des tomates, ce qui donne meilleure mine à la grosse pièce.

GROSSE PIÈCE DE BOEUF D'ALOYAU BOUILLIE, GARNIE D'OIGNONS GLACÉS.

Vous préparez cette pièce de bœuf selon les détails que nous avons donnés pour le rosbif décrit à la française; puis vous la faites écumer selon la règle dans une grande braisière ou marmite remplie d'eau; ajoutez le sel et les racines nécessaires à l'assaisonnement du bouillon; faites mijoter cette pièce de bœuf trois petites heures, après quoi vous l'égouttez; étant près de servir, vous la débridez, en supprimez

le filet mignon ; puis vous parez bien carrémeu t l'a-
loyau,et le dressez le côté de la bavette placé sur le plat;
ensuite vous glacez la surface du gros filet avec une
glace rougeâtre réduite un peu serré ; glacez de même le filet mignon , que vous placez sur la pièce de
bœuf ; garnissez-le autour de moyens oignons glacés;
posez une seconde garniture d'oignons glacés sur le
plat, pour en ceindre la grosse pièce; glacez-la de
nouveau ; servez avec deux saucières garnies d'une
demi - espagnole à glace.

Observation.

Je ne donnerai pas d'autres détails sur la pièce d'a-
loyau bouillie : c'est à mes confrères à changer les
garnitures, en suivant la variété de celles que j'ai indiquées pour les grosses pièces de culotte bouillie. Or,
elles prendront sur le menu les différents noms que
j'ai assignés à celles-ci. Par exemple, vous devez
écrire la grosse pièce d'aloyau bouillie garnie de carottes nouvelles et glacées, et ainsi des autres garnitures de racines et légumes contenues dans la nomenclature de ce chapitre.

DES PIÈCES DE CÔTES BOUILLIES.

Les pièces de côtes demandent la même cuisson
que la pièce d'aloyau désignée ci-dessus; les garnitures de racines sont les mêmes ; seulement on doit
faire couper cette pièce chez le boucher à partir de la
première côte jusqu'à la dernière de celles qui sont
couvertes de graisse: car celles qui précèdent, se trouvant placées sous l'épaule, sont découvertes; elles

sont excellentes pour être servies grillées. Vous désossez les chairs de l'échine de votre pièce de côte, sciez cet
os à fleur de la naissance de chaque côte ; ensuite vous
désossez celle-ci du côté de la poitrine, en ayant soin
de ne point endommager la barde de graisse qui les
couvre ; puis vous les coupez avec la scie en ne leur
donnant sous le filet que six pouces de longueur ; ensuite vous pliez la partie désossée sur celle qui ne
l'est pas ; donnez dessus quelques coups avec le
plat du couperet, afin de lui donner de la grâce ;
puis, après l'avoir bridée, vous la faites cuire, et la
servez ainsi que l'annonce le commencement de cet
article.

Cette moyenne grosse pièce ne peut se servir que
dans les jours ordinaires et pour une table de dix à
douze couverts au plus.

MOYENNE GROSSE PIÈCE DE CÔTES BRAISÉES.

Vous désossez et bridez cette pièce de côtes selon
les détails décrits ci-dessus ; puis vous la braisez
en suivant les procédés énoncés pour braiser le
filet de bœuf, et la garnissez des garnitures indiquées pour les filets braisés (voir ces articles).

MOYENNE GROSSE PIÈCE D'ENTRE-CÔTE GRILLÉE
A LA MAITRE-D'HÔTEL.

Après avoir conservé autant de jours que possible,
selon la chaleur de l'été, l'humidité de l'automne ou
le froid de l'hiver, la pièce des côtes découvertes d'un
bœuf de bonne qualité, vous la désossez entièrement,

en passant le couteau tout près des os de l'épine dorsale et peu à peu le long des côtes ; ensuite vous détaillez vos entre-côtes en leur donnant quinze lignes d'épaisseur ; puis vous les parez en leur donnant la forme d'un ovale allongé ; appuyez deux ou trois fois le plat du couperet sur vos entre-côtes, sur lesquelles vous semez dessus et dessous un peu de sel et de poivre ; puis vous les marinez avec un verre d'huile d'Aix, un oignon coupé en anneaux, du persil en branches, et quelques fragments de thym et laurier ; puis vous les retournez d'heure en heure en plaçant de l'assaisonnement entre chacune d'elle. Vingt minutes avant de servir, vous égouttez les entre-côtes, les posez sur un grand gril bien propre (n'ayant point le goût de poisson surtout), et le placez sur de la braise ardente et des cendres rouges ; dix minutes après, lorsqu'elles sont colorées convenablement, vous les retournez, remettez un peu de feu dessous, et, dès que le filet est ferme, quoiqu'un peu flexible au toucher, vous les glacez, les dressez un peu l'une sur l'autre, en mettant entre chacune d'elles une cuillerée à bouche de maître-d'hôtel préparée de la manière accoutumée. Placez autour une garniture de pommes de terre préparées comme pour le rosbif. Servez avec une demi-glace dans une saucière.

MOYENNE GROSSE PIÈCE D'ENTRE-CÔTES GRILLÉES, SAUCE PÉRIGUEUX.

Vous les préparez, grillez, glacez et dressez en suivant les détails précités ; puis vous les masquez avec la sauce indiquée à la Périgueux (voir chapitre VI,

III.   23

quatrième partie), à laquelle vous additionnez un peu
de beurre frais ; servez.

Observation.

On peut encore servir dessous ces entre-côtes les
sauces indiquées à la financière, à la poivrade, à la
ravigote printanière, à la tomate, idem tomate à la
parisienne, à la tortue, à la Soubise, à la Clermont,
à la bretonne, idem piquante ou hachée, idem au
pignole.

MOYENNE GROSSE PIÈCE D'ENTRE-CÔTES GRILLÉES A LA PURÉE DE POMMES DE TERRE.

Après avoir préparé, mariné, grillé et glacé vos
entre-côtes selon les détails décrits pour celles énoncées à la maître-d'hôtel, vous les dressez sur une purée
de pommes de terre, et les servez en les garnissant
autour de pommes de terre préparées comme pour le
rosbif ; servez.

Observation.

Nous servons également les entre-côtes grillées sur
les purées de pommes de terre à la lyonnaise, à la
bretonne, idem de haricots blancs nouveaux, de
choux-fleurs au blond de veau, de choux de Bruxelles,
de céleri à l'espagnole, de cardes à l'espagnole, et de
marrons.

MOYENNE GROSSE PIÈCE DE CÔTES DE BOEUF A LA BROCHE.

Vous devez choisir du bœuf le plus gras possible,

et le laisser bien mortifier; puis vous parez cette grosse pièce ainsi que nous l'avons décrit pour celle bouillie; ensuite vous la marinez dans l'assaisonnement indiqué pour les entre-côtes grillées; vous la la retournez deux ou trois fois, afin que le goût de l'oignon, du persil et des aromates, se répande également. Deux heures et demie avant le moment de servir, vous bridez la pièce après avoir roulé la partie désossée, que vous fixez avec de petits hatelets; puis vous la traversez dans sa longueur avec une broche de moyenne grosseur en l'appuyant entre le filet et les côtes; ensuite vous placez un grand hatelet sur les petits, le serrez fortement des deux bouts avec de la ficelle, afin de maintenir la pièce à la broche pour éviter qu'elle ne tourne; puis vous l'emballez avec quatre feuilles de papier grassement beurrées, les bridez, et les mettez à la broche : vous devez avoir préparé le feu de la manière accoutumée; arrosez la grosse pièce de temps en temps. Une demi-heure avant de servir, vous en retirez le papier, l'arrosez de nouveau, et la laissez se colorer de belle couleur; puis la glacez, la débrochez, la dressez, et la garnissez autour de pommes de terre préparées de même que pour le rosbif d'aloyau.

Servez une demi-glace dans une saucière.

Observation.

Cette pièce de bœuf n'est pas à dédaigner pour les jours ordinaires d'une grande maison; lorsqu'elle est cuite à point et que le bœuf est de première qualité, elle est succulente et de bon goût. On sert également avec cette grosse pièce les pommes de terre préparées

23*

à la lyonnaise et à la bretonne; puis avec les purées de pommes de terre à la crème, à la bretonne et à la lyonnaise; ensuite avec les sauces indiquées à la poivrade, piquante, ou hachée, à la tomate, idem à la parisienne, à la maître-d'hôtel, et au beurre d'anchois. Avec ces différentes sauces vous devez garnir la grosse pièce de pommes de terre colorées dans le beurre.

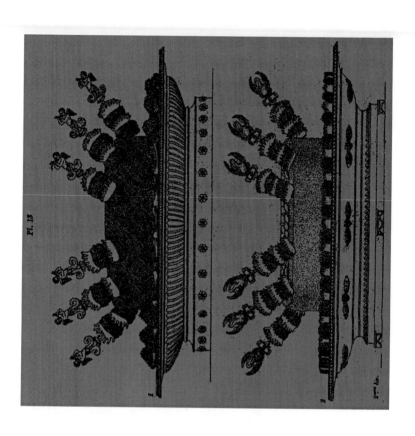

CHAPITRE V.

TRAITÉ DES GROSSES PIÈCES DE BOEUF A LA CUILLÈRE,
ET DE CELLES BRAISÉES, A L'ÉCARLATE, FUMÉES,
ET EN HOCHEPOT.

SOMMAIRE.

Grosse pièce de bœuf à la cuillère, garnie d'hatelets ; idem à la Mal-
herbes, garnie d'hatelets ; idem à la d'Orléans, garnie d'hatelets ; idem
à la Fabert, garnie d'hatelets ; idem à la d'Aguesseau, garnie d'hatelets ; idem à la Richelieu, garnie d'hatelets ; idem à la Rothschild,
garnie d'hatelets ; grosse pièce de bœuf braisée ; idem à l'écarlate ;

SUJETS DE LA PLANCHE TREIZIÈME.

Le N° 1 représente la pièce de bœuf bouillie à la parisienne,
garnie d'hatelets.

Le N° 2 représente la grosse pièce de bœuf à la cuillère, garnie
d'hatelets.

idem fumé à la hambourgeoise ; idem de poitrine de bœuf à l'écarlate à l'anglaise ; idem fumée à l'anglaise : idem de noix de bœuf braisée ; idem de bœuf à la mode à la bourgeoise ; idem de bœuf à la gelée à la bourgeoise ; idem de queues de bœuf en hochepot ; idem en hochepot à la royale ; moyenne grosse pièce de queues de bœuf braisées à la choucroute.

GROSSE PIÈCE DE BOEUF A LA CUILLÈRE ,
GARNIE D'HATELETS.

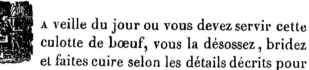 A veille du jour ou vous devez servir cette culotte de bœuf, vous la désossez, bridez et faites cuire selon les détails décrits pour celle indiquée bouillie à la parisienne ; puis vous l'égouttez sur un grand plat de terre, et la couvrez d'un autre plat sur lequel vous posez quelques poids de quatre livres, afin de la maintenir dans sa longueur. Le jour du service, vers trois heures de l'après-midi, vous la parez ainsi que la surface de la graisse ; ensuite vous faites une incision tout autour à quinze lignes près du bord. Videz l'intérieur pour en former une caisse en lui donnant la profondeur nécessaire pour qu'elle conserve sa forme lorsque la pièce de bœuf sera réchauffée pour la servir. Vous devez avoir soin de poser sur les parties de la pointe de la culotte qui seraient susceptibles d'être faibles des lames extraites de votre bœuf, en les fixant avec une panade légère faite au consommé, afin d'y maintenir la garniture et la sauce qui doivent y entrer.

Une heure avant le moment de servir, vous masquez la bordure et les côtés de la pièce de bœuf avec une anglaise sur laquelle vous faites tenir autant de mie de pain que possible, à laquelle vous avez

joint un peu de parmesan râpé ; semez dessus avec
une petite bouffette de papier des gouttes de beurre
tiède ; ensuite vous la mettez au four doux pour la colorer de belle couleur. Pendant ce laps de temps vous
avez émincé le maigre des débris du bœuf provenant de
l'intérieur de la caisse ; puis vous y mêlez une langue
à l'écarlate émincée; faites mijoter le tout un petit
quart d'heure dans une excellente clermont (voir
chapitre VII, quatrième partie) préparée pour grosse
pièce ; pour dresser la grosse pièce, vous l'enlevez
avec soin en travers avec un grand couvercle de casserole beurré ; puis vous la garnissez intérieurement
de l'émincé à fleur de la caisse, le masquez avec de
la clermont que vous devez conserver à cet effet ainsi que pour en garnir une saucière. Versez le reste de
l'émincé autour de la grosse pièce, ajoutez-y une
bordure de croquettes (entre chacune desquelles vous
placez une crête double), de ris de veau, de champignons et de langue à l'écarlate. Placez avec soin dix
hatelets sur le bord de la caisse ; vous les composez
de crêtes blanches et de langue à l'écarlate taillée
en crêtes. Servez de la clermont dans une saucière.

Pour dresser cette grosse pièce avec succès , vous
devez consulter le dessin n° 2 de la planche XIII.

GROSSE PIÈCE DE BOEUF (A LA CUILLÈRE) A LA MALHERBES, GARNIE D'HATELETS.

Vous préparez de tout point cette culotte de
bœuf en suivant les détails décrits pour celle énoncée
ci-dessus ; vous préparez également l'émincé à la
Clermont en y joignant un émincé de truffes sautées

au beurre et formant le tiers du volume de l'émincé
de bœuf et de langue à l'écarlate. Ensuite vous dressez et garnissez la grosse pièce de l'émincé, et formez
la bordure qui la ceint en y plaçant une moyenne
truffe noire et glacée à côté d'une croquette (de celles précitées), et ainsi de suite. Sur la grosse pièce vous
placez avec goût dix hatelets composés de crêtes doubles et de truffes glacées.

Servez avec une saucière garnie de clermont.

GROSSE PIÈCE DE BOEUF (A LA CUILLÈRE) A LA D'ORLÉANS, GARNIE D'HATELETS.

Après avoir paré votre grosse pièce de bœuf en
caisse, vous la panez, la colorez au four et la dressez
ainsi qu'il est indiqué pour celle énoncée à la cuillère ;
au moment de servir, vous versez dedans une escalope de lapereaux sautée et mêlée à une idem de langue à l'écarlate et de truffes saucées d'une périgueux
(un peu réduite) ; masquez l'émincé avec cette sauce ; placez autour une garniture de filets de lapereaux
contis aux truffes ou bien des quenelles de ce gibier
à la périgueux ; alors vous devez poser entre elles un
petit filet à la Conti.

Placez sur la grosse pièce dix hatelets composés de
crêtes doubles, de quenelles à la Villeroy, de crêtes
et de truffes noires glacées.

Servez une saucière garnie de la périgueux.

GROSSE PIÈCE DE BOEUF (A LA CUILLÈRE) A LA FABERT, GARNIE D'HATELETS.

Vous préparez et dressez cette grosse pièce en sui-

vant de tout point les détails énoncés pour celle à la
cuillière; puis vous garnissez l'intérieur d'une escalope de riz de veau et de langue à l'écarlate mêlée à
la sauce provençale (voir chapitre V, quatrième
partie), préparée pour grosse pièce; versez une partie de cet éminsé autour de la pièce de bœuf; garnissez-la de moyens riz de veau piqués et glacés, entre chacun desquels vous mettez un gros rognon de
coq très blanc et bien entier; placez de la manière accoutumée dix hatelets composés de grosses crêtes, de
riz d'agneau cloutés de truffes, de crêtes et de truffes
parées en forme de quenelles et glacées.

Servez une saucière garnie de provençale.

GROSSE PIÈCE DE BOEUF (A LA CUILLÈRE) A LA NOAILLES, GARNIE D'HATELETS.

Préparez, panez, colorez au four et dressez votre
grósse pièce selon l'analyse décrite pour celle indiquée à la cuillière; puis vous garnissez l'intérieur
d'escalopes de langues de mouton (cuites à point)
aux concombres, préparées comme pour garniture
d'entrée (voir chapitre XII, quatrième partie), et
à l'espagnole, et à laquelle vous joignez un peu de
glace de volaille et de beurre frais, un peu de poivre et de muscade râpée; garnissez le tour de la
pièce de bœuf de l'escalope précitée; puis vous l'entourez d'une garniture de moyennes carottes tournées en poires et glacées selon la règle, mais en les
posant droites, la pointe en l'air. Placez sur la pièce
de bœuf dix hatelets garnis de crêtes simples et de

langues d'agneau à la Villeroy. Servez dans une saucière de la sauce de l'escalope.

GROSSE PIÈCE DE BOEUF (A LA CUILLÈRE) A LA D'AGUESSEAU, GARNIE D'HATELETS.

Vous devez préparer de tout point cette culotte de bœuf ainsi que nous l'avons démontré pour celle énoncée à la cuillère; puis vous la dressez, et la garnissez intérieurement de gros rognons de coq, de fragments de langue à l'écarlate parés de la forme des rognons. Ajoutez vingt-quatre noisettes de veau parées de leur graisse et cuites dans une mirepoix. Mêlez à ce ragoût les pointes de trois bottes de grosses asperges préparées pour garniture, et saucez d'une espagnole travaillée un peu réduite à laquelle vous ajoutez un peu de glace de volaille, de beurre frais, de sucre en poudre, de poivre et de muscade râpée. Ce ragoût doit ébullitionner seulement; versez dudit ragoût autour de la pièce de bœuf; entourez-le d'une garniture de fonds d'artichauds bien blancs, coupés en quatre. Placez selon la règle dix hatelets composés de crêtes et de gros riz d'agneau glacés avec soin. Servez.

GROSSE PIÈCE DE BOEUF (A LA CUILLÈRE) A LA RICHELIEU, GARNIE D'HATELETS.

Préparez, panez, colorez au four et dressez votre grosse pièce selon les procédés décrits pour la préparation de celle indiquée à la cuillère; ensuite vous garnissez l'intérieur d'un ragoût composé ainsi : ver-

sez dans la sauce énoncée à la bretonne (voir chapitre VII ; quatrième partie) préparée pour grosse
pièce ; versez, dis-je, six maniveaux de champignons avec leurs fonds ; faites-la réduire un peu serrée, puis vous y joignez un peud e glace et de beurre frais, et une escalope de langues de mouton (braisées et cuites à point) et de langue à l'écarlate ; garnissez aussi dudit ragoût le tour de la grosse pièce ;
joignez-y une bordure composée de moyennes truffes noires glacées et de gros riz d'agneau piqués et
glacés. Placez sur le bœuf dix hatelets garnis de
crêtes doubles, de noisettes de veau glacées, de
crêtes et de truffes glacées. Servez avec une saucière
garnie.

GROSSE PIÈCE DE BOEUF (A LA CUILLÈRE) A LA ROTHSCHILD, GARNIE D'HATELETS.

Vous devez préparer cette culotte de bœuf en suivant tous les détails analysés pour servir celle à la
cuillère ; puis vous la dressez selon la règle et garnissez l'intérieur d'un ragoût composé ainsi : préparez pour grosse pièce la sauce à la financière ; joignez-y un peu de glace de volaille, de beurre frais,
puis une escalope de filets de perdreaux, une idem
de maigre de jambon de Westphalie d'excellente
qualité, et une idem de foies gras. Donnez une seule ébullition à ce ragoût ; garnissez-en le tour de la
grosse pièce ; entourez-le d'un cordon de quenelles
à la Villeroy, entre chacune desquelles vous mettez
une belle crête double ; garnissez de même avec des
crêtes simples le tour du ragoût contenu dans la

pièce de bœuf, sur laquelle vous placez dix hatelets composés de crêtes et de truffes noires glacées. Servez à part une saucière garnie de sauce financière.

Observation.

Nous invitons nos confrères laborieux et jaloux de leur réputation à servir les grosses pièces de bœuf précitées sur la table des gastronomes. Leur préparation demande des soins et du travail ; mais elles sont élégantes, et cadreront désormais avec les autres grosses pièces garnies d'hatelets qui embellissent le service de la cuisine moderne.

J'observerai à ceux des praticiens qui ne sont pas en position de pouvoir les servir avec leurs riches garnitures et hatelets, qu'ils pourront aisément les supprimer. Ces pièces de bœuf seront toujours nouvelles en les servant seulement garnies intérieurement, et autour les ragoûts que je leur ai assignés. C'est à mes confrères à agir selon les amphytrions qu'ils sont susceptibles de servir bien ou mal, par suite de la rigide économie qui leur est imposée.

GROSSE PIÈCE DE BOEUF BRAISÉE.

Après avoir désossé et bridé une culotte de bœuf de première qualité, vous la braisez, glacez, dressez et servez en suivant les procédés décrits pour la pièce d'aloyau braisée. Voyez cet article au chapitre contenant l'analyse des grosses pièces d'aloyau braisées.

Observation.

Les détails ci-dessus énoncés suffiront pour les

praticiens et les personnes qui se mêlent de cuisine, puisque la manière de procéder est absolument la même pour ces deux parties du bœuf. Pour les personnes qui aiment le bœuf bien cuit, il faudra donner six heures de cuisson au lieu de cinq que nous donnons ordinairement à ces grosses pièces. Il est des maîtres qui aiment le bœuf tellement cuit que sept heures de cuisson suffiraient à peine pour contenter leur goût. Ceci est l'affaire du praticien, qui doit contenter l'amphitryon auquel il appartient.

Maintenant j'observerai à mes confrères que nous servons également la culotte de bœuf garnie d'hatelets. A cet effet ils devront suivre de tout point les détails décrits aux grosses pièces d'aloyau braisées énoncées à la Montebello, à la Vendôme, à la Tilsitt, à la Poniatowski, à la royale, à la Godard, à la Godard moderne, à la Lamoignon, à l'Albuféra, à la Vauban et à la George IV ; seulement, pour servir ces grosses pièces, il sera nécessaire de prendre des culottes de bœuf d'excellente qualité, de les faire couper très longues, et d'apporter tous les soins possibles à leur préparation. Consultez la planche XII, afin de voir les dessins qui représentent deux de ces grosses pièces d'aloyau braisées, accompagnées de riches garnitures et d'hatelets.

GROSSE PIÈCE DE BOEUF A L'ÉCARLATE.

Désossez selon la règle une culotte de bœuf d'excellente qualité et mortifiée à point ; puis vous la frottez à la surface, en appuyant un peu, avec la main, de deux onces de salpêtre purifié et en

poudre , et ensuite avec trois poignées de sel
blanc sec et tamisé. Cette opération terminée, vous
mettez tout le sel dont vous vous êtes servi dans
une grande terrine en forme de calotte, en y joignant deux onces de cassonnade brute écrasée,
deux gros oignons blancs coupés en anneaux , deux
carottes émincées, la moitié d'une gousse d'ail, quatre fragments de feuilles de laurier, autant de thym
et de basilic, deux clous de girofle, une pincée de
poivre en grains et de macis ; mêlez bien cet assaisonnement ; retirez-en la moitié ; étalez le reste sur
le fond de la terrine ; posez dessus la culotte, du côté
de la graisse ; ajoutez ensuite le reste de l'assaisonnement sur la partie de la chair ; posez une serviette
sur la terrine , puis un grand plat de terre qui entre
dans la terrine d'un pouce seulement , afin d'éviter
que l'air puisse y pénétrer, ce qui s'obtient aisément
par la pression du plat dont le pourtour appuie la
serviette sur les parois de la terrine : dont le con-
tact de l'humidité de l'atmosphère devient impossible , point essentiellement nécessaire pour obtenir
une culotte de bœuf d'un goût parfait. Vous devez
déposer votre terrine dans un lieu frais et sec autant que possible. Six jours après, vous découvrez la
pièce de bœuf, la retirez de la terrine , en séparez
de nouveau l'assaisonnement en deux parties ; vous
étalez l'une d'elles sur le fond de la terrine ; placez
dessus le maigre de la culotte, et versez sur la
surface le reste de l'assaisonnement ; employez le procédé précité pour fermer hermétiquement la pièce
de bœuf. Six jours après , vous l'égouttez de la terrine, la bridez, en lui donnant bonne grâce ; et qua-

tre heures avant le moment de servir, vous la mettez
dans une grande marmite que vous remplissez d'eau.
Faites-la écumer doucement, afin de dilater l'osmazone, pour obtenir le bœuf tendre et succulent;
ajoutez deux gros oignons, deux carottes et un bouquet garni comme de coutume; faites mijoter la
marmite sans interruption. Au moment de servir,
vous égouttez le bœuf, le débridez, le glacez et le
dressez sur son plat ; garnissez-le autour de groupes
de carottes tournées, et cuites à l'eau avec un peu de
beurre, de sel et de sucre, et des pommes de terre
cuites de la même manière. Servez.

Observation.

Si vous voulez servir cette pièce de bœuf froide,
vous devez, en la retirant de la marmite, la mettre
dans une grande terrine, et verser dessus assez de
son bouillon (que vous passez au tamis) pour en baigner la surface. Le lendemain vous l'égouttez, la
débridez, la parez et la glacez ; puis vous la dressez
sur une serviette, et servez autour du persil en branches ; ou bien vous l'égouttez et la mettez en pression entre deux gros plats de terre ; le lendemain,
vous la parez, glacez et servez.

En Angleterre, on est dans l'usage de faire cuire
cette pièce de bœuf à l'eau bouillante. Ce procédé
ne réussit pas, parce qu'il fait coaguler l'albumine,
dont la concentration ne sert qu'à durcir le bœuf,
tandis que par le procédé chimique français le bœuf
est toujours succulent et délicat.

GROSSE PIÈCE DE BOEUF FUMÉ A LA HAMBOURGEOISE.

A l'égard de cette grosse pièce, vous la préparez,
l'assaisonnez et la soignez dans sa saumure selon les
procédés décrits ci-dessus. Douze jours après, vous
l'égouttez et la suspendez dans le garde-manger avec
une allonge. Le lendemain vous la bridez avec soin,
et un peu serrée ; puis vous passez le crochet de l'allonge dans le bout de la culotte, en observant qu'elle
y soit bien maintenue, et la suspendez dans l'intérieur de la cheminée, vers l'angle où le feu est faible,
afin que la fumée l'atteigne légèrement et la pénètre
sans l'échauffer. Dans le courant de la journée, au
moment où le feu est faible, vous jetez dans l'âtre
quelques poignées de sciure de bois neuf de hêtre,
et quelques aromates. Trois ou quatre jours après,
vous retirez la pièce de bœuf, et changez l'allonge de
bout, afin qu'elle reçoive la fumée également et pendant quatre jours encore ; ensuite vous la retirez, la
faites dégorger dans l'eau tiède pendant une heure,
et la faites cuire ensuite selon les procédés indiqués
ci-dessus ; après quatre heures d'une légère ébullition, vous l'égouttez, la débridez, la parez, la glacez, et la dressez sur un lit de choucroute à l'allemande ou à la française, ou de choux rouges ou de
choux blancs braisés selon la règle (voir les filets de
bœuf piqués et marinés en chevreuil), ou bien vous
servez dessous une demi-espagnole à glace.

Observation.

Lorsque vous destinez cette pièce de bœuf à être

servie froide, vous devez, en la retirant de la marmite, la débrider et la poser du côté gras sur un plat de terre assez grand pour la contenir, et en poser dessus un second sur lequel vous mettez quelques poids de quatre livres. Le lendemain, vous la parez avec soin, la glacez, et la servez sur une serviette damassée et pliée avec goût. On peut servir cette culotte de bœuf, ainsi que celle énoncée à l'écarlate, pour grosse pièce froide garnie de gelée et même d'hatelets.

GROSSE PIÈCE DE POITRINE DE BOEUF A L'ÉCARLATE A L'ANGLAISE.

Vous devez faire couper cette pièce aussi large que possible et d'un bœuf de première qualité ; puis vous la désossez, en retirez les tendons, la parez d'un carré long, la frottez avec deux onces de salpêtre blanc en poudre, puis avec une poignée de sel blanc passé au tamis; secouez la pièce afin qu'il n'y reste que le sel qui s'y est incrusté par le frottement; ensuite vous semez dessus un peu de sucre fin, de poivre concassé, de muscade râpée, un clou de girofle, une demi-feuille de laurier et de thym, le tout haché très fin ; ajoutez et semez sur tout cet assaisonnement de la sauge légèrement hachée; puis vous roulez la poitrine sur elle-même dans sa longueur, la bridez un peu serré, et la mettez dans le même assaisonnement que celui de la pièce de bœuf à l'écarlate, la soignez également dans la saumure, la cuisez pendant trois heures dans de l'eau avec deux carottes, deux oignons et un bouquet garni ; ensuite vous l'é-

III.   24

gouttez, la débridez, et la posez sur un grand plat de
terre ; puis vous la couvrez d'un autre plat sur lequel
vous mettez quelques poids de quatre livres afin de
l'élargir un peu.

Le lendemain vous la parez, la glacez, la dressez
sur une serviette, et la servez.

GROSSE PIÈCE DE POITRINE DE BOEUF FUMÉE A L'ANGLAISE.

Vous préparez cette poitrine ainsi qu'il est démontré ci dessus. Douze jours après, vous l'égouttez de la
saumure, et la fumez selon les détails décrits pour la
culotte de bœuf à la hambourgeoise ; faites-la cuire
de même et trois heures seulement ; puis vous la mettez en pression, la glacez et la servez ainsi qu'il est
démontré ci-dessus.

NOIX DE BOEUF BRAISÉE.

Vous devez choisir cette pièce de première qualité ; puis vous la piquez de gros lardons, la braisez,
et la cuisez six heures. Vous la parez ensuite, la glacez et dressez en suivant de tout point les procédés
décrits pour la préparation des grosses pièces d'a-
loyau et des culottes braisées, en l'indiquant sur le
menu selon les noms que nous avons assignés à ces
différentes grosses pièces garnies d'hatelets, de riches
garnitures et ragoûts. C'est pourquoi je ne donnerai
pas de plus longs détails sur la noix de bœuf braisée.
D'ailleurs j'invite mes confrères à servir toujours de
préférence la culotte et la pièce d'aloyau. La chair de

la noix de bœuf étant sèche et dépourvue de graisse, on a beau la piquer de gros lardons de gras et de maigre de jambon, de tétine et de langue à l'écarlate, elle ne vaudra jamais la culotte ni le filet mignon de l'aloyau braisé.

Je ne parlerai point du rond de bœuf à l'anglaise.

BOEUF A LA MODE A LA BOURGEOISE.

La culotte de bœuf est seule convenable pour obtenir le bœuf à la mode succulent et appétissant : car, de toute la cuisse de bœuf, c'est la partie qui se trouve le plus couverte de graisse ; et c'est cette graisse qui donne cette mine appétissante qui dispose l'homme à satisfaire son appétit avec joie. Or la ménagère doit demander quelques jours d'avance à son boucher le milieu de la culotte de bœuf, afin de l'avoir le jour convenu, attendu que ce morceau succulent est très recherché.

Vous devez d'abord piquer votre bœuf (en suivant le fil de la chair) de gros lardons de lard gras assaisonnés avec un peu de sel, poivre, muscade râpée, un clou de girofle, un peu de thym et de laurier haché très fin ; puis vous bridez la pièce de bœuf, afin de lui donner bonne grâce ; vous la placez dans une braisière ou casserole, et vous y joignez un pied de veau bien blanc, désossé, blanchi, flambé et essuyé de suite ; deux carottes coupées par fragments et parées, quatre moyens oignons, un bouquet garni selon la règle, un demi-verre de bon vin de Châblis, un petit verre de vieille eau-de-vie, une cuillerée à pot de bouillon ou d'eau de Seine, un peu de

sel, de poivre et de mignonnette, puis un petit fragment d'oignon rissolé au four pour colorer légèrement la cuisson. Faites partir l'ébullition sur un
fourneau ardent ; arrosez le bœuf de sa cuisson ; couvrez-le et faites-le mijoter feu dessus et dessous sans
interruption pendant cinq heures, en l'arrosant plusieurs fois ; ensuite vous égouttez, débridez, et parez
le bœuf légèrement, le dressez sur son plat ; placez
autour le pied de veau, que vous coupez en quatre,
puis les oignons et les carottes ; passez le fond au tamis de soie ; faites-en réduire la moitié à grand feu ;
glacez le bœuf avec ; joignez dans cette glace le reste
de la cuisson ; donnez quelques ébullitions afin d'obtenir une demi-glace que vous versez en partie sous
la grosse pièce, et le reste dans une saucière.

BOEUF A LA GELÉE A LA BOURGEOISE.

Vous préparez de tout point cette pièce de bœuf
en suivant les détails décrits ci-dessus. Lorsqu'il est
cuit, vous l'égouttez, en passez la cuisson au tamis
de soie, puis vous versez un verre d'eau ou de
bouillon dans la braisière contenant les racines et le
pied de veau ; donnez quelques ébullitions ; passez ce
fond, joignez-le au premier, dégraissez le tout avec
soin, et joignez-y un blanc d'œuf fouetté, un peu
de sel s'il est nécessaire, de poivre et de muscade
râpée ; ajoutez un jus de citron si vous voulez. Placez la gelée sur un fourneau ardent en la remuant
avec un fouet à prendre les blancs d'œuf, ou tout
bonnement avec une cuillère percée ; dès que l'é-
bullition a lieu, vous placez la casserole sur l'angle

du fourneau, la couvrez et mettez quelques char-
bons ardents dessus. Vingt minutes après, vous passez la gelée dans une serviette ouvrée et mouillée ;
placez au-dessous une petite casserole plate. Lorsque
la gelée est froide, vous l'entourez de glace pilée,
déposée dans une grande terrine ; ensuite vous parez
légèrement la pièce de bœuf et la glacez comme de
coutume. A cet effet vous devez avoir un peu de
glace de réserve*, si non vous la masquez avec une
partie de la gelée, que vous laissez au moins trois
heures à la glace. Voici le moment d'employer la
gelée. Etant près de servir, vous trempez une seconde à l'eau chaude la casserole qui la contient, et la
renversez sur un couvercle de casserole, en la divisant ensuite avec un couteau tranchant en lames d'é-
gale largeur (huit lignes). Avec ces parties de gelée,
vous coupez des croûtons en dents de loup, que vous
posez autour du bœuf en les rapportant près le bord
du plat ; après quoi vous hachez les parures et le
reste de la gelée, avec laquelle vous masquez la surface du bœuf ; placez le reste entre les croûtons et le
bœuf. Servez.

Observation.

Si cette pièce de bœuf est destinée pour le ménage
ou pour une partie de campagne, on doit déposer
le bœuf dans un vase et placer autour les carottes et
les oignons, puis on passe dessus et au tamis de soie
le fond de la cuisson. Cette opération doit se faire la
veille de la servir.

GROSSE PIÈCE DE QUEUES DE BOEUF EN HOCHEPOT.

Ayez soin de choisir quatre ou cinq queues de
bœuf de première qualité ; puis vous les coupez à
chaque joint de l'os par le gros bout, tandis que vers
la pointe vous laissez deux joints ensemble ; ensuite
vous faites dégorger ces fragments de bœuf dans de
l'eau tiède que vous renouvelez trois ou quatre fois
dans l'espace de quelques heures ; après quoi vous les
égouttez, les essuyez et les placez dans une braisière
foncée de bardes de lard et de maigre de jambon ;
joignez-y une braise ou un excellent fond ; sinon
vous y mettez deux grandes cuillerées de consommé,
deux livres de lard râpé ou de bon dégraissis, un petit verre de vieille eau-de-vie, deux carottes, deux
gros oignons, deux petits bouquets garnis selon la
règle, un rien de sel, de poivre et de muscade râpée.

Cinq heures avant le moment de servir, vous faites
partir l'ébullition sur un fourneau ardent ; arrosez
le bœuf de sa cuisson ; couvrez-le d'un papier fort
et grassement beurré ; laissez mijoter sans interruption en mettant un peu de feu sur la braisière. Une
heure avant de servir, vous passez la cuisson au tamis de soie, y joignez un blanc d'œuf fouetté après
l'avoir dégraissée, puis vous la faites bouillir quelques secondes, la passez à la serviette ouvrée et
mouillée, la faites réduire ensuite en demi-glace
bien légère, et la versez sur les fragments de queues
de bœuf, que vous avez égouttés, parés et placés dans
un grand plat à sauter ; faites-les mijoter dans cette

glace en les y roulant, afin de les en masquer. Etant
près de servir, vous dressez le hochepot en buisson
sur le plat de grosse pièce ; puis vous le garnissez
autour de groupes de carottes nouvelles tournées en
poires et glacées, idem de navets, de petits oignons,
de marons et de racines de céleri, le tout glacé selon
la règle (voyez le chapitre XII de le quatrième partie). Les deux bouts doivent être garnis chacun d'un
groupe de petits cornichons verts, tournés en grosses
olives. Servez avec une demi-glace dans une saucière.

GROSSE PIÈCE DE QUEUES DE BOEUF EN HOCHEPOT
A LA ROYALE.

Vous préparez, braisez, parez et glacez trois queues
de bœuf ainsi qu'il est démontré ci-dessus ; puis vous
les dressez autour d'une croustade ovale d'un pied de
long sur huit pouces de large, préparée de la manière
accoutumée et fixée avec un peu de repaire sur le
plat ; puis vous la remplissez d'une riche jardinière
que vous dressez en pyramide ; entourez la grosse
pièce de laitues farcies et braisées comme de coutume,
en plaçant entre chacune d'elles une crête de langue
à l'écarlate ; ensuite vous garnissez le bord de la croustade de dix hatelets composés de crêtes et de gros
riz d'agneau piqués et glacés. Servez à part une demi-
glace.

Observation.

Voilà encore une grosse pièce garnie d'hatelets qui
doit désormais se servir dans nos grands galas culi-

naires, car elle sera toujours appréciée par les gastronomes. C'est à mes confrères à savoir la présenter en
temps et lieu.

MOYENNE GROSSE PIÈCE DE QUEUES DE BOEUF
BRAISÉES A LA CHOUCROUTE.

Préparez de tout point deux queues de bon bœuf
selon les procédés analysés pour celles énoncées en
hochepot ; puis vous les dressez sur un lit de choucroute, soit à l'allemande ou à la française, et la
garnissez autour de petit lard fumé, de saucisson
et saucisses, ainsi que nous l'avons démontré à l'article *Filet de bœuf piqué mariné en chevreuil.*

Observation.

Je ne donnerai pas de plus amples détails sur la queue
de bœuf braisée ; seulement j'invite mes confrères à
servir cette moyenne grosse pièce quelquefois dans le
courant de l'année, en variant les garnitures ainsi qu'il
suit : de choux rouges, de choux braisés, de petites
carottes nouvelles et glacées, de navets, idem d'oignons glacés et farcis, idem de racines de céleri et de
concombres, idem de choux, idem de choux de
Bruxelles, idem de choux-fleurs, idem de brocolis,
idem de marrons glacés au consommé, idem de
haricots à la bretonne, idem de pommes de terre colorées dans le beurre. On peut également servir ces
grosses pièces sur les purées qui suivent : purée de
pommes de terre à la crème, à la bretonne, à la lyonnaise, idem de champignons, idem à la Soubise, à
la Richelieu, à la bretonne, idem de tomates, idem

de pois secs ou nouveaux, idem de lentilles à la reine ;
et toujours en indiquant sur le menu la queue de
bœuf braisée à la purée de pommes de terre , par
exemple, et de même à l'égard des autres garnitures
et purées précitées, ainsi que pour les sauces suivantes : à la tomate, idem à la parisienne, idem poivrade, idem piquante, idem ravigote printanière, idem
à la russe, idem à la polonaise, idem à la Soubise ,
idem à la bretonne, idem à la lyonnaise, à la provencale, à la gasconne, et à la languedocienne.

CHAPITRE VI.

TRAITÉ DES GROSSES PIÈCES DE LONGES DE VEAU.

SOMMAIRE.

Moyenné grosse pièce de longe de veau à la broche ; idem à la crème ; idem à l'anglaise ; idem à la Pompadour ; idem à la cuillère, garnie d'hatelets ; idem à la Monglas, garnie d'hatelets ; idem à la Montholon, garnie d'hatelets ; idem à la macédoine ; idem à la Salomon ; idem aux concombres ; idem à la bretonne ; idem à la Montmorenci, idem à la moderne, garnie d'hatelets ; idem à la Saint-Cloud, garnie d'hatelets ; idem braisée à la Gaston de Foix . garnie d'hatelets ; idem à la Bernardin de Saint-Pierre, garnie d'hatelets ; idem à la Tourville, garnie d'hatelets ; idem à la Godard moderne, garnie d'hatelets.

Remarques et observations.

S i le bœuf est considéré parmi nous comme l'âme de nos préparations alimentaires, le veau en est la seconde partie essentiellement nécessaire ; son extraction est tout à la fois nutritive et rafraîchissante ; la succulence des sauces, des consommés, des glaces et des gelées, ne s'obtient que par l'osmazone du veau. Les grosses pièces que nous en servons sont aussi saines qu'excellentes, et reçoivent de nous toute l'élégance caractéristique de la cuisine moderne.

Le veau de Pontoise est incontestablement réputé de la première qualité et blancheur ; ceux qui nous viennent des riches pâturages des environs de Rouen, et que nous nommons veaux de rivières, sont également d'une chair blanche et succulente.

En ceci encore la France a la suprématie sur les autres parties des deux mondes. Les veaux d'Angleterre sont blancs, mais de qualité bien inférieure aux nôtres. En Italie, en Espagne, en Allemagne, en Prusse, en Pologne et en Russie, la boucherie est mal faite, mal saignée et de pauvre qualité. A Pétersbourg, les cuisiniers français estiment les veaux d'Archangel ; mais qu'ils sont inférieurs à ceux de Pontoise ! D'ailleurs, pour compléter la supériorité de ceux-ci, nos bouchers de Paris qui tiennent à la réputation de leurs maisons les nourrissent avec soin d'œufs frais et autres aliments convenables pendant quelque temps après les avoir reçus du marché : alors cet animal se remet des fatigues du voyage, et sa chair en devient plus blanche et plus délicate.

La cuisse du veau est la partie la plus essentielle dans notre travail ; puis, celles qui sont recherchées pour le service de la table sont la longe, le carré, la noix, le quasi, la tête, les riz, les noisettes tirées des épaules, la langue, la cervelle, la tétine, et les pieds pour les gelées.

Les peuples de l'antiquité ont préféré la chair du veau à celle de la volaille ; elle est gélatineuse, nourrisante et rafraîchissante ; elle convient à toutes sortes d'âges et de tempéraments. Les personnes délicates et sédentaires y trouveront un aliment réparateur, parce qu'elle est nutritive et de facile digestion. La tête et les pieds sont d'une substance gélatineuse, humectante, adoucissante et pectorale.

Nous avons dans Paris quelques maisons renommées, qui vendent le veau jusqu'à 1 fr. 20 c. la livre ; mais aussi la blancheur de cette chair est éclatante, elle est grasse et d'un goût exquis ; c'est pourquoi ceux des amphitryons qui en sont amateurs ne doivent pas tracasser le boucher et le cuisinier sur le prix du veau de première qualité.

MOYENNE GROSSE PIÈCE DE LONGE DE VEAU A LA BROCHE.

Ayez soin de choisir le veau gras et blanc, et de faire couper la longe de la longueur convenable ; puis vous en retirez la graisse et les rognons ; détachez le filet mignon, et séparez avec la scie ou le couperet la moitié de la chair des os à partir de l'arête de la moelle dorsale ; ensuite vous donnez un trait de scie sur chacun des joints des os qui doivent rester le long du gros filet de la longe ; puis vous désossez la coquille et le bout de quelques côtes, que vous coupez, afin de pouvoir lui donner bonne grâce, ce que vous faites en piquant çà et là le flanchet avec la pointe du couteau, afin d'en faire quitter le vent qui le boursoufle. Donnez dessus quelques coups avec le plat de la batte (petit couperet tranchant des deux côtées); ensuite vous reportez le filet mignon à la partie opposée à celle où il se trouvait placé primitivement, ainsi qu'un fragment de la coquille, pour rendre la longe également garnie de chair. Maintenant vous roulez la bavette (ou flanchet) sur elle-même, et la fixez avec six petits hatelets de cuisine qui doivent la traverser ainsi que les joints des os restant après le gros filet ; puis vous retournez la longe; l'appuyez, afin de la rendre de huit à neuf pouces de largueur et d'égale épaisseur ; traversez le gros filet dans sa longueur avec une broche moyenne que vous appuyez sur les os des côtes, en observant que le poids de la longe soit également couché sur fer; après cela, vous placez un grand et fort hatelet sur les petits, et l'attachez fortement à la broche avec de la ficelle; puis vous mettez sur la longe une feuille de papier grassement beurré sur laquelle vous faites quelques ciselures avec la pointe du couteau ; placez dessus des bardes de lard également ciselées; ajoutez encore quatre feuilles de papier bien beurré, fixez-les par cinq tours de ficelle que vous nouez à chaque tour. Trois heures avant le moment de servir vous mettez la broche au feu, que vous aurez préparé de la manière accoutumée et sans qu'il soit trop fort (voir Grosse pièce d'esturgeon à la broche). De temps en temps vous arrosez la longe avec la graisse de la lèchefrite, qui doit être pure et sans jus: Un quart d'heure avant de servir, vous retirez la broche, placez la longe sur un grand plafond et en ôtez le papier : alors elle doit avoir une belle couleur dorée, remettez-la cinq minutes à la broche ; puis vous la

débrochez, la dressez, et la glacez avec une glace
blonde Servez dessous une demi-glace.

Observation.

Nous ne laissons point le rognon à la longe, parce qu'il ne convient pas de le servir : cela ne se fait
que dans les cuisines bourgeoises. Ensuite j'observerai aux jeunes praticiens que les bardes de lard qui
masquent la surface de la feuille de papier qui couvre la longe sont de toute nécessité , afin de donner
non seulement belle couleur, mais en même temps
de l'onction à la longe de veau.

MOYENNE GROSSE PIÈCE DE LONGE DE VEAU
A LA CRÈME.

Vous parez, embrochez et emballez votre longe,
en suivant les détails précités, et la mettez au feu
trois heures avant le moment de servir ; deux heures
et demie après, vous la déballez et la masquez d'une
excellente béchamel ; puis vous la remettez au feu,
dont vous aurez remué la braise ; arrosez-la encore
de béchamel, afin qu'elle en soit couverte également,
et dès qu'elle a pris une belle couleur dorée, vous
la débrochez, la dressez, la glacez légèrement, et
servez dessous une demi-glace , et avec une saucière
garnie de béchamel toute bouillante.

Observation.

Quelques confrères font mariner la longe dans de
la crème froide après l'avoir parée ; ici j'ai suivi la
manière du fameux Laguipierre. C'est aux praticiens
à agir comme bon leur semblera.

MOYENNE GROSSE PIÈCE DE LONGE DE VEAU
A L'ANGLAISE.

Votre longe étant parée et cuite à la broche selon les procédés décrits pour le premier article de ce chapitre, vingt minutes avant de servir, vous la débrochez sur un grand plafond ; puis vous la masquez vivement avec une anglaise préparée selon la règle, et ensuite avec de la mie de pain à laquelle vous ajoutez deux cuillerées à bouche de parmesan râpé ; après l'avoir appuyée légèrement, vous versez dessus des gouttes de beurre frais fondu, et la mettez au four doux. Dès que la longe a reçu une belle couleur blonde, vous la dressez sur une demi-glace ; puis vous en servez également dans une saucière.

MOYENNE GROSSE PIÈCE DE LONGE DE VEAU
A LA POMPADOUR.

Après avoir préparé et fait cuire à la broche une longe de veau de première qualité et selon l'analyse décrite pour le premier article de ce chapitre, vous la débrochez vingt minutes avant de servir ; puis vous la masquez avec la sauce indiquée à hatelets, sur laquelle vous semez de la mie de pain, un peu de parmesan et de beurre fondu ; donnez une belle couleur blonde dans le four ou bien avec la salamandre. Servez dessous la longe une demi-glace et de la béchamel dans une saucière.

Observation.

Le procédé ci-dessus indiqué convient mieux que

celui énoncé à l'anglaise pour paner et colorer cette
pièce de veau ; la sauce hatelet donne plus de moelleux à la surface colorée.

MOYENNE GROSSE PIÈCE DE LONGE DE VEAU
A LA CUILLÈRE, GARNIE D'HATELETS.

Vous préparez et faites cuire le matin à la broche
votre longe de veau de la manière accoutumée (voir
le premier article de ce chapitre), et, deux heures
avant le moment de servir, vous cernez avec la pointe
du couteau toute la longueur et largeur du filet, en
laissant à la caisse une bordure de huit lignes ; vous
en retirez le filet et garnissez l'intérieur avec un peu
de panade au consommé, afin de maintenir la sauce
du ragoût qui doit le garnir ; ensuite vous la panez
autour et sur le bord de la caisse selon les procédés
analysés ci-dessus pour la longe de veau à la Pompadour. Une demi-heure avant de servir, vous la
faites colorer au four, la dressez avec soin, et garnissez la caisse avec un ragoût composé ainsi : parez en
escalopes les fragments du filet que vous avez supprimé de la longe, et ajoutez-y des crêtes, rognons et
champignons saucés d'une béchamel ; placez autour
du bord de la caisse de belles crêtes, et masquez le
ragoût de ladite sauce ; placez sur la longe dix ou
six hatelets composés de crêtes et de petits riz de
veau piqués et glacés, et garnissez le tour de la
grosse pièce de croquettes de riz de veau et de champignons à la béchamel ; ajoutez une demi-glace. Servez à part une saucière garnie de béchamel, de champignons et rognons de coq.

LONGE DE VEAU A LA CUILLÈRE A LA STRASBOURGEOISE, GROSSE PIÈCE GARNIE D'HATELETS.

Préparez de tout point votre longe de veau en caisse ainsi que nous l'avons démontré ci-dessus; puis vous la dressez et la garnissez intérieurement du ragoût suivant; vous parez en escalopes le filet de veau retiré de la caisse ainsi qu'un foie gras de Strasbourg cuit dans une mirepoix et refroidi; puis deux livres de truffes que vous sautez au beurre avec un rien de sel et de poivre; joignez-y de la sauce allemande en ébullition; faites mijoter les truffes cinq minutes; puis vous ajoutez le foie gras et les escalopes de veau, que vous avez fait chauffer dans un plat à sauter avec un peu de beurre et de glace de volaille; sautez votre ragoût et vous en servez; garnissez autour la longe du ragoût précité, placez sur celle-ci et selon la règle dix ou six hatelets composés de crêtes doubles et de truffes noires et glacées. Servez à part une saucière contenant de l'allemande et un peu de l'émincé de truffes.

LONGE DE VEAU A LA CUILLÈRE A LA MONGLAS, GROSSE PIÈCE GARNIE D'HATELETS.

Vous préparez votre longe de veau en caisse selon la règle, mais sans la paner; puis vous la glacez, la garnissez intérieurement du filet de veau coupé en petits filets; puis de langue à l'écarlate, de truffes et de champignons; saucez le tout de béchamel succulente; servez dessous la longe une demi-glace; gar-

III.   25

nissez-la autour d'une escalope de foies gras à la
Villeroy ; placez ensuite dessus et comme de coutume dix ou six hatelets garnis de crêtes doubles , de
riz d'agneau glacés et de truffes noires. Servez à part
une saucière garnie de béchamel.

LONGE DE VEAU A LA CUILLÈRE A LA MONTHOLON ,
GROSSE PIÈCE GARNIE D'HATELETS.

Etant près de servir, et après avoir paré en caisse
une longe de veau sortant de la broche (voir pour sa
préparation et cuisson le premier article de ce chapitre), vous la garnissez de panade au consommé, afin
qu'elle contienne la sauce ; puis vous la dressez et versez dedans une partie d'un ragoût composé de noisettes de veau , d'escalopes de langue à l'écarlate,
idem de truffes, de crêtes , de gros rognons de coq
et de champignons que vous avez fait ébullitionner
dans la sauce indiquée au suprême (voir chapitre V,
quatrième partie), garnissez le tour de la longe
du même ragoût ; ajoutez une garniture de truffes
noires et de riz de veau piqués et glacés ; placez selon la règle sur la grosse pièce dix hatelets composés
de crêtes , de truffes et de quenelles méplates à la
Villeroy. Servez à part une saucière garnie de sauce
suprême.

MOYENNE GROSSE PIÈCE DE LONGE DE VEAU
A LA MACÉDOINE.

Après avoir préparé et fait cuire à la broche selon
la règle une longe de veau de première qualité , vous

la dressez et servez autour une macédoine (voir chapitre XII, quatrième partie); puis vous la glacez et servez.

GROSSE PIÈCE DE LONGE DE VEAU A LA SALOMON.

Préparez et faites cuire à la broche selon la règle (voir le premier article de ce chapitre) une longe de veau de Pontoise; puis vous la dressez et placez autour des groupes de petits pois à la parisienne et des groupes de pointes de grosses asperges préparées au suprême (voir chapitre XII, quatrième partie). Glacez la grosse pièce, et servez.

MOYENNE GROSSE PIÈCE DE LONGE DE VEAU AUX CONCOMBRES.

Préparez de tout point cette grosse pièce ainsi que je l'ai indiqué pour celle énoncée à la broche; ensuite vous la glacez, la dressez et la garnissez autour de concombres en escalopes (voir chapitre XII, quatrième partie) au suprême.

MOYENNE GROSSE PIÈCE DE LONGE DE VEAU A LA BRETONNE.

Au moment de servir, vous dressez sur le plat trois litres de petits haricots flageolets (que vous avez fait cuire à l'eau bouillante avec du beurre et un peu de sel) égouttés de leur cuisson, vous les faites bouillir dans la sauce indiquée à la bretonne en y mêlant du beurre frais, un peu de glace et de poivre; puis vous

25*

placez dessus votre longe de veau parée et cuite à la
broche de la manière accoutumée (voir le premier
article de ce chapitre); glacez-la, et servez.

Observation.

J'ai également servi des longes de veau sur une
garniture de céleri à la française, idem de petits pois
à la parisienne, idem de pointes de grosses asperges
au suprême, idem de petites carottes nouvelles, idem
de petites carottes à l'allemande, idem de fonds d'artichauts glacés , idem à la vénitienne, idem de champignons, idem de morilles à la ravigote printanière,
idem de truffes à la Périgueux; puis avec les purées
suivantes : de marrons au velouté, de cardes, d'artichauts, de céleri, de concombres, de pointes de grosses asperges, de pois à la parisienne, de chicorée à la
crème, de choux de mer, de choux-fleurs à l'allemande, idem à la bretonne, de haricots nouveaux à
la crème, de champignons, idem à la piémontaise,
idem à la bretonne, idem à la Soubise, idem à la lyonnaise, idem à la provençale, idem à la Périgueux, idem
de tomates, et toujours en donnant à la longe le nom
de la purée ou garniture avec laquelle on devra la
servir. Il en sera de même des sauces suivantes : à la
vénitienne, à la béchamel, aux champignons, à la
française, à la ravigote printanière, à l'ail à la provençale, au carick à l'indienne, à la Soubise, à la Richelieu, à la financière, à la tomate, à la parisienne,
à la poivrade, idem pignol à l'italienne, à la Périgueux, à la polonaise, à la russe, à la maître-d'hôtel
liée.

MOYENNE GROSSE PIÈCE DE LONGE DE VEAU
A LA MONTMORENCI.

Après avoir désossé une longe de veau (de première qualité) comme pour la mettre à la broche, vous la renversez sur la table, afin d'en lever l'épiderme tout le long du filet ; ensuite vous troussez la longe selon la coutume (voir le premier article de ce chapitre); puis vous la piquez (tout le filet) de même qu'une noix de veau , la couchez sur broche, l'emballez de quelques feuilles de papier grassement beurrées. Trois heures avant le moment de servir, vous la mettez au feu préparé selon la règle ; une demi-heure avant de servir, vous en retirez le papier, afin de sécher le lard et de le colorer à point en le glaçant au moment de retirer la longe ; les lardons étant brillants et rougeâtres vers la pointe, vous débrochez la longe, la dressez, la glacez, et servez autour un ragoût à la Toulouse.

LONGE DE VEAU À LA MODERNE ,
GROSSE PIÈCE GARNIE D'HATELETS.

Vous préparez une longe de veau de la même manière que ci-dessus ; puis vous en piquez le filet dans sa longueur alternativement de trois rangées de lard et de trois idem de lardons de truffes cuites. Trois heures avant le moment de servir, vous la faites cuire et glacer à la broche en suivant les détails décrits ci-dessus ; puis vous la dressez sur un ragoût à la Périgueux mêlé de crêtes, de rognons de coq, et de truffes tournées en grosses olives ; garnissez le tour d'un

cordon de petits riz de veau glacés blonds mêlés avec
de grosses crêtes doubles ; placez sur la longe dix hatelets garnis de crêtes doubles et de tuffes noires et
glacées ; servez.

LONGE DE VEAU A LA SAINT-CLOUD,
GROSSE PIÈCE GARNIE D'HATELETS.

Après avoir paré la longe et le filet ainsi que nous
l'avons indiqué pour celle énoncée à la Montmorency,
vous garnissez toute la surface du filet de clous de
truffes, auxquels vous donnez deux pouces de long
sur huit lignes carrées à la tête, en devenant plus minces vers la pointe. Pour les passer, vous avez une petite cheville de bois de la longueur et de la forme de
vos clous de truffes, vous l'enfoncez droite dans la
chair du filet, la retirez, et mettez en place un clou
de truffe, et continuez le même procédé pour garnir
le dessus du filet avec symétrie, en formant soit une
palmette, ou des rosaces, ou des bracelets plus ou
moins rapprochés les uns des autres ; appuyez-les
bien également, couvrez-les de bardes de lard ; couchez la longe sur fer avec soin, emballez-la de quatre
feuilles de papier grassement beurrées en les serrant
un peu sur la longe, afin de maintenir la décoration
de truffes ; puis vous la faites cuire trois heures à un
feu modéré en observant que la cuisson arrive à point,
au moment du service ; alors vous la déballez avec
précaution, retirez de la surface un peu d'écume
blanche qui s'est formée autour des clous de truffes ;
après quoi vous dressez la grosse pièce, la glacez d'une
glace blonde à laquelle vous avez additionné un peu

de beurre d'écrevisses ; servez autour un ragoût au
suprême composé de riz d'agneau, de champignons,
de crêtes et de truffes émincées ; ajoutez une garniture de petits riz d'agneau piqués et glacés, entre chacun desquels vous placez une truffe noire et glacée.
Composez dix hatelets de crêtes, de truffes, de crêtes
et de riz d'agneau piqués et glacés ; servez.

MOYENNE GROSSE PIÈCE DE LONGE DE VEAU BRAISÉE.

Après avoir préparé comme pour mettre à la broche une longe de veau selon les procédés décrits pour
le premier article de ce chapitre, vous la mettez dans
une grande braisière, sur la feuille de laquelle vous
avez placé des bardes de lard ; ajoutez une bonne
braise, ou une mirepoix, ou deux grandes cuillerées
de consommé, une livre de lard râpé, quelques lames
de maigre de jambon, deux carottes, deux oignons,
deux petits bouquets garnis selon la règle, un rien
de sel, de poivre et de muscade râpée. Trois heures
avant le moment de servir, vous faites partir l'ébullition sur un feu ardent ; puis vous arrosez la longe
de sa cuisson , la couvrez d'un papier fort et grassement beurré ; placez la braisière feu·dessus et dessous, en observant qu'elle ne fasse que mijoter ; vous
l'arrosez de temps en temps ; une demi-heure avant
sa cuisson à point, vous en retirez le papier et la moitié de la cuisson ; puis vous séchez la surface du veau
en mettant un peu plus de feu sur le couvercle, que
vous laissez un peu entr'ouvert pour faciliter le dégagement de la vapeur ; ensuite vous glacez la longe,
lui donnez une belle couleur blonde, l'égouttez en

l'enlevant sur la feuille de la braisière, la débridez, la glacez, et la servez avec une demi-glace dessous et dans une saucière ; servez.

Observation.

J'ai également braisé des longes de veau à la Montmorency, à la moderne et à la Saint-Cloud.

C'est donc aux praticiens à agir pour le mieux et selon les commodités que le travail leur offre. Cependant je préfère les grosses pièces cuites à la broche.

LONGE DE VEAU A LA GASTON DE FOIX, GROSSE PIÈCE GARNIE D'HATELETS.

Vous préparez et parez cette longe de la même manière que celle piquée énoncée à la montmorenci; puis vous piquez le filet dans sa longueur et épaisseur avec de moyens lardons de maigre de jambon de Baïonne (bien dessalé) et à moitié cuit dans une braise; ensuite vous lui donnez sa forme ordinaire en la maintenant par six petits hatelets; puis vous la couchez sur fer comme de coutume, la couvrez de bardes de lard un peu épaisses et de quatre feuilles de papier bien beurré. Trois heures et demie avant de servir, vour la faites cuire à la broche selon la règle ; une demi-heure avant le service, vous la débrochez et masquez le dessus avec une farce à quenelles de maigre de jambon cru d'un pouce d'épaisseur; après l'avoir lissée avec la lame du couteau, vous mettez votre longe au four; et dès que cette farce est cuite, vous dressez la grosse pièce. Versez autour un ragoût à la béchamel composé de crêtes, rognons et champignons ; puis vous le garnissez autour de croûtons de langue à l'écarlate masqués d'un pouce d'épaisseur de farce à quenelles de jambon, que vous aurez fait cuire dans un plat à sauter contenant du consommé; glacez la longe, placez dessus de la manière accoutumée dix hatelets composés de crêtes doubles et de noisettes de veau à la Villeroy. Servez à part une saucière garnie dudit ragoût.

LONGE DE VEAU A LA BERNARDIN DE SAINT-PIERRE, GROSSE PIÈCE GARNIE D'HATELETS.

Préparez cette longe de la même manière que ci-dessus, en piquant le filet de lardons de truffes au lieu de jambon, puis vous la couvrez de bardes de lard et de quatre feuilles de papier; embrochez-la et la faites cuire trois heures et demie à feu modéré. Une demi-heure avant le moment de servir, vous la retirez de la broche sur un grand plafond, la déballez, et couvrez la surface d'un pouce d'épaisseur de farce à quenelles de veau à laquelle vous avez additionné une livre de truffes hachées à cru ; faites-la cuire au four; ensuite vous dressez la grosse pièce, et versez autour un ragoût à la financière, que vous garnissez d'un cordon de foies gras de Strasbourg parés en escalopes, entre chacun desquels vous placez une crête blanche ; glacez la longe, et placez-y selon la règle dix hatelets, dont cinq seront composés de crêtes doubles, de quenelles (de la farce précitée) à la Villeroy et de truffes noires et glacées, et les cinq autres garnies de crêtes faites de langue à l'écarlate et de gros riz d'agneau cuits bien blancs dans une mirepoix. Servez du ragoût dans une saucière.

LONGE DE VEAU A LA TOURVILLE, GROSSE PIÈCE GARNIE D'HATELETS.

Préparez et parez cette longe de veau comme celle à la Montmorency; puis vous la garnissez de lardons d'esturgeon assaisonnés de poivre, de sel et de muscade râpée, la couvrez de bardes de lard, l'emballez, l'embrochez selon la règle, et trois heures et demie avant de servir, vous la mettez au feu; trente minutes avant sa cuisson à point vous la retirez sur un plafond, la masquez d'un pouce d'épaisseur de farce à quenelles d'esturgeon au beurre d'écrevisses; dès qu'elle est cuite, vous la dressez, la glacez légèrement avec une glace blonde mêlée avec du beurre d'écrevisses; versez autour un ragoût (sauce au suprême) composé d'escalopes d'esturgeon, de queues, d'écrevisses, de rognons de coq et de champignons; garnissez-le d'un cordon de truffes et d'écrevisses glacées. Placez de la manière accoutumée dix hatelets composés de crêtes doubles, d'écrevisses, de crêtes et de truffes parées en grosses quenelles. Servez du ragoût dans une saucière.

LONGE DE VEAU A LA GODARD MODERNE, GROSSE PIÈCE GARNIE D'HATELETS.

Vous parez cette longe selon les procédés décrits pour celle à la Montmorency; puis vous lardez le gros filet de maigre de jambon, de truffes et de téti-

tine ; couvrez la longe de bardes de lard , couchez-la
sur fer, emballez-la de papier grassement beurré , et
trois heures et demie avant le moment de servir, vous
mettrez la broche au feu, qui sera préparé comme de
coutume. Après trois heures de cuisson , vous retirez
la longe , la déballez , la masquez, selon la règle, de
farce à quenelles de volaille ; sur le milieu vous
formez une grande rosace de filets mignons de volaille contis aux truffes ; faites cuire cette farce au
four ; puis vous dressez la grosse pièce, la glacez , et
versez autour un ragoût à la Toulouse que vous garnissez d'un cordon de riz de veau piqués , de foies
gras à la Saint-Cloud, de quenelles sur lesquelles vous
posez un filet conti aux truffes , de grosses écre-
crevisses et de grosses truffes noires. Placez sur la
longe selon la règle dix hatelets composés de crêtes
doubles , de riz d'agneau piqués , de crêtes et de
truffes. Servez du ragoût dans deux saucières.

Observation.

Les quatre nouvelles grosses pièces précitées étaient
échappées à ma mémoire ; cependant ce sont les
plus élégantes que j'aie servies avec la longe de veau.
Je ferai remarquer à mes confrères que le placement
de la farce doit être fait avec toute la célérité possible, et que le four doit être d'une chaleur douce de
chapelle , afin de cuire la farce sans la colorer.

Je le répète , les soins sont l'âme des travaux du
cuisinier : car, si l'homme est lent à placer cette farce
et que le four n'agisse pas assez promptement, à
coup sûr une heure suffirait à peine pour cette opération ; cependant une demi-heure doit suffire , parce

que la longe sortant de la broche ne doit rester que
cinq minutes hors du feu, et comme en entrant au
four elle est toute bouillante encore, la farce qui
la couvre se cuit aisément. Mais pour accélérer l'o-
pération, voici un nouveau procédé que je crois convenable. Il suffirait de préparer la farce sur deux
demi-feuilles de papier beurré; en les prenant à deux
personnes par les quatre coins, on les renverserait sur
la longe, afin de la masquer par moitié; puis, afin
de détacher la farce du papier, on passerait légèrement dessus une casserole contenant un peu d'eau
bouillante; alors ou n'aurait plus qu'à passer la lame (mouillée) du couteau dessus pour la rendre
lisse. J'ai braisé également ces longes de veau : de
cette manière la farce est plus vite prête à servir.
C'est à mes confrères à choisir entre ces deux procédés; moi, je préfère la broche.

CHAPITRE VII.

TRAITÉ DES MOYENNES GROSSES PIÈCES DE NOIX, DE CARRÉ ET DE POITRINE DE VEAU.

SOMMAIRE.

Moyenne grosse pièce de noix de veau à la jardinière ; idem à la française ; idem en bedeau ; idem à la Macdonald ; idem à la périgourdine ; idem à la Conti ; idem au chasseur gastronome, garnie d'hatelets ; idem à la royale, garnie d'hatelets ; idem à l'amiral, garnie d'hatelets ; idem à la Pompadour, garnie d'hatelets ; idem à la Londonderry, garnie d'hatelets ; idem à la broche ; moyenne grosse pièce de carré de veau à la Périgueux ; idem farcie à la bourgeoise ; idem farcie à l'allemande ; idem farcie à la broche ; idem farcie à la civette ; moyenne grosse pièce de poitrine de veau à la broche ; idem farcie à la civette ; idem à la Soubise ; idem à la provençale ; idem à la Périgueux ; idem farcie au gastronome ; idem farcie à l'allemande.

MOYENNE GROSSE PIÈCE DE NOIX DE VEAU A LA JARDINIÈRE.

CHOISISSEZ votre noix de veau aussi blanche et aussi grasse que possible ; levez avec la pointe du couteau, et avec soin, la peau boursouflée qui la couvre en partie ; puis vous la posez de ce côté sur la table, et retirez les nerfs qui sont à la surface sans anticiper sur la chair ; ensuite vous placez une serviette dessus, et donnez avec le plat du couperet cinq à six petits coups sur la noix, afin de l'appuyer ; retirez la serviette ; appuyez sur la noix votre main gauche dans sa largeur ; puis vous passez la lame d'un couteau à émincer, bien tranchant, entre l'épiderme et la noix, en appuyant légèrement sur l'épiderme ; alors vous retournez celle-ci, la parez légèrement tout autour en la conservant bien ovale, et en supprimant exactement l'épiderme ; ensuite vous la piquez d'une seconde avec de bon lard, afin qu'il n'ait pas de retraite à la cuisson. Trois heures et demie avant le moment de servir, vous la mettez dans une casserole ovale dont la feuille sera grassement beurrée ; ajoutez une grande cuillerée de consommé réduit en demi-glace bien légère, un peu de maigre de jambon, un bouquet garni comme de coutume, une carotte tournée par fragments, et deux oignons ; couvrez le tout d'un papier ovale grassement beurré. Faites partir l'ébullition à grand feu ; placez ensuite la casserole feu dessus et dessous, en observant que la noix de veau ne fasse que mijoter. Pendant la cuisson, ayez soin de l'arroser avec son assaisonnement ; trois quarts d'heure avant de servir, ajoutez un peu de feu sur le couvercle, afin de sécher le lard de la piqûre, et laissez une petite ouverture au couvercle, afin de faciliter le dégagement de la vapeur ; vingt-cinq minutes après, vous glacez la noix de veau avec légèreté ; ajoutez encore du feu sur le couvercle, et dès que la glace est sèche, que le lard se colore blond, vous le glacez de rechef ;

dès que les pointes en sont devenues rougeàtres,
vous égouttez la noix de veau et la dressez sur une
jardinière que vous venez de verser sur le plat ; garnissez-la autour de moyennes carottes tournées en
poires, et brillantes de leur glace.

Servez dans une saucière le fond de la noix, que
vous passez au tamis de soie, et dégraissez bien parfaitement. Cette demi-glace sert pour les personnes
qui la préfèrent à la jardinière.

Observation.

Cette moyenne grosse pièce convient pour servir
dans le courant d'une maison ordinaire, ou bien
pour des extrêmes contre-flancs. A cet effet, vous devez la garnir de six hatelets composés de crêtes et
de rognons de coq. Nous servons également ces noix
de veau avec les garnitures de racines que nous
avons assignées aux culottes de bœuf bouillies ; la
noix de veau prendra alors le nom de la garniture
avec laquelle elle sera servie. Mes confrères devront
agir de même à l'égard des purées indiquées pour
les longes de veau décrites dans le chapitre subséquent.

MOYENNE GROSSE PIÈCE DE NOIX DE VEAU
A LA FRANÇAISE.

Après avoir paré, piqué et fait cuire une belle
noix de veau, selon les détails énoncés ci-dessus,
vous la glacez avec les mêmes soins ; puis vous la
dressez et la garnissez autour avec des groupes de
racines glacées décrits pour la culotte de bœuf à la

française, et la garnissez avec six hatelets pareils à ceux de cette grosse pièce de bœuf. Servez.

Observation.

J'invite donc mes confrères à servir la noix de veau piquée et glacée avec les garnitures et les hatelets indiqués à l'analyse des culottes de bœuf garnies d'hatelets et de riches garnitures de plantes légumineuses.

MOYENNE GROSSE PIÈCE DE NOIX DE VEAU EN BEDEAU.

Prenez la noix d'un veau femelle, afin d'avoir la tétine après; vous couvrez celle-ci avec une serviette, et donnez dessus et sur toute la noix quelques légers coups du plat du couperet; puis vous parez seulement la partie charnue de la noix qui n'est point couverte; piquez-la d'une seconde; bridez la tétine pour la fixer en rond autour de la noix, et, trois heures et demie avant de servir, vous marquez, cuisez et glacez entièrement votre noix de veau selon les procédés décrits ci-dessus, après quoi vous la dressez et la garnissez selon les différentes manières précitées pour servir celle piquée. Cette noix de veau, étant garnie de sa tétine, est plus apparente que celle piquée entièrement de lard, elle convient donc également pour être garnie d'hatelets.

MOYENNE GROSSE PIÈCE DE NOIX DE VEAU A LA MACDONALD.

Vous préparez votre noix de veau en suivant les

procédés décrits pour celle piquée ; ensuite vous la séparez en deux dans son épaisseur ; puis vous couvrez ces deux parties d'une serviette, et donnez dessus quelques légers coups avec le plat du couperet ; placez la moitié de votre noix sur la feuille de la casserole ovale et grassement beurrée ; puis vous la couvrez de deux pouces d'épaisseur de farce à quenelles de veau ou de volaille préparée selon la règle (voir chapitre V, première partie) ; posez dessus la seconde partie de la noix de veau, l'appuyez un peu, et la masquez de deux pouces d'épaisseur de farce, en observant qu'elle enveloppe bien parfaitement la noix de veau, dont le volume se trouve par conséquent de beaucoup augmenté. Quatre heures et demie avant le moment de servir, vous la placez dans la casserole contenant une mirepoix mouillée avec une grande cuillerée de bon consommé, et passée à l'étamine avec pression ; faites partir l'ébullition à grand feu ; arrosez la noix de sa cuisson, placez-la sur un feu doux, afin qu'elle ne fasse que mijoter ; une demi-heure après, vous l'arrosez, la couvrez d'un papier ovale et grassement beurré ; ajoutez un peu de feu sur le couvercle de la casserole ; ayez soin d'arroser encore la noix quatre ou cinq fois durant la cuisson. Au moment de servir, vous l'égouttez, la dressez, la glacez, et versez autour un ragoût de noisettes de veau à la Soubise, auquel vous ajoutez quatre maniveaux de champignons, et une assiettée de gros rognons de coq ; entourez ce ragoût d'une garniture de crêtes frites à la Villeroy ; glacez de rechef la noix de veau, et placez dessus selon la règle six hatelets com-

III.   26

posés de crêtes blanches et de crêtes à la Villeroy.
Servez une saucière garnie du ragoût.

MOYENNE GROSSE PIÈCE DE NOIX DE VEAU
A LA PÉRIGOURDINE.

Vous préparez et cuisez cette noix de veau selon
les détails précités ; seulement vous ajoutez dans la
farce des truffes hachées à cru, et un demi-verre de
madère dans la mirepoix ; au moment de servir, vous
l'égouttez et la dressez sur un émincé de truffes à la
sauce Périgueux ; puis vous l'entourez de grosses crêtes blanches et de rognons ; glacez la noix de veau,
et placez dessus de la manière accoutumée six
hatelets composés de crêtes doubles et de truffes
noires glacées. Servez de la Périgueux dans une
saucière.

MOYENNE GROSSE PIÈCE DE NOIX DE VEAU
A LA CONTI.

Préparez et cuisez cette noix selon les procédés
décrits pour celle énoncée ci-dessus à la Macdonald ;
seulement vous additionnez une purée de champignons dans la farce de volaille ; puis, au moment de
servir, vous l'égouttez, la dressez, la glacéz, et posez
dessus une grande palmette composée de filets mignons de poulets contis aux truffes et cuits à part ;
versez autour un ragoût composé de crêtes, rognons,
champignons et truffes tournées en grosses olives, saucés d'une purée de champignons au suprême ; gar-

nissez ce ragoût de quenelles de volaille à la purée
de champignons, et placez sur chacune d'elles un filet mignon en couronne conti aux truffes. Placez sur
la grosse pièce dix hatelets composés de crêtes doubles, de gros riz d'agneau glacés, de crêtes, et de
truffes noires glacées. Servez une saucière garnie du
ragoût.

MOYENNE GROSSE PIÈCE DE NOIX DE VEAU
AU CHASSEUR GASTRONOME, GARNIE D'HATELETS.

Vous préparez et cuisez cette grosse pièce ainsi
que nous l'avons démontré pour la confection de celle
indiquée à la Macdonald ; seulement vous employez
une farce à quenelles de lapereaux pour remplacer
celle décrite à l'article précité ; ensuite vous placez
sur la farce qui masque la noix de veau une grande
rosace formée avec des truffes parées en olives. Etant
prêt de servir, vous l'égouttez, la dressez, la glacez,
et servez autour un ragoût composé d'escalopes de
lapereaux indiqué au chasseur (voir chapitre XI, quatrième partie) ; ajoutez autour une garniture de truffes noires glacées, entre chacune desquelles vous
mettez une grosse crête double. Placez selon la règle
sur la grosse pièce six hatelets composés de crêtes,
de truffes, de crêtes, et de quenelles de lapereaux
à la Villeroy. Servez dans une saucière du ragoût
précité.

MOYENNE GROSSE PIÈCE DE NOIX DE VEAU
A LA ROYALE, GARNIE D'HATELETS.

Après avoir paré votre noix de veau ainsi que je l'ai

26*

indiqué pour celle énoncée à la Macdonald, vous
piquez chaque moitié avec de moyens lardons de filets de faisan, de truffes et de tétine, le tout assaisonné de sel, poivre et muscade râpée ; puis vous garnissez comme de coutume la noix de farce de faisan faite
à l'essence de truffes ; cuisez-la selon la règle, dressez-la , glacez-la ; faites avec symétrie sur le milieu
de la farce des petits creux pour y placer droites de
grosses crêtes simples en formant une rosace ; versez
autour de la grosse pièce un ragoût composé de foies
gras aux truffes au suprême (voir chapitre XI, quatrième partie) ; garnissez-le autour de riz d'agneau
piqués et glacés et de truffes noires. Placez sur la
grosse pièce six hatelets composés de crêtes doubles,
de riz d'agneau glacés, de crêtes et de grosses truffes
noires. Servez une saucière garnie du ragoût.

MOYENNE GROSSE PIÈCE DE NOIX DE VEAU A L'AMIRAL, GARNIE D'HATELETS.

Préparez et cuisez cette noix de veau de la manière
accoutumée (voir les détails décrits pour celle indiquée à la Macdonald) ; cependant vous devez employer ici une farce de volaille au beurre d'écrevisses ; au moment de servir vous égouttez, glacez et
dressez la noix de veau ; puis vous versez autour un ragoût de crêtes et rognons à la Toulouse, auquel vous
additionnez cinquante queues d'écrevisses, six douzaines de noix d'huîtres, une cuillerée à bouche de
persil haché et blanchi, et un jus de citron ; garnissez
le tour de ce ragoût de truffes, de grosses écrevisses
et de crêtes doubles, placées alternativement. Placez

sur la noix de veau six hatelets composés de crêtes doubles, d'écrevisses , de crêtes et de truffes noires et glacées. Servez une saucière garnie dudit ragoût.

MOYENNE GROSSE PIÈCE DE NOIX DE VEAU
A LA POMPADOUR , GARNIE D'HATELETS.

Préparez et cuisez votre noix de veau en suivant les procédés décrits pour celle énoncée à la royale ; une demi-heure avant de servir, vous l'égouttez , et la masquez rapidement de sauce hatelet, et ensuite de mie de pain à laquelle vous avez mêlé un peu de parmesan râpé ; ajoutez dessus des gouttes de beurre tiède, et mettez-la au four pour prendre une belle couleur blonde. Si le four ne peut vous servir à souhait, vous enlevez la noix avec la feuille de la braisière, dans laquelle vous la mettez, et placez sur le couvercle du feu ardent, afin de la colorer avec soin et de belle couleur ; après quoi vous la dressez, la garnissez autour de noisettes de veau aux concombres (voir ce ragoût, chapitre XI, quatrième partie) ; vous y joignez une garniture de crêtes et de moitiés de petits riz de veau piqués et glacés. Placez sur la grosse pièce six hatelets composés de crêtes , de langue à l'écarlate, et de gros rognons de coq. Servez du ragoût dans une saucière.

MOYENNE GROSSE PIÈCE DE NOIX DE VEAU
A LA LONDONDERRY, GARNIE D'HATELETS.

Vous préparez et cuisez cette noix de veau en suivant de tout point les détails décrits pour celle énoncée à la Macdonald ; une demi-heure avant de servir, vous l'égouttez, et la masquez avec promptitude d'une anglaise, et ensuite de mie de pain à laquelle vous avez joint un peu de parmesan râpé ; ajoutez dessus des gouttes de beurre fondu ; donnez au four une belle couleur blonde à la grosse pièce ; puis vous la dressez, la garnissez autour d'une riche garniture de pointes de grosses asperges au suprême, que vous entourez d'un cordon de quenelles de volaille glacées, et de grosses crêtes doubles. Placez sur la noix de veau six hatelets garnis de crêtes et de noisettes de veau à la Villeroy. Servez une saucière garnie de suprême.

Observation.

Je viens de décrire huit nouvelles manières pour servir la noix de veau ; leurs garnitures et les hatelets qui les décorent leur donnent toute l'élégance qui caractérise la cuisine moderne.

MOYENNE GROSSE PIÈCE DE CARRÉ DE VEAU A LA BROCHE.

Prenez un bon et beau carré de veau, en le coupant depuis la dernière côte couverte jusqu'à la dernière vers la longe ; vous le préparez de même que nous l'avons indiqué pour désosser et donner de la grâce à la longe de veau à la broche ; puis vous le couchez sur fer, l'emballez de lard et de papier beurré, lui donnez deux heures de cuisson à un feu de broche modéré. Dix minutes avant le moment de servir, vous le déballez, le remettez au feu pour le glacer de belle couleur, puis vous le dressez. Servez dessous une demi-glace.

MOYENNE GROSSE PIÈCE DE CARRÉ DE VEAU A LA PÉRIGUEUX.

Après avoir paré et maintenu votre carré de veau selon la règle, vous levez avec soin la peau qui couvre le filet (en la roulant sur elle-même vers les côtes); puis vous le masquez d'un demi-pouce d'épaisseur de farce à quenelles de veau dans laquelle vous avez additionné des truffes hachées à cru; ensuite vous la couvrez en déroulant la peau, et, pour la maintenir, vous la cousez avec du gros fil; ensuite vous couchez votre carré sur fer, l'emballez de bardes de lard et de papier bien beurré, et mettez la broche au feu deux heures avant de servir, après quoi vous le déballez, le glacez d'une belle couleur blonde, le débrochez, le dressez, et versez dessus une sauce à la Périgueux; servez.

MOYENNE GROSSE PIÈCE DE CARRÉ DE VEAU FARCI A LA BOURGEOISE.

Vous devez préparer de tout point ce carré de veau comme le précédent; seulement vous le farcissez avec du godiveau, auquel vous mêlez des fines herbes passées au beurre; puis vous le cuisez de même, le déballez, débrochez, dressez, et servez dessous un bon jus.

MOYENNE GROSSE PIÈCE DE CARRÉ DE VEAU FARCI
A L'ALLEMANDE.

Coupez en petits dés la moitié de la mie d'un pain à potage d'une livre, et qu'il soit du jour; imbibez-la légèrement de lait, de consommé, ou d'eau; puis vous faites fondre quatre onces de beurre frais, y joignez la mie, la desséchez avec la cuillère sur un feu modéré, et la laissez refroidir; ensuite vous y mêlez un peu de sel, poivre, muscade râpée, un rien d'ail pilée, et quatre jaunes d'œufs par intervalle, en les mêlant bien parfaitement; ajoutez un peu de bonne crème et une cuillerée à bouche de persil haché. Cette farce doit être délicate et de bon goût; alors vous en garnissez le carré de veau, que vous préparez, cuisez à la broche, et servez avec une demi-glace dessous.

Observation.

Je ne donnerai pas de plus amples détails sur les différentes manières de préparer le carré de veau : ce sera aux praticiens à profiter des nouvelles descriptions que j'ai données pour la préparation de la longe et de la noix de veau. Ceux qui sont industrieux y trouveront une grande variété pour servir le carré de veau.

MOYENNE GROSSE PIÈCE DE POITRINE DE VEAU FARCIE
A LA BROCHE.

Vous prenez une poitrine de veau aussi large et

longue que possible, et de bonne qualité ; puis vous
enlevez l'arête de l'os rouge qui couvre les tendons,
la couvrez d'une serviette, et donnez dessus quelques
coups avec le plat du couperet, pour la dégager du
vent qu'elle contient ; ensuite vous passez la lame
du couteau entre la peau et les côtes jusque vers les
tendons et les extrémités ; après quoi vous la garnissez avec une farce à quenelles de veau à laquelle
vous additionnez des fines herbes passées au beurre ;
cousez la peau tout près des os des côtes, pour qu'elle reprenne sa forme première ; traversez-la dans sa
longueur par un hatelet de moyenne grosseur en
l'appuyant sur les côtes, et la couchez sur fer en
attachant fortement les deux bouts sur la broche,
afin que la poitrine s'y trouve bien fixée ; placez dessus une feuille de papier beurrée et ciselée ; couvrez-
la de bardes de lard également ciselées ; ajoutez encore trois feuilles de papier grassement beurré. Deux
heures avant le moment du service vous mettez la
broche à un feu modéré, et, vingt minutes avant le
service, vous la déballez, la glacez de belle couleur, et la servez avec une demi-glace dessous.

MOYENNE GROSSE PIÈCE DE POITRINE DE VEAU FARCIE A LA CIVETTE.

Vous la préparez, cuisez, glacez et servez selon
les détails précités ; seulement vous supprimez les
fines herbes de la farce, pour les remplacer par une
cuillerée à bouche de civette émincée très fine. Vous
devez servir dessous cette poitrine une sauce poivrade légère.

MOYENNE GROSSE PIÈCE DE POITRINE DE VEAU
A LA SOUBISE.

Procédez de tout point pour servir cette poitrine de veau selon les détails décrits pour celle farcie à la broche; la seule différence consiste à ajouter un peu de soubise dans la farce, en supprimant les fines herbes, puis vous la dressez sur une sauce à la Soubise. (Voir chapitre VII, quatrième partie.)

MOYENNE GROSSE PIÈCE DE POITRINE DE VEAU
A LA PROVENÇALE.

Préparez, rôtissez cette poitrine selon les procédés décrits pour celle énoncée farcie à la broche, en ajoutant seulement un peu d'ail dans la farce; puis vous servez dessous la sauce indiquée à la provençale. (Voir chapitre VII, quatrième partie.)

MOYENNE GROSSE PIÈCE DE POITRINE DE VEAU
A LA PÉRIGUEUX.

Vous ajoutez deux truffes hachées dans la farce et servez une sauce à la Périgueux sous la poitrine, que vous préparez du reste ainsi que nous l'avons démontré pour celle indiquée farcie à la broche.

MOYENNE GROSSE PIÈCE DE POITRINE DE VEAU FARCIE
AU GASTRONOME.

Préparez et cuisez à la broche cette poitrine de veau de la manière accoutumée; seulement vous ajoutez dans la farce de la langue à l'écarlate, des truffes, et un peu de tétine de veau, le tout coupé en petits dés, et servez dessous la sauce tomate à la parisienne. (Voir chapitre VIII, quatrième partie.)

MOYENNE GROSSE PIÈCE DE POITRINE DE VEAU FARCIE A L'ALLEMANDE.

Vous farcissez cette poitrine avec la farce que j'ai décrite pour le carré de veau à l'allemande ; du reste vous préparez et cuisez cette poitrine ainsi que nous l'avons démontré pour celle farcie à la broche. Servez dessous une demi-glace.

Observation.

Mes confrères intelligents apercevront aisément à quel point il est possible de varier les farces pour garnir les poitrines de veau : c'est pourquoi je n'en dirai pas plus long sur cette grosse pièce, qui d'ailleurs est sans importance. Cependant les gastronomes ne la dédaignent pas quand elle est préparée et cuite avec soin. Braisée dans un bon fond, les tendons en sont plus délicats, et elle est excellente.

CHAPITRE VIII.

TRAITÉ DES GROSSES PIÈCES DE TÊTES DE VEAU ET PALAIS DE BOEUF, GARNIES D'HATELETS.

SOMMAIRE.

Tête de veau en tortue à la française, grosse pièce garnie d'hatelets ; idem à la parisienne, grosse pièce garnie d'hatelets ; idem à la régence ; idem à la Paganini, grosse pièce garnie d'hatelets ; moyenne grosse pièce de tête de veau à la vénitienne ; idem à la financière ; idem au naturel ; palais de bœuf en tortue à la Vatel, grosse pièce garnie d'hatelets ; idem à la Sévigné, grosse pièce garnie d'hatelets ;

SUJETS DE LA PLANCHE QUATORZIÈME.

Le N° 1 représente la tête de veau en tortue à la française, grosse pièce garnie d'hatelets.

Le N° 2 représente la tête de veau à la parisienne, grosse pièce garnie d'hatelets.

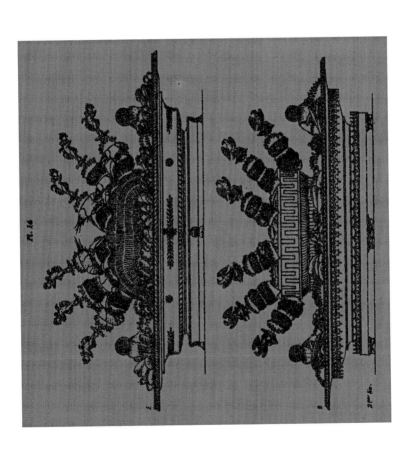

idem à la Grignan, grosse pièce garnie d'hatelets; idem à la Join-
ville, grosse pièce garnie d'hatelets; idem à la Lutèce, grosse pièce
garnie d'hatelets; idem à la Choiseul, grosse pièce garnie d'hatelets.

TÊTE DE VEAU EN TORTUE A LA FRANÇAISE,
GROSSE PIÈCE GARNIE D'HATELET

Vous devez choisir votre tête de veau aussi
blanche, aussi grosse et aussi grasse que possible, ce qui se reconnaît aisément à l'épaisseur du cuir ou de la peau près de la gorge; vous la faites désosser par le marchand d'abat, puis vous la mettez dégorger vingt-quatre heures en hiver et six seulement en été (la cervelle doit être limonée et mise dans
de l'eau fraîche); vous la mettez blanchir, ainsi que la
longe, à l'eau froide, et lui donnez dix minutes d'é-
bullition; puis vous l'égouttez et la mettez rafraîchir
à grande eau. Quand elle est froide, vous l'égouttez,
l'essuyez avec une serviette, et commencez par en
séparer les oreilles en les coupant rondes, un peu
plus larges qu'elles ne sont à leur naissance; ensuite
vous détaillez la tête par fragments de quatre pouces carrés et les arrondissez avec soin, en retirant toutes les parties grasses et maigres, afin de ne laisser que
le cuir (mot technique); maintenant vous flambez
les parties qui seraient susceptibles d'avoir encore
quelques poils, les essuyez, et les mettez dans une
casserole contenant une livre de graisse de bœuf
émincée et un peu fondue, dans laquelle vous avez
passé deux carottes, deux oignons et deux racines
de persil émincées; ajoutez une demi-feuille de
laurier, un peu de thym, de basilic, de fleur de

muscade, de poivre en grains, deux clous de girofle, et la chair de deux citrons épépinés. Après avoir
passé votre tête de veau cinq minutes dans cet assaisonnement, vous y joignez assez d'eau pour que la
tête en soit couverte à la surface ; ajoutez la langue
et un peu de sel blanc ; couvrez-la d'un rond de papier beurré ; faites la partir sur un fourneau ardent,
puis mijoter doucement pendant deux heures. Une
demi-heure avant de servir vous l'égouttez sur un
grand plafond, l'essuyez avec une serviette et la placez avec ordre dans un grand plat à sauter ; versez-y
une demi-bouteille de bon madère sec, couvrez-la
d'un rond de papier beurré ; faites partir l'ébullition,
et la réglez ensuite douce et continue, en mettant un
convercle sur le plat à sauter.

Etant prêt à servir, vous l'égouttez et la dressez en
turban autour d'une noix de veau piquée et glacée
selon la règle (voir l'article noix de veau dans le chapitre précédent), et posée sur un socle d'un pouce
et demi de hauteur, passé blond comme une croustade et ayant la forme ovale de la noix de veau ; aux
deux bouts du plat vous placez quelques fragments
de la langue, sur lesquels vous posez les oreilles, que
vous avez préparées ainsi : vous les couchez sur une
serviette, en ayant soin, avec une cuillère à bouche,
d'en séparer la peau extérieure et intérieure qui couvre le tendon, qui se trouve alors très blanc ; puis,
avec la pointe du couteau, vous les ciselez fin, à partir de l'ouverture de l'oreille, en lui donnant un pouce
de longueur : cette ciselure doit être régulière et devient nécessaire afin de plier la longueur de l'oreille
en deux ; alors elle devient un enjolivement au mi-

lieu duquel vous placez une truffe ronde. Saucez
avec soin la tête de veau, en retirant les oreilles, que
vous replacez ensuite ; ajoutez des groupes de petites
quenelles de volaille formées à la cuillère à café ; puis
de belles crêtes, de gros rognons, des champignons
bien blancs, huit jaunes d'œufs durs, et quatre petits
groupes de cornichons bien verts et parés en grosses
olives; après quoi vous placez sur la noix de veau
(que vous glacez de rechef) six hatelets composés
de crêtes doubles, d'écrevisses, de crêtes et de truffes
glacées. Pour les placer, et dresser cette grosse pièce
avec succès, voyez le dessin n°1 de la planche 14°.
Servez deux saucières garnies de la sauce indiquée
tortue au vin de Madère (voir chapitre VI, quatrième partie), et préparée pour grosse pièce; servez.

TÊTE DE VEAU EN TORTUE A LA PARISIENNE, GROSSE PIÈCE GARNIE D'HATELETS.

Vous préparez votre tête de veau par fragments
parés en rond, ainsi que nous venons de le démontrer ci dessus ; puis vous les frottez avec un jus de
citron, et les faites cuire deux heures et demie dans
une mirepoix préparée selon la règle et mouillée
avec du consommé blanc, un verre de Madère sec et
le jus d'un citron, le tout passé à l'étamine avec
pression. Une demi-heure avant de servir, vous
égouttez la tête de veau, l'essuyez sur une serviette,
et la passez dans un plat à sauter contenant une demi-espagnole préparée pour tortue, et la faites mijoter vingt-cinq à trente minutes, après quoi vous
la dressez en six groupes autour d'une croustade

ovale préparée selon la règle, et ayant douze pouces de long sur huit de large ; vous devez ciseler les oreilles ainsi que nous l'avons démontré ci-dessus; entre chacun de ces groupes vous en dressez deux idem de quenelles de volaille formées à la cuillère à café, et deux autres de gros champignons ; vous masquez le tout de sauce préparée en tortue au vin de Madère (voir chapitre VI, quatrième partie). Placez entre chaque groupe une grosse truffe noire glacée, ajoutez dessus de grosses crêtes et de gros rognons de coq; entourez la grosse pièce de petits groupes de cornichons tournés en grosses olives, entre chacun desquels vous posez un jaune d'œuf dur ; garnissez la croustade d'un ragoût tortue composé de petites quenelles de volaille, de noisettes de veau, de truffes parées rondes, de champignons, de crêtes et rognons; faites ébullitionner le tout dans la sauce tortue, entourez ce ragoût de grosses crêtes, placez sur le bord de la croustade dix hatelets garnis de crêtes doubles et de truffes noires glacées. Servez du ragoût dans deux saucières.

Le dessin n° 2 de la planche quatorzième représente cette grosse pièce riche et élégante.

Observation.

Ceux de mes confrères qui voudraient servir la cervelle de veau doivent la blanchir avec un filet de vinaigre, un peu de sel, et la cuire en la couvrant de bardes de lard dans une petite poêle. Ils pourront la couper en huit et la dresser sur la tête de veau après l'avoir saucée; mais comme cette garniture est vulgaire, je n'en conseille pas l'emploi.

TÊTE DE VEAU A LA RÉGENCE,
GROSSE PIÈCE GARNIE D'HATELETS.

Préparez, cuisez et dressez cette tête de veau autour d'une croustade, selon les détails précités ; puis
vous garnissez la croustade d'un ragoût composé
ainsi : vous avez préparé pour grosse pièce la garniture de truffes énoncée à la régence (voir chapitre XII, quatrième partie), à laquelle vous mêlez
des crêtes et une assiettée de gros rognons de coq ;
placez autour de ce ragoût une bordure de truffes
rondes et de crêtes doubles ; placez comme de coutume, sur le bord de la croustade, dix hatelets composés de crêtes doubles, de truffes, de crêtes et d'é-
crevisses glacées. Employez pour la garniture qui
doit ceindre cette grosse pièce des quenelles de volaille à la Villeroy, entre chacune desquelles vous
placez des groupes de rognons de coq.

Servez deux saucières garnies du ragoût indiqué.

TÊTE DE VEAU EN TORTUE A LA PAGANINI,
GROSSE PIÈCE GARNIE D'HATELETS.

Après avoir préparé et fait cuire cette tête de veau
selon les procédés décrits pour celle énoncée à la
française, vous l'égouttez, et la faites mijoter une
demi-heure dans un grand plat à sauter contenant
un peu de sauce à la Périgueux et de consommé.
Etant près de servir, vous la dressez de la même
manière que celle à la française, autour d'une noix
de veau préparée à la Saint-Cloud, au lieu d'être pi-

III.   27

quée; puis vous la saucez avec soin d'une excellente
Périgueux préparée pour grosse pièce (voir le chapitre VI, quatrième partie); ajoutez ensuite des groupes de petites quenelles, de crêtes, de rognons de coq
et de truffes parées en grosses olives. Garnissez la
croustade d'un ragoût composé de petites quenelles,
de crêtes, rognons et truffes émincées; faites-le ébullitionner dans de la Périgueux; entourez-le de gros
rognons de coq; placez sur la croustade, de la manière accoutumée, dix ou six hatelets de crêtes et
de truffes parées en grosses quenelles méplates et
et glacées. Servez une saucière garnie de ragoût.

MOYENNE GROSSE PIÈCE DE TÊTE DE VEAU
A LA VÉNITIENNE.

Vous préparez et cuisez cette tête de veau selon
l'analyse décrite pour celle indiquée à la française,
en lui donnant trois heures de cuisson. Étant près de
servir, vous l'égouttez, retirez la peau de la langue
que vous coupez par ronds, et la placez sur le milieu
du plat : ensuite vous l'entourez de fragments de la
tête de veau; masquez le tout d'un ragoût à la sauce
vénitienne (voir chapitre V, quatrième partie), composé de champignons, crêtes et rognons; placez sur
la langue les deux oreilles, que vous avez parées
ainsi que nous l'avons énoncé pour la tête de veau
à la française; garnissez-les d'un jaune d'œuf durci;
ajoutez dix de ceux-ci autour de la grosse pièce;
placez entre eux de petits cornichons bien verts, parés en olives; coupez la cervelle en huit parties, que

vous placez çà et là sur la tête de veau ; servez une saucière garnie de sauce vénitienne. Servez.

MOYENNE GROSSE PIÈCE DE TÊTE DE VEAU
A LA FINANCIÈRE.

Vous préparez, cuisez et dressez celle-ci, selon les détails décrits ci-dessus ; puis vous la masquez avec un ragoût à la financière (voir chapitre XI, quatrième partie) ; ajoutez dessus deux groupes de crêtes et rognons, deux idem de petites quenelles, deux de champignons et deux de truffes parées en olives. Entourez la grosse pièce d'escalopes de foies gras à la Horly, et servez avec une saucière garnie de financière.

Observation.

Ces moyennes grosses pièces se servent dans le courant d'une grande maison, ainsi que pour les maisons du second ordre et même sur les tables bourgeoises. On doit les servir également avec les sauces poivrade, piquante, hachée, tomate, Soubise, ravigote printanière, italienne, provençale et carrick à l'indienne : alors la tête de veau prendra sur le menu le nom de la sauce avec laquelle on devra la servir.

MOYENNE GROSSE PIÈCE DE TÊTE DE VEAU
AU NATUREL.

Préparez, cuisez et dressez cette tête de la manière décrite pour celle énoncée à la vénitienne ; semez

27*

dessus un peu de petite civette émincée très fin et de persil idem. Servez à part une sauce froide composée d'huile, de vinaigre à l'estragon, des fines herbes précitées, une pointe d'échalote hachée et blanchie, du sel et du poivre blanc.

Observation.

La tête de veau au naturel se sert pour les déjeuners ; elle doit être dressée promptement et servie aussitôt, afin qu'elle soit délicate : car elle devient désagréable à manger en refroidissant.

Comme les pieds de veau sont très rafraîchissants, on doit en servir quelquefois pour déjeuner, selon les procédés précités.

Dans quelque petite maison que ce soit, on ne doit jamais servir la tête de veau entière, parce que celle-ci devient insupportable à découper pour la personne qui se charge de la servir, tandis que celle coupée par fragments carrés (je veux dire qu'il n'est pas nécessaire d'arrondir chaque morceau) se sert promptement, et par conséquent chaudement, ce qui est très essentiel pour les têtes de veau servies de quelque manière que ce soit.

PALAIS DE BOEUF EN TORTUE A LA VATEL, GROSSE PIÈCE GARNIE D'HATELETS.

Après avoir parfaitement nettoyé vingt-six palais de bœuf gras et blancs, vous les coupez en deux en travers, en parant le gros bout de forme ovale, ensuite vous séparez l'autre partie, en supprimant une raie de sang noirâtre qui s'y trouve ; puis vous les parez en escalopes ; après quoi vous les faites dégorger quelques heures à l'eau tiède ; puis vous les blanchissez quelques secondes , les égouttez , les rafraîchissez , les essuyez, et les faites cuire dans une poêle ou mirepoix succulente passée avec pression par l'étamine. Après deux heures de cuisson , vous les égouttez, et dressez les grosses parties en turban autour d'une croustade préparée de même et de la même dimension que celle indiquée pour les grosses pièces d'anguilles garnies d'hatelets (voir *Traité du poisson*) ; ensuite vous faites bouillir pendant quelques secondes les escalopes des palais de bœuf dans la sauce indiquée Tortue au vin de madère (voir chapitre VI , quatrième partie) préparée pour grosse pièce ; puis vous y joignez une assiettée de gros rognons de coq , une de champignons et une idem de truffes parées en escalopes et cuites dans la sauce ; garnissez la croustade avec ce ragoût , placez autour de grosses crêtes doubles , masquez avec soin le turban dudit ragoût, ajoutez autour un cordon de grosses crêtes et rognons de coq; placez sur la croustade dix hatelets composés de crêtes , écrevisses , crêtes et truffes noires glacées.

Servez avec une saucière garnie de sauce tortue.

Observation.

Méditant sans cesse sur notre art, j'ai toujours été étonné de voir les grands praticiens ne pas profiter des ressources que nous offrait le palais de bœuf, dont la délicatesse et le moelleux ne laissent rien à désirer pour en faire un aliment succulent. Je sais que nous

avons un grand nombre d'excellentes entrées de palais de bœuf ; mais jamais je n'en vis faire des potages. J'en ai cependant servi de parfaits, et, pour les
grosses pièces, j'obtins des résultats également avan-
tageux. Or j'invite mes confrères jaloux de varier leurs
grosses pièces à servir des palais de bœuf selon les
différents procédés décrits pour la préparation des
têtes de veau précitées. Cependant je vais encore décrire quelques nouvelles grosses pièces de palais de
bœuf.

PALAIS DE BŒUF A LA SÉVIGNÉ,
GROSSE PIÈCE GARNIE D'HATELETS.

Après avoir paré, préparé et cuit vingt-six palais
de bœuf selon l'analyse décrite ci-dessus, vous les
dressez de même en turban autour d'une croustade
pareille à celle précitée ; puis vous la garnissez d'un
ragoût préparé à la sauce au suprême, composé des
escalopes des palais de bœuf, idem de foies gras, idem
de truffes et de champignons ; masquez avec soin le
turban de ce ragoût ; puis vous l'entourez d'une garniture de crêtes et de truffes parées en moyennes quenelles ; ensuite vous placez sur la croustade dix hatelets garnis de crêtes, de gros riz d'agneau piqués et
glacés, de crêtes et de grosses truffes noires glacées.
Servez une saucière garnie de suprême.

PALAIS DE BŒUF A LA GRIGNAN,
GROSSE PIÈCE GARNIE D'HATELETS.

Vous préparez, cuisez et dressez vos palais de

bœuf autour d'une croustade en suivant de tout point
les détails décrits pour ceux servis en tortue ; puis
vous garnissez la croustade d'un ragoût indiqué à la
sauce béchamel aux champignons (voir chapitre V,
quatrième partie), et composé d'escalopes de palais de
bœuf, de petites quenelles de volaille à l'essence de
champignons, de gros rognons de coq, et de champignons ; masquez soigneusement avec ce ragoût le
turban qui ceint la croustade ; entourez-le d'écrevisses
et de truffes noires glacées. Garnissez une saucière dudit ragoût, et servez.

PALAIS DE BOEUF A LA JOINVILLE,
GROSSE PIÈCE GARNIE D'HATELETS.

Préparez, cuisez et égouttez vingt palais de bœuf
ainsi que nous l'avons démontré pour ceux énoncés à
la tortue ; puis vous les dressez en turban autour
d'une croustade, et garnissez celle-ci d'un ragoût
composé de quenelles de volaille au beurre d'écrevisses, de champignons, de foies gras, et d'escalopes
de palais de bœuf que vous faites ébullitionner dans
de l'allemande à laquelle vous additionnez un peu de
glace de volaille et un beurre d'écrevisses ; masquez
avec ce ragoût le turban qui ceint la croustade ; entourez-le de filets mignons de poulets contis aux
truffes et de crêtes doubles ; placez sur la croustade
de la manière accoutumée dix hatelets composés de
crêtes blanches et de crêtes imitées de langue à l'é-
carlate. Servez avec une saucière garnie de la sauce
du ragoût.

PALAIS DE BOEUF A LA LUTÈCE,
GROSSE PIÈCE GARNIE D'HATELETS.

Après avoir préparé et cuit vingt palais de bœuf
selon les détails décrits pour ceux indiqués en tortue, vous les égouttez, les dressez en turban autour
d'une croustade semblable à celle employée pour
cette grosse pièce en tortue ; puis vous la garnissez
autour d'un lit de petits pois préparés à la parisienne
(voir chapitre XII, quatrième partie) ; dressez dessus
en turban les palais de bœuf ; masquez ceux-ci légèrement avec du suprême ; entourez-les d'un cordon
de petites carottes nouvelles tournées en poires et
brillantes de leur glacé ; garnissez la croustade d'un
lit de petits pois ; ajoutez dessus un lit d'un ragoût
composé d'escalopes de palais de bœuf, de gros rognons de coq saucés au suprême ; ajoutez un lit de
petits pois, un idem de ragoût, un de petits pois, et
un de ragoût, que vous masquez de petits pois formant
la pyramide ; placez autour de grosses crêtes doubles ;
placez comme de coutume sur la croustade dix hatelets composés de crêtes, écrevisses, crêtes, et riz d'a-
gneau glacés. Servez une saucière garnie de suprême.

PALAIS DE BOEUF A LA CHOISEUL
GROSSE PIÈCE GARNIE D'HATELETS.

Vous préparez et dressez cette grosse pièce en suivant de tout point les détails décrits ci−dessus, et en
remplaçant les petits pois par des pointes de grosses
asperges (voir cette garniture, chapitre XII, quatrième

partie) ; puis vous composez le ragoût d'escalopes de
palais de bœuf et d'escalopes de foies gras à la béchamel ; masquez légèrement de cette sauce le turban, que vous entourez de filets de foies gras à la
Horly. Placez selon la règle sur la croustade dix
hatelets garnis de crêtes, de quenelles de volaille à
la Villeroy, de crêtes et de riz d'agneau piqués
et glacés. Servez à part une saucière garnie de béchamel.

Observation.

J'ai servi également des grosses pièces de palais de
bœuf sur des macédoines et jardinières ; ceux de mes
confrères qui ne pourraient servir ces grosses pièces
avec leurs croustades et hatelets doivent les supprimer ; alors ils doivent dresser les palais de bœuf en
turban sur le plat, et servir dans le milieu les ragoûts
que nous avons indiqués ci-dessus, mais qu'il sera
facile de simplifier, si cela devenait nécessaire,
par suite de l'économie exigée dans nos maisons du
jour.

CHAPITRE IX.

TRAITÉ DES GROSSES PIÈCES DE SELLES,

QUARTIERS ET GIGOTS DE MOUTON ET DE PRÉSALÉ.

SOMMAIRE.

Selle de présalé à la broche, garnie de pommes de terre; idem garnie d'hatelets; idem rôtie à l'anglaise; idem braisée, garnie de racines glacées: idem servie à l'anglaise; idem présalé à la française, garnie de concombres; idem farcie servie à l'allemande; idem de présalé à la Périgord, grosse pièce garnie d'hatelets; moyenne grosse pièce de gigot de mouton à la broche; idem présalé à la bretonne; moyenne grosse pièce de quartier de présalé à la broche; gigot de mouton ou de présalé braisé; quartier de présalé braisé au gastronome; idem à la provençale; idem à la gasconne; gigot de mouton à l'anglaise; idem à l'irlandaise.

Remarques et observations.

L se fait à Paris, et dans toute la France, une consommation extraordinaire de mouton, et pour y suffire nous en tirons une grande quantité de la Franconie, de la Bavière, dé l'Allemagne et de la Flandre. Les plus estimés de nos provinces nous arrivent de la Normandie et de la Champagne. Ceux de Dieppe et des Ardennes sont encore plus recherchés, à cause de la délicatesse et de la succulence de leur chair, ayant été nourris sur des côtes maritimes où les prairies sont salées, sèches, et abondantes de plantes aromatiques. Ces moutons prennent le nom de présalé, et se vendent chez les marchands de volaille par quartiers, par gigots et par selles; mais comme on ne les vend pas au poids, le prix en est toujours plus élevé que celui du mouton ordinaire. Cependant leur qualité est tellement supérieure pour le goût, pour la nutrition, et pour la délicatesse, que nous ne devons jamais en servir d'autre sur la table des amphitryons qui aiment la bonne chère.

L'hiver est la saison la plus favorable aux bonnes qualités du mouton; et cela est concevable, parce qu'ils viennent de quitter les bons pâturages d'automne : alors la chair a acquis toute la succulence désirable. Aussi le mouton est-il considéré comme un aliment salutaire, nutritif, et de facile digestion, qui convient à toute sorte d'âge et de tempérament.

Nous devons le choisir d'une chair cramoisie, très rembrunie et couverte de bardes de graisse blanche. Les selles, quartiers et gigots que nous tirons de la boucherie de Paris, doivent toujours être mortifiés, autant que possible, selon les saisons; alors ils auront acquis toute la délicatesse dont ils sont susceptibles.

M. Aulagnier rapporte, dans son excellent dictionnaire, une preuve remarquable des effets diffé-

rents que produit la nourriture du bœuf ou celle du
mouton. En Angleterre, dit il, un athlète, destiné
au boxage, était nourri avec grand soin, afin d'avoir
plus de force et d'agilité. Le bœuf rôti était sa nourriture ordinaire ; mais comme il prenait un embonpoint considérable, ce qui lui aurait donné du dés-
avantage dans les luttes auxquelles il était voué, on
supprima le rosbif, pour le remplacer par du mouton
rôti. Cette nourriture fit disparaître son embonpoint,
à la grande satisfaction des hommes qui devaient
parier pour lui : car des sommes considérables se
gagnent et se perdent dans ces jours de boxage (1).

SELLE DE PRÉSALÉ A LA BROCHE, GARNIE DE POMMES DE TERRE.

Nous entendons par selle toute la partie des reins,
puisque les deux filets ne sont point séparés. Ainsi
vous faites couper la selle à la première côte ; ensuite
vous faites couper les deux gigots au‑dessous de le
queue, et en biais vers les flancs, ce qui vous don-

---

(1) Il faut avoir vu ces horribles combats pour se faire une idée des
coups meurtriers que les boxeurs se portent mutuellement avec la ra-
pidité de l'éclair. Ce cruel spectacle, qui déchire le cœur de l'étranger,
est couvert des claquements de mains et des bravos des indigènes : car
ces hommes qui se battent pour de l'argent ont leurs partisans et leurs
admirateurs. Mais cette coutume est nationale chez les Anglais. A mon
séjour à Brighton, j'ai vu deux de ces hommes se battre à outrance ;
leurs corps meurtris, défigurés et mourants, se redressaient un moment
pour s'anéantir au moindre choc. Ce n'était plus des hommes, mais des
cadavres mutilés et expirants : l'un des boxeurs est mort quelques jours
après. Je le répète, le cœur de l'étranger se déchire, et des larmes cou-
lent de sa paupière en détournant la vue de cette lutte meurtrière.

ne une belle grosse pièce ; enlevez avec la pointe du
couteau , et avec soin , une legère peau qui couvre
l'épiderme, que vous laissez bien intact ; la selle étant
ainsi parée dessus , dessous et sur les flancs , vous
roulez ceux-ci sur eux mêmes et les maintenez avec
six petits hatelets ; puis vous passez dans la broche
une des fourches indiquées pour embrocher le rosbif d'aloyau ; ensuite vous passez la broche entre
les petits hatelets et la selle , ajoutez la seconde
fourche , enfoncez-la dans le quasi , et rapprochez
l'autre fourche , que vous enfoncez également dans
le flanchet; la selle se trouve alors fixée sur la broche,
tandis que , n'ayant pas le secours de ces fourches
pour la maintenir , vous entrez la pointe d'un hatelet un peu fort dans l'os à la moelle des reins ,
puis vous en enfoncez deux petits dans les quasis, et
en l'attachant fortement de ficelle sur la broche ,
elle s'y trouve maintenue ; vous couvrez ensuite la
grosse pièce avec deux feuilles de papier grassement
beurré et les maintenez par trois tours de ficelle. Une
heure avant de servir, vous mettez la broche au feu,
que vous aurez préparé selon la règle ; dix minutes
avant de servir, vous déballez la selle , la glacez de
belle couleur, la débrochez , la dressez et la garnissez autour de groupes de pommes de terre préparées
ainsi que nous l'avons indiqué pour le rosbif d'a-
loyau.

Servez une saucière garnie d'une demi-glace.

SELLE DE PRÉSALÉ A LA BROCHE,
GARNIE D'HATELETS.

Vous préparez et cuisez cette grosse pièce selon

les détails décrits ci-dessus ; puis vous la dressez sur une purée de pommes de terre à la crème (voir chapitre VII, quatrième partie) ; ajoutez autour une bordure de croquettes de ces parmentières ; placez comme de coutume sur la selle de mouton six hatelets composés chacun de trois de ces croquettes.

Servez une saucière garnie d'une demi-glace.

SELLE DE MOUTON RÔTIE A L'ANGLAISE.

Après avoir coupé votre selle d'un mouton de première qualité, vous la laissez se mortifier autant que possible, puis vous la parez, l'embrochez selon les procédés décrits précédemment, l'emballez de papier beurré, et la mettez au feu une heure vingt minutes avant de servir, en ayant soin de l'arroser de temps en temps. Quelques minutes avant le service, vous retirez le papier pour glacer la grosse pièce de belle couleur, la débrochez et la dressez sur un jus corsé (demi-glace); servez dans une casserole d'argent une purée de navets cuits à blanc et dans une saucière une sauce au beurre.

Observation.

Les Anglais servent également la selle de mouton sur une purée de pommes de terre très compacte qu'ils nomment mass-potatoes; ils servent aussi cette grosse pièce cuite à l'eau bouillante pendant nne heure et demie, avec des carottes, des navets et du sel ; ils servent ces racines autour de la grosse pièce, ou bien séparément avec une demi-glace dans une saucière.

J'observerai à mes confrères que nous servons aussi la selle de mouton garnie de pommes de terre et de purée idem , ainsi que nous l'avons énoncé pour la selle dite de présalé ; nous la servons également sur des purées de haricots blancs nouveaux à la bretonne , sur un émincé de concombres au velouté , de chicorée à la béchamel ; ensuite sur les purées à la bretonne, à la Soubise et à la Richelieu , et de pois nouveaux. La selle de mouton ou de présalé prendra alors sur le menu le nom des garnitures et purées précitées.

SELLE DE MOUTON BRAISÉE
GARNIE DE RACINES GLACÉES.

Après avoir paré une selle de mouton selon la règle (voir le premier article de ce chapitre), vous roulez les flanchets , que vous maintenez en les bridant de ficelle pour donner bonne grâce à la grosse pièce ; placez-la du côté gras dans une grande braisière dont la feuille sera foncée de bardes de lard ; ajoutez une bonne braise, ou deux grandes cuillerées de consommé, de bon dégraissis ou de lard râpé, deux carottes, deux gros oignons , deux petits bouquets garnis et un petit verre de vieille eau-de-vie. Trois heures avant de servir, faites partir l'ébullition sur un fourneau ardent; arrosez la grosse pièce ; couvrez-la d'un papier fort grassement beurré ; placez-la feu dessus et dessous , en observant qu'elle mijote doucement ; dix minutes avant de servir, vous l'égouttez sur un grand plafond , la débridez avec soin , la masquez de glace , et la faites glacer

au four ou bien dans la braisière, en mettant du feu
ardent sur le couvercle, que vous laissez entr'ouvert;
ensuite vous dressez la selle de mouton, la glacez
de rechef, et groupez autour des carottes nouvelles
glacées, des navets idem, et des racines de céleri.

Servez une demi-glace dans une saucière.

Observation.

La selle de présalé doit recevoir moins de cuisson que celle décrite ci-dessus; mais il est bien essentiel de la parer avec soin : car la partie du flanchet, dans les temps humides, prend un goût de
vert qui se perd difficilement à la cuisson. Quand
cela arrive, il vaut mieux supprimer le flanchet entièrement. Nous servons egalement cette grosse pièce avec les purées et garnitures assignées pour la
selle de mouton rôtie.

SELLE DE MOUTON BRAISÉE SERVIE A L'ANGLAISE.

Après avoir préparé et braisé cette grosse pièce
selon les détails précités, vous l'égouttez une demi-
heure avant de servir sur un grand plafond, la débridez, la parez légèrement, la masquez promptement avec une anglaise préparée selon la règle, et
à laquelle vous ajoutez de la mie de pain et un peu
de parmesan râpé; semez dessus des gouttes de
beurre frais tièdes seulement; mettez la selle prendre couleur au four doux; puis vous la servez sur
une demi glace avec une casserole d'argent garnie
de masspotatoes, ou bien d'une purée de parmentières. Servez.

SELLE DE MOUTON PRÉSALÉ A LA FRANÇAISE, GARNIE DE CONCOMBRES.

Vous parez cette grosse pièce selon la règle ; puis vous garnissez les deux filets de lardons de maigre et de gras de jambon de Baïonne légèrement assaisonnés de poivre et de muscade râpée ; parez ensuite les bouts de ces lardons ; masquez la grosse pièce de bardes de lard ; donnez-lui bonne grâce en la bridant de ficelle ; braisez-la ainsi que nous l'avons indiqué ci-dessus, en ayant soin qu'elle mijote doucement pendant deux heures et demie. Vingt-cinq à trente minutes avant de servir, vous l'égouttez sur un plafond, la débridez, en retirez les bardes de lard, la parez légèrement, et la masquez promptement avec de la sauce à hatelets, la couvrez de mie de pain mêlée à un peu de parmesan râpé ; semez dessus des gouttes de beurre frais fondu ; donnez une belle couleur au four ; puis vous dressez la grosse pièce sur une garniture de concombres parés en escalopes et préparés au velouté ou à l'espagnole. A cet effet consultez le chapitre XII de la quatrième partie. Servez à part une saucière garnie d'une demi-glace.

Observation.

Cette selle de mouton présalé se sert de même sur une garniture de petites carottes nouvelles tournées en poires et glacées, de céleri à la française, de macédoine, de jardinière, d'oignons glacés, de laitues braisées et farcies, de choux de Bruxelles, de fonds

III.   28

d'artichauds à la vénitienne , de marrons à la lyonnaise , puis avec les haricots à la bretonne, avec des parmentières préparées pour rosbif , avec les purées de parmentières (pommes de terre) à la crême, idem à la bretonne , idem à la lyonnaise, idem de céleri à l'espagnole , idem de cardes , idem de fonds d'artichauds , idem de choux-fleurs à l'allemande , idem chicorée , idem de pois nouveaux, idem de haricots nouveaux , idem de champignons. Vous aurez soin d'indiquer sur le menu le nom de la garniture ou purée que vous devez servir avec la grosse pièce.

SELLE DE MOUTON FARCIE A L'ALLEMANDE.

Après avoir paré et braisé votre grosse pièce selon les détails décrits pour celle énoncée braisée et garnie de racines glacées, une demi-heure avant le moment du service vous l'égouttez et le masquez avec vivacité de six lignes d'épaisseur de farce à l'allemande (voir la *Poitrine de veau farcie à l'allemande*) et la faites cuire au four , chaleur modérée , après quoi vous la glacez et la dressez sur une garniture de petites carottes et petits pois à l'allemande (voir chapitre XII , quatrième partie). Servez.

SELLE DE PRÉSALÉ A LA PÉRIGORD , GROSSE PIÈCE GARNIE D'HATELETS.

Préparez de tout point cette grosse pièce ainsi que nous l'avons démontré pour celle braisée énoncée à la française et garnie de concombres, puis vous l'égouttez quarante minutes avant de servir, et

la masquez rapidement de six lignes d'épaisseur de
farce à quenelles de volaille à la Périgueux, et la
faites cuire au four, ou bien vous remettez la grosse
pièce dans la braisière en la faisant repartir sur un
fourneau ardent avec du feu dessus ; dès que
la farce est douillette au toucher, vous l'égouttez, la
dressez sur un émincé de truffes à la sauce Périgueux,
et placez dessus, selon la coutume, dix hatelets composés de crêtes doubles et de truffes noires glacées.
Servez.

Observation.

Je pourrais encore décrire de nouvelles grosses
pièces de selle de mouton et de présalé ; mais il sera
facile à mes confrères d'en composer eux-mêmes en
suivant la marche que je viens de leur ouvrir par la
description donnée ci-dessus. A ce sujet ils n'auront
qu'à consulter mes grosses pièces de noix de veau
servies à la Conti, au chasseur gastronome, à la
royale, à l'amiral et à la Londonderry.

MOYENNE GROSSE PIÈCE DE GIGOT DE MOUTON
A LA BROCHE.

Vous devez choisir votre gigot court de jarret,
rond dans son épaisseur, dont la peau soit fine et
transparente, et couvert de bardes de graisse blanche vers la queue. Vous devez le laisser mortifier
autant que possible. Le jour où vous devez l'employer, vous sciez la crosse du jarret de deux pouces
de long, en ôtez la chair également de deux pouces
de longueur, et ratissez l'os très blanc ; puis vous
abattez l'os du quasi, en parez légèrement la grais-

28*

se vers la queue , et le couchez sur fer en piquant la broche près du manche pour la sortir près de l'os du quasi, puis vous le couvrez d'une feuille de papier bien beurré. Une heure vingt minutes avant le moment de servir vous le mettez au feu, qui sera préparé selon la règle ; puis au moment même de le servir vous le débrochez et le servez avec un bon jus. Garnissez le manche avec une bouffette de papier préparée d'avance.

MOYENNE GROSSE PIÈCE DE GIGOT DE MOUTON PRÉSALÉ A LA BRETONNE.

Vous le parez avec soin, le cuisez à la broche selon les procédés décrits ci-dessus ; puis vous le servez sur une garniture de haricots nouveaux à la bretonne (voir chapitre XII , quatrième partie) , le glacez , garnissez le manche d'une bouffette, et servez.

Observation.

Les gigots de mouton ou de présalé se servent également à la bretonne , ou garnis de pommes de terre préparées comme pour le rosbif ; puis avec des petites carottes nouvelles glacées , des choux de Bruxelles, ou des choux-fleurs ; sur des épinards , de la chicorée au jus ; ou bien avec les purées de pommes de terre à la crème , à la Soubise , à la lyonnaise, idem à la Richelieu , idem à la provençale et à la Clermont.

MOYENNE GROSSE PIÈCE DE QUARTIER DE PRÉSALÉ A LA BROCHE.

Vous parez avec soin un quartier de présalé , en

supprimez et parez le manche ainsi que nous l'avons
indiqué pour le gigot de mouton ; coupez la chair
de l'os du filet ; puis vous roulez le flanchet et le
maintenez par deux petits hatelets ; couchez-le sur
fer de la même manière que le gigot, en passant la
broche entre le carré et les deux hatelets, sur lesquels
vous placez un moyen hatelet dont la pointe s'enfon-
ce un peu dans le quasi et sur la broche, à laquelle
vous l'attachez de l'autre côté ; maintenant vous
couvrez la grosse pièce d'une feuille de papier grassement beurré sur la partie qui couvre le filet ; vous
placez des bardes de lard, et ensuite du papier beurré. Cinq quarts d'heure avant le moment du service,
mettez la broche au feu, en en modérant l'ardeur du
côté du filet ; ensuite vous débrochez, glacez et dressez le quartier de présalé. Versez dessous une demi-
glace, et servez.

Observation.

Le quartier de mouton se prépare, se cuit et se
sert de même que le présalé ; ensuite vous devez les
servir l'un et l'autre garnis selon la variété de garnitures et purées que nous avons analysées pour accompagner le gigot de mouton et de présalé décrits
précédemment.

GIGOT DE MOUTON OU DE PRÉSALÉ BRAISÉ.

Après avoir préparé selon les procédés décrits ci-
dessus un gigot de bonne qualité, vous le désossez avec soin jusqu'à l'os du jarret, le garnissez
de gros lardons de jambon de Baïonne gras et mai-

gres, dont vous parez les parties qui excèdent le gigot; donnez-lui bonne grâce en le bridant de ficelle;
puis vous le mettez sur la feuille (garnie de bardes
de lard) de la braisière dans laquelle vous le mettez
avec une bonne braise, un excellent fond de cuisson, ou deux grandes cuillerées de consommé ou
un bon dégraissis, puis deux carottes, trois oignons,
un bouquet garni selon la règle, et un petit verre
d'eau-de-vie. Trois heures et demie avant le moment de servir, faites partir l'ébullition à grand feu,
arrosez le gigot, couvrez-le de papier fort et bien
beurré; couvrez la braisière, que vous placez feu dessus et dessous, en observant que le gigot mijote doucement et sans interruption. Une heure et demie
après, vous le retournez dans sa cuisson; puis, vingt
minutes avant de servir, vous le masquez de glace,
mettez du feu sur le couvercle, et laissez-le un peu
entr'ouvert pour faciliter le dégagement de la vapeur; dressez-le ensuite; glacez-le de rechef; ajoutez une bouffette de papier au manche; servez dessous la cuisson, que vous passez au tamis de soie.

Nous servons d'habitude cette moyenne grosse
pièce accompagnée des garnitures et purées de plantes potagères indiquées ci-dessus pour le gigot à la
broche.

QUARTIER DE PRÉSALÉ BRAISÉ AU GASTRONOME.

Après l'avoir paré de même que pour la broche,
vous le garnissez de lardons de tétine, de langue à
l'écarlate, et de truffes parées idem; vous les assaisonnez de poivre, de muscade râpée et d'un peu de

sel ; parez les extrémités des lardons qui dépassent les chairs ; puis vous bridez le quartier de présalé et le braisez selon les détails décrits ci-dessus, en ajoutant les parures des truffes et quelques lames de maigre de jambon. Arrosez et retournez-le dans sa cuisson, en observant qu'elle mijote pendant trois heures; après quoi vous le débridez, le glacez selon la règle, le dressez sur un émincé de truffes à la Périgueux, et le servez.

QUARTIER DE PRÉSALÉ A LA PROVENÇALE.

Après avoir paré votre présalé et l'avoir garni selon la règle de lardons de gras et de maigre de jambon, vous le braisez et le servez, en suivant les détails décrits pour le filet de bœuf énoncé à la provençale. (Voyez cet article.)

QUARTIER DE PRÉSALÉ A LA GASCONNE.

Vous parez, piquez et braisez votre quartier de présalé en suivant de tout point les détails décrits pour le gigot ; seulement vous pilez une gousse d'ail que vous mêlez aux lardons, puis vous en mettez quatre gousses dans la cuisson. Etant cuit, vous le glacez, le dressez ; joignez au manche une bouffette de papier, et versez autour une garniture de rocamboles préparées à la bordelaise. (Voyez à cet effet chapitre XII, quatrième partie.) Servez.

Observation.

Vous devez servir également le quartier de mou-

ton et de présalé à la française, à la Périgord, à
l'anglaise et farci à l'allemande, selon l'analyse décrite ci-dessus pour les grosses pièces précitées.

GIGOT DE MOUTON A L'ANGLAISE.

Après avoir paré un gigot de mouton comme pour
le mettre à la broche, vous le mettez, deux heures
avant le moment de servir, dans une braisière remplie aux deux tiers d'eau bouillante, en y joignant le
sel nécessaire, une pincée de mignonnette, un bouquet garni selon la règle, deux carottes et quatre
oignons. Ayez soin que l'ébullition soit douce et réglée. Etant près de servir, vous l'égouttez, le glacez
à plusieurs reprises avec une glace plus réduite que
de coutume; puis vous le dressez, mettez une bouffette de papier au manche, et le garnissez autour de
choux-fleurs que vous masquez avec une espagnole
travaillée, à laquelle vous ajoutez un peu de glace,
de beurre frais, un jus de citron, un peu de mignonnette, et une cuillerée de persil haché et blanchi.

Observation.

J'ai servi ce gigot cuit à l'eau avec des pommes
de terre cuites au consommé ou préparées comme
pour le rosbif; puis avec les purées de navets, de
parmentières (pommes de terre) à la crème, idem
à la lyonnaise, idem à la Soubise, idem de haricots
à la bretonne, idem de petites carottes nouvelles et
glacées ou à la jardinière, idem à la macédoine,
idem aux choux de Bruxelles à la bruxelloise; avec des

épinards, de la chicorée au jus, des laitues farcies
ou braisées ; puis avec les sauces italienne, espagnole, poivrade, piquante, tomate, soubise, et autres.
Le gigot prendra sur le menu le nom de la sauce
avec laquelle vous le servirez.

C'est une étrange erreur de la part de beaucoup de
praticiens de croire que les gourmands anglais ne
veulent manger ce gigot que servi avec des carottes et
des navets cuits dans l'eau de cuisson. Ce que les
Anglais apprécient le plus, c'est que le jus sorte du
gigot lorsqu'ils portent le couteau dedans : voilà la
véritable cause de leur goût pour cette simple manière de préparer le gigot. Mais ils savourent avec
plaisir ce mets servi ainsi que je viens de l'analyser.
Je parle ici par expérience. Les Anglais qui sont sur
le continent aiment sans doute à retrouver de leur
cuisine ; mais, lorsqu'elle est francisée par des mains
habiles, ils approuvent toujours nos préparations
quand le goût y a présidé.

GIGOT DE MOUTON A L'IRLANDAISE.

Faites cuire votre gigot selon les procédés précités ;
puis vous le servez sur une garniture composée de petites carottes glacées, de petits oignons idem, et de
pommes de terre rissolées au beurre ; donnez quelques
ébullitions à ces trois garnitures, et, lorsqu'elles sont
mêlées ensemble, joignez-y une demi-glace légère ;
glacez le gigot, garnissez le manche d'une bouffette
de papier, et servez.

Observation.

Ce gigot ainsi servi est du goût des gastronomes anglais ; puis nous devons également servir sur nos tables le gigot à l'anglaise, avec les diverses garnitures et sauces indiquées ci-dessus, de même que le gigot à l'irlandaise. Ces sortes de préparations ne déplaisent pas non plus aux amphitryons français. Plus le cuisinier a de variété dans son travail et plus sa réputation s'accroît, quand les aliments qu'il sert sont salutaires à la santé.

J'invite les cuisinières à préparer le gigot à la bourgeoise en suivant de tout point les détails décrits pour les articles énoncés ci-dessus (*à l'anglaise* et *à l'irlandaise*), parce que les procédés sont simples et rapides, et qu'ils nous offrent un aliment sain, nourissant et peu coûteux pour la préparation.

Je finirai ici la nomenclature des grosses pièces à servir avec le mouton ; les carrés, les filets piqués, marinés en chevreuil, et les carbonnades, appartiennent aux entrées.

CHAPITRE X.

TRAITÉ DES GROSSES PIÈCES DE SELLES
ET QUARTIERS D'AGNEAU.

SOMMAIRE.

Selle d'agneau à la broche ; idem garnie de pommes de terre ; idem à la Parmentier ; idem à l'anglaise : idem à la française, garnie de concombres : idem à la Salvandi , garnie d'hatelets ; idem bouillie à l'anglaise , garnie d'épinards.

Remarques et observations.

'AGNEAU fut estimé des Grecs et des Romains. Dans leurs sacrifices ils l'offraient aux dieux comme une victime pure et innocente ; dans leurs festins ils le servaient rôti tout entier, comme un aliment délicat et sain. Lorsque l'agneau a de deux à six mois, sa chair donne une nourriture de facile digestion qui convient aux personnes sédentaires et délicates ; elle rafraîchit , humecte et adoucit l'âcreté du sang; mais elle a plus de goût quand elle a acquis six et même sept mois.

Les deux saisons où nous en employons le plus dans nos cuisines sont l'hiver et le printemps. L'agneau est de bonne qualité quand l'épiderme en est fine et transparente , la chair blanche et le rognon bien couvert de graisse ; il faut le choisir aussi gras que possible , et s'assurer si la poitrine a de l'épaisseur au toucher. Les agneaux les plus estimés nous viennent des environs de Paris , de la Normandie et de la Champagne.

Nous en servons pour moyenne grosse pièce sur les tables splendides. La selle , le quartier de devant et celui de derrière , rôtis, braisés ou bouillis à l'anglaise, sont les seules parties de l'agneau que j'analyserai dans ce chapitre.

SELLE D'AGNEAU A LA BROCHE.

Vous demandez quelques jours d'avance une selle d'agneau de première qualité chez votre marchand de volaille, ou bien vous en faites le choix et la laissez se mortifier; ensuite vous en sciez les deux gigots (ils doivent servir pour les déjeûners) , la parez et la couchez sur fer selon les détails que nous avons décrits pour la selle de mouton (voir cet article); puis vous la couvrez de deux feuilles de papier beurrées et la mettez à la broche une heure avant de servir et à un feu modéré ; cinquante minutes après, vous la déballez , la glacez de belle couleur , la débrochez , la dressez et servez dessous une demi-glace

à laquelle vous additionnez un peu de beurre frais,
un jus de citron et une pincée de poivre fin, afin de
relever le goût un peu fade de l'agneau.

SELLE D'AGNEAU A LA BROCHE,
GARNIE DE POMMES DE TERRE

Vous préparez et cuisez votre selle d'agneau en
suivant de tout point les procédés énoncés ci-dessus, puis après l'avoir glacée, vous la dressez et la
garnissez autour de pommes de terre préparées comme pour le rosbif. Servez à part dans une saucière
une demi-espagnole à laquelle vous ajoutez un peu
de glace, de beurre frais, un jus de citron, un peu de
poivre et deux pincées de persil haché très fin. Servez.

SELLE D'AGNEAU A LA PARMENTIER.

Après avoir préparé et cuit à la broche votre selle
d'agneau ainsi que nous l'avons démontré pour
celle énoncée à la broche, vous la dressez sur une
purée de pommes de terre à la crême, et servez une
demi-glace dans une saucière.

Observation.

Nous servons également la selle d'agneau rôtie
garnie d'épinards, de chicorée au jus, de grosses
pointes d'asperges au suprême, de petits pois à la
parisienne, idem à l'allemande ; puis avec les purées à la Soubise, à la Richelieu, idem de pois nouveaux, idem de haricots à la bretonne, idem de céleri, idem de cardes à l'espagnole, idem de mar-

rons, idem de parmentières à la lyonnaise ou à la
bretonne, idem de truffes à la Périgueux. La selle
d'agneau devra prendre le nom de sa garniture.

SELLE D'AGNEAU SERVIE A L'ANGLAISE.

Vous préparez et cuisez votre selle d'agneau ainsi
que nous l'avons indiqué ci-dessus; puis vous terminez la préparation selon les détails énoncés pour la
selle de mouton servie à l'anglaise. (Voyez cet article
dans le chapitre subséquent.)

SELLE D'AGNEAU A LA FRANÇAISE,
GARNIE DE CONCOMBRES.

Après avoir préparé et rôti votre selle d'agneau
selon la règle (voir celle énoncée à la broche),
vous la terminez en suivant les procédés analysés
pour la selle de mouton indiquée à la française, garnie de concombres. (Voyez cet article dans le chapitre précité.)

SELLE D'AGNEAU RÔTIE A LA SALVANDI,
GARNIE D'HATELETS.

Parez avec soin votre grosse pièce, couchez-la sur
fer selon la règle; puis vous faites des incisions sur
chaque côté du filet, que vous garnissez à la Conti
avec des truffes noires parées à cet effet; ensuite vous
masquez toute la surface de la selle d'un pouce d'é-
paisseur de farce à quenelles de perdreaux à la Périgueux, à laquelle vous avez additionné un foie gras

coupé en gros dés et cuit dans une mirepoix. Maintenant, vous couvrez la farce et entourez la selle de toilette de porc frais ; ensuite, vous ajoutez dessus quatre feuilles de papier huilé, que vous fixez avec de la ficelle, afin de maintenir la garniture de la selle d'agneau. Une heure et demie avant de servir, vous la mettez à la broche, à un feu modéré et réglé ; au moment de servir, vous la débrochez, la dressez, la garnissez, et versez autour un ragoût de foies gras aux truffes au suprême ; puis vous placez, de la manière accoutumée, six ou dix hatelets, composés de crêtes doubles et de truffes noires glacées. Servez.

Observation.

A l'égard des selles d'agneau servies farcies à l'allemande, et pour celles braisées ou rôties servies panées à l'anglaise ou à la française, de même que pour les quartiers d'agneau servis à la provençale, au gastronome ou à la gasconne, il faudra procéder selon les détails décrits aux selles et quartiers de mouton énoncés sous les dénominations précitées; il faudra seulement leur donner vingt minutes de moins de cuisson.

SELLE D'AGNEAU BOUILLIE A L'ANGLAISE, ET GARNIE D'ÉPINARDS.

Après avoir paré votre selle d'agneau de même que pour la broche, vous la couvrez de la toilette ou de bardes de lard, la bridez, afin de les maintenir ; puis, une heure et un quart avant le moment de servir, vous la mettez dans une grande braisière conte-

nant de l'eau bouillante, à laquelle vous avez joint un
peu de sel, de mignonnette, un bouquet garni, deux
carottes et deux oignons. Étant près de servir, vous
l'égouttez, la débridez, la glacez, et la dressez sur
un lit d'épinards succulents, et servez.

QUARTIER DE DEVANT D'AGNEAU A LA BROCHE SERVI A LA MAITRE-D'HÔTEL.

Vous choisissez un quartier de devant aussi fin et
aussi gras que possible, puis vous coupez la crosse
du manche de l'épaule, parez le carré; donnez un
petit coup de couperet sur chaque milieu des côtes,
afin de faciliter la dissection des côtelettes, puis vous
supprimez le collet du carré, que vous traversez dans
sa longeur par un hatelet que vous passez dessous l'é-
paule et maintenez la poitrine par trois petits hatelets ; ensuite vous l'attachez sur la broche, le couvrez de deux feuilles de papier bien beurré; une petite heure avant de servir, vous mettez le carré à un
feu modéré; trois quarts d'heure après, vous le débarrassez du papier, lui donnez belle couleur, le
glacez, le débrochez, le dressez, passez la lame
du couteau entre la poitrine et l'épaule, que vous
levez un peu, afin de mettre dans cette ouverture
une forte maître-d'hôtel préparée comme de coutume. Servez dans une saucière une demi-glace.

Observation.

Le quartier d'agneau se fait cuire de même à l'eau
bouillante, et se sert sur un lit d'épinards, ou avec

les garnitures et purées que nous avons indiquées pour
varier la manière de servir le gigot de mouton à l'anglaise et à l'irlandaise; seulement l'agneau demande
un peu moins de cuisson que le mouton. C'est à mes
confrères à se reporter aux détails des garnitures servies sous le gigot de mouton à l'anglaise et à l'irlandaise.

CHAPITRE XI.

TRAITÉ DES GROSSES PIÈCES DE JAMBONS, ÉCHINÉES, ET QUARTIERS DE PORC FRAIS.

SOMMAIRE.

Moyenne grosse pièce de jambon glacé aux épinards ; idem à la jardinière ; idem à la macédoine ; idem garnie de carottes nouvelles ; idem aux pointes d'asperges ; idem garnie de petits pois à la parisienne ; jambon glacé à la parisienne, grosse pièce garnie d'hatelets ; idem à la française, grosse pièce garnie d'hatelets ; idem braisé et glacé ; idem braisé au chasseur napolitain, grosse pièce garnie d'hatelets ; idem à la Michel-Ange, grosse pièce garnie d'hatelets ; moyenne grosse pièce de jambon braisé au macaroni à l'italienne ; idem glacé au pilau à l'égyptienne ; jambon braisé à la Fitz-James, grosse pièce

SUJETS DE LA PLANCHE QUINZIÈME.

Le N° 1 représente le jambon à la parisienne, grosse pièce garnie d'hatelets.

Le N° 2 représente le jambon à la française ; grosse pièce garnie d'hatelets.

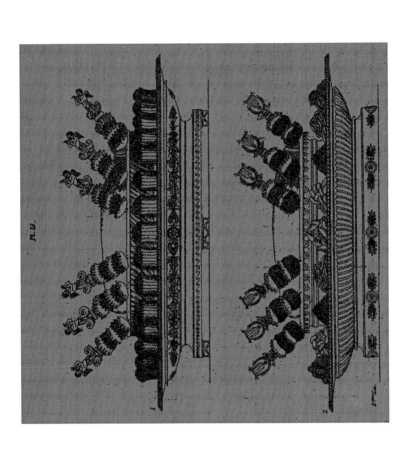

garnie d'hatelets ; idem à la Dona-Maria , grosse pièce garnie d'hatelets ; idem braisé et farci à la Berchoux , grosse pièce garnie d'hatelets ;
idem braisé à la Aulagnier, grosse pièce garnie d'hatelets ; jambon à
la broche à la financière, grosse pièce garnie d'hatelets ; idem à la
broche, second procédé ; échinée de porc frais rôti à la sauce Robert ; idem à la Parmentier, idem rôti à la purée de pommes de terre ;
idem à la Périgueux ; idem rôti, sauce tomate à la provençale ; quartier de porc frais bouilli à l'anglaise ; idem à l'irlandaise.

Remarques et observations.

otre célèbre Grimaud de la Reynière a
dit avec raison que le cochon (1) était l'a-
nimal encyclopédique : en effet, outre que
cet animal domestique offre au travail de la cuisine

(1) Les hommes qui ont écrit sur la cuisine ont toujours parlé de
deux espèces de cochons, l'un domestique, l'autre sauvage, qui est le
sanglier. Assurément , cet habitant des forêts a beaucoup de ressemblance avec le cochon proprement dit ; mais si nous observons la différence des mœurs des deux espèces, nous voyons que les rapproche-
ments sont peu nombreux. D'abord le sanglier a des défenses terribles
qu'il emploie avec fureur pour se défendre , ce qui le rend très dange-
reux dans les chasses ; ensuite sa chair noirâtre et sauvage ne ressemble
en rien à celle du cochon , qui est plus agréable , plus appétissante, et
plus généralement du goût de tout le monde.
Parmi les amateurs de la chasse , il est des hommes qui n'aiment pas
le goût sauvage du sanglier. La hure, le quartier de derrière et le carré,
sont seuls dignes de servir d'alimentation : car les autres parties sont
dédaignées, même dans les offices, parce que la chair en est souvent dure, coriace , et d'une saveur forte ; tandis que le cochon tout entier se
mange avec plaisir. Pour moi je ne puis faire une seule espèce de ces
deux animaux si différents l'un de l'autre. Cependant les côtelettes et les
filets de sanglier font des entrées que les chasseurs aiment, parce qu'elles
viennent de leur chasse , et qu'elles ne coûtent rien.

29*

ses parties les plus succulentes et les plus estimées, ses entrailles, son sang, ses abats, son lard, sa panne et sa chair constituent le commerce de charcuterie. La France est encore le seul pays au monde où ces produits alimentaires sont généralement préparés avec art. Aussi Paris, Lyon, Baïonne, Troyes, Châlons, Reims, et Sainte-Ménehould, sont-ils réputés dans l'Europe gourmande.

La chair du cochon est très nourrissante; mais elle est de difficile digestion : c'est pourquoi les personnes dont l'estomac est débile doivent s'en priver. L'hiver est de toutes les saisons celle où cet aliment est le plus salutaire. Nous ne servons dans les maisons opulentes que le jambon, la hure, et quelquefois l'échinée rôtie; puis le petit cochon de lait, que les gastronomes aiment à trouver de temps en temps sur leurs tables. Nous employons les saucissons, les saucisses et le petit lard fumé pour nos garnitures. Le lard et le saindoux sont de première nécessité dans nos travaux culinaires; mais nous devons rejeter le cochon ladre, parce qu'il est malfaisant, ce qui se reconnaît aisément quand la chair et le lard sont altérés par une infinité de petites glandes blanchâtres et rosées.

Hippocrate regardait la chair du porc comme la plus nourrissante de toutes celles qui servent d'aliment; mais en même temps il recommandait que le cochon ne fût ni gras, ni maigre, ni jeune, ni vieux, étant bien nourri et proprement saigné.

Les Grecs et les Romains estimaient la chair du cochon; les Égyptiens n'en mangeaient qu'une fois l'an, à la fête de la Lune; les Juifs, les Mahométans et le Coptes déclaraient cette viande indigne de paraître dans leurs repas. Mais les Francs, nos robustes aïeux, étaient grands amateurs de cochon, et en mangeaient matin et soir, sans craindre la moindre altération pour leur santé.

De nos jours les peuples de la Grande-Bretagne se nourrissent en grande partie de porc frais, qu'ils aiment beaucoup; et dont les races les plus belles sont élevées chez eux avec une science particulière; mais les Anglais savent par expérience que la prodigieuse fécondité de cet animal est d'un revenu immense. On trouve dans la Bibliothèque britannique le rapport suivant, qui constate ce fait : « Dans le » comté de Leicester, un nommé Thomas Richedale » nourrissait une truie dont la fécondité lui rappor- » ta en quatre ans une somme de 150 guinées. »

En France le célèbre maréchal Vauban n'avait point dédaigné d'écrire un traité sur la fécondité de la femelle du cochon. Je suis étonné que nos cultivateurs ne comprennent pas mieux leurs intérêts en donnant plus d'extension à ce produit de nos basses-cours, d'abord en améliorant les races, comme cela se fait en Angleterre. Cette amélioration est d'autant plus à souhaiter que nous sommes tributaires de l'étranger pour les bœufs et les moutons. Or la consommation du cochon deviendrait plus grande s'ils étaient plus abondants et moins coûteux; la classe laborieuse consommerait moins de viande de boucherie, déjà d'un prix trop élevé pour sa nourriture habituelle.

Je sais que cet animal domestique est très vorace et ne fait que dégâts partout où il passe; mais il est partout le même : il faudrait seulement donner plus de soins à sa nourriture et aux lieux qu'il habite. D'ailleurs le produit de la vente de ces animaux prouverait bientôt aux habitants courageux de nos campagnes l'avantage de s'occuper plus spécialement de ce genre de production commerciale.

M. Aulagnier dit dans son savant Dictionnaire que la chair du cochon nourrit plus qu'aucune autre ; il en donne pour preuve que les gens qui travaillent à la terre, et qui s'en nourrissent, deviennent bientôt plus faibles par la nourriture d'autres viandes.

Je sais que les riches propriétaires font élever dans leurs fermes des cochons de pure race anglaise, nommés tonkins, et qu'ils en servent avec plaisir dans leurs festins ; mais ce n'est point ainsi que cela devrait se passer en France : chacun de nos paysans devrait avoir dans son coin de terre de cette espèce de porc, puisque leur chair est plus délicate et plus saine que celle de nos cochons ordinaires. Et qu'est-ce que cela coûterait aux riches de donner un couple de cette espèce à chaque famille de nos campagnes, quand on pense, d'après le calcul fait par le célèbre Vauban, que la postérité d'une seule truie s'élevait, en onze années, à 6,434,838 cochons. Je le répète, quel immense revenu pour nos fermiers qui feraient d'abord acheter en Angleterre quelques couples de cette espèce de cochons. Et pourquoi pas ? Nous allons bien y chercher des chevaux qui ne sont qu'un objet de luxe, tandis qu'il s'agirait ici d'une affaire bien plus importante : car rien n'est plus utile que d'améliorer le régime alimentaire des nations.

Maintenant, pour ce qui regarde le lard, le porc frais, et généralement toute la charcuterie, nous sommes servis à souhait à Paris. Les jambons de Baïonne, dans leur primeur et pendant toute l'année, y sont abondants et de première qualité; ceux de Mayence et de Westphalie s'y trouvent également, et généralement toutes les sortes de charcuterie préparées avec art dans nos villes départementales.

MOYENNE GROSSE PIÈCE DE JAMBON GLACÉ AUX ÉPINARDS.

Vous devez toujours choisir un jambon de derrière (ceux des épaules sont courts et plats) bien fait, ayant un excellent fumet, ce dont vous vous assurez aisément en le sondant dans la noix et portant ensuite la sonde à l'odorat. Il est essentiel de faire cette remarque, parce que les jambons de Baïonne et autres ont quelquefois été avariés dans leurs préparations : car, lorsque la chair a contracté un goût d'échauffé, ou qu'elle a reçu un coup d'air, rien ne peut en détruire la mauvaise odeur. Ces précautions sont de rigueur pour s'assurer de la bonne qualité du jambon.

Ensuite vous parez légèrement la surface de la chair du jambon, ainsi que le gras qui l'entoure, en observant qu'il doit être blanc. Si vous apercevez quelques fragments de gras qui soit légèrement jaune, vous devez le parer avec soin, afin d'éviter le goût de rance; puis vous retirez l'os du quasi, et donnez un seul petit coup avec la pointe du couperet, au milieu de l'os de la cuisse, afin de le casser sans endommager la chair ; alors vous en désossez la partie qui tenait au quasi , et supprimez cet os ; ensuite vous coupez le combien ou le jarret, rôtissez légèrement la surface de la couenne , et mettez le jambon dessaler à grande eau. Quand il est de primeur , vingt-quatre heures sont suffisantes ; mais, lorsqu'il est plus vieux d'un an , par exemple , nous devons le changer d'eau et le laisser tremper trente-six et même quarante heures ; après quoi vous le lavez, l'égouttez et le mettez dans une serviette que vous nouez fortement. Cinq heures avant le moment de servir, vous le mettez dans une grande braisière que vous remplissez d'eau froide ; ajoutez-y quatre carottes , autant d'oignons, deux bouquets garnis d'une feuille de laurier, de thym, de basilic, d'un clou de girofle, et d'un peu de macis ; puis vous faites partir l'ébullition sur un grand fourneau ardent ; retirez une légère écume ; couvrez la braisière et la placez de manière que le jambon ne fasse que mijoter sans interruption. Pour les jambons de primeur, quatre heures de cuisson suffisent, tandis que cinq heures sont quelquefois nécessaires pour les jambons fumés d'un an ; mais, pour s'assurer de la cuisson à point, vous devez enfoncer dans la noix du jambon la pointe d'un petit hatelet : alors, dès qu'il quitte en le retirant, vous ôtez la braisière du feu. Une demi-heure avant de servir, vous égouttez le jambon sur un grand plat de terre, dénouez la serviette , et placez la grosse pièce sur un plafond ; parez la couenne et le gras avec goût, en donnant bonne grâce au jambon ; parez aussi la couenne du manche, afin d'y placer une bouffette de papier ; mettez-le au four doux pour sécher la sur-

face, que vous glacez ensuite, et lui donnez une belle
couleur rougeâtre ; puis vous le dressez sur un lit d'é-
pinards succulents : pour les obtenir tels, vous devez
bien les dessécher sur le feu avant de les assaisonner;
puis vous y mêlez du beurre d'Isigny ; les desséchez
encore un instant ; ajoutez-y ensuite de l'espagnole
travaillée, un peu de glace, de poivre, de sel, et de
muscade râpée, sans que rien domine ; ajoutez un peu
de beurre ; alors vous aurez des épinards savoureux
et veloutés ; après les avoir dressés et placés dessous le jambon, vous en garnissez le manche d'une
jolie bouffette de papier. Garnissez le tour des épinards d'un cordon de croûtons préparés à cet effet.

Quelques praticiens servent les épinards dans une
casserole d'argent; mais alors le jambon n'a plus la
bonne mine que lui donne sa garniture d'épinards, qui
le caractérise.

MOYENNE GROSSE PIÈCE DE JAMBON GLACÉ A LA JARDINIÈRE.

Après avoir paré, dessalé, cuit et glacé votre
jambon selon les détails décrits ci-dessus, vous
garnissez le manche d'une bouffette de papier,
et le dressez sur une jardinière préparée à cet effet;
servez.

MOYENNE GROSSE PIÈCE DE JAMBON GLACÉ A LA MACÉDOINE.

Vous préparez, cuisez et glacez votre jambon ainsi
qu'il est démontré pour celui énoncé glacé aux épi-

nards; puis vous le dressez sur une macédoine (voir
cet article, chapitre XII, quatrième partie) préparée
pour ce service. Garnissez le manche du jambon
d'une bouffette de papier, et servez.

MOYENNE GROSSE PIÈCE DE JAMBON GLACÉ,
GARNI DE CAROTTES NOUVELLES.

Préparez de tout point ce jambon ainsi que nous
l'avons décrit pour celui indiqué glacé aux épinards ;
puis vous le dressez, le garnissez autour de petites
carottes nouvelles tournées en poires, et glacées
comme de coutume (voir chapitre XII, quatrième
partie); placez une bouffette de papier au manche du
jambon, et servez de suite.

MOYENNE GROSSE PIÈCE DE JAMBON GLACÉ
AUX POINTES DE GROSSES ASPERGES.

Après avoir préparé, cuit et glacé votre jambon de
la manière accoutumée (voir celui énoncé glacé aux
épinards), vous le dressez, et versez autour une forte
garniture de pointes de grosses asperges (voir chapitre
XII, quatrième partie). Garnissez le manche du jambon de sa bouffettte de papier, et servez.

MOYENNE GROSSE PIÈCE DE JAMBON GLACÉ,
GARNI DE PETITS-POIS A LA PARISIENNE.

Votre jambon étant préparé de tout point selon
l'analyse décrite pour celui indiqué glacé aux épinards, vous le dressez sur une garniture de petits

pois à la parisienne (voir chapitre XII, quatrième partie); puis vous le garnissez d'une bouffette de papier, et servez.

Observation.

Nous servons également le jambon glacé avec les garnitures de concombres au velouté, de petites carottes à l'allemande, de céleri à la française, de fonds d'artichauts à la vénitienne, de groseilles vertes à la hongroise, et de marrons à la lyonnaise.

JAMBON GLACÉ A LA PARISIENNE,
GROSSE PIÈCE GARNIE D'HATELETS.

Après avoir préparé, cuit et glacé votre jambon de la manière accoutumée (voir le premier article de ce chapitre) vous le dressez sur un socle en pain paré en croustade à l'extérieur et coloré de même, ayant trois pouces de hauteur, et étant plus long et plus large d'un pouce que le jambon; puis vous le garnissez autour de vingt-huit petites croustades en pain ayant deux pouces de largeur et deux de hauteur; vous les aurez garnies soit de petits pois à la parisienne, de pointes d'asperges au suprême, ou d'épinards préparés ainsi que nous l'avons démontré pour le jambon glacé aux épinards; ensuite vous placez autour de la grosse pièce et sur le bord de la croustade dix hatelets composés de crêtes doubles et de crêtes imitées de langue à l'écarlate et glacées. Placez une bouffette au manche du jambon, et servez.

Pour dresser cette grosse pièce, mes confrères devront consulter le dessin n° 1 de la planche quinzième.

JAMBON GLACÉ A LA FRANÇAISE,
GROSSE PIÈCE GARNIE D'HATELETS.

Vous préparez, cuisez et glacez votre jambon selon les procédés décrits pour celui indiqué glacé aux
épinards ; puis vous le dressez sur un socle en pain
paré et coloré de même que les croustades, ainsi que
nous l'avons énoncé ci-dessus, et le garnissez autour
de groupes de légumes et racines que nous avons indiqués pour la culotte de bœuf dite à la française
(voir cet article). Placez autour du jambon dix hatelets, que vous garnissez de crêtes et de grosses truffes
noires glacées. Placez la bouffette au manche du jambon, et servez.

Pour dresser cette grosse pièce avec succès, le praticien devra consulter le dessin n° 2 de la planche quinzième.

Observation.

J'invite ceux de mes confrères qui veulent varier
leur travail à servir le jambon glacé à la choucroute,
à l'allemande, à la française, aux choux rouges, aux
choux de Bruxelles, puis avec les garnitures que nous
avons indiquées pour les culottes de bœuf garnies de
plantes potagères.

C'est donc à mes confrères à se reporter aux
détails du chapitre contenant ces grosses pièces de
bœuf. Le jambon devra alors prendre le nom assigné à la culotte de bœuf dont il empruntera la garniture.

Nous servons également le jambon glacé, avec les

purées de cardes, de céleri, de marrons, de pois nouveaux, de haricots nouveaux à la bretonne, de pointes d'asperges, d'épinards, de chicorée, de choux de Bruxelles, de choux-fleurs et de tomates à la parisienne.

JAMBON BRAISÉ ET GLACÉ.

Ayez un bon jambon de Bayonne ou de Westphalie, qu'il soit de primeur et de première qualité; puis vous le parez, le faites dessaler, et cuire trois heures selon les procédés décrits pour celui énoncé glacé aux épinards; ensuite vous l'égouttez, en retirez la couenne, et le placez sur la feuille d'une casserole ovale dans laquelle vous le faites mijoter une heure dans une mirepoix mouillée avec une grande cuillerée de consommé, une demi-bouteille de bon châblis et un demi-verre de vieille eau-de-vie de Cognac, le tout passé avec pression par l'étamine. Il est bien essentiel de goûter le jambon avant qu'il achève sa cuisson dans cette mirepoix : car si la chair avait un peu de sel, il serait mieux de le laisser cuire tout-à-fait dans sa première cuisson, parce que la mirepoix ne peut que resserrer les chairs, en leur donnant plus de goût, mais aussi en concentrant le sel qu'elles seraient susceptibles de renfermer. C'est l'expérience qui doit guider le praticien dans son travail : la théorie l'éclaire, voila tout ce qu'elle peut; mais la pratique est l'âme de l'opération.

Glacez ensuite le jambon au four ou dans la braisière selon la règle ; puis vous servez dessous une demi-espagnole travaillée avec le fond de la mirepoix, que vous avez bien parfaitement dégraissé.

JAMBON BRAISÉ AU CHASSEUR NAPOLITAIN,
GROSSE PIÈCE GARNIE D'HATELETS.

Vous parez, dessalez, braisez et glacez un bon jambon de primeur, ainsi que nous l'avons décrit ci-dessus; puis vous le dressez sur du macaroni préparé ainsi. Après avoir blanchi cinq minutes à l'eau bouillante, avec un peu de sel et de beurre, une livre et demie de macaroni de Naples, vous l'égouttez et le faites mijoter avec une grande cuillerée de jus de bœuf ou d'excellent consommé, en y ajoutant quatre onces de beurre frais et une pincée de mignonnette. Après vingt à vingt-cinq minutes d'une légère ébullition, vous le roulez dans sa glace, en y joignant une escalope de filets de lapereaux au velouté à laquelle vous avez ajouté un peu de glace de gibier, de beurre, quatre maniveaux de champignons séparés de leurs fonds et quatre cuillerées à bouche de parmesan râpé; après avoir sauté le macaroni pour le mêler à cette garniture, vous le versez sur le plat, l'élargissez pour y placer au milieu le jambon, que vous garnissez d'une bouffette de papier, et sur lequel vous placez selon la règle dix hatelets garnis de crêtes et de quenelles de gibier à la Villeroy. Entourez le macaroni de grosses crêtes et d'ortolans sautés et glacés. Servez à part une assiette garnie de parmesan râpé.

JAMBON BRAISÉ A LA MICHEL – ANGE,
GROSSE PIÈCE GARNIE D'HATELETS.

Ayez un jambon de première qualité et de primeur;

puis vous le parez, dessalez et braisez selon les détails décrits pour celui braisé précité. Une demi-heure avant de servir, vous l'égouttez, le parez et le dressez de la manière accoutumée ; puis vous faites blanchir et cuire une livre et demie de macaroni de Naples ainsi que nous l'avons indiqué ci-dessus ; puis vous le roulez dans sa cuisson, qui doit être réduite ; vous y mêlez un ragoût au suprême composé d'une assiettée de petites quenelles de volaille à la Périgueux, d'une assiettée de gros rognons de coq et de cinquante petits champignons ; ajoutez quatre cuillerées à bouche de parmesan râpé et un peu de mignonnette ; donnez une seule ébullition à votre macaroni, en le sautant, afin de bien l'amalgamer avec son ragoût ; puis vous le versez sur le plat, en l'élargissant du milieu pour y placer le jambon ; garnissez le manche de sa bouffette, et placez dessus selon la règle dix hatelets garnis de crêtes doubles, de riz d'agneau à la Saint-Cloud, de crêtes et de truffes parées en grosses quenelles et glacées. Garnissez le tour du macaroni de riz d'agneau glacés et de grosses crêtes doubles. Servez avec une assiette garnie de parmesan râpé.

MOYENNE GROSSE PIÈCE DE JAMBON BRAISÉ AU MACARONI A L'ITALIENNE.

Après avoir préparé, cuit et glacé votre jambon, ainsi que nous l'avons démontré pour celui indiqué braisé et glacé, vous le dressez sur un lit de macaroni préparé à l'italienne, de la manière accoutumée. (Voir le filet de bœuf au macaroni à l'italienne.)

Garnissez le manche du jambon d'une bouffette, et servez.

Observation.

Nous servons également le jambon braisé avec le macaroni préparé à la française, à l'espagnole et à la baïonnaise. A cet effet, j'invite mes confrères à consulter les différents procédés indiqués aux filets de bœuf garnis avec ces macaronis.

MOYENNE GROSSE PIÈCE DE JAMBON GLACÉ AU PILAU A L'ÉGYPTIENNE.

Après avoir paré, dessalé, cuit et glacé votre jambon, ainsi que nous l'avons démontré pour le premier article de ce chapitre, vous garnissez le manche d'une bouffette et le dressez sur une livre et demie de riz Caroline préparé de tout point ainsi qu'il est démontré pour servir le filet de bœuf au pilau à l'égyptienne. (Voir cet article.) Servez.

Observation.

Mes confrères doivent consulter les filets de bœuf servis au riz à l'Indostan, à la russe et la piémontaise, afin de servir avec ces différentes garnitures des jambons glacés, en leur donnant le nom assigné à ces garnitures.

JAMBON BRAISÉ A LA FITZ-JAMES, GROSSE PIÈCE GARNIE D'HATELETS.

Vous préparez, braisez et glacez selon la règle

(voir le jambon énoncé glacé et braisé) un jambon
de primeur et de bonne qualité. Une heure avant
de servir, vous lavez et blanchissez comme de coutume vingt-quatre onces de beau riz Caroline, puis
vous l'égouttez, et le faites cuire ensuite avec deux
grandes cuillerées de bon consommé, du dégraissis
de volaille, et deux lames de jambon maigre. Lorsqu'il est crevé, et son mouillement réduit, vous retirez le dégraissis et le jambon, et y versez une
purée de six perdreaux rouges au suprème presque
bouillante, par le procédé du bain-marie; vous la
mêlez légèrement avec le riz en ajoutant un peu de
beurre frais et de glace de perdreaux. Après avoir
versé cette garniture sur le plat, vous l'élargissez, et
placez au milieu le jambon, dont vous garnissez le
manche d'une bouffette de papier. Ajoutez sur la
grosse pièce, selon la coutume, dix hatelets composés de crêtes doubles, de quenelles de gibier con-
ties à l'écarlate, de crêtes et de truffes noires glacées.
Servez.

JAMBON BRAISÉ A LA DONA − MAHIA,
GROSSE PIÈCE GARNIE D'HATELETS.

Vous préparez, braisez et glacez votre jambon
comme de coutume (voir celui énoncé braisé et glacé); puis, une heure avant de servir, vous faites cuire
une livre de riz Caroline (que vous avez lavé et blanchi), avec deux grandes cuillerées de consommé de
volaille, quatre onces de beurre d'écrevisses et un
rien de poivre et de muscade râpée. Etant près de
servir, vous faites un ragoût de petites quenelles de

III.   3o

volaille à l'essence de champignons, de crêtes, de rognons et de champignons, saucé avec un peu de velouté auquel vous additionnez une légère purée de
volaille (deux ailes de poulet gras), un peu de beurre
frais et de glace; faites seulement ébullitionner ce ragoût; puis vous versez le riz sur le plat en l'élargissant au milieu, masquez-le avec le ragoût, et placez-y
ensuite le jambon garni de sa bouffette; placez dessus dix hatelets composés de grosses crêtes doubles,
de truffes parées en quenelles et glacées, puis de crêtes et de grosses écrevisses glacées. Servez dans une
saucière une sauce au suprême à laquelle vous avez
mêlé un peu de beurre d'écrevisses; puis vous y joignez des rognons de coq et cinquante queues d'é-
crevisses. Servez.

JAMBON BRAISÉ ET FARCI A LA ROTHSCHILD,
GROSSE PIÈCE GARNIE D'HATELETS.

Après avoir préparé et braisé votre jambon selon
les détails décrits pour celui énoncé braisé et glacé,
vous le retirez trois quarts d'heure avant le moment
de servir, le parez comme de coutume pour la couenne seulement; puis vous enlevez avec soin presque

---

SUJETS DE LA PLANCHE SEIZIÈME.

Le N° 1 représente le jambon braisé et farci à la Rothschild, grosse
pièce garnie d'hatelets.

Le N° 2 représente le jambon braisé à la Berchoux, grosse pièce
garnie d'hatelets.

Pl. 16

1

2

toute l'épaisseur du gras qui couvre le jambon et le
remplacez par deux pouces d'épaisseur de farce à
quenelles de faisan en donnant au jambon sa forme
première, et placez au milieu une rosace formée de
filets mignons de faisans contis aux truffes; vous
replacez la grosse pièce dans la braisière et la faites
mijoter vingt-cinq à trente minutes; après quoi vous
l'égouttez, la glacez, la dressez, et versez autour un
ragoût à la Soubise composé ainsi : une assiettée de
crêtes et rognons, une assiettée de foies gras en escalopes, une idem de gras de langue à l'écarlate, et
six maniveaux de champignons, le tout saucé avec
une soubise à laquelle vous additionnez un peu de
beurre frais et de glace de faisan ; donnez à ce ragoût une seule ébullition, le versez autour du jambon, ajoutez à l'entour une garniture de petites quenelles de gibier formées à la cuillère à café ; placez la
bouffette au manche du jambon, sur lequel vous fixez
dix hatelets garnis de crêtes et d'escalopes de filets de
levraut à la. Horly. Servez à part une saucière garnie du dit ragoût.

Le n° 1 de la planche seizième représente cette
grosse pièce.

JAMBON BRAISÉ A LA BERCHOUX.
GROSSE PIÈCE GARNIE D'HATELETS.

Préparez et braisez votre jambon selon la règle
(voir celui énoncé braisé et glacé); puis vous l'égouttez, le parez, et le garnissez de farce à quenelles (de
volaille) ainsi qu'il est démontré ci-dessus, et formez
au milieu une palmette composée de queues d'écre-

visses et de fragments de truffes parés en olives ; replacez le jambon dans la braisière, faites-le mijoter trente minutes, égouttez-le en enlevant la feuille, et glacez-le avec une glace blonde à laquelle vous ajoutez un peu de beurre d'écrevisses ; dressez ensuite le jambon ; versez autour une ravigote printanière contenant vingt-quatre noisettes de veau parées de tout leur gras, puis six maniveaux de champignons et leurs fonds, et une assiettée de crêtes et rognons. Entourez ce ragoût de petites croquettes de riz de veau préparées de la manière accoutumée ; placez une bouffette au manche du jambon, sur lequel vous fixez dix hatelets composés de crêtes doubles, d'écrevisses, de crêtes, et de truffes noires. Servez à part une saucière garnie dudit ragoût.

Le n° 2 de la planche seizième représente cette grosse pièce.

Observation.

J'ai décrit ci-dessus quatre grosses pièces de jambon entièrement nouvelles. Ceux de mes confrères qui ne pourraient atteindre aux dépenses qu'elles nécessitent doivent en supprimer les hatelets et les garnitures ; elles conserveront encore un caractère de nouveauté, car les jambons placés sur des socles en pain ainsi que je l'ai indiqué auront de l'élégance, tandis que, sans cette addition, le jambon, ayant naturellement peu d'épaisseur, a par conséquent peu de grâce. C'est pourquoi, depuis plusieurs années, j'avais l'habitude de les orner de mes nouveaux hatelets.

A l'égard de ceux dont j'ai remplacé le gras par de

la farce à quenelles de volaille ou de gibier, j'ai voulu
leur donner une physionomie distinguée et nouvelle,
puisque nous pouvons les orner de palmettes et de
rosaces rapportées, ainsi que mes dessins de la planche
seizième le représentent, de manière que ces grosses
pièces, sans garnitures d'hatelets, auront néanmoins
plus d'élégance qu'elles n'en ont ordinairement. Ensuite, si nous servons ces sortes de jambons farcis sur
les socles en pain indiqués précédemment, ils auront
de l'élégance et pourront cadrer par leur élévation
avec les autres grosses pièces généralement servies
sans être garnies d'hatelets. C'est donc aux praticiens
à simplifier les garnitures des grosses pièces selon
la place qu'elles doivent occuper dans notre service
de cuisine.

JAMBON A LA BROCHE A LA FINANCIÈRE, GROSSE PIÈCE GARNIE D'HATELETS.

Après avoir paré et fait parfaitement dessaler un
jambon de première qualité et de primeur, vous le
faites blanchir à grande eau ; puis vous l'égouttez, et
le faites cuire trois heures dans une forte mirepoix
(voir chapitre IV, première partie) mouillée de deux
grandes cuillerées de consommé très doux de sel,
d'une bouteille de madère et d'une de malaga. Cette
cuisson doit se faire la veille du jour de servir le
jambon, que vous mettez refroidir dans un plat ovale
creux et dans lequel vous versez la mirepoix. Le
lendemain, trois heures avant le moment de servir, vous traversez le jambon par un hatelet assez
fort pour le maintenir sur la broche ; puis vous im-

bibez d'huile six feuilles de papier fort, sur la première
desquelles vous placez tout le dégraissis de la mirepoix ; posez dessus le jambon du côté de la chair, et
l'enveloppez avec soin avec les cinq autres feuilles de
papier, en maintenant chacune d'elles par quelques
tours de ficelle, sans pour cela qu'elle marque sur le
jambon ; ensuite vous fixez avec force les extrémités
sur l'hatelet qui traverse le jambon ; placez quelques
tours de ficelle sur le papier, et couchez la grosse
pièce sur fer, en attachant fortement les deux bouts
de l'hatelet sur la broche ; puis vous la mettez au feu,
préparé comme de coutume, et sans flamme trop
grande. Une demi-heure avant de servir, vous débrochez la grosse pièce et la déballez sur un grand
plafond ; alors vous parez la surface du jambon selon
la règle ; puis vous le glacez au four, et de belle
couleur ; garnissez le manche d'une bouffette de papier, et le dressez en versant autour un riche ragoût
à la financière, auquel vous aurez ajouté une partie
du fond de la mirepoix que vous aurez clarifiée. Cette
essence de jambon répand dans le ragoût une saveur
qui en relève la succulence.

Ajoutez sur le jambon six ou dix hatelets composés
de crêtes, d'écrevisses, de crêtes et de truffes noires
glacées.

JAMBON MARINÉ ET RÔTI A LA LAGUIPIERRE, GROSSE PIÈCE GARNIE D'HATELETS.

La veille de servir votre jambon, et après l'avoir
paré et dessalé selon la règle, vous le mettez à cru
dans un grand plat de terre du côté de la couenne,

et versez dessus une forte mirepoix passée avec pression par l'étamine, et dans laquelle vous aurez ajouté deux verres de malaga et deux idem de madère sec, le tout réduit de moitié; retournez le jambon dans cette marinade. Le lendemain, cinq heures avant de servir, vous traversez le jambon comme de coutume avec un hatelet un peu fort; puis vous mettez la mirepoix sur deux feuilles de papier huilé, et en enveloppez le jambon en le serrant légèrement par quelques tours de ficelle; ensuite vous l'emballez avec trois feuilles de papier que vous aurez masquées d'une pâte légère de farine et d'eau, en ayant soin de clore de pâte les deux trous de l'hatelet du jambon, afin de comprimer la vapeur dans l'intérieur de la papillotte; ajoutez dessus une feuille de papier bien huilée; couchez le jambon sur fer en l'attachant fortement à la broche, et le mettez au feu, préparé comme de coutume et modéré; arrosez la papillotte de quelques cuillerées d'huile. Après trois heures de cuisson, vous placez le jambon sur un grand plafond; enlevez avec la pointe du couteau un fragment de papier huilé; à cette place faites un petit trou à la papillotte du jambon, dans lequel vous placez un entonnoir; versez-y un demi-verre de malaga, autant de madère, et deux cuillerées à bouche de vieille eau-de-vie de Cognac; collez sur le trou deux ronds de papier bien couverts de pâte, afin de concentrer la vapeur, point essentiel de l'opération.

Vingt minutes avant de servir, vous débrochez, parez et glacez le jambon ainsi que nous l'avons démontré précédemment; ensuite vous dressez la grosse pièce, la garnissez autour d'un ragoût de foie gras

indiqué à la Monglas (voir chapitre XI , quatrième
partie), préparé pour grosse pièce, et dans la sauce
duquel vous aurez additionné le fond de la mirepoix
bien dégraissé et clarifié ; placez une bouffette au
manche du jambon , que vous décorez de dix hatelets composés de crêtes doubles, de riz d'agneau
piqués et glacés, de crêtes et de truffes. Servez de la
monglas dans une saucière.

JAMBON GLACÉ A LA MARTIGNAC, GROSSE PIÈCE GARNIE D'HATELETS.

Vous parez, dessalez et marinez votre jambon ainsi
qu'il est indiqué ci-dessus; puis, cinq heures avant
de servir, vous l'emballez sans hatelet avec deux
feuilles de papier huilé maintenues par de la ficelle,
en mettant après quatre feuilles de papier légèrement
couvertes de pâte, ainsi qu'il est démontré précédemment, de manière que le jambon se trouve parfaitement enfermé ; huilez la surface du papier, et
placez la grosse pièce sur un grand gril dont les pieds
seront un peu élevés, et que vous mettez sur une
paillasse dont la grandeur excédera de six pouces le
jambon ; vous le couvrez avec le four de campagne,
dont la chaleur doit être douce et continue, en ayant
le soin nécessaire d'en renouveler le feu ainsi que
celui du gril : car le jambon doit cuire de cette manière sans que sa papillotte soit brûlée. Trois heures
après qu'il est au feu, vous le découvrez pour intro-
duire dedans, par un entonnoir, un demi-verre de
madère, un idem de malaga, et deux cuillerées à
bouche de vieille eau-de-vie ; collez sur le petit trou

de la papillotte deux ronds de papier pour clore parfaitement le jambon. Vingt minutes avant de servir, vous le déballez, le parez, le glacez, comme de coutume, le dressez, et versez autour un bon ragoût à la financière, dans la sauce duquel vous aurez joint le fond de la mirepoix bien dégraissé et clarifié ; ajoutez une bouffette au jambon, sur lequel vous placez dix hatelets garnis de crêtes et de truffes glacées. Servez du ragoût dans une saucière.

Observation.

Nous venons de décrire quatre procédés différents pour la cuisson du jambon à la broche : c'est à mes confrères à employer celui qui conviendra le mieux à leurs travaux et dépenses. Cependant je vais indiquer un procédé encore plus simple et moins dispendieux, afin que les cuisinières trouvent dans mon ouvrage les moyens les plus simples et les moins coûteux pour servir le jambon à la broche sur les tables bourgeoises. Nous invitons également les cuisiniers dont les amphitryons sont avares, par une économie mal entendue, à employer ce procédé.

Mais le jambon rôti préparé par des mains habiles et selon les procédés analysés ci-dessus est digne de paraître dans les plus grandes solennités gastronomiques. Le célèbre auteur de l'Almanach des gourmands a dit : « Trois fois heureux les convives invités à la table splendide où doit se servir le jambon rôti ! » Mais qu'aurait-il pensé lui même s'il avait été appelé à gourmander le jambon à la Martignac ? C'est alors qu'il aurait écrit des pages de louange en son honneur.

JAMBON A LA BROCHE, SECOND PROCÉDÉ.

Après avoir fait cuire trois heures votre jambon
dans l'assaisonnement décrit en tête de ce chapitre
(le jambon glacé aux épinards), vous l'égouttez, le
laissez refroidir ; puis, trois heures avant le moment
du service, vous le traversez dans sa longueur avec
un hatélet, et le posez sur une grande feuille de papier huilée, sur laquelle vous élargissez l'assaisonnement de racines préparé pour les entrées de broche à la
Laguipierre et enveloppez avec soin votre jambon dans
six feuilles de papier ainsi qu'il a été démontré ci-dessus, et terminez l'opération avec les mêmes soins donnés à la cuisson du jambon, sans addition d'aucun vin,
et le servez sur des ragoûts simples préparés à la sauce
espagnole, ou bien versez autour les sauces à la Soubise ou à la Richelieu, à la Clermont, à la provençale,
à la ravigote, à la poivrade piquante, à la tomate,
aux tomates à la parisienne, à la financière, à l'espagnole.

Observation.

Voilà la manière simple et peu coûteuse de servir
le jambon cuit en partie à la broche, ayant commencé
sa cuisson dans un assaisonnement où il perd tout
son sel ; ensuite il prend un excellent goût par l'addition des racines, qui lui donnent en même temps
de l'onction ; seulement il est essentiel que les feuilles
de papier qui l'enveloppent soient bien serrées sur
l'hatelet, afin de concentrer bien parfaitement la va-

peur qui pénètre le jambon. Ce procédé est facile par
l'addition de la colle au papier.

Mes confrères doivent avoir la conviction que toutes les cuissons faites à la broche, quand elles sont
enveloppées avec soin de papier huilé et d'autre col-
lé, ne sont point rôties, mais bien faites par la vapeur concentrée dans l'emballage. Je le répète, le
soin que nous apportons dans nos travaux nous assure
de leur plein succès.

Comme dans la cuisson de ce jambon il n'entre pas
de vin, nous le servons également avec les garnitures
de plantes légumineuses que nous avons indiquées
dans le contenu de ce chapitre. Par cette cuisson à la
broche le jambon acquiert plus de saveur que lorsqu'il est braisé ou cuit dans une mirepoix. J'en ai démontré les causes ci-dessus.

ÉCHINÉE DE PORC FRAIS RÔTI
A LA SAUCE ROBERT.

Faites lever par le charcutier les bardes de graisse
d'une échinée de première qualité, en laissant toutefois quelque peu de gras sur toute la surface du filet,
Après l'avoir paré comme nous parons le carré de veau
à rôtir, vous la couchez sur fer selon les détails que
nous avons indiqués pour le carré précité ; deux heures avant de servir, vous le couvrez de papier huilé,
et le mettez au feu, que vous aurez préparé de la manière accoutumée. Une demi-heure avant le service,
vous retirez la feuille de papier, semez dessus et dessous un peu de sel fin, et donnez une belle couleur ;
après quoi vous dressez l'échinée sur une sauce à la

Robert (voir chapitre VII, quatrième partie); puis vous la glacez, et la servez.

Observation.

Les sauces poivrades, hachées, piquantes, tomate, Soubise, Richelieu, Clermont, provençale, lyonnaise, bretonne, africaine, et ravigote printanière, conviennent pour servir l'échinée de porc frais, qui prendra alors sur le menu le nom de la sauce avec laquelle on la servira.

ÉCHINÉE DE PORC FRAIS A LA PARMENTIER.

Après avoir paré votre échinée selon la règle, vous la faites mariner quelques heures dans l'assaisonnement indiqué pour le filet de bœuf piqué et rôti; puis, deux heures avant le moment de servir, vous la couchez sur fer, la couvrez d'une feuille de papier huilé, et la faites rôtir à un feu modéré. Vingt-cinq minutes avant le service, vous retirez le papier, donnez une belle couleur à l'échinée, que vous glacez, débrochez, dressez, garnissez autour de pommes de terre préparées de la manière indiquée pour celles servies avec le rosbif d'aloyau. Servez à part une sauce légère à la bretonne (voir chapitre VII, quatrième partie), et servez.

ÉCHINÉE DE PORC FRAIS RÔTI
A LA PURÉE DE POMMES DE TERRE.

Après avoir mariné et fait cuire votre échinée ainsi qu'il est énoncé ci-desssus, vous la glacez à la broche;

puis vous la dressez sur une purée de pommes de terre préparée selon la règle (voir chapitre XIV, quatrième partie), et servez.

Observation.

Nous servons également l'échinée de cochon avec les purées de pommes de terre à la bretonne, à la lyonnaise, idem de haricots nouveaux, idem de pois nouveaux, idem de céleri ou de cardes à l'espagnole, idem de fonds d'artichauts , idem de marrons, idem de choux de Bruxelles, idem de choux-fleurs à l'allemande, idem de navets, idem de pois, idem de haricots secs, idem de lentilles à la reine.

ÉCHINÉE DE PORC FRAIS A LA PÉRIGUEUX.

Préparez de tout point votre échinée ainsi qu'il est démontré pour celle indiquée à la Parmentier ; puis vous la glacez, et la dressez sur une sauce à la Périgueux ; servez.

ÉCHINÉE DE PORC FRAIS , SAUCE TOMATE A LA PROVENÇALE.

Votre échinée étant marinée et rôtie selon les procédés décrits pour celle énoncée à la Parmentier, vous la glacez, la dressez sur une sauce tomate ; puis vous la garnissez autour de tomates farcies à la provençale, et servez.

Observation.

Nous servons également l'échinée panée à la française et à l'anglaise. A cet effet, après avoir rôti votre porc frais, vous le panez et lui donnez couleur au four en suivant le procédé employé pour les deux articles précités et panés.

QUARTIER DE PORC FRAIS BOUILLI A L'ANGLAISE.

Ayez un quartier de derrière d'un cochon tonkin de huit à dix mois et de première qualité; parez-le de même que celui de mouton. Trois heures et demie avant de servir, vous le mettez dans une grande braisière à l'eau bouillante, à laquelle vous ajoutez quatre carottes tournées, quatre navets idem, deux oignons, un bouquet d'un pied de céleri et quatre poireaux, puis un bouquet ordinaire légèrement garni, et le sel nécessaire. Après une heure d'ébullition, vous y joignez trois choux frisés coupés par quartiers, les côtes ôtées, bien lavés et serrés dans un petit filet qui sert à cet usage. Au moment de servir, vous égouttez le quartier de porc frais, le dressez, garnissez le manche d'une bouffette selon la règle, et placez autour des carottes, des navets et des choux, le tout bien égoutté. Semez dessus un peu de sel et de poivre; glacez la grosse pièce, et servez une saucière garnie de beurre frais tiède seulement, et assaisonné de sel, poivre et muscade râpée.

QUARTIER DE PORC FRAIS A L'IRLANDAISE.

Préparez et faites cuire votre quartier selon les détails décrits ci-dessus; seulement vous supprimez les choux; puis, au moment de servir, vous l'égouttez, le glacez, le garnissez au manche d'une bouffette, et le dressez sur la garniture de racines que nous avons indiquée pour le quartier de mouton à l'irlandaise. (Consultez cet article.)

Observation.

Les Anglais sont amateurs de ce porc bouilli servi sur les purées de pommes de terre, de pois secs ou nouveaux, de haricots idem, et de lentilles.

CHAPITRE XII.

TRAITÉ DES GROSSES PIÈCES DE COCHONS DE LAIT.

SOMMAIRE.

Cochons de lait rôti à la maître-d'hôtel; idem à la broche à l'anglaise; idem rôti à l'allemande; idem rôti à la Vauban, grosse pièce garnie d'hatelets; idem à la Ségur, grosse pièce garnie d'hatelets; idem rôti au pilau à la Darcet; idem rôti au pilau à l'indienne; idem rôti à la moscovite; idem rôti à la piémontaise; id au macaroni à la napolitaine; idem à l'italienne; idem à la Canova.

Remarques et observations.

DANS le chapitre subséquent j'ai parlé d'une race de cochons chinois que nos riches propriétaires ont tirée de l'Angleterre, et dont je voudrais généralement voir faire des élèves

---

SUJETS DE LA PLANCHE DIX-SEPTIÈME.

Le N° 1 représente le cochon de lait à la Vauban, grosse pièce garnie d'hatelets.

Le N° 2 représente le cochon de lait à la Ségur, grosse pièce garnie d'hatelets.

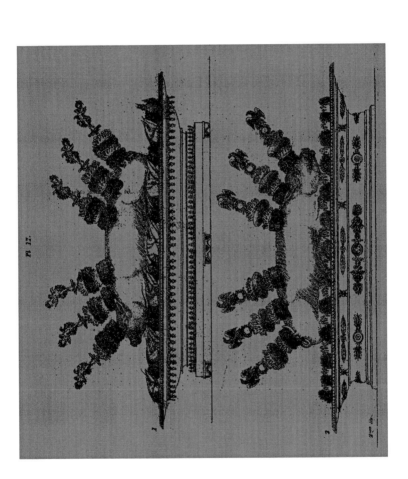

dans toute l'étendue de la France, et cela sans faire tort à notre race de cochons normands, que nous considérons comme la première de notre pays. Mais comme l'espèce précitée, dont les Anglais font le plus grand cas, est d'une chair plus délicate et de plus facile digestion, nous préférons maintenant dans nos marchés les cochons de lait nommés tonkins à ceux ordinaires : ils se vendent d'habitude chez les marchands de volaille, et tout prêts à être mis à la broche. Nous devons les choisir courts et gras, ce qui les constitue bien faits.

La chair du cochon de lait est peu nutritive et d'assez difficile digestion ; mais les gastronomes, et même les dames, aiment la peau croustillante de ce petit animal au sortir de la broche, ce qui est bien peu de chose comme alimentation. C'est donc un aliment qui, en général, convient peu à la nourriture de l'homme. Cependant cette espèce s'est améliorée depuis que les amphitryons font élever avec soin dans leurs fermes ces petits tonkins, dont ils sont grands amateurs, ainsi que l'était Horace, qui régalait ses amis avec un cochon de lait. Comme mes confrères sont susceptibles de recevoir dans leurs cuisines de ces animaux vivants, ainsi que cela m'est arrivé, je les envoyais tuer et nettoyer chez le charcutier ; mais comme ces messieurs ne sont pas toujours soigneux de cette opération, je vais indiquer un moyen d'opérer, simple et facile, afin de les préparer nous-mêmes dans les maisons de campagne. Vous devez avoir sur le feu un très grand chaudron aux trois quarts rempli d'eau de Seine ; alors vous faites tuer et saigner votre cochon de lait par le boucher de l'endroit ; puis, dès que

. III. 31

l'eau est un peu plus que tiède, vous y plongez la tête du petit tonkin, en le remuant et observant le moment où les soies commencent à quitter la peau ; alors vous retirez le chaudron du feu ; enfoncez-y le cochon deux minutes pour achever de l'échauder entièrement, ce que vous voyez quand les soies des cuisses tombent au frottement ; vous l'égouttez sur la table, en le frottant à rebrousse poil, avec une grosse serviette à grains d'orge, et cela avec prestesse, afin de supprimer toutes les soies, en le plongeant une fois ou deux à l'eau chaude et le frottant toujours. Etant parfaitement propre, vous le videz ; en retirez tous les intestins, excepté les rognons ; supprimez le gros boyau qui traverse le quasi ; puis vous le troussez ainsi que nous les voyons préparés chez nos marchandes de volailles et comme nous troussons le lièvre ou le lapereau au gite ; ensuite vous le faites dégorger vingt-quatre heures à grande eau, en la changeant deux ou trois fois.

COCHON DE LAIT RÔTI A LA MAITRE-D'HÔTEL.

Votre cochon étant préparé et dégorgé selon la règle, vous l'essuyez, le flambez si cela est nécessaire, afin d'en supprimer quelques soies qui auraient pu échapper à l'échaudage ; ensuite vous le garnissez intérieurement avec une forte maître-d'hôtel préparée comme de coutume ; cousez le ventre pour la maintenir ; traversez la grosse pièce dans sa longueur avec une broche de moyenne grosseur ; placez un fort hatelet sur le ventre, et l'attachez fortement à la broche aux deux extrémités du cochon de lait, qui, par ce moyen, s'y trouve fixé. Une heure et demie avant de servir, mettez-le au feu, préparé comme de coutume, et de temps en temps vous l'arrosez avec une bouffette de papier imbibée d'huile d'Aix. Il est très important que le feu soit dirigé avec soin, afin d'éviter que la peau du tonkin ne forme de petites cloches, qui, devenant saillantes, se colorent d'une teinte plus foncée que le reste de la grosse pièce, ce qui lui ôte en partie sa bonne mine, car le mérite de sa cuisson est qu'il soit coloré d'un blond égal et doré. Au moment de servir, vous le débrochez, en séparez aussitôt avec la pointe du couteau la peau du cou par une légère incision, afin qu'elle conserve ce croustillant qui fait tout le mérite du cochon de lait à la broche, et dont les gourmands sont grands amateurs. Servez dans une saucière une maître-d'hôtel fondue, et dans une seconde une demi-glace.

COCHON DE LAIT A LA BROCHE A L'ANGLAISE.

Votre grosse pièce étant préparée selon les procédés décrits ci-dessus, vous mettez dans l'intérieur une farce préparée ainsi : parez et pilez le foie de votre tonkin ; puis vous y joignez le même volume de beurre frais, et, gros comme la moitié du beurre, de panade préparée selon la règle ; ajoutez quatre jaunes d'œufs assaisonnés de sel, poivre, et muscade râpée ; pilez bien parfaitement le tout, et passez cette farce au tamis à quenelles ; ensuite vous y mêlez des fines herbes passées au beurre, dans lesquelles vous ajoutez une pointe de sauge verte hachée, en observant que sa saveur doit légèrement se faire sentir.

Vous cousez le ventre pour maintenir cette farce, et, deux heures avant de servir, vous embrochez, et faites rôtir votre grosse pièce avec les soins décrits ci-dessus; dressez-la de même et au moment de servir.

Servez dans une saucière une demi-glace à laquelle vous additionnez un peu de beurre, de poivre, de sauge hachée, et un jus de citron.

COCHON DE LAIT RÔTI A L'ALLEMANDE.

Lorsque votre tonkin est prêt à coucher sur fer, vous en garnissez l'intérieur de la farce indiquée à l'allemande (voir la Poitrine de veau farcie à l'allemande); puis, deux heures avant de servir, vous le faites rôtir de la manière accoutumée, et le servez, sans oublier de faire avec la pointe du couteau l'incision à l'entour du cou, afin que la peau du cochon de lait conserve son croustillant. Servez dans une saucière une demi-glace.

COCHON DE LAIT RÔTI A LA VAUBAN, GROSSE PIÈCE GARNIE D'HATELETS.

Après avoir fait choix d'un tonkin gras, bien fait et bien dégorgé, vous l'essuyez; puis vous le garnissez d'une farce de lapereaux à la Périgueux dans laquelle vous additionnez des truffes et une escalope de foies gras. Couchez-le sur fer selon la règle, et, trois heures avant de servir, vous mettez la broche à un feu modéré, en ayant soin de l'arroser d'huile d'Aix comme de coutume. Au moment de servir, vous le dressez, lui ciselez le cou ainsi qu'il est énoncé précédemment ; ensuite vous versez autour un ragoût à la sauce Périgueux , composé de crêtes, rognons , foies gras et truffes ; entourez ce ragoût de truffes et d'écrevisses glacées. Placez sur le cochon de lait (ainsi que le représente le dessin n° 1 de la planche dix-septième) dix hatelets composés de crêtes doubles et de grosses truffes noires et glacées. Servez deux saucières garnies de périgueux et de truffes en escalopes.

COCHON DE LAIT RÔTI A LA SÉGUR , GROSSE PIÈCE GARNIE D'HATELETS.

Vous préparez et garnissez votre grosse pièce selon la règle (voir celui énoncé à la Vauban) avec une farce de volaille à la Soubise ; puis vous le faites rôtir deux heures de la manière accoutumée, la fin de la cuisson devant arriver juste pour le moment de servir ; alors vous le dressez en incisant la peau du cou ; ensuite vous versez autour un ragoût à la sauce Richelieu , composé d'une assiettée de gros rognons de coq, une idem de petites truffes tournées en grosses olives, d'une escalope de langue à l'écarlate, et de six maniveaux de champignons. Garnissez ce ragoût d'un cordon de ris d'agneau piqués et glacés , et de grosses crêtes. Placez sur la grosse pièce dix hatelets composes de crêtes doubles, de quenelles à la Villeroy, de crêtes et de truffes parées en grosses quenelles et glacées. Servez deux saucières garnies de la sauce du ragoût.

Pour dresser cette grosse pièce , il est bien de consulter le dessin n° 2 de la planche dix-septième.

COCHON DE LAIT RÔTI AU PILAU A LA DARCET.

Préparez votre grosse pièce de la manière accoutumée , garnissez-la intérieurement de riz préparé de la manière que nous avons indiquée pour le jambon énoncé au pilau à l'egyptienne ; puis vous faites rôtir votre cochon de lait deux heures et un quart à un feu modéré. Pendant cette cuisson , vous avez préparé de rechef une livre et demie de riz Caroline au pilau ainsi qu'il est énoncé ci-dessus ; étant près de servir, vous le versez sur le plat, l'élargissez; et posez dessus le cochon de lait; puis vous ajoutez autour du riz une garniture composée de grosses quenelles de volaille au beurre d'écrevisses , et de grosses crêtes doubles.

Servez à part une saucière garnie de sauce à la française , à laquelle vous additionnez cinquante queues d'écrevisses.

COCHON DE LAIT RÔTI AU PILAU A L'INDIENNE.

Vous préparez , farcissez , cuisez et dressez votre grosse pièce selon les détails décrits ci-dessus ; seulement vous additionnez une infusion de safran, afin de colorer le riz, et un peu de cayenne , c'est la seule différence. Garnissez la grosse pièce d'une double bordure de grosses crêtes et de gros rognons de coq. Servez avec une saucière garnie de sauce carick à l'indienne.

COCHON DE LAIT RÔTI A LA MOSCOVITE.

Après avoir bien lavé et blanchi deux livres et demie de riz Caroline, vous en faites cuire le tiers dans de bon consommé, avec d'excellent dégraissis et un bouquet légèrement assaisonné ; étant crevé un peu serré, vous y mêlez une escalope de foies gras saucée à l'allemande, à laquelle vous avez ajouté un peu de glace, de beurre frais, de poivre et de muscade râpée. Garnissez de ce riz votre cochon de lait, qui sera préparé du reste selon la règle. Puis, deux heures avant de servir, vous le faites rôtir avec soin et le dressez sur le reste du riz, que vous avez préparé de tout point comme celui qui garnit la grosse pièce. Servez à part une saucière garnie d'allemande un peu corsée.

COCHON DE LAIT RÔTI A LA PIÉMONTAISE.

Lavez et blanchissez deux livres et demie de riz Caroline ; faites en cuire à feu doux le tiers avec du consommé, du bon dégraissis de volaille, un peu de poivre, de muscade râpée et un bouquet de poireaux et de céleri. Le riz étant crevé, vous en retirez le bouquet, le dégraissez, et le mêlez légèrement avec quatre cuillerées à bouche de parmesan râpé et nouveau ; puis vous en garnissez un cochon de lait préparé comme de coutume ; et deux heures et demie avant de servir, vous le couchez sur fer et le faites rôtir selon la règle. Pendant sa cuisson vous faites cuire le reste du riz de même que ci-dessus, en retirez le bouquet, et le dégraissez pour y mêler ensuite une demi-glace, du beurre frais, six cuillerées à bouche de parmesan râpé, et un peu de mignonnette. Versez le sur le plat, l'élargissez, et dressez dessus

la cochon de lait. Servez dans une saucière une demi glace.

COCHON DE LAIT RÔTI AU MACARONI
A LA NAPOLITAINE.

Préparez de la manière accoutumée une livre de
macaroni de Naples (voir *Filet de bœuf au macaroni
à la napolitaine*); puis vous y mêlez un ragoût de
crêtes de rognons au suprême, et garnissez avec un
tonquin de première qualité ; deux heures avant de
servir, vous mettez la broche à un feu modéré et réglé. Durant sa cuisson, vous préparez deux livres de
macaroni ainsi qu'il est précité; joignez-y également
un ragoût de crêtes et rognons au suprême, le versez sur le plat, et dressez dessus le cochon de lait,
qui doit avoir une belle couleur dorée. Servez à part
une demi-glace.

COCHON DE LAIT RÔTI A L'ITALIENNE.

Vous préparez, garnissez de macaroni, faites rôtir, et dressez sur du macaroni votre cochon de lait,
ainsi qu'il est démontré ci-dessus; seulement vous
supprimez le ragoût, pour le remplacer par deux
assiettées de petites quenelles de volaille à la Périgueux et de champignons saucés de périgueux.
Servez.

COCHON DE LAIT RÔTI A LA CANOVA.

Garnissez, faites rôtir et dressez sur un lit de ma-

caroni votre cochon de lait, selon les procédés décrits pour celui énoncé à la napolitaine, en supprimant toutefois le ragoût, que vous remplacez par le
suivant : parez en escalopes un foie gras (de Strasbourg, cuit dans une mirepoix), huit grosses truffes
parées idem et sautées au beurre, puis une assiettée
de gros rognons de coq, le tout saucé d'une espagnole
corsée ; et après quelques ébullitions vous le joignez
au macaroni, et terminez l'opération de la manière
accoutumée.

Observation.

Nous venons de décrire dans ce chapitre dix-huit
grosses pièces de cochon de lait dont l'élégance, les
ragoûts et les garnitures d'hatelets appartiennent à
notre travail. Il sera bien facile à mes confrères d'a-
jouter des hatelets à celles de ces grosses pièces qui
n'en ont pas, et qu'ils destineraient à être servies en
parallèle avec d'autres qui en seraient garnies.

C'est au praticien à donner tout l'ensemble possible à son service de cuisine en plaçant les entrées
chaudes ou froides et garnies d'hatelets éloignées
des grosses pièces qui en sont elles-mêmes ornées.

J'observerai encore que j'ai pris l'habitude, étant
chez M. de Rothschild, de servir quatre grosses pièces
et quatre entrées, au lieu du service ordinaire, qui
se fait partout de deux grosses pièces et six entrées.
Mes quatre grosses pièces garnies d'hatelets donnent
au service un nouvel aspect par leur richesse et leur
élégance, et représentent véritablement le luxe de
la cuisine moderne, surtout si les grosses pièces sont
séparées des entrées par quatre seaux d'argent qui

servent à frapper de glace le vin de Champagne, ce
qui produit bon effet : car les quatre seaux occupent
volontiers l'espace de quatre entrées.

C'est donc au maître-d'hôtel à comprendre ce
service.

Nous observerons également à nos confrères que
ceux des hatelets destinés pour les entrées doivent
être moins volumineux de garniture que ceux pour
les grosses pièces, afin qu'ils aient de la légèreté et
de l'élégance. A l'égard de ceux qui doivent servir
pour les grosses pièces de four, ils doivent être garnis
de larges crêtes blanches, de belles truffes noires, et
autres garnitures que nous avons indiquées ci-dessus
pour les grosses pièces de boucherie. Il faut avoir
soin de placer les hatelets à distance égale et assez
éloignés, afin que cette garniture ne devienne pas
lourde et confuse.

RÉSUMÉ SUR LES GROSSES PIÈCES DE BOUCHERIE, DE JAMBON, ET DE PORC FRAIS.

Avant de décrire quelques considérations sur nos
grosses pièces de la cuisine moderne, je veux ici donner à mes confrères une idée de la cuisine du dix-
septième siècle.

Le praticien Vincent-la-Chapelle a décrit dans son
ouvrage en cinq volumes in-8° une grosse pièce sous
le nom de *Tombeau d'Épicure*, et je suis étonné
qu'un cuisinier français ait eu la pensée de renouveler de la cuisine romaine cette monstruosité culinaire. Le lecteur va en juger.

Il faut avoir un veau né d'un jour, le tuer, l'échau-

der, en retirer le poil, le vider, le laisser dégorger
à l'eau froide, couper les quatre pieds, et le désosser en conservant seulement le bout des jarrets, l'é-
pine du dos et la tête. Ici commence la confusion du
plus bizarre des ragoûts : car l'un des cuissots devait être rempli d'un ragoût composé de pigeons,
riz de veau, crêtes, rognons de coq, truffes et champignons, et masqué de farce pour le maintenir; dans
l'autre cuissot on devait placer un ragoût composé
de lapereaux, bécassines, cailles, mauviettes, ortolans, riz de veau, truffes et champignons; puis dessus une couche de farce. Ensuite les épaules devaient
être garnies d'un salpicon de toutes sortes de volaille,
riz de veau, jambon, fonds d'artichauds et champignons. Le corps devenait un véritable tombeau : car
il engloutissait poulardes, chapons, oisons, cannetons, levrauts, lapereaux, perdreaux, ramereaux,
cailles, alouettes, fricandeaux, riz de veau, jambon,
crêtes, foies gras, truffes, champignons, mousserons
et fonds d'artichauds, le tout presque cuit. Le veau
étant cousu, on l'enveloppait de bardes de lard et
d'une serviette, et on le cuisait avec deux cuissots de
veau et un fort assaisonnement mouillé à l'eau. Aux
deux tiers de la cuisson on ajoutait trois bouteilles de
bon champagne.

Enfin, après deux heures d'ébullition, on dressait
le veau sur le ventre, et on l'entourait de riz de veau,
de pigeons, d'écrevisses; puis on versait dessus un
ragoût au coulis d'écrevisses, dans lequel entraient
riz de veau, crêtes et rognons, truffes, champignons,
et queues d'écrevisses. Ensuite il embellissait ce tombeau d'Epicure d'hatelets composés de poulets, de

riz de veau, d'anguilles, d'ailerons glacés, et de petit
lard. Je le répète, quelle monstruosité culinaire !
tandis qu'avec tout ce matériel nous servirions aujourd'hui douze entrées élégantes et distinguées.

Voilà, mes chers confrères, ce chef-d'œuvre de la
vieille cuisine qui nous vient de l'antiquité. Oh ! que
le luxe de la table fut mal compris des amphitryons
des derniers siècles, si jamais l'un d'eux a permis que
l'on servît sur sa table cette dégoûtante composition
culinaire. Mais je ne puis le croire, et Vincent-la-
Chapelle lui-même n'a jamais exécuté ce qu'il vient
de décrire.

En y réfléchissant, le praticien s'aperçoit qu'il serait impossible que la garniture précitée entrât dans
un veau d'un jour. Les Romains ont seuls pu imagi-
ner un mets aussi révoltant pour la sensualité : nous
en avons la preuve par les cochons, les sangliers et les
agneaux qu'ils servaient entiers et remplis de viandes
qui leur étaient étrangères.

Un auteur moderne a reproduit dans un mauvais
livre de cuisine le rôti sans pareil, qui consistait à
prendre le plus gros des volatiles de nos basses-cours,
le désosser, et le remplir de tous les volatiles connus,
jusqu'à l'ortolan, le tout désossé. O vaine prétention
de l'ignorance du goût !

Depuis de longues années, je me suis livré, comme
délassement de mes travaux culinaires, à l'étude de
la littérature gourmande ; mais si j'avais écrit les observations et réfutations qui me sont venues dans la
pensée, j'aurais à publier de nombreux volumes de
critiques sur ces livres, pour la plupart ridicules et
dépourvus de tout bon sens. L'amour de l'art m'a

seul soutenu dans mes recherches culinaires et gastro-nomiques.

Prêt de terminer l'analyse d'une partie de notre cuisine moderne, je dirai avec ma franchise accoutumée que j'ai lu avec fruit et plaisir des livres gastronomiques et alimentaires écrits par des savants amis de la bonne chère et de notre cuisine reconnue universelle.

Je pense avec raison que la cuisine moderne doit avoir toute l'élégance et la somptuosité possibles. Aussi n'ai-je point retracé dans la catégorie de mes grosses pièces celles monstrueuses que j'ai vu servir à la renaissance de l'art. J'ai vu des relevés dans les dîners des galeries du prince de Talleyrand qu'un seul homme pouvait à peine porter. J'ai vu des Godards et des Chambords dont les riches garnitures auraient suffi pour nourrir douze convives. J'ai vu servir par Laguipierre une grosse pièce qui tenait encore du dix-huitième siècle : c'était une oille (elle seule caractérise et constitue la cuisine espagnole) servie sur le plus grand plat ovale que j'aie vu de ma vie.

Quand le praticien observateur voit tant de peines, de fatigues et d'argent, dépensés pour ces monstruosités culinaires, il se dit : Voilà des réformes à faire , et le temps est venu où l'art épuré paraît riche de jeunesse et d'éclat. Nos grosses pièces du jour sont plus élégantes, moins volumineuses, et plus en harmonie avec l'ensemble du service, dont toutes les parties ont de l'élégance, sans confusion ni désordre. Je sais qu'il est parmi nous des praticiens systématiques, qui ne veulent rien changer à leur manière de faire, et qui, par cette erreur vulgaire, restent stationnaires. Tant

pis pour ceux-là ; mais il suffit d'avoir un peu de bon
sens pour adopter des idées nouvelles inspirées par le
goût et l'esprit du siècle, et développées par la pratique et la méditation.

Or, dans cette longue série de grosses pièces de
boucherie, nous en indiquons un très grand nombre
de nouvelles que nous nous étions réservées, afin de
les mettre au jour dans cet ouvrage, voulant que tous
les praticiens en profitassent également. Mais, me diront quelques uns d'entre eux, vous en avez un
grand nombre pour lesquelles vous répétez les mêmes
garnitures ou accompagnements de croustades et
d'hatelets. Oui, sans doute, parce que nos marchés
nous offrent à peu près chaque année les mêmes pro-
visions, et cela par une raison toute simple : la nature reste la même dans tous les climats ; mais nous
devons, nous Français, remercier la Providence d'a-
voir répandu avec profusion sur le sol de notre patrie
toutes les choses désirables pour l'alimentation des
hommes, puisque nul pays sur la terre ne peut être
mis en parallèle avec le nôtre. Mais, me diront ces
hommes de mauvaise foi, ce n'est pas de cela que
nous voulons parler : vous garnissez à peu près de la
même manière les grosses pièces de bœuf, de veau
et de mouton. Etrange erreur de la part de ces messieurs ! Quoi ! nos excellentes garnitures de racines
glacées ou en purées ne conviennent pas pour le veau
et le mouton aussi bien que pour le bœuf ! Cela est
erroné, et me prouverait le manque de goût trop
ordinaire parmi les praticiens qui ont plus de suf-
fisance que de savoir. Mais nous conseillons à ceux
qui sont jaloux de varier leur service, et d'acquérir de

la renommée, de servir avec discernement ces grosses pièces de bœuf, de veau ou de mouton, avec les
garnitures que nous leur avons assignées en particulier. J'observerai que, pour que ces garnitures aient
toute la saveur des plantes légumineuses, il faut employer celles-ci dans leur nouveauté, car elles perdent de leur qualité à mesure que la saison qui les
donne s'écoule.

Pour moi j'aurai rempli avec courage ma tâche
d'écrivain culinaire. Enfin, j'observerai à mes confrères impartiaux que j'ai plus que triplé le nombre
de nos grosses pièces en général. Puis, quel rôle nous
avons fait jouer à nos croustades, à nos hatelets, à
nos garnitures et ragoûts ! Je sais que les temps ne
sont point favorables pour faire les dépenses que
réclament les détails d'un certain nombre de grosses
pièces. Mais des temps meilleurs reviendront ; et en
agissant autrement j'aurais manqué le but que je me
propose, de léguer aux générations futures un travail
consacrant les progrès de cette belle époque de l'in-
dustrie culinaire, depuis la renaissance de l'art. La
révolution de 89 semblait avoir éteint le feu sacré
de la cuisine française. Cependant à ces temps de
désolation, de disette et de terreur, ont succédé le
directoire, le consulat et l'empire, et l'art alimentaire a brillé chaque jour d'un nouvel éclat. Du temps
de l'empire nous n'avions pas assez de bras. Cette
belle époque culinaire ne doit pas périr ; et, grâce à
mon dévoûment pour la science, le fruit de trente
années de pratique et d'expérience ne sera pas sans
influence sur l'avenir. La cuisine française restera
la première du monde civilisé. Or, si le temps

qui court n'est pas favorable aux praticiens réputés,
il leur sera toujours facile de simplifier nos grosses
pièces en attendant une époque plus prospère. Car
depuis 93 nous avons vu bien des changements qui
furent favorables aux développements de la cuisine. Si la paix de l'Europe n'est point troublée, les
hommes riches sentiront la nécessité de recevoir
leurs amis, en donnant de splendides festins. C'est
précisément ce qui est arrivé du temps du consulat
et de l'empire. A la restauration, l'art culinaire re-
devenait florissant; mais la seconde invasion a chan-
gé les destinées de la France. Alors on ne parla plus
que d'économie, et de plus en plus elle devint funes-
te à l'art culinaire.

Relativement aux heures de cuisson que j'ai indiquées pour mes grosses pièces analyséesci-dessus,
elles doivent être réglées d'après leur grosseur plus
ou moins forte et l'âge des animaux que nous employons. Ainsi la pratique peut seule ici guider avec
succès; la théorie indique les causes, mais non pas
les effets. D'ailleurs les hommes du metier savent
comme moi qu'il est impossible de préciser au juste
l'heure des cuissons. Elles dépendent d'abord pour
la broche de la manière de préparer et de gouverner
son feu, et l'âtre en particulier. J'ai donné à ce sujet
tous les détails que la pratique et l'expérience m'ont
fournis Pour la cuisson des grosses pièces de poisson, et en général, il ne s'agit pas de charger le fourneau au moment que j'ai indiqué pour commencer
la cuisson, car en agissant ainsi vous vous retardez
d'un grand quart d'heure.

Les cuissons à point dépendent donc généralement des soins que le cuisinier apporte dans son travail.

Si l'on me dit aussi que j'emploie des écrevisses pour garniture des grosses pièces servies en gras et en maigre , je répondrai que les truffes et les écrevisses sont inséparables pour produire un joli coup-d'œil dans notre service , parce que les unes sont rouges et les autres noires, et que ces deux couleurs, ornées de belles crêtes blanches ou de laitances de poisson, constituent cette variété de garniture inconstestablement originale que rien ne pourrait remplacer dans nos produits alimentaires.

J'observerai encore que j'ai pendant long-temps employé des crêtes pour orner mes hatelets qui garnissaient mes grosses pièces de poissons (elles pourront également être conservées lorsque nous servirons ces sortes de grosses pièces avec les sauces grasses) ; elles remplaçaient les laitances de carpe, les éperlans et les filets de soles contis, que j'ai décrits au *Traité du poisson*. Je m'étais réservé cette nouvelle manière de garnir mes hatelets pour le poisson, afin de l'indiquer dans cet ouvrage. Les praticiens distingués s'apercevront aisément qu'il était essentiel de créer ces nouvelles garnitures, afin de les caractériser comme appartenant aux grosses pièces maigres , en leur donnant d'ailleurs toute l'élégance de celles servies en gras: ainsi, par exemple , sur une grande table où nous servirions quatre relevés de poisson (comme cela a lieu chez les Lucullus modernes de France et de l'étranger) , ces garnitures auront une physionomie qui les distinguera de celles fixées sur les grosses pièces de boucherie, de volaille , de gibier

III.   32

ou de jambon, qui doivent les remplacer; ou bien, si ces huit grosses pièces se servent sur la table en même temps, la différence de leur garniture produira toujours plus d'élégance et de variété.

Nous n'avons point parlé des grosses pièces de bœuf, de veau et de daim à l'anglaise, parce que les ronds de bœuf, les ronds de veau et la cuisse de daim appartiennent à la cuisine anglaise. Comme ces grosses pièces sont volumineuses, qu'elles sont bien rarement servies en France, et que d'ailleurs nous sommes assez riches du matériel et de la variété infinie de nos grosses pièces de la cuisine moderne, nous ne nous occuperons pas de ces articles, qui, je le répète, sont dans la catégorie des pièces énormes que nous ne devons plus servir, n'étant point en harmonie avec l'élégance de nos grosses pièces garnies d'hatelets ainsi que le réclame le goût du jour.

CHAPITRE XIII.

TRAITÉ DES GROSSES PIÈCES DE VOLAILLE POILÉES.

SOMMAIRE.

Poulardes à la parisienne , grosse pièce garnie d'hatelets, chapons à la française , grosse pièce garnie d'hatelets ; poulardes à la Montmorenci , grosse pièce garnie d'hatelets ; idem à la Godard, grosse pièce garnie d'hatelets ; idem à la Soubise ; idem à l'estragon ; idem à la civette ; idem à la macédoine : idem aux choux-fleurs à l'anglaise ; idem au macaroni à la française ; idem au macaroni fin , garnie de quenelles de volaille ; idem à la romaine.

Observation.

A manière de procéder est la même à l'égard des dindonneaux, poulardes et chapons. On pourra donc indistinctement servir ces trois volatiles avec les sauces, ragoûts et

---

SUJETS DE LA PLANCHE DIX-HUITIÈME.

Le N° 1 représente les poulardes à la parisienne.
Le N° 2 représente les chapons à la française.

garnitures, indiqués dans les chapitres suivants. Lorsque l'on servira pour grosse pièce des poulardes ou chapons, il en faudra deux, afin d'en obtenir le volume convenable.

J'observerai à mes confrères que ces grosses pièces, en les diminuant de quantité (une poularde ou un chapon au lieu de deux), peuvent être données pour entrée. En en supprimant, ce qui est facile, les hatelets, garnitures et ragoûts, elles pourront être employées dans les maisons les plus ordinaires; mes confrères les désigneront toujours par le nom de la sauce qui les accompagnera.

On pourra aisément, quand on le jugera convenable, ajouter des hatelets et des garnitures aux grosses pièces de volaille pour lesquelles je n'en ai point indiqué : on se reportera pour cela au *Traité des ragoûts et garnitures*, et à celui des *Grosses pièces de boucherie ;* sans cela il m'aurait fallu répéter sans fin. Mes confrères agiront toujours pour le choix des ragoûts et garnitures avec discernement, afin d'éviter la confusion, et de faire en sorte que le service ait toujours de l'harmonie et de l'élégance.

POULARDES A LA PARISIENNE,
GROSSE PIÈCE GARNIE D'HATELETS.

Vous choisissez deux poulardes du Mans bien grasses et bien en chair ; après les avoir vidées, épluchées et flambées, vous les désossez comme pour galantine (voir cet article dans le *Cuisinier parisien*), et les faites cuire dans une poêle (voir la première li-

vraison de cet ouvrage), après les avoir garnies de
farce de volaille au beurre d'écrevisses.

Après cinq quarts d'heure à une heure et demie de
cuisson, vous les égouttez et les dressez sur le plat,
dans lequel vous avez versé un ragoût de foies gras
au suprême (voir *Traité des ragoûts*); puis vous formez autour une bordure composée de quenelles de
volaille, décorée de filets contis; placez sur chacune de vos poulardes cinq hatelets garnis de crêtes
et de quenelles à la Villeroy. Servez à part une saucière garnie d'une partie du ragoût de foies gras et
de sauce au suprême.

Consultez pour dresser cette grosse pièce le dessin
n° 1 de la planche dix-huit.

CHAPONS A LA FRANÇAISE,
GROSSE PIÈCE GARNIE D'HATELETS.

Vous préparez vos chapons ainsi qu'il est indiqué
ci-dessus; puis vous les garnissez de farce de volaille
à l'essence de champignons, et les cuisez également
dans une poêle. Étant cuits à point, vous les dressez
et les garnissez d'un ragoût de pointes de grosses asperges au suprême, dont vous formez un buisson à
chaque bout du plat. Bordez-les de petites quenelles
de volaille, et au moment du service, décorez vos
chapons de filets mignons panés à l'allemande, ainsi
que le représente le dessin n° 2 de la planche dix-
huit, que vous devez consulter pour dresser cette
grosse pièce; placez dessus des hatelets composés de
quenelles et de crêtes, et servez.

POULARDES A LA MONTMORENCI.

Après avoir préparé vos poulardes de la manière
accoutumée (1), vous les piquez de lard, et les faites
cuire dans une bonne poêle; étant cuites à point, vous
les dressez, les glacez et les garnissez avec le ragoût
à la financière (voir *Traité des ragoûts*), dont vous
servez une partie dans une saucière. Placez sur votre grosse pièce des hatelets composés de riz d'a-
gneau, de truffes et de crêtes. Servez.

POULARDES A LA GODARD,
GROSSE PIÈCE GARNIE D'HATELETS.

Après avoir préparé et cuit vos poulardes de la
manière accoutumée, vous les dressez sur le plat,
dans lequel vous aurez versé le ragoût à la financière;
puis vous posez sur le bord, au milieu, et à chaque
bout, un beau riz de veau piqué et glacé; à droite et
à gauche de chaque côté des riz, vous placez un pigeon innocent cuit dans une mirepoix avec un jus
de citron, entre des bardes de lard; à côté de chaque pigeon vous placez une grosse quenelle de volaille historiée d'une palmette en truffes; posez dans
le milieu du plat, entre les deux poulardes des foies
gras de Strasbourg cloutés aux truffes et cuits dans
une mirepoix; ajoutez entre ces garnitures de

---

(1) Vous devez toujours garnir l'estomac de vos poulardes de beurre
assaisonné.

belles crêtes, de gros rognons de coq et des truffes
noires; placez sur chaque poularde cinq hatelets
composés de crêtes doubles, de truffes glacées et d'é-
crevisses également glacées. Servez du ragoût dans
une saucière.

CHAPONS A LA SOUBISE.

Après avoir préparé et cuit vos chapons ainsi qu'il
est indiqué pour les poulardes à la parisienne (voir
le premier article de ce chapitre), vous les dressez
sur le plat, que vous avez garni d'un ragoût de quenelles de volaille à la Soubise dans lequel vous avez
ajouté deux maniveaux de champignons et une assiettée de rognons de coq. Servez à part dans une saucière de la soubise.

POULARDES A L'ESTRAGON.

Après avoir préparé et cuit vos poulardes de la manière accoutumée, vous les dressez, les garnissez d'un
ragoût d'escalopes de volaille, et les saucez de sauce
allemande dans laquelle vous avez ajouté un morceau
de beurre d'Isigny, et une poignée d'estragon blanchi et coupé en losanges. Servez.

POULARDES A LA CIVETTE.

Après avoir préparé, cuit et dressé vos poulardes
comme ci-dessus, vous les saucez avec la sauce veloutée à la civette (voir *Traité des sauces*). Servez-en à part dans une saucière.

Observation.

Lorsque vous voudrez servir des poulardes à la ravigote, ou à la ravigote printannière, vous ajouterez
l'une de ces deux préparations, soit dans de l'allemande, soit dans du velouté.

CHAPONS A LA MACÉDOINE.

Après avoir préparé et cuit vos chapons de la manière accoutumée, vous les dressez sur le plat, que
vous aurez garni de quenelles de volaille à la macédoine. Servez à part une saucière, garnie de suprême
et de ragoût.

POULARDES AUX CHOUX-FLEURS A L'ANGLAISE.

Après avoir préparé vos poulardes comme il est
décrit au premier article de ce chapitre, vous les
dressez, et placez autour des choux-fleurs préparés
pour garniture (voir *Traité des garnitures*). Servez
à part du velouté dans une saucière après y avoir
ajouté un bon morceau de beurre d'Isigny.

POULARDES AU MACARONI A LA FRANÇAISE.

Après avoir préparé et cuit vos volailles comme il
est indiqué ci-dessus, vous les dressez sur un lit de
macaroni de Naples, que vous aurez préparé comme
pour le filet de bœuf au macaroni à la française (voir
cet article); seulement vous aurez remplacé l'espa-

gnole par de la béchamel, et vous en servirez à part
une saucière garnie.

POULARDES AU MACARONI FIN,
GARNIES DE QUENELLES DE VOLAILLE.

Vous préparez vos poulardes et les dressez comme
ci-dessus sur un lit de macaroni fin, cuit comme le
précédent et auquel vous aurez aujouté une assiettée
de quenelles de volaille à l'esseuce de champignons,
et autant de champignons. Servez avec une saucière
garnie de bechamel.

POULARDES A LA ROMAINE.

Vos poulardes étant préparées et cuites de la manière accoutumée, vous les dressez sur un lit de
nouilles préparées comme le macaroni (voir cet article au *Filet de bœuf garni de macaroni à la française*), et dans lesquelles vous avez ajouté une purée
de volaille et un ragoût de crêtes et de rognons saucés au suprême. Servez à part une saucière garnie de
suprême et d'un peu de ragoût.

CHAPITRE XIV.

TRAITÉ DES GROSSES PIÈCES DE VOLAILLE
A LA BROCHE.

SOMMAIRE.

Dindonneau à l'algérienne, grosse pièce garnie d'hatelets; idem à l'africaine, grosse pièce garnie d'hatelets; poulardes à la Conti décorées d'une palmette, grosse pièce garnie d'hatelets; idem à l'écarlatte; idem à l'indienne; idem au pilau à l'égyptienne; idem à la Montmorenci-Liancourt piquées de truffes; idem à la moderne; idem aux nouilles à la westphalienne; idem aux marrons; idem aux ravioles; idem à l'allemande farcies de pain; idem aux tomates à l'italienne; idem à la Léon X; idem au macaroni à la purée de gibier; idem au macaroni à la napolitaine; idem au macaroni à la Condé.

DINDONNEAU A L'ALGÉRIENNE,
GROSSE PIÈCE GARNIE D'HATELETS.

APRÈS avoir vidé et flambé votre dindonneau, vous en retirez la fourchette et le bréchet; puis vous le garnissez de farce de volaille au beurre d'écrevisses, et introduisez du

---

SUJETS DE LA PLANCHE DIX-NEUVIÈME.

Le N° 1 représente le dindonneau à l'algérienne, grosse pièce garnie d'hatelets.

Le N° 2 représente le dindonneau à l'africaine, grosse pièce garnie d'hatelets.

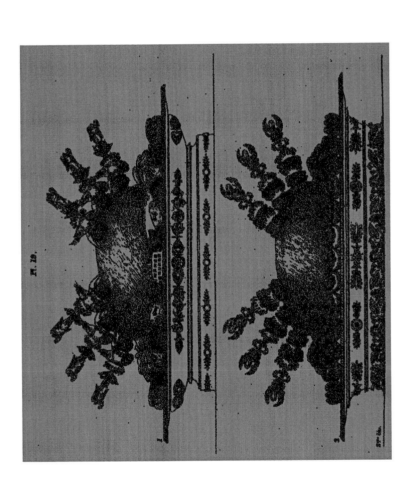

beurre idem entre la peau et la chair de l'estomac, afin
d'en rougir la surface; maintenant vous bridez votre
dindonneau en procédant ainsi qu'il suit : passez de
la ficelle d'une cuisse à l'autre, et maintenez également les ailes sur la volaille en les fixant avec la ficelle, vous prenez en passant entre les deux la peau
de l'estomac. Cette opération terminée, vous abattez
le bout de la cuisse deux pouces au-dessus du joint,
puis vous en relevez un peu la peau, et coupez l'os à
peu près de quatre lignes ; coupez ensuite vos pattes
en leur laissant vingt lignes de longueur ; puis vous
en dégarnissez le bout et le faites rentrer dans la
cuisse en rabattant la peau de maniere à ce que cette
rajouture soit faite le mieux possible. Pour achever
de brider votre volaille, vous piquez votre aiguille
à brider dans le bas de la cuisse, près du sot-l'y-lais-
se, et dirigez votre ficelle afin que le bout de la cuisse se trouve fixé sur la volaille; rentrez ensuite le
croupion dans l'intérieur du dindonneau, et passez
l'aiguille à brider à dix-huit lignes au dessus, afin
qu'il se trouve maintenu par un dernier tour de ficelle.

Votre volaille se trouvant alors entièrement bridée, vous la couvrez de lames de citron et de bardes
de lard ; puis vous l'emballez dans du papier huilé
garni de racines préparées ainsi : émincez carottes,
oignons, champignons, branches de persil; assaisonnez de sel, gros poivre, un peu de macis, et un clou
de girofle ; le tout étant coloré blond dans le beurre,
vous l'employez. Après une heure et demie de cuisson, vous débrochez votre dindonneau, le déballez,
et le dressez sur un plat que vous avez garni d'un ra-

goût de petites quenelles au beurre d'écrevisses, de
queues idem, de champignons, de crêtes, et de rognons, le tout saucé de sauce au homard ; formez
autour de votre grosse pièce une bordure composée
de petits poulets à la reine cuits à blanc, de truffes,
de crêtes, et de boudins historiés ; puis vous placez
sur votre dindonneau des hatelets garnis de truffes,
de crêtes et d'écrevisses. Servez à part une saucière garnie de sauce homard, et d'un peu de
ragoût.

Consultez, pour dresser cette grosse pièce, le dessin n° 1 de la planche dix-neuvième.

DINDONNEAU A L'AFRICAINE,
GROSSE PIÈCE GARNIE D'HATELETS.

Vous garnissez votre dindonneau de truffes et de
farce de volaille ; puis vous farcissez l'estomac, entre
la peau et la chair, de truffes hachées très fin, et de
farce de volaille ; vous le préparez et le cuisez ainsi
qu'il est indiqué ci-dessus, après l'avoir bien emballe,
afin que la peau ne prenne point de couleur. Au bout
d'une heure et demie de cuisson, vous le déballez et
le dressez sur le plat, dans lequel vous aurez versé un
ragoût composé de truffes noires tournées en grosses
olives, de crêtes, de rognons, et de quenelles de volaille à l'essence de truffes : la sauce doit être à la
parisienne, essence de truffes ; bordez votre plat de
grosses quenelles de volaille à la Périgueux et placez
sur votre grosse pièce des hatelets composés de truffes et de crêtes. Consultez, pour dresser, le dessin n° 2
de la pl. 19.

POULARDES A LA CONTI,
GROSSE PIÈCE GARNIE D'HATELETS.

Vous préparez et cuisez vos poulardes (deux)
comme il est indiqué pour le dindonneau à l'algérienne; après cinq quarts d'heure de cuisson, vous
les dressez, et décorez avec goût chacune d'elles
d'une palmette de filets mignons contis aux truffes,
et cuits à part ; vous avez dû d'abord garnir votre
plat d'un ragoût composé de crêtes, de rognons, de
champignons et de truffes tournées en olives, saucé
d'une purée de champignons au suprême ; placez sur
les poulardes., autour de la palmette, des hatelets
composés de filets mignons contis et en couronne, de
crêtes et de truffes. Servez à part une saucière garnie de sauce et de ragoût.

POULARDES A L'ÉCARLATE.

Vous les préparez comme ci-dessus, et les décorez d'une palmette de langue à l'écarlate, après avoir
garni le plat d'un ragoût de langue à l'écarlate et
d'escalopes de volaille saucé au suprême. Servez
avec une saucière remplie de sauce.

POULARDES A L'INDIENNE.

Préparez et cuisez vos poulardes comme il est
décrit au premier article de ce chapitre; puis vous
les dressez sur le plat, que vous avez garni de sauce
à l'indienne (voir *Traité des sauces*); entourez votre

grosse pièce d'une garniture de croquettes de riz dans lesquelles vous aurez ajouté une pointe de cayenne et un peu d'infusion de safran. Servez à part une saucière garnie de sauce à l'indienne.

POULARDES AU PILAU A L'ÉGYPTIENNE.

Après avoir préparé et cuit vos poulardes à la broche comme il est décrit au premier article de ce chapitre, vous les dressez sur un lit de riz pour la préparation duquel vous vous reportez au filet de bœuf au pilau à l'égyptienne (voir au *Traité des grosses pièces de boucherie*). Servez avec une saucière garnie d'espagnole dans laquelle vous avez ajouté un peu de piment en poudre et de cayenne.

POULARDES PIQUÉES DE TRUFFES, A LA MONTMORENCI-LIANCOURT.

Vous préparez vos poulardes comme de coutume ; puis vous les piquez de truffes, et en ajoutez les parures dans les racines dont vous l'emballez ; après cinq quarts d'heure de cuisson, vous les débrochez, les déballez, et les dressez sur le plat, dans lequel vous aurez versé un ragoût de crêtes et rognons à la Périgueux (voir *Traité des ragoûts*) dans lequel vous aurez ajouté une livre de truffes tournées en olives. Servez avec une saucière garnie de périgueux.

POULARDES A LA MODERNE.

Vos poulardes étant préparées et cuites de la ma-

nière accoutumée, vous les dressez sur le plat, que
vous avez garni de quenelles de volaille saucées d'une
purée de foies gras à la béchamel. Servez à part de
la béchamel dans une saucière.

POULARDES AUX NOUILLES A LA WESTPHALIENNE.

Préparez de tout point vos volailles de la manière
accoutumée ; puis vous les dressez sur un lit de nouilles que vous aurez fait cuire comme le macaroni
(voir le *Filet de bœuf au macaroni*), dans lesquelles
vous aurez ajouté une livre de maigre de jambon de
Westphalie haché, et deux cuillérées à ragoût de
béchamel; servez-en avec une saucière garnie.

POULARDES AUX MARRONS A LA LYONNAISE.

Vous préparez et cuisez vos poulardes à la broche comme les précédentes ; puis vous les dressez
et les saucez de sauce à la lyonnaise (voir *Traité des
sauces*), dont vous aurez supprimé le fumet de gibier, en le remplaçant par du consommé de volaille ;
puis vous placez autour de votre grosse pièce une
garniture de marrons glacés (voir *Traité des garnitures*). Servez avec une saucière garnie de sauce.

POULARDES AUX RAVIOLES.

Vos poulardes étant préparées et cuites de la manière accoutumée, vous les dressez sur le plat, que
vous aurez garni d'un lit de ravioles (voir cet article
au *Traité des potages*, première livraison de cet ouvrage) saucées de béchamel dans laquelle vous au-

rez ajouté un peu de beurre et de parmesan râpé.
Servez avec une saucière garnie.

POULARDES FARCIES DE PAIN A L'ALLEMANDE.

Vous préparez vos poulardes de la manière accoutumée ; puis vous garnissez l'estomac de chacune
d'elles d'une farce composée ainsi : prenez une livre
et demie de mie de pain à potage ; faites-en une panade, en y joignant un quarteron de beurre, un
verre et demie de bonne crème, un peu d'échalotte
hachée, et deux cuillerées à bouche de persil haché
et blanchi, le tout assaisonné de sel, poivre et muscade ; liez votre panade avec trois jaunes d'œufs, et
employez-la. Vos poulardes étant bien emballées,
vous les mettez à la broche. Au bout de cinq quarts
d'heure de cuisson, vous les déballez, les dressez, et
les saucez de sauce allemande dans laquelle vous aurez joint un peu de persil haché et blanchi, et un ragoût composé de champignons et de quenelles de volaille à l'essence de champignons. Servez avec de
l'allemande dans une saucière.

POULARDES AUX TOMATES A L'ITALIENNE.

Préparez, cuisez et dressez vos poulardes comme
il est indiqué pour les précédentes ; puis vous les saucez de sauce tomate à la parisienne (voir *Traité des
sauces*), et les garnissez autour de tomates farcies
(voir cet article au *Filet de bœuf garni de tomates
farcies*). Servez à part une saucière garnie de sauce
tomate.

POULARDES A LA LÉON X.

Vos poulardes étant préparées et cuites comme de
coutume, vous les dressez sur un lit de macaroni dans
lequel vous aurez ajouté un ragoût de queues d'écrevisses et de champignons, et une assiettée de quenelles d'esturgeon, saucées à la financière. Servez à
part une saucière garnie de financière.

POULARDES AU MACARONI A LA PURÉE DE GIBIER.

Préparez et dressez vos poulardes comme ci-dessus,
sur un lit de macaroni dans lequel vous avez ajouté
une purée de gibier, une assiettée de petites quenelles de perdreaux aux truffes, et des truffes parées et
sautées au beurre, le tout saucé à la périgueux. Servez.

POULARDES AU MACARONI A LA NAPOLITAINE.

Procédez comme ci-dessus, en remplaçant la purée de gibier et le ragoût indiqué par celui-ci : parez
en escalopes un foie gras de Strasbourg (cuit dans
une mirepoix), huit grosses truffes parées et sautées
au beurre, et une assiettée de crêtes et de gros rognons de coq, le tout saucé d'une espagnole corsée.
Servez-en à part une saucière garnie.

POULARDES AU MACARONI A LA CONDÉ.

Dressez vos poulardes, préparées et cuites de la ma-

. III.   33

nière accoutumée, sur un lit de macaroni dans lequel vous avez mêlé une escalope de faisans saucée d'une espagnole que vous avez travaillée avec le fumet du gibier. Servez à part une saucière garnie.

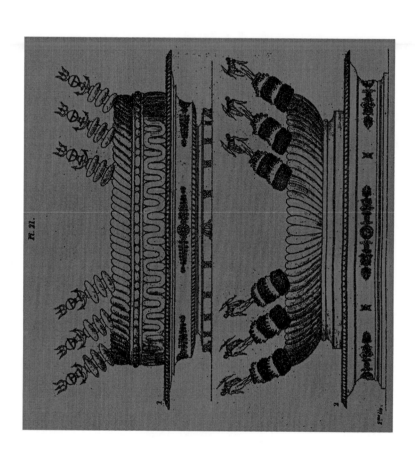

Pl. 21.

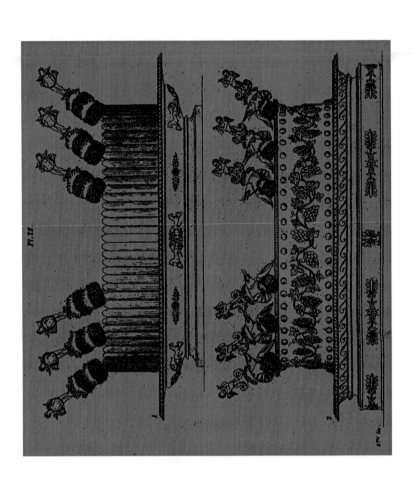

Pl.12

CHAPITRE XV.

TRAITÉ DES GROSSES PIÈCES DE GIBIER.

SOMMAIRE.

Faisans à la Périgueux, grosse pièce garnie d'hatelets; l'aspic à la parisienne, grosse pièce garnie d'hatelets; la casserole au riz à la Buf-

---

SUJETS DE LA PLANCHE VINGTIÈME.

Le N° 1 représente les faisans à la périgueux, grosse pièce garnie d'hatelets.

Le N° 2 représente l'aspic à la parisienne, grosse pièce garnie d'hatelets.

SUJETS DE LA PLANCHE-VINGT-ET-UNIÈME.

Le N° 1 représente la casserole au riz à la Buffon, grosse pièce garnie d'hatelets.

Le N° 2 représente la croustade à la Descartes, grosse pièce garnie d'hatelets.

SUJETS DE LA PLANCHE VINGT-DEUXIÈME.

Le N° 1 représente la timbale de lazagnes à la Mantoue, grosse pièce garnie d'hatelets.

Le N° 2 représente le pâté chaud de lamproies à la bordelaise, grosse pièce garnie d'hatelets.

fou, grosse pièce garnie d'hatelets ; la croustade de pain au chasseur, grosse pièce garnie d'hatelets ; la timbale de lazagnes à la milanaise, grosse pièce garnie d'hatelets ; le pâté chaud de lamproies à la bordelaise ; grosse pièce garnie d'hatelets.

FAISANS A LA PÉRIGUEUX,
GROSSE PIÈCE GARNIE D'HATELETS.

Vous choisissez deux beaux faisans, et les garnissez de farce de faisan ; puis vous les bridez et les faites cuire à la broche ainsi qu'il est indiqué pour le dindonneau à l'algérienne. Après cinq quarts d'heure de cuisson, vous les dressez en plaçant entre les deux, afin de donner à la grosse pièce le volume convenable, une croustade de pain garnie d'une escalope de truffes, sur laquelle vous formez un buisson avec quelques belles truffes que vous avez conservées ; formez autour de la grosse pièce une bordure de truffes et de quenelles de perdreaux ; le tout saucé d'une périgueux.

Les hatelets sont garnis de crêtes et de truffes.

Consultez pour dresser cette grosse pièce le dessin n° 1 de la planche vingt.

ASPIC DE PERDREAUX A LA PARISIENNE,
GROSSE PIÈCE GARNIE D'HATELETS.

Après avoir fait cuire à la broche douze beaux perdreaux rouges, vous en levez les chairs, les pilez, et y mêlez six cuillerées de sauce allemande et huit de gelée blanche en liqueur ; votre purée étant passée à l'étamine blanche, vous la versez dans un moule uni de onze pouces de diamètre sur cinq de hauteur.

Votre pain de perdreaux étant frappé à glace, vous
le démoulez et le placez avec soin dans un autre
moule de même forme que le premier, mais ayant
quatorze pouces de diamètre sur sept de hauteur,
dans lequel vous avez fait prendre de la gelée blanche;
vous décorez ensuite d'une rosace ovale de blancs de
volaille; le pain étant placé dans ce moule, vous le
remplissez presque entièrement de gelée en liqueur, et
dès qu'elle commence à prendre vous y placez des filets de perdreaux contis (consultez le dessin). Ensuite
vous achevez de garnir le moule de gelée en liqueur;
et quand elle est parfaitement prise, vous renversez la
grosse pièce, et la garnissez de dix hatelets à la Belle-
vue, que vous préparez selon la règle (voyez les grosses pièces froides dans le *Cuisinier parisien*). Voyez
cette grosse pièce au nº 2 de la planche vingt.

CASSEROLE AU RIZ A LA BUFFON,
GROSSE PIÈCE GARNIE D'HATELETS.

Sautez au beurre avec un peu de sel les filets de
six faisans et des truffes rondes que vous aurez émincées; les filets étant roidis, vous les égouttez sur une
assiette, ainsi que les truffes, que vous placez dans
une casserole; parez vos filets en escalopes, mê-
lez-lez aux truffes, et saucez le tout d'une espagnole
travaillée au fumet de faisan à l'essence de truffes.
Faites chauffer au bain-marie, et, au moment du
service, liez avec un peu de beurre fin, et garnissez
avec votre casserole au riz, que vous aurez préparée
pour grosse pièce. (Voir cet article dans le *Pâtissier*

royal.) Garnissez votre grosse pièce d'hatelets composés de quenelles à la Villeroy et de ronds de truffes. Consultez le dessin n° 1 de la planche vingt et
une.

CROUSTADE A LA DESCARTES ,
GROSSE PIÈCE GARNIE D'HATELETS.

Vous avez préparé selon la règle une croustade de
pain (voir le *Pâtissier royal*) de quatorze pouces
de diamètre sur six de hauteur; puis vous la garnissez de vingt belles cailles de vigne que vous avez fait
cuire dans une mirepoix, et d'une blanquette de lapereaux aux truffes, le tout saucé à l'allemande. Placez sur votre grosse pièce, dans l'épaisseur de la
croustade, des hatelets composés de truffes et de crêtes. (Voir le dessin n° 2 de la planche vingt et une.)

TIMBALE DE LAZAGNES A LA MANTOUE ,
GROSSE PIÈCE GARNIE D'HATELETS.

Vous préparez votre timbale de lazagnes pour grosse pièce (Voir, dans le *Pâtissier royal*, les timbales
de nouilles : les lazagnes se préparent de la même
manière); puis vous la garnissez d'un ragoût à la
Monglas, et placez autour dix hatelets garnis de crêtes et de truffes. Consultez le dessin n° 1 de la planche vingt-deux.

PATÉ CHAUD DE LAMPROIES A LA BORDELAISE,
GROSSE PIÈCE GARNIE D'HATELETS.

Habillez selon la règle six lamproies; puis vous les

lavez, les égouttez, les coupez par tronçons de deux
pouces de long, et les sautez dans une terrine avec
une poignée de sel blanc, afin de les limoner et de
les saler un peu. Une heure après, vous les faites dégorger à l'eau fraîche pendant dix minutes; ensuite
vous les lavez, les égouttez, les essuyez, et les faites
cuire dans une mirepoix (mouillée avec du bouillon
maigre si vous voulez servir en maigre) mouillée de
deux bouteilles de bon bordeaux et d'une bouteille
de sauterne. Après vingt minutes d'ébullition, vous
passez le fond de la cuisson au tamis de soie, et le
liez avec un peu de roux blanc; ajoutez à cette sauce
autant d'espagnole travaillée. Maintenant, vous devez avoir préparé une croûte de pâté chaud pour
grosse pièce (voir cet article dans le *Pâtissier royal*),
et vous y placez à peu près les trois quarts de vos
tronçons de lamproies, que vous avez égouttés; masquez-les avec votre sauce, que vous avez réduite à
point, et dans laquelle vous avez ajouté des champignons et des queues d'écrevisses; pour achever de
garnir votre pâté, vous formez au bord de la croûte
un cordon de quenelles de carpe au milieu desquelles
vous placez le reste de vos tronçons de lamproies;
saucez de nouveau, et placez par groupes sur votre
garniture des laitances de carpes, des queues d'écrevisses et des champignons. Placez sur la grosse pièce
dix hatelets composés d'écrevisses glacées, de belles
crêtes, et de truffes bien noires. Le dessin n° 2 de la
planche vingt-deux représente ce pâté chaud.

TABLE

DES CHAPITRES ET DES SOMMAIRES

CONTENUS DANS CE VOLUME.

III.   33

CINQUIÈME PARTIE.

TRAITÉ DES GROSSES PIÈCES DE BOUCHERIE.

FIN DE LA TABLE.